商务部"十二五"规划系列教材
全国外贸物流员岗位专业考试指导教材

外贸物流概论

中国国际贸易学会商务专业培训考试办公室 编

中国商务出版社

图书在版编目（CIP）数据

外贸物流概论/中国国际贸易学会商务专业培训考试办公室编．—北京：中国商务出版社，2011.5

商务部"十二五"规划系列教材　全国外贸物流员岗位专业考试指导教材

ISBN 978-7-5103-0456-9

Ⅰ.①外…　Ⅱ.①中…　Ⅲ.①对外贸易—物流—资格考试—自学参考资料　Ⅳ.①F740.4②F252

中国版本图书馆CIP数据核字（2011）第078209号

商务部"十二五"规划系列教材
全国外贸物流员岗位专业考试指导教材
外贸物流概论
WAIMAO WULIU GAILUN
中国国际贸易学会商务专业培训考试办公室　编

出　版：	中国商务出版社
发　行：	北京中商图出版物发行有限责任公司
社　址：	北京市东城区安定门外大街东后巷28号
邮　编：	100710
电　话：	010-64269744（编辑室）
	010-64266119（发行部）
	010-64263201（零售、邮购）
网　址：	www.cctpress.com
邮　箱：	cctp@cctpress.com
照　排：	中国农业出版社印刷厂
印　刷：	北京松源印刷有限公司
开　本：	880毫米×1230毫米　1/16
印　张：	21.5　　字　数：621千字
版　次：	2011年5月第1版　2011年5月第1次印刷
书　号：	ISBN 978-7-5103-0456-9
定　价：	38.00元

版权所有　　侵权必究　　　　举报电话：(010)64242964

编委会

顾　　　问：王俊文
主　　　任：刘宝荣
常务副主任：钱建初　桂诚
秘　书　长：李学新
副秘书长：罗利胜　庞燕
委　　　员：（按姓氏笔画为序）
　　　　　王　为　王忠伟　王学锋　文振华　尹　芳
　　　　　方玲玉　刘永清　李正军　张良卫　张　诚
　　　　　张卫民　沈裕谋　杨建军　杨春河　杨晓雁
　　　　　郑国华　郑海棠　单再成　庞　燕　姚大伟
　　　　　钟　静　徐运保　曹允春
本书执行主编：庞　燕　王忠伟
本书参编人员：（按姓氏笔画为序）
　　　　　王忠伟　王伟坚　刘利猛　李正军　汪洪波
　　　　　庞　燕　周玉梅　柳　荣　胡　倩　祝玉华
　　　　　夏　俊　黄　音　黄向宇　符　瑛　潘双利
　　　　　鄢小蓝

前　言

《国民经济和社会发展第十二个五年（2011—2015年）规划纲要》提出今后五年我国必须牢牢坚持以科学发展为主题，以转变经济发展方式为主线，这标志着我国经济社会发展将进入一个新的转型升级阶段。作为经济社会发展的助推器，现代物流业在促进发展方式转变、改善民生等方面将获得一个更大的发展空间和前所未有的新机遇。在纲要全文中，"大力发展现代物流业"以单节列出，而"物流"一词在纲要中出现多达21次，此外，还在其他8个相关领域提出了物流发展的任务，物流业被赋予了前所未有的重要地位。纲要提出"要加快建立社会化、专业化、信息化的现代物流服务体系，大力发展第三方物流，优先整合和利用现有物流资源，加强物流基础设施的建设和衔接，提高物流效率，降低物流成本。推动农产品、大宗矿产品、重要工业品等特点领域物流发展。优化物流业发展的区域布局，支持物流园区等物流功能集聚区有序发展。推广现代物流管理，提高物流智能化和标准化水平。"这是对国家《物流业调整和振兴规划》关于物流发展内容的深化和发展，是针对我国物流业发展现状和国际物流业发展总体趋势做出的科学判断和政策举措。

随着我国经济日益融入全球化进程，特别是加入世界贸易组织后，我国外外贸物流迅猛发展，在国民经济和社会发展中的地位愈发显得重要。外贸物流已经成为助推我国经济国际化、市场化、规范化发展的加速器；同时，通过与制造业、农业和相关服务产业间的衔接与互动，正成为促进其他产业发展不可或缺的黏合剂和促进剂。金融危机后，全球经济结构进入大调整大变革时期，国际生产要素在全球范围以更高效率配置的内在需要对外贸物流业的发展提出了新的要求，与此同时，随着我国开放型经济水平的不断提升和对外贸易的迅猛发展，我国经济融入全球产业链的进程进一步加速，这为我国外贸物流业的发展带来了新的契机。

当前，国内对外贸物流的研究刚刚起步，系统阐述外贸物流理论与实务的教材尚不多见，严重滞后于当下方兴未艾的外贸物流实践发展，编写一套系统阐述我国外贸物流理论和实务的系列教材是外贸物流理论界和实务界的当务之急。《外贸物流概论》、《外贸物流实务》、《外贸物流英语》由外贸业务理论与实践一线的专家学者和具有实践经验的业务骨干负责编写，系统吸纳了国际国内外贸物流研究的最新理论成果和实践知识，兼顾理论的系统性和实践的可操作性与针对性。该系列教材的出版顺应了"十二五"时期我国外贸物流发展的新要求，既是外贸物流从业人员培训与考试的唯一指定教材，同时也可作为我国高等院校外贸物流专业教学的教材。作为国内该领域开拓性的系列教材，本教材具有以下突出特点：

权威性。本套教材作者由中国国际贸易学会组织实施编写，汇集了外贸物流理论和实务界的专业学者和业务骨干，教材编写过程中吸取了多方的意见和建议，是外贸物流主管部门、院系专家、行业协会、业务精英和社会学者多方集体智慧的结晶。

时代性。本套教材紧扣时代脉搏，借鉴、吸取了国内外最新研究成果，同时使外贸物流领域的最新操作实践动向得到了及时的反映。

可操作性。外贸物流是一个具有高度实践性的领域，与国外先进发达国家相比，我国发展起步晚，具体做法还存在很多不规范之处，本书结合外贸物流的一线实践，条分缕析地具体阐述了外贸物流的各个关键领域和环节，对于科学把握、系统了解外贸物流的基本理论和操作环节意义重大。

我们有理由相信，本教材的出版具有填补外贸物流教材领域空白的重要意义，必将有助于提升我国外贸物流业相关从业人员的理论和实务水平。

在教材的编写过程中，我们得到了业内主管领导、专家学者、企业骨干和社会方家的悉心指导和热情支持，谨此诚挚感谢。

对中国商务出版社在本套系列丛书的出版过程中给予的技术支持和帮助表示衷心感谢。书中疏漏之处，恳请各位专家、读者对本书提出宝贵意见。

中国国际贸易学会
商务专业培训考试办公室
2011年4月

编写说明

外贸物流（国际物流）是伴随和支撑国际间经济交往、贸易活动和其他国际交流所发生的物流活动。随着全球经济的一体化发展，外贸物流在经济活动中的地位也越来越重要。无论是全球性企业，还是以国内市场为主的企业，都不同程度地要与外贸物流发生联系。对于跨国公司来说，外贸物流为其在全球范围内组织资源提供了更加广阔的空间和优势。随着中国经济的快速发展，中国企业的商务活动也日趋国际化，企业的贸易活动不再是单纯的国内贸易，对外贸易（国际贸易）在企业运营中所占比例越来越大。对外贸易的快速发展，必将推动我国企业融入国际供应链一体化运作体系的步伐，进而带来外贸物流的巨大需求。

外贸物流是现代物流系统中重要的物流领域，是一种新的物流形态。随着对外贸易的快速发展，对外贸物流人才的需求日增。近年来，专业的外贸物流企业得到了迅速发展，使得对专业外贸物流人才的需求更加迫切，外贸物流作为向社会提供专门化服务的职业也引起社会的广泛关注。外贸物流员就是近年来随着我国对外贸易的飞速发展而产生的新兴外贸工作岗位。

由于外贸物流区别于国内物流的特征，中国国际贸易学会顺应我国外贸物流行业发展的需要，组织开展全国外贸物流员岗位专业培训与考试工作，这对于逐步提高外贸物流人员的业务素质，培训专业化的外贸物流人才，有着十分重要的意义。为了规范全国外贸物流员岗位专业培训与考试，从基础上促进我国外贸物流行业的健康发展，我们通过跟踪外贸物流市场的最新变化，结合外贸物流实践，总结相关专业的教学经验，编写了这套教材。在编写过程中我们力求做到：简明准确地阐述基础知识和基本理论，便于学习理解；基本技能和操作技术更贴近于实务，便于应用操作。

《外贸物流概论》共分为十五章，内容包括外贸物流基础知识，外贸物流与国际供应链管理，国际货物运输体系，外贸物流运作中的国际贸易基础知识，外贸物流海上、陆路与航空货物运输基础知识，外贸物流货物运输保险、报关与商品检验、检疫，外贸物流仓储、包装与配送，外贸物流服务质量与成本管理，外贸物流金融服务，外贸物流法律法规等全面、系统的外贸物流知识。本书除用作全国外贸物流员岗位专业考试与培训教材外，也可作为高等院校物流类专业的教学用书，亦可作为国际贸易、市场营销、经贸英语等相关专业的参考教材。

本书由中南林业科技大学物流学院副院长庞燕博士、院长王忠伟教授主编。编写人员：第一章王忠伟、庞燕，第二章庞燕、鄢小蓝，第三章汪洪波，第四章符瑛，第五章胡倩，第六章柳荣，第七章黄向宇，第八章王伟坚、周玉梅、第九章胡倩、庞燕，第十章刘利猛，第十一章夏俊，第十二章李正军，第十三章黄音，第十四章潘双利，第十五章祝玉华。

本书在编写过程中，得到了中南林业科技大学领导的重视和支持，中国国际贸易学会的领导与专家也提供了支持和指导，中国商务出版社为本书的出版提供了技术支持和帮助，在此一并表示感谢。

本书疏漏偏颇之处在所难免，恳请读者批评指正。

编　者

2011年3月

目 录

第一章 外贸物流基础知识 ... 1
- 第一节 外贸物流概述 ... 1
- 第二节 外贸物流系统概述 ... 5
- 第三节 外贸物流业务概述 ... 9
- 第四节 外贸物流员岗位职责 ... 13
- 本章练习与思考题 ... 17

第二章 外贸物流与国际供应链管理 ... 19
- 第一节 国际供应链管理概述 ... 19
- 第二节 国际供应链风险管理 ... 29
- 本章练习与思考题 ... 35

第三章 现代物流与国际货物运输体系 ... 37
- 第一节 现代物流概述 ... 37
- 第二节 国际货物运输体系 ... 41
- 第三节 现代物流与运输的关系 ... 50
- 本章练习与思考题 ... 56

第四章 外贸物流与国际贸易 ... 58
- 第一节 外贸物流与对外贸易的关系 ... 58
- 第二节 国际贸易方式 ... 61
- 第三节 国际贸易术语 ... 68
- 第四节 国际货物买卖合同的标的物 ... 80
- 本章练习与思考题 ... 86

第五章 国际支付与结算 ... 88
- 第一节 支付工具 ... 88
- 第二节 汇付与托收 ... 92
- 第三节 信用证 ... 97
- 本章练习与思考题 ... 105

第六章 国际商务谈判与国际贸易合同商订 ... 107
- 第一节 国际商务谈判概述 ... 107
- 第二节 国际商务谈判程序与策略 ... 110
- 第三节 磋商交易的基本原则与步骤 ... 120
- 第四节 合同的成立、形式与内容 ... 125
- 本章练习与思考题 ... 127

第七章 外贸物流海上货物运输基础知识 ·· 128
- 第一节 外贸物流海上运输概述 ·· 128
- 第二节 常用海洋运输条款 ·· 136
- 第三节 提单 ··· 139
- 第四节 海上运输航线和港口 ·· 147
- 本章练习与思考题 ·· 156

第八章 外贸物流陆路与航空运输基础知识 ·· 158
- 第一节 外贸物流铁路货物运输基础知识 ································ 158
- 第二节 外贸物流公路货物运输基础知识 ································ 167
- 第三节 外贸物流航空货物运输基础知识 ································ 177
- 本章练习与思考题 ·· 183

第九章 外贸物流货物运输保险 ·· 184
- 第一节 风险与保险 ·· 184
- 第二节 保险合同 ·· 187
- 第三节 我国海上货物运输保险的保障范围 ······························ 192
- 第四节 我国陆运、空运与邮包货物运输保险 ···························· 197
- 第五节 海上货物运输保险条款 ·· 199
- 本章练习与思考题 ·· 208

第十章 外贸物流货物报关 ·· 210
- 第一节 海关的性质、工作任务与职权 ·································· 210
- 第二节 关税制度 ·· 214
- 第三节 海关通关制度 ·· 218
- 本章练习与思考题 ·· 223

第十一章 外贸物流商品检验与检疫 ·· 236
- 第一节 外贸物流商品检验与检疫概述 ·································· 236
- 第二节 外贸物流商品检验与检疫项目 ·································· 240
- 本章练习与思考题 ·· 243

第十二章 外贸物流仓储、包装与配送 ·· 245
- 第一节 外贸物流仓储概述 ··· 245
- 第二节 保税仓库、保税区与保税物流中心 ······························ 250
- 第三节 外贸物流包装概述 ··· 255
- 第四节 配送与配送中心 ··· 266
- 本章练习与思考题 ·· 273

第十三章 外贸物流服务质量与成本管理 ·· 275
- 第一节 外贸物流与第三方物流的关系 ·································· 275
- 第二节 外贸物流服务质量 ··· 277

第三节　外贸物流成本管理 ·· 280
　　本章练习与思考题 ·· 287

第十四章　外贸物流与物流金融服务 ·· 289
　　第一节　物流金融概述 ·· 289
　　第二节　物流金融的主要运作模式 ·· 293
　　第三节　物流金融在外贸物流中的应用 ·· 298
　　本章练习与思考题 ·· 303

第十五章　外贸物流法律法规 ·· 305
　　第一节　提单运输法规 ·· 305
　　第二节　国际航空货物运输公约的主要内容 ·· 314
　　第三节　公路货物运输合同公约的主要内容 ·· 317
　　第四节　《联合国国际货物多式联运公约》的主要内容 ·· 320
　　第五节　国际货物运输处理争议的途径 ·· 324
　　本章练习与思考题 ·· 328

参考文献 ·· 330

第一章 外贸物流基础知识

【本章培训要点】

本章培训的主要内容是关于外贸物流基础知识。内容主要包括国际贸易与对外贸易的定义，国际物流与外贸物流的含义，外贸物流的特点，外贸物流与国内物流的区别，外贸物流系统的概念、构成，外贸物流系统的基本模式，外贸物流运作的主要业务活动，外贸物流员的定义，外贸物流员岗位资格，外贸物流员岗位职业道德与能力等外贸物流基础知识。

【本章应掌握的主要内容】

通过本章学习，应掌握国际物流与外贸物流的含义、特点，外贸物流与国内物流的区别，外贸物流系统的概念、构成，外贸物流运作的主要业务活动，外贸物流员的定义；深刻理解外贸物流系统的基本模式；了解外贸物流员岗位资格与外贸物流员岗位职业道德与能力。

第一节 外贸物流概述

随着全球经济一体化的发展，国际物流的地位也越来越重要。国际物流是伴随和支撑国际间经济交往、贸易活动和其他国际交流所发生的物流活动。国际物流为企业提供了营造竞争优势的广阔空间，这对于从事全球化经营的跨国公司来说尤为显著。

在此背景之下，我国企业的商务活动也日趋国际化，企业的贸易活动不再是单纯的国内贸易，国际贸易（对外贸易）在企业运营中所占比例越来越大。在运作规律和运作规则方面国际贸易（对外贸易）与国内贸易存在相当大的差异。国际贸易（对外贸易）包含了进出口业务、交通运输服务、银行和金融、保险业务、租赁和咨询以及结算等各项贸易活动。这些贸易活动是跨越不同国家进行的，在时间和空间上存在距离，物流活动的范围也就随之扩大了，物流的内容也就扩展了，外贸物流业务也日益重要起来。

一、国际贸易与对外贸易的定义

（一）国际贸易的定义

国际贸易泛指国与国、地区与地区之间的贸易。亦称"世界贸易"。各国进出口贸易的总和。

（二）对外贸易的定义

对外贸易是指一国或一地区与他国或另一地区之间的商品和服务买卖活动，即国际间的商品和服务交换。对外贸易是由进口和出口两部分组成，故亦称进出口贸易。第二次世界大战后，由于科学技术的进步和国际分工的加深,以及生产的国际化,各国经济相互依存程度日趋加强,对外贸易从规模到内涵都不断扩大,我国的对外贸易是在平等互利的原则基础上,与世界各国发展正常贸易关系。

二、国际物流与外贸物流的含义

(一) 国际物流的含义

所谓国际物流是相对国内物流而言的,是不同国家之间的物流,是国内物流的延伸和进一步扩展,是跨国界的、流通范围扩大了的物的流通,有时也称其为国际大流通或大物流。其狭义的理解是当供应和需求分别处在不同的地区和国家时,为了克服供需时间上和空间上的矛盾而发生的商品物质实体在不同国家之间跨越国境的流动。国际物流伴随着国际贸易的产生发展而产生发展,并成为国际贸易的重要物质基础,是国际间贸易的一个必然组成部分,各国之间的相互贸易最终通过国际物流来实现。

国际物流的实质是按国际分工协作的原则,依照国际惯例,利用国际化的物流网络、物流设施和物流技术,实现货物在国际间的流动与交换,以促进区域经济的发展和世界资源优化配置。国际物流的总目标是为国际贸易和跨国经营服务。即选择最佳的方式与路径,以最低的费用和最小的风险,保质、保量、适时地将货物从某国的供方运到另一国的需方。

(二) 外贸物流的含义

在国际经济一体化的趋势下,一方面越来越多的跨国公司看好中国市场,纷纷在中国投资办厂,进行跨国采购经营活动;另一方面,随着我国外向型经济的发展,国内企业将生产和经营面向国际市场,按国际市场需求和国际标准组织生产,直接参与国际竞争,这即促进了我国对外贸易的发展,也推动了我国外贸物流的快速发展,加快了我国企业融入国际供应链一体化运作体系的步伐。

目前学术界对外贸物流还没有确切的解释,我们通过长期的外贸物流实践,结合对该行业的理解,总结出外贸物流的含义:所谓外贸物流是相对国内物流而言的,是伴随着一国或一地区与他国或另一地区之间的商品和服务买卖活动,即国际间的商品和服务交换,商品和服务从供应地向需求地的实体流动。

外贸物流的实质是依照国际惯例,利用国际化的物流网络、物流设施和物流技术,实现货物在国际间的流动与交换,以促进区域经济的发展和世界资源优化配置。外贸物流的总目标是为跨国经营和对外贸易服务的。即选择最佳的方式与路径,以最低的费用和最小的风险,保质、保量、适时地将货物从某国的供方运到另一国的需方。

外贸物流亦可认为是国际物流的狭义理解。

三、外贸物流的特点

外贸物流是为跨国经营和对外贸易服务,使各国物流系统相互"接轨"的物流活动,因而与国内物流系统相比,具有国际性、复杂性和风险性等特点。

与服务于国内贸易的国内物流相比,外贸物流有以下几个方面的特点。

(一) 物流环境差异大

外贸物流的一个非常重要的特点是各国物流环境存在较大差异,尤其是物流软环境的差异。不同国家的不同物流适用法律使外贸物流的复杂性远高于一国的国内物流;不同国家的不同经济和科技发展水平会造成外贸物流处于不同科技条件的支撑下；不同国家的不同标准也造成国际间"接轨"的困难；不同国家的风俗文化也使外贸物流受到很大局限。由于物流环境的差异迫使一个外贸物流系统需要在几种不同法律、人文、习俗、语言、科技、设施的环境下运行，无疑会大大增加物流的难度和系统的复杂性。

（二）物流系统范围广

由于物流本身的功能要素、系统与外界的沟通已很复杂，外贸物流在此复杂系统上又增加不同国家的要素，这种地域和空间的广阔性，影响因素多样性，带来的直接后果是难度和复杂性增加，风险增大。

（三）外贸物流运输的主要方式具有复杂性

在国内物流中，由于运输线路相对比较短，而运输频率较高，主要的运输方式是铁路运输和公路运输。而在外贸物流中，由于货物运输线路长、环节多、气候条件复杂，对货物运输途中的保管、存放要求高，因此，海洋运输、航空运输尤其是国际多式联运是其主要运输方式，具有一定的复杂性。

（四）外贸物流必须有国际化信息系统的支持

国际化信息系统是外贸物流，尤其是国际联运非常重要的支持手段。国际化信息系统建立的难度，一是管理困难，二是投资巨大，三是由于世界上地区间物流信息水平不均衡，使信息系统的建立更为困难。建立国际物流信息系统一个较好的方法就是和各国海关的公共信息系统联网，以及时掌握有关各个港口、机场和联运线路、站场的实际状况，为供应或销售物流决策提供支持。外贸物流是最早发展 EDI 的领域，以 EDI 为基础的外贸物流将会对物流的国际化产生重大的影响。

在网络经济环境下，以网络为主体的贸易活动已经极大地解决了同种物流中信息系统中信息传递问题。要求在网络经济中以网络信息为特征开展的贸易活动和结算方式，需要同时与物流活动相适应的综合信息和物流经济系统，创造一个与网络经济活动相适应的外贸物流中心会更好地解决贸易与物流配送的问题。

（五）外贸物流的标准化要求较高

要使国际间物流畅通起来，统一标准是非常重要的，可以说，如果没有统一的标准，外贸物流水平是不能提高的。目前美国、欧洲基本上实现了物流工具和设施的统一标准，如托盘采用 1 000mm×1 200mm、集装箱的几种统一规格及条码技术等，这样，大大降低了物流费用，降低了转运的难度；而不向这一标准靠拢的国家，必然在转运、换车等许多方面要耗费更多时间和费用，从而降低其国际竞争力能力。在物流信息传递技术方面，欧洲各国不仅实现了企业内部的标准化，而且也实现了企业之间及欧洲统一市场的标准化，这就使欧洲各国之间比亚洲、非洲等国家交通更简单、更有效。

四、外贸物流与国内物流的区别

外贸物流与国内物流有很多相似的地方，但也有许多不同之处，主要表现在以下方面。

（一）完成周期长短不同

这是外贸物流与国内物流的主要区别。由于外贸物流系统涉及多个国家，系统的地理范围大，因而，外贸物流作业的完成周期一般较长，其长短通常要以周或月为单位来衡量，而不能以3～5

天的转移时间或 4~10 天的完成周期来计算。

由于通信传输延迟、融通资金需要、特殊包装要求、远洋运输周期表、长途运输时间以及海关清关手续等因素综合作用的影响，而导致了外贸物流作业需要较长的完成周期。通信传输时由于时间和语言的差异而延迟；融通资金是因为大多数国际贸易需要开通信用证而延迟；特殊包装要求是为了保护产品免遭搬运作业和水分侵害的损害，因为集装箱常常由于温度和气候条件使湿度很高。货物一旦被集装箱化，就必须按船期表如期装船，目的港必须要有合适的装卸设备。

如果运输路线属于交通流量较高的航线或者驶往交通流量较高的航线或者驶往预期港口的船舶缺乏必要的设备，那么，这种进展过程可能需要长达一个月的时间，而这些问题都是国内运输作业过程中所不存在的。一旦船舶处在运输途中，转移时间的范围在 10~21 天，海关清关手续至少要增加 1 天时间，使完成周期延长。虽然现在越来越普遍采用 EDI 传输技术，但上述过程中所消耗完成周期的时间依然很长。

正是上述原因而导致外贸物流的完成周期更长、更缺乏一致性，也更缺少灵活性。完成周期的延长，会导致物流过程中库存投资的增加，占用大量资金；一致性的降低，增加了物流计划和物流工作的难度；而灵活性的降低，会使企业在迅速满足客户需要方面存在困难。因此在等待国际装运交付货物的到达和清关期间，需要不断地对存货和存货空间的需要进行评估。

（二）复杂程度不同

1. 语言

国际作业要求货物和有关单证使用多国语言，诸如计算机或计算器之类的货物必须具有地方特征，比如产品本身的键盘字母和说明书上的语言等。从物流角度来看，语言的差别会增加复杂性，因为货物一旦用语言进行定制的话，它就被限制在一个特定的国家或地区。除了产品的语言外，外贸物流作业对装运交付所经过的每一个国家都需要使用多语言的物流单证。

尽管英语是通用的商业语言，但有些国家要求提供用当地语言翻译好的物流单证和海关文件。这就增加了外贸物流作业的时间和难度，因为在装运交付前必须将复杂的物流单证翻译完毕。值得庆幸的是，在科学技术高度发展的今天，可以通过标准 EDI 方式的交易来克服这类语言通信传输和物流单证上的困难。

2. 货物数目

货物本身有可能存在内在特点的差异，如性能特征、能源供应特点以及安全上的需要等。在国与国之间的这种细微区别也有可能会大大增加所需的库存单位数以及随之而来的存货水平。

3. 单证数量方面

国内作业一般只用一份发票和一份提单就能完成，而国际作业往往需要大量的有关订货项目、运输方式、资金融通，以及政府控制等方面的单证和文件。

4. 运输复杂性

在国内市场上，物流作业只需要与单一的或数量有限的承运人签订合同，这是件相对比较简单的工作，但是在国际运输市场中，需要从事的是全球化的物流作业，托运人很难与单一的承运人签订合同来有效管理其他承运人的服务，因此运输的复杂性大大加强了。

（三）系统一体化

由于每一个国家的作业都可以被看做是一个独立而又自治的合法整体，所以造成外贸物流协作有一定的困难，由此所导致的成本费用就会使跨国企业的竞争能力受到抑制。因此，第三方物流在作业上的差异要求企业加强整个系统一体化的作业协调，包括发送订货的能力，以及要求使用 EDI 方式在世界上任何地方从事存货管理的能力。这要求物流企业应该具备一体化的全球物流信息系统。

（四）联盟

外贸物流企业与承运人和专业化服务供应商的联盟对于国际作业来说比对国内作业更加重要。如果没有联盟，对于一个从事国际作业的企业来说，就必须与全世界的零售商、批发商、制造商、供应商以及服务供应商保持合同关系，而维持这种合同关系就需要花费大量的时间。国际联盟能够提供市场渠道和专业人员，并且减少在全球物流作业中的潜在风险。

五、外贸物流管理

在当前全球经济一体化的发展状况下物流业的职能有了很大拓展。物流活动渗透到生产、流通活动之中，使得物流的内涵不再仅仅是运输、仓储、配送、包装、装卸、流通加工等要素的简单相加，而是以上述服务为媒介，为经济主体提供与商品送达有关的一系列服务。

全球经济的一体化对物流企业的影响主要体现在三个方面：

一是跨国公司的大量产生，使物流行业的各部分跨越了国界，将运输、仓储、装卸、流通加工等物流活动在更广阔的市场范围内进行分工与协作，当然物流活动的广域开展只有在物流网络和现代信息技术的支持下才能进行。

二是物流行业的竞争领域更加广阔，这是贸易自由化的国际化发展所带来的。随着商贸活动在国际范围内的自由开展，商品的跨国流转也是必然的。由此使物流行业的竞争不仅仅是在一个小的地域竞争，而且扩展到很大领域。

三是随着供应链管理思想与方法的采用，在物流经营战略中更加注重贸易伙伴之间的合作，以期通过合作更好地降低经营成本、更好地满足顾客的需求，从而达到双赢的目的。

物流管理是根据物流这种先进的经济运行模式而产生的，根据客户的要求，为了达到物流的根本目的而进行的计划、组织、协调与控制等各种物流运作活动。物流管理可以是社会宏观物流的管理，也可以是企业微观物流的管理；可以是横向管理，也可以是纵向管理；可以是单元管理，也可以是多元管理；等等。物流管理必须以市场为导向，以企业为核心，以信息网络技术为支撑，以降低物流成本、提高服务质量为目的。外贸物流运作水平直接决定了物流的模式，而运作主要靠人去进行，因此，物流人才是关键。

第二节　外贸物流系统概述

一、外贸物流系统的概念

外贸物流是现代物流系统中重要的物流领域，是一种新的物流形态。从企业角度看，近十几年跨国企业发展很快，不仅是已经国际化的跨国企业，即便是一般有实力的企业也在推行国际战略，企业在全世界寻找贸易机会，寻找最理想的市场，寻找最好的生产基地，这就意味着企业的经济活动领域必然地由地区、由国内扩展到国际之间。这样一来，企业将外贸物流也提到议事日程上来，为支持这种对外贸易战略，企业必须更新自己的物流观念，扩展物流设施，按外贸物流要求对原来的物流系统进行改造。

外贸物流系统是由商品的包装、储存、运输、检验、流通加工和其前后的整理、再包装以及国际配送等子系统组成。运输和储存子系统是物流系统的主要组成部分。外贸物流通过商品的储存和运输，实现其自身的时间和空间效益，满足对外贸易活动和跨国公司经营的要求（见图1-1）。

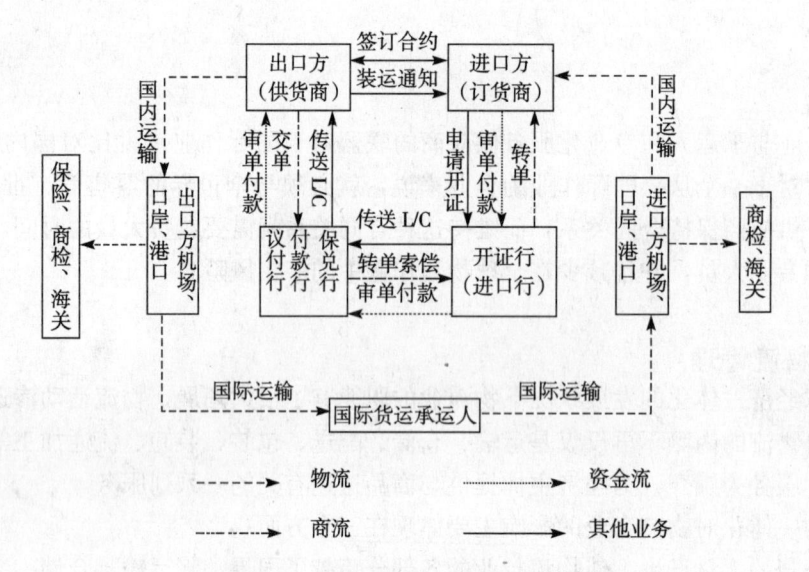

图 1-1 对外贸易中的物流、商流、资金流和信息流

二、外贸物流系统的构成

外贸物流通过商品的储存和运输，实现其自身的时间和空间效益，满足对外贸易活动和跨国公司经营的要求。一个完善的外贸物流系统应包括如下子系统。

（一）国际货物运输子系统

国际货物运输是外贸物流系统的核心，它创造了物流的空间效应。通过国际货物运输实现了商品由发货方到收货方的转移，这种国际货物运输具有路线长、环节多、涉及面广、手续繁杂、风险性大、时间性强、内外运两段性和联合运输等特点。

所谓外贸运输的两段性，是指外贸运输的国内运输段（包括进口国、出口国）和国际运输段（见图 1-2）。国际（国外）货物运输是国内运输的延伸和扩展，同时又是衔接出口国运输和进口国运输的桥梁与纽带，是外贸物流畅通的重要环节。出口货物被集运到港（站、机场），办完出关手续后直接装船发运，便开始国际段运输。有的则需要暂进港口仓库储存一段时间，等待有效泊位，或有船后再出仓装船外运。国际段运输可以采用由出口国装运港直接到进口国目的港卸货，也可以采用中转经过国际转运点，再运给用户。

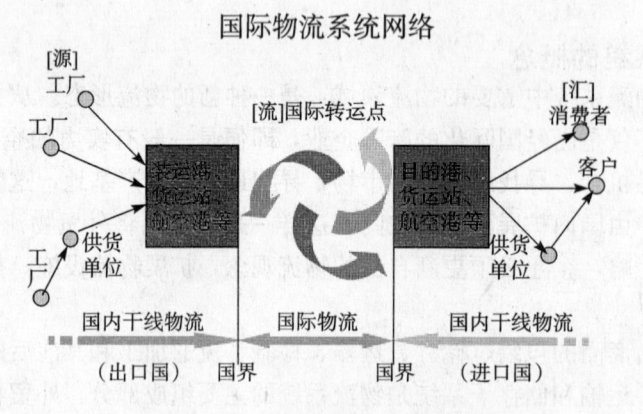

图 1-2 国际物流系统网络

国际货物运输业的发展将伴随着科技革命的浪潮迅速发展。大宗货物散装化、杂件货物集装化已经成为运输业技术革命的重要标志。现代物流业的迅速发展无不与运输业的技术革命相关联。如现代运输中，特别是联合运输和大陆桥运输的重要媒体——集装箱技术的推广应用给国际物流业的发展带来一场深刻的革命，极大地提高了外贸物流系统的效率。

（二）仓储子系统

商品流通是一个由分散到集中，再由集中到分散的源源不断的流通过程。储存保管克服了外贸商品使用价值在时间上的差异，创造商品的时间价值。对外贸易和跨国经营中的商品从生产厂或供应部门被集中运送到装运港口，有时须临时存放一段时间，再装运出口，是一个集和散的过程（见图1-2）。因此，它是港口装运系统与国际运输作业的有机衔接。由于商品在储存进程中有可能降低其使用价值，因此，必须尽量缩短储存时间，加快周转速度。

（三）进出口商品装卸与搬运子系统

进出口商品的装卸与搬运作业，是保证商品搬运和保管连续性的一种物流活动。搞好商品的装船、卸船，商品进库、出库以及在库内的搬倒清点、查库、转运转装等，对加速国际物流十分重要，它不仅可以节省装卸搬运费用、降低物流成本，而且可以减少运输和保管之间的摩擦，充分发挥商品的储运效率。

（四）进出口商品检验子系统

商品检验是为提高物流效率与物资利用率的一种物流活动。由于对外贸易和跨国经营具有投资大、风险高、周期长等特点，使得商品检验成为外贸物流系统中重要的子系统。我国商检机构在对外贸易中，主要是通过商品检验，确定交货品质、数量和包装条件是否符合合同规定。如发现问题，可分清责任，向有关方面索赔。在买卖合同中，一般都订有商品检验条款，其主要内容有检验时间与地点、检验机构与检验证明、检验标准与检验方法等。

（五）进出口商品包装子系统

商品的包装在整个物流运作系统中非常重要。杜邦定律（美国杜邦化学公司提出）认为：63%的消费者是根据商品的包装装潢进行购买的，国际市场和消费者是通过商品来认识企业的，企业商品如果能实现包装标准化，就可以提高运输与装卸、仓储等的效率，大大加快商品物流系统所要求的"包、储、运一体化"。

（六）进出口商品的流通加工子系统

流通加工可以促进销售，提高物流效率和物资利用率，是为维护产品的质量而采取的，能使物资或商品发生一定的物理和化学及形状变化的加工过程。流通加工既包括分装、配装、拣选等出口贸易服务，也包括套裁、拉拨、组装、服装烫熨等生产性外延加工。这些加工不仅能使商品更好地满足消费者的需要，扩大出口，同时也是充分利用本国劳动力和部分加工能力，扩大就业机会的重要途径。

（七）外贸物流信息子系统

其主要功能是采集、处理和传递外贸物流和商流的信息情报。没有功能完善的信息系统，对外贸易和跨国经营将寸步难行。外贸物流信息系统的特点是信息量大、交换频繁；传递量大、时间性强；环节多、点多、线长。所以要建立技术先进的国际物流信息系统。外贸物流信息的主要内容包括进出口单证的作业过程、支付方式信息、客户资料信息、市场行情信息和供求信息等。对外贸易中 EDI 的发展是一个重要趋势。我国应该在外贸物流中加强推广 EDI 的应用，建设对外贸易和跨国经营的信息高速公路。

上述七部分构成了完整的外贸物流管理系统，在外贸物流活动中，应将上述子系统有机地联系起来，统筹考虑，全面规划，从而促进国际物流管理系统的完善与发展。

三、外贸物流系统的基本模式

（一）外贸物流系统的基本模式

系统的一般模式包括：系统的输入部分、系统的输出部分以及将系统的输入转换成输出的转换部分。在系统运行过程中或一个系统循环周期结束时，有外界信息反馈回来，为原系统的完善提供改进信息，使下一次的系统运行有所改进，对系统进行不断的调整，循环往复，使系统逐渐达到有序的良性循环。外贸物流系统，遵循系统的一般模式和原理，即外贸物流系统包括系统的输入、处理和输出部分。但其复杂性使其构成自己独特的物流系统模式，现以外贸物流出口模型来阐述外贸物流系统的模式（见图 1-3）。

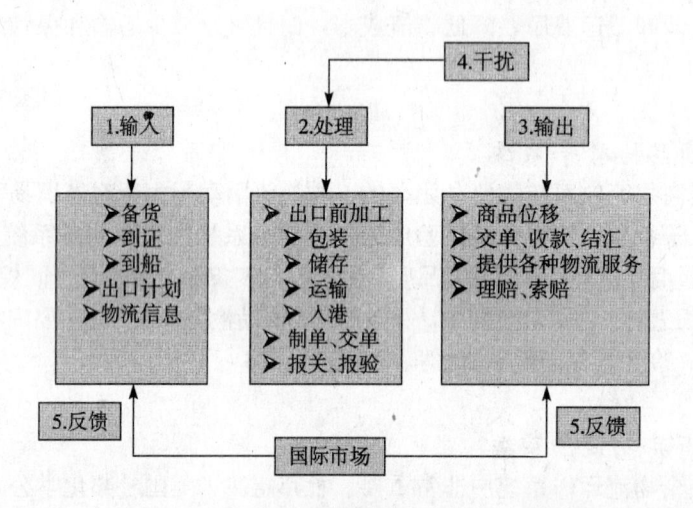

图 1-3 国际物流系统模式（出口）

国际物流系统输入部分的内容有：备货，货源落实；到证，接到买方开来的信用证；到船，买方派来船舶；编织出口货物运输计划；其他物流信息。

输出部分内容有：商品实体从卖方经由运输过程送达买方手中；交齐各项出口单证；结算、收汇；提供各种物流服务；经济活动分析及理赔、索赔。

国际物流系统的转换部分包括：商品出口前的加工整理；包装、标签；储存；运输（国内、国际段）；商品进港、装船；制单、交单；保管、报检；现代管理方法、手段和现代物流设施的引入。

除上述三项主要功能外，还经常有许多外界不可控因素的干扰，使系统运行偏离原计划内容。这些不可控因素包括国际的、国内的、政治的、经济的、技术的和政策法令、风俗习惯等，它们对物流系统的影响很大，如果物流系统具有很强的应变适应能力，遇到这种情况，能够及时地调整原来的计划，可以取得良好的成果；但如果不能迅速适应新变化，则会受到很大的损失。

（二）外贸物流系统网络模式

外贸物流系统作为一个涵盖范围广泛的开放系统，其有效运行，是通过具有独特功能、相互关联的各子系统的有效运作和密切协调来实现的。只有这样才能以系统化的服务，满足对外贸易活动的需要,实现外贸物流系统的正常运行。由于外贸物流系统的实施表现为各子系统的相互协同和交互作用的过程,即在国际信息流系统的支撑之下,在进出口中间商的通力协助下,通过运输、储存、包装和加工等一般性和增值性物流作业(通常是在第三方物流供应商的参与下进行的),利用特定的外贸物流方式和设施,共同完成的一个世界范围内的商品实体移动过程。因而,外贸物流系统也就必然表现为一个各子系统纵横交错、密切配合的物流网络。

(三)外贸物流系统整合模式

伴随着经济全球化以及与物质流动和信息流动两个发展起来的高新技术,如企业资源计划(ERP)、高级计划与定时系统(advanced planning and scheduling system,APS)、客户关系管理(CRM)和Internet等的发展,使得各种外贸物流模式的设计成为可能。但无论何种模式,大都是基于合作而产生的,它们一般包括以下三个整合特征。

1. 功能整合

有效的作业与物流管理的目标不仅仅在于将各种作业功能(制造、物质配送、售后服务等)所引起的物流进行良好协调,更在于怎样将各种目标和其他对物流设计与管理有影响的功能活动的各种限制有效地整合在一起。如果营销、物流和制造为了协调起来而能定位于各种共有活动之中,新产品的投入、老产品的退出、促销活动以及包装或营销渠道的选择,这一系列的活动中都将蕴涵着极大的发展潜能。

2. 领域整合

在传统的供应链中,供货商、制造商、零售商和顾客相互独立地最优化各自的物流和生产作业。但以上参与者在其各自过程中,将不可避免地重复运作某一程序,从而导致整个系统成本的增加。为了解决这个问题,我们可以在交叉协作作业中尝试领域整合,即协作作业(Co-operation)的方向同时由生产者和销售者实施的解决方案所限定。在消费品快速变化的领域中,实施有效消费者响应(efficient consumer response,ECR)计划,由客户需求来拉动方案的解决而不是由产品供给所推动。

领域整合的另外一个主要角色就是第三方物流(third-party logistics,3PL),第三方物流经过对传统货运者之间大量的联盟、合并于兼并,目的是为生产者与销售者提供正确且高效的解决方案,从而支撑和促进所有产业领域的生产者和销售者之间的协作作业。

3. 地理整合

当今商业世界的全球一体化趋势,显示出制定超越国界的发展战略的重要性。工资差别、国外市场的扩大及运输方式的改进,正在打破国家之间的时空障碍,迫使物流活动在全球维度之上。第三方物流通过提供如飞机、贸易中心、仓储系统等物流解决方案以及信息流解决方案自始至终地追踪物质流动情况。国际第三方物流使公司在最短的时间内,以更低的存储成本,长距离运送货物成为可能。

通过以上三方面的有效整合,外贸物流在公司实现其战略目标过程中起到重要作用。将外贸物流提高到战略层次,大型跨国公司的高层决策者就会承担起解决通常是对立的各种挑战,而且会设计出尊重地方特色的全球化解决方案。物流专家则在动态大规模定制中起到重要作用。

第三节 外贸物流业务概述

一、外贸物流运作的主要业务活动

随着物流全球化的形成,企业物流国际化运作已成为必然。但其业务活动较为广泛,且远比国内物流复杂，主要有以下几个方面。

（一）进出口业务

一个典型和较完整的进出口物流流程如图1-4所示。在实际业务中，有可能只涉及其中的一部分。

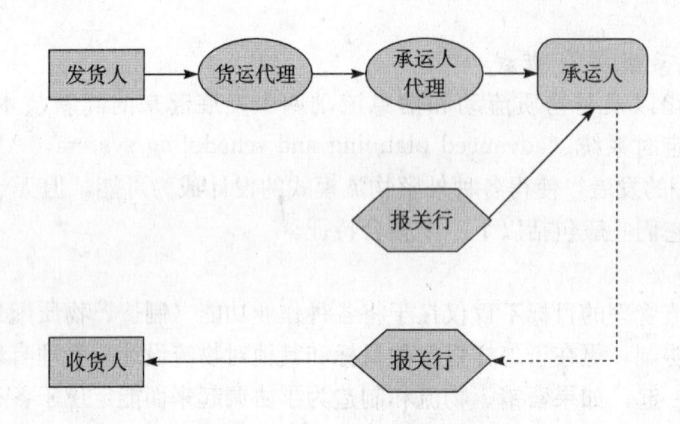

注：虚线表示跨国运输

图1-4 进出口物流流程

进出口物流业务涉及的有关参与方有以下几个。

1. 发货人（shipper）

进出口业务中的发货人即是供应商。它可以使生产厂家或它们的经销商，有时也可能是货运公司或货运代理。

2. 货运代理（forwarder）

货运代理是随着国际贸易的发展及货运业务的日益复杂以及传统承运人（船东或航空公司）的业务专门化，在近二三十年新发展起来的行业。从国际货运代理的基本性质看，它主要是接受委托人的委托，就有关货物运输、转运、仓储、保险以及与货物运输有关的各种业务提供服务的一种机构。国际货运代理是一种中间人性质的运输业者，它既代表货方，保护货方的利益，又协调承运人进行承运工作，其本质就是"货物中间人"，在以发货人或收货人为一方，承运人为另一方的两者之间行事。国际货运代理作为"货物中间人"，是发货人或收货人的代理，可以以代理的名义及时订舱、洽谈公平费率与适当时候办理货物递交；也可以以委托人的名义与承运人结清运费，并向承运人提供有效的服务。

货运代理角色的出现，使得整个货运行业日趋专业化。目前大多数的进出口运输均是与货运代理打交道，因此了解货运代理的业务，将使企业对国际货运中的成本和时间控制有很大帮助。此外，当前的许多货运代理正不断地演变成第三方物流企业。

20世纪90年代以后，随着国际贸易和货运体系的不断完善，特别是银行信用证、海关和商业保险体系对货运代理运单的认可，使得货运代理的地位逐渐提高。

3. 承运人代理（shipper agent）

承运人代理主要是替承运人（如船东、航空公司）在港口安排接泊、装卸、补给等业务，有时代理承运人签发运单。承运人代理在海运中较为常见，而在空运中较为少见。有的承运人代理也从事货运代理的业务。

4. 承运人（carrier）

承运人是实施运输的主体，在国际贸易运输中主要指船东或航空公司。虽然有的承运人也直接面对货主，但在多数情况下，货主已经不直接与其打交道了。

5. 报关行（customs broker）

虽然各国对进出口货物的管制政策有所不同，但基本上各国海关都要求对进出口货物进行申报。有些货主有自己的报关人员，这时就不需要报关行的介入。许多货运代理也有相关资格，也不需要单独的报关行介入。报关行或货运代理的报关服务都需要货主提供必要的单据（主要包括进口报关单、提单、商业发票、原产地证书、进口许可证或进口配额证书、品质证书和卫生检验证书等），由它们代理在海关进行申报。有的报关行还提供代为商检等服务工作。改观产生关税单后，由货主缴纳关税（有时还包括由海关代收的其他税收）并自行提货或由服务机构代为提送货。关税一般用征税国本国货币支付。许多国家为吸引海外投资和促进本国进出口贸易的发展还采取了多种报关方式，如电子报关、提前报关实货放行、内陆站点报关等，以缩短货物的在途时间，缓解进出口口岸的交通工具和货物拥挤情况。

6. 收货人（consignee）

运单上所指的收货人情况较为复杂。一般来说收货人应是货物的进口人。有时，由于进口管制的原因，最终的收货人并不体现在运单上。运单上的收货人往往是进口代理商，而在"通知人 notify party"上显示的可能才是真正的收货人。另外，在复杂的货运情况下，主运单和分运单上所示的收货人的意义有所不同。分运单上的收货人往往才是真正的收货人，而主运单上的收货人则往往是货运代理人。

进出口业务流程是通过各种业务单证的流转来完成的，业务单证是上述各关系人业务交接、责任划分、风险承担及费用结算的凭证和法律依据。因此，在进出口业务过程中，单证起着重要作用。进出口业务中主要单证有：进出口合同（import & export contract）、运单（海运的提单 bill of lading 或空运的运单 airway bill）、商业发票（commercial invoice）、信用证（letter of credit）、保险单（insurance policy）、装箱单（packing list）、原产地证书（certificate of origin）等单据。

（二）国际运输

国际运输是指跨越一国边界的货物或服务的出口或进口。一般最常用的国际运输方式是海洋运输，此外还有航空运输和铁路运输。

由于国际运输中货物需要跨越国境，且多为海洋运输，货物在途时间往往较长并一旦赴运就很难更改目的地，这就极大地限制了企业物流运作的弹性。企业在进行跨国经营时必须具有较高的市场预测能力，才能保证将正确数量的正确货物，在正确的时间内，配送到目标市场，否则就会导致有些市场缺货，而有些市场则有过剩库存。企业一旦将一定数量的商品运到目标市场，再进行不同市场之间的调货就会造成大量的额外开支，并造成供需时间不一致，长此以往必然削弱其竞争能力。

随着现代通信手段的进步和专业物流企业服务水平的提高，现在已经有一些物流企业通过采用全球定位系统（GPS）实现对货主货物的全程监控，并可以对在途货物重新进行调度，使货主可根据市场需求情况重新进行库存定位，随时修改货物目的地，避免地区性调货带来的额外成本并使企业的配送活动成效得以极大提高。

（三）库存与仓储管理

目前，存货管理已成为最关键也最具有挑战性的物流活动之一。在跨国范围内管理库存则更加困难。由于距离远、港口工作拖延、海关拖延以及转运时间长，需要保有比国内物流更多的存货，这当然提高了存货的成本。而政府对于外贸的管制以及关税的征收更加剧了存货管理的问题。企业不得不保有额外存货以应付断货情况。

国际仓储与国内仓储功能相同，包括收货、转运、配货及发运。但通常人们会更重视货物在仓库系统中的快速运转。

（四）包装与物料搬运

保护性包装在跨国经营中所起的作用比在国内更为重要，这是由于货物在途时间长，搬运次数多，要经历更恶劣的天气变化，等等。通常，跨国性经营的产品的包装会大幅度地增加物流成本，其中一部分是由于特殊的包装要求，此外还有标签和包装方面的原因。由于目的国不同，标签要求也就不相同。

物料搬运系统在全球各地都不相同，澳大利亚、新西兰、中国香港、新加坡等地的物料搬运系统属于世界上最先进的系统，均已实现了机械化或自动化。然而，在许多发展中国家，大多数物料搬运系统仍然是人工的，产品在仓库和工厂中的搬运效率很低，并且对有些货物可能根本就无法进行处理。

（五）信息作业

国际物流中的信息作业主要涉及物流过程中的各种单据传输的电子化、在途货物的跟踪定位以及市场信息的跨国传递。主要信息通信手段包括电子数据交换EDI（electronic data interchange）、Internet以及卫星通信系统。

尽管许多发达国家已经具备了复杂的物流信息系统，而许多发展中国家上述先进系统在这些国家根本就无法加以利用，这不仅造成了企业物流国际化运作中的信息传递受阻现象，也使这些国家在国际物流网络中只能处于附属地位。

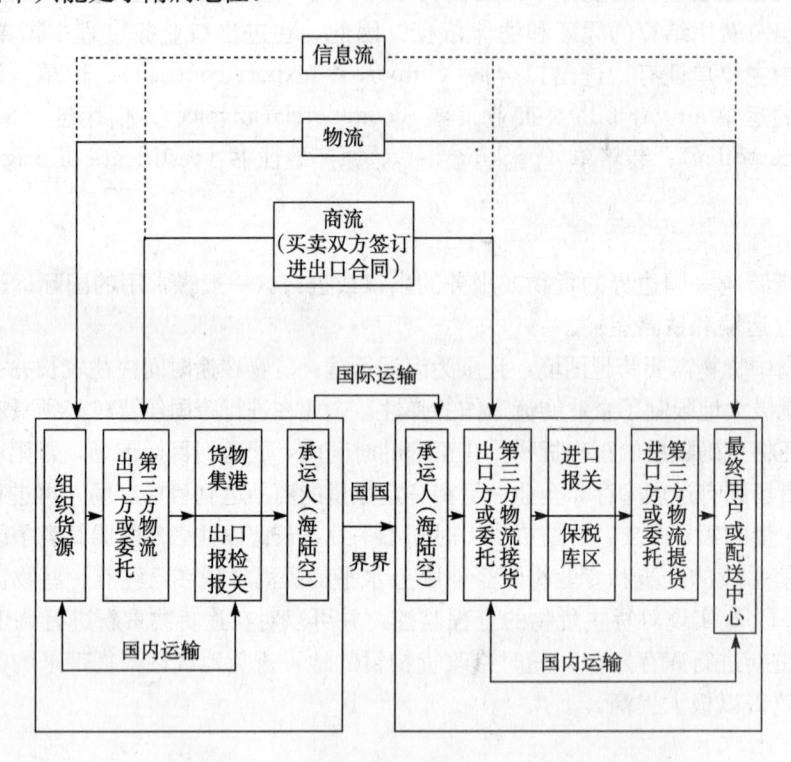

图1-5 外贸物流业务的运作流程图

二、外贸物流业务运作流程图

外贸物流业务的核心便是以实现对外贸易、国际物资交流大系统为总体目标。外贸贸易合同签订后的履行过程，便是外贸物流业务的实施过程，外贸物流业务的运作流程大致如图1-5所示。

三、外贸物流管理人员工作关系图

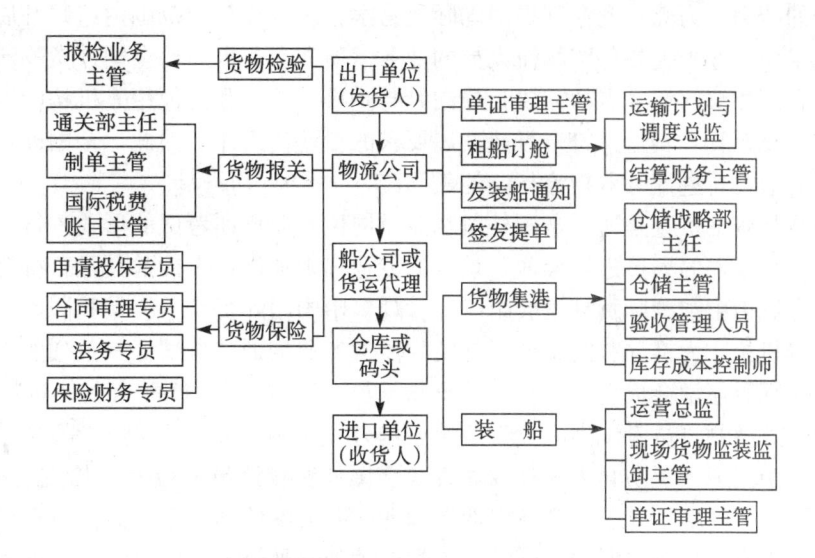

图 1-6 国际物流管理人员关系图

第四节 外贸物流员岗位职责

一、外贸物流员的定义

随着作为服务于对外贸易的外贸物流企业的逐渐发展壮大，使得对专业外贸物流人才的需求日益增长，外贸物流作为向社会提供专门化服务的职业也引起社会的关注。外贸物流员就是近年来随着我国对外贸易的飞速发展而产生的新兴外贸工作岗位。由于外贸物流区别于国内物流的特征，根据《中华人民共和国行政许可法》和国务院《关于大力推进职业教育改革与发展的决定》的规定及《中华人民共和国职业教育法》中规定，中国国际贸易学会决定在全国范围内组织开展全国外贸物流员岗位专业考试工作，逐步提高外贸物流人员的业务素质和专业水平。使大多数从业人员和即将上岗人员通过统一专业培训和考试取得岗位专业考试合格证书，成为符合企业所需人才，从根本上促进整个外贸物流行业的健康发展。

外贸物流员是指产品从供应地向接收地的实体流动过程中根据外贸进出口合同的规定或客户的需要，将运输（含单一模式或多式联运模式而完成的运输）、储存、装卸、搬运、包装、流通加工、配送、信息处理等功能实现有机结合，也是对外贸商品，服务及相关信息从原供应地到消费地的高效率、高效益的正向和反向流动及储存进行的计划、实施与控制的过程中的从业人员。外贸物流员主要负责制定合理的国际物流方案；负责国际物流业务的办理及相关单据的处理。

二、外贸物流员岗位描述

外贸物流是外贸经营中非常重要的一个环节。从实际的情况看，一方面，外贸物流岗位需要大量的外贸物流人员；另一方面，外贸物流岗位找不到既熟悉外贸流程，又懂得物流专业知识的"全能型"外贸物流人才。这些都说明外贸物流员岗位的培训相对滞后，造成大量未经职业培训的非专业人员仓促上岗。因此，培养应用型和技术型的外贸物流人才是当务之急。

外贸物流行业要求外贸物流员必须具备一定的学识水平和实际业务能力，必须熟悉与对外贸易有关的法律法规、理论知识与实务操作，必须掌握与对外贸易进出口货物流通有关的国际物流相关法律法规、理论知识与实务操作，并且具备制定合理的外贸物流解决方案，国际物流业务的办理及相关单据的处理的能力。为此，商务部中国国际贸易学会决定在全国范围内组织开展全国外贸物流员岗位专业考试工作，逐步提高外贸物流人员的业务素质和专业水平。全国外贸物流员岗位专业考试合格证书是以我国物流产业发展的需要为导向，与企事业单位和其他用人机构的岗位需求紧密联系，其目标是培养既有真才实学又符合行业发展要求的专业化人才。因此，全国外贸物流员岗位专业考试合格证书的取得是进入外贸物流行业的敲门砖。

我国外贸物流员资格审查是通过全国外贸物流员岗位专业培训考试的形式进行。中国国际贸易学会通过对符合报名条件的人员进行全面、系统的专业知识考试，来检验其是否符合外贸物流岗位的基本要求。本考试由中国国际贸易学会组织和管理，中国国际贸易学会是我国国际贸易学科和实践研究的权威学术机构。为推动和制定全国外贸物流员专业培训、考试等一系列的工作制定和完善相关标准，中国国际贸易学会成立了"全国外贸物流员考试中心"，负责全国外贸物流员岗位的培训考试工作。全国外贸物流员考试中心负责确定全国外贸物流员报名条例、考试科目、考试时间、试卷印刷以及接受中国国际贸易学委托授权颁发《全国外贸物流员岗位专业培训合格证书》。考试中心主要职责：在中国国际贸易学会商务专业培训考试办公室的领导下，具体负责全国外贸物流员岗位专业培训考试工作，随时掌握中国国际贸易学会关于开展全国外贸物流员培训和考试的最新政策及要求；承担全国外贸物流员考试的命题、阅卷、成绩登录、成绩统计分析、题库建立与管理等项工作；组织实施考场安排、维护考场秩序和保密工作等。

（一）外贸物流员考试性质与目的

本考试是岗位专业培训考试，旨在考查考生在外贸物流业务中的应用能力。考试根据外贸物流业务的实际情况，从外贸物流基础知识（含英语）和外贸物流操作实务（含英语）两个方面对考生进行全面考查。中国国际贸易学会对成绩合格者颁发统一标准的岗位专业考试合格证书。全国外贸物流员考试中心每年于考试前3个月对外公告发布考试报名、考试科目和考试时间。

（二）外贸物流员考试科目与考试人员的报名条件

目前考试分为：外贸物流基础理论（含英语）和外贸物流操作实务（含英语）两个科目；中国国际贸易学会规定，外贸物流员报名条件是年满18周岁具有中高职校学历以上，且有志于从事外贸物流工作的在职和求职人员以及在校生均可参加。

（三）外贸物流员考试报名手续

（1）报考分网上报名和现场确认两部分，请参照全国外贸物流员考试中心每年于考试前3个月对外公告发布考试报名时间，实行网上报名，报名网址（www.wmwlks.com），报名时考生必须从网上下载《全国外贸物流员考试报名表》及准考证。

（2）于全国外贸物流员考试中心对外公告发布时间到本地全国外贸物流员中心办理资格确认手续。确认报考资格时，考生应持本人身份证、学历证（学校证明）原件及复印件一份，三张两寸蓝色同底照片，《全国外贸物流员考试报名表》及准考证。

（3）考生报考资格被确认后，应缴纳报考费。因故未参加考试或考试不合格者所交费用不予退还。

三、外贸物流员岗位职业道德与能力

（一）职业道德概念

职业道德是一般社会道德的特殊形式，是现代商业伦理规范和价值观念的表现，是从事一定职

业的人员在工作和劳动中遵循的特定行为规范。

1. 爱岗敬业

爱岗敬业是职业道德的核心和基础。爱岗就是干一行爱一行，安心本职工作，热爱自己的工作岗位。要把自己看成单位、公司、部门的一分子，要把自己从事的工作视为生命存在的表现方式，尽心尽力去工作，这是无论从事何种职业都应有的道德要求。应当坚守工作岗位，履行职业责任，努力调整自己的工作方式和行为态度，在积极乐观的情绪下尽心尽力地工作。爱岗和敬业是紧密联系在一起的。敬业是爱岗意识的升华，是爱岗情感的表达。敬业通过对职业工作的极端负责、对技术的精益求精表现出来，通过乐业、勤业、精业表现出来。

2. 诚实守信

诚实守信是企业在社会中生存和发展的基石，要求从业者在职业生活中慎待诺言，表里如一，言行一致，遵守职业纪律。表现在物流职业中，要求从业者诚实劳动，遵纪守法。在物流业务活动中，严格履行合同，重合同守信用。

3. 办事公道

办事公道是处理职业性质和维护职业工作正常进行的行为规范和规章制度，需要诸职业内部的规范协调，也要处理好诸职业引起的与各方面的职业关系。物流从业人员在日常工作中，应自觉遵守规章制度，平等待人，秉公办事，清正廉洁，不允许违章犯纪、使用特权、滥用职权、损人利己、损公济私，要兼顾国家、集体、个人三者利益，追求社会公正，维护公益。

4. 服务意识

服务客户、满足客户要求，是职业道德要求目标指向的最终归宿。任何职业都有其职业的服务对象。作为一项职业之所以能够存在，就是有该项职业的职业对象对这项职业有共同的要求。在现代社会中生存的每个人都接受着无数人直接或间接提供的各种各样的服务。服务客户要求任何职业都必须极力设法满足职业对象的要求，处处为职业对象的实际需要着想，尊重他们的利益，取得他们的信任。

5. 奉献社会

奉献社会是社会主义职业道德的最高境界，同时，也是做人的最高境界。奉献社会的突出特征：一是自觉自愿地为他人、为社会贡献力量，完全为增进公共福利而积极劳动。二是有为社会服务的责任感，充分发挥主动性、创造性，竭尽全力。三是不计个人名利得失，一心为社会做贡献。

（二）物流职业道德内容

在我国职业道德基本原则指导之下，结合物流行业本身的特点，形成物流职业道德的如下内容：

1. 以客户服务为中心

（1）礼貌接待客户。客户服务的核心是给客户以希望，从各方面使客户感受到礼貌、尊敬、愉快和有所收获，使客户认为受到优于其他客户的对待，也使客户体会到优于其他物流企业的客户服务。

（2）为客户制订物流作业方案与计划。

（3）在执行物流作业过程中，不断与客户协商交流，保证货物准时无货损送达。

（4）维系客户。对于经常性客户，必须以各种方式维系，包括回访、交际和公关活动。

（5）采用客户关系管理软件系统，规划与支持客户服务活动。

2. 高度的诚信原则

诚信原则对于物流行业尤其重要，因为物流是贸易、特别是国际贸易正常进行的物质保证。

（1）严格按照物流法律法规执行物流作业。物流国际法律法规制定了非常严格的条文，它是根据长期的实践,为保障货主与物流商的利益而逐渐完善的。决不能以眼前的利益或者人际关系忽视物流法律的严肃性,也不能以任何借口变通执行。

(2) 忠诚客户利益。物流的全球作业使得物流企业的诚信成为市场关注的核心,特别是货物代理企业在货损发生索赔时应维护客户利益。物流从业人员必须以货物提单为根据,实事求是地确定责任,以保障客户的利益,同时维护企业的市场地位。应该杜绝推卸货损责任、拒绝赔付客户损失的不良行为。物流从业人员应当坚守职业道德,从个人做起。维护运价变动时的客户利益。物流企业及从业人员应以诚信为职业准则,自觉维护客户利益。决不能利用运输价格变动之际,增加收费或变相涨价,取得不法利益。

3. 良好的行为规范

企业形象不仅仅是企业的外在形象,它是通过员工的工作作风与公司信誉共同体现的。物流是典型的以市场营销为依存的行业,从业人员的行为代表着物流企业的形象,在某种程度上影响和制约着企业的发展,应大力提倡良好的行为规范。行为规范包括:

(1) 语言规范。语言规范包含声音语言规范和身体语言规范。对于商业交流来说,声音语言规范的核心是简明易懂,尽量采用对方最愿意接受的语言方式。讲话时必须注意对方的反应,调整自己的讲话方式与内容,多给对方留有接受与吸收的时间。身体语言是用来配合声音语言的。身体语言以身体的动作表达自己的意愿和倾向,往往具有比声音语言更大的作用。身体语言不仅是从业人员个人教养的反映,也是物流企业文化的鲜明表现。

(2) 文件规范。文件如同物流企业的服装,必须整洁、规范、一致,兼具美观。物流企业具有强烈的国际化特点,其文件也必须具备国际型企业共同的特征。物流企业的文件语言应具备商业语言和技术语言二者的简洁与准确性。

4. 高效率的团队精神

团队精神是现代企业,特别是大型企业的力量所在。物流企业的基本要求是大型化,否则难以在市场竞争中生存。

(1) 理解。现代物流企业与传统物流企业的不同在于,它是一体化的物流服务供应商,提供全面的物流服务。现代物流企业从业人员必须团结协作,时时处处发扬团队精神。团队精神首先建立在员工对企业战略的理解上,包括对企业的目标、能力、市场作为的理解。员工之间的理解应建立在相互沟通的基础上,应将自己工作中的所做所想与相关的公司成员交流。

(2) 合作。合作精神是物流从业人员最基本的素质,因为物流行业使每一个企业和个人都成为供应链的成员。合作以企业利益为前提,以他人方便为准绳。方便别人的同时也方便了自己,今后将会有更多的客户愿意与你进行业务往来。

(3) 制度。现代物流企业通过一体化运作使员工具有整体意识,供应链管理使员工明确社会责任与企业利润同等重要,这是物流企业容易实行从业人员合作的优势。

维持企业的团队精神还需要企业的制度化保障:定期检查企业执行物流作业中的不协调,分析产生的原因;对相关人员的奖励与批评;随市场与作业的变化,调整从业人员的作业程序。

5. 持续的竞争能力

物流行业是知识密集型产业,需要从业人员具备物流的高技能。在今天全球物流的态势下,物流的单据以英文为主,物流的程序化运作要求专业人员具备良好的物流软件与网络操作能力。为了保持职业的竞争力,需要物流专业人员不断地更新自己的知识。

(三) 外贸物流员岗位应具备的能力

面向我国"十二五"经济建设和社会发展需要,通过对我国外贸物流专业人才需求状况的分析,对于外贸物流专业人才来说,能力应该包括专业知识、专业技能和专业品质三个层面。从能力的涉及范围看，应包括专业知识能力、行为能力和社会能力三个方面。据此，外贸物流员不仅是简单地会运用所学的仓储知识、配送知识、运输知识、物流信息技术等完成国内物流业务的操作；而且要求具备基本的国际物流知识与专业技能，完成外贸物流业务的操作，如国际商品与物料的储存、保管、包装和装卸业务，出入境商品检验检疫业务，国际货物的通关业务，集装箱运输和国际多式联运业务，国际货运代理业务，国际货物运输保险业务等的操作；还要具备较好的专业品质与社会能力。

1. 在知识能力方面，应该掌握以下

（1）国际贸易理论与实务知识。掌握国际贸易方式、国际贸易术语、国际支付与结算和国际商务谈判等国际贸易知识，熟悉进出口业务流程，包括报关、报检、退税及单据流转等业务流程。

（2）国际货物仓储与运输专业知识。掌握国际货物仓储与库存管理理论知识及相关作业流程；熟悉国际集装箱运输与多式联运的操作流程和规则，能设计出切实可行、安全快速、经济有效的国际货物运输方案，包括对运输方式、运输工具、路线与人员等进行统筹安排。

（3）外贸物流成本管理知识。物流服务涉及多个环节，包含不同的成本及费用。物流专业人才应熟悉这些成本的种类、数量和度量，具有物流项目成本核算、分析知识。

（4）风险防范与安全管理知识。国际物流涉及多个环节和多种运输方式，作业过程中存在许多风险和安全隐患，作业人员必须具备安全管理和货物保全的知识，采取必要的风险防范措施，以保护双方当事人的合法权益。

（5）国际法律法规政策。熟悉与国际物流相关的国际公约、国际惯例和国际标准，通晓国际贸易规则，尤其是WTO规则，并要熟悉不同国家的法律和政策规定。

2. 在行为能力方面，要求具备以下

（1）专业英语应用能力。从日常沟通、商务谈判到合同签订，英语广泛应用在国际物流活动中的各个环节。外贸物流从业人员不但能够熟练使用英语与客户进行口头和书面准确的沟通，还要具有草拟和设计外文合同的能力。

（2）计算机信息技术应用能力。信息系统是整个物流运作系统的神经中枢，指挥和控制着物流的有效运作。必须掌握现代计算机信息技术，在物流作业中能够综合应用以提高整个系统的响应速度和效率。

（3）国际市场分析能力。外贸物流是发生在不同国家之间的物流，以实现各国之间的国际贸易和跨国经营活动。这要求外贸物流人才在复杂的国际经济背景环境，有敏锐的观察能力与精准的分析能力，应对国际经济、政治形势变化，防范各类风险，做出准确判断和抉择。

（4）学习能力。为了保持职业的竞争力，外贸物流专业人员应不断地更新自己的知识。

3. 在社会能力方面，要求铸造以下

（1）良好的职业道德修养，包括：以客户服务为中心，高度的诚信，良好的行为规范等。

（2）良好的人文素质，沟通与协调能力，包括人文、地理类，经济、科技类，社会类知识的学习培养，具有较强的沟通、协调能力和技巧等。

（3）高效率的团队合作能力，物流服务具有顾客参与、多个主体参与的多个环节的特点，从业人员必须具备与人协调沟通，与上下游环节岗位人员进行协作的能力。

【重点名词与概念】
国际贸易　对外贸易　国际物流　外贸物流　外贸物流系统　外贸物流员

【本章练习与思考题】
一、多选题
1. 系统的一般模式包括：（　　）以及将系统的输入转换成输出的转换部分。

A. 系统的输入部分 B. 功能整合
C. 系统的输出部分 D. 转换部分
E. 节点

2. 国际物流系统输入部分的内容有（ ）。
A. 结算、收汇 B. 货源落实
C. 编织出口货物运输计划 D. 备货
E. 理赔、索赔

3. 国际物流系统的转换部分包括（ ）。
A. 包装、标签 B. 商品进港、装船
C. 报检 D. 制单、交单
E. 储存

4. 进出口物流业务涉及的有关参与方有（ ）。
A. 承运人代理 B. 发货人
C. 承运人 D. 报关行
E. 货运代理

5. 物流职业道德内容包括（ ）。
A. 持续的竞争能力 B. 以客户服务为中心
C. 高效率的团队精神 D. 高度的诚信原则
E. 良好的行为规范

二、判断题

（ ）1. 国际贸易泛指国与国、地区与地区之间的贸易。亦称"世界贸易"。各国进出口贸易的总和。

（ ）2. 国际物流的总目标是为国际贸易和跨国经营服务。

（ ）3. 国际作业一般只用一份发票和一份提单就能完成，而国内作业往往需要大量的有关订货项目、运输方式、资金融通，以及政府控制等方面的单证和文件。

（ ）4. 国际货物运输是外贸物流系统的核心，它创造了物流的时间效应。

（ ）5. 对于外贸物流专业人才来说，从能力的涉及范围看，应包括专业知识能力、行为能力和社会能力三个方面。

三、简答与论述题

1. 简述外贸物流与国内物流的区别。
2. 简述外贸物流系统的构成。
3. 简述外贸物流的特点。
4. 试述外贸物流运作的主要业务活动。
5. 试述外贸物流员岗位应该具备的职业道德和能力。

第二章 外贸物流与国际供应链管理

【本章培训要点】

本章培训的主要内容是关于国际供应链管理相关理论知识。内容主要包括供应链与供应链管理的定义，国际供应链的内涵，国际供应链在企业国际化运作中的重要性，国际供应链管理产生的背景，国际供应链发展的动因与特征，中国在全球供应链运作中的地位；供应链风险的含义与分类，国际供应链风险的因素，供应链风险管理的含义与意义，供应链风险分析框架，供应链风险管理流程与过程等理论知识。

【本章应掌握的主要内容】

通过本章学习，应掌握供应链与供应链管理的定义，国际供应链的内涵，国际供应链发展的动因与特征，供应链风险的含义与分类，国际供应链风险的因素，供应链风险管理的含义；深刻理解国际供应链在企业国际化运作中的重要性，供应链风险分析框架，供应链风险管理流程与过程；了解国际供应链管理产生的背景，中国在全球供应链运作中的地位，供应链风险管理的意义。

第一节 国际供应链管理概述

随着经济全球化和信息技术的不断发展，市场竞争的加剧，促使跨国公司在全球范围内配置资源，也使中国市场成为全球采购市场，此外，在经济全球化迅猛发展的今天，对世界市场经济份额的争夺，成了国际竞争的重心。一个国家占有世界经济份额的高低，成了其经济竞争力和经济发展水平的重要标志。随着供应链管理战略在全球的日益普及，企业与企业之间的竞争，不再是孤立的，而是不同企业之间因为利益驱使而结成的供应链之间的竞争。全球供应链现象的产生和发展对国家经济的发展，特别是对发展中国家的经济发展更具有重要的影响。

一、供应链与供应链管理的定义

（一）供应链的定义

美国供应链管理委员会（Supply Chain Council）定义供应链为：供应链包括每个有关生产及配送最终产品或服务，从供货商的供货商到客户的客户，这包括管理供给与需求、原材料与零组件、制造及装配、仓储与货物追踪、订购与订单管理及跨地区直接的配送客户。

我国实施的《物流术语》国家标准（GB/T18354－2003）定义：生产及流通过程中，涉及将产品更新换代或服务提供给最终客户的上游和下游企业所形成的网络结构。

供应链是围绕核心企业，通过对信息流、物流、资金流等各种流的管理与控制，从原材料的供应开始，经过产品的制造、分配、递送、消费等过程中将供应商、制造商、分销商、零售商、直到最终客户连成一整体的功能网链结构模式。它不仅是一条连接供应商到客户的物料链、信息链、资金链，而且是一条增值链，物料在供应链上因加工、包装、运输等过程而增加其价值，给相关企业都带来收益。

（二）供应链管理的定义

而美国供应链管理专业协会（CSCMP）则定义供应链管理为：供应链管理包含了规划和管理复杂的原料、采购、加工及所有物流管理活动，重要的是，它也包括与供应链伙伴（供应者、中间商、第三方服务提供者及客户）之间的协调及合作。基本上，供应链管理是跨公司的整合供给与需求。

我国实施的《物流术语》国家标准（GB/T18354－2003）定义：（Supply Chain Management，SCM）利用计算机网络技术全面规划供应链中的商流、物流、信息流、资金流等，并进行计划、组织、协调与控制。

它是一种从供应商开始，经由制造商、分销商、零售商、直到最终客户的全要素、全过程的集成化管理模式。其目标是从整体的观点出发，寻求建立供、产、销企业以及客户间的战略合作伙伴关系，最大程度地减少内耗与浪费，实现供应链整体效率的最优化。

因此，物流管理是以一家企业的角度，处理商品自原料到成品消费的过程，而供应链管理是以跨组织的角度，从最初原料到最终消费者，综合管理自产品设计、物料管理、生产到配送管理四大阶段的活动，同时处理物品、信息与资金的流通，并与供应链伙伴以跨组织合作的方式让整体的流通过程在满足消费者需求的状况下顺利运作，同时降低企业的成本。

因为供应链管理是跨组织的活动，国际运作又加深了国际供应链的复杂程度，故除了一般物流管理的运作之外，供应链管理还牵涉下列内容：整体供应链的整合规划、构建信息平台以让信息能够在供应链中流动，以及如何与供应链相关组织合作等组织管理的问题。

二、国际供应链的内涵

国际供应链又称为"全球供应链"，它根据供应链管理的基本理念、模式，按照国际分工协作的原则，优势互补，实现资源在全球范围内的优化配置。在许多方面，全球性供应链的管理与本土化供应链管理的原理基本上一样的，只是涉及了海外的国际业务，地域覆盖更为广泛。国际供应链（international supply chain）是指一个国际化的企业通过掌握全球最经济的原料，在最经济的国家生产，以最经济的方式，满足全球的需求；一个能掌握国际供应链的国际化企业，不但能降低产品的成本，更能缩短顾客的订货时间，是企业未来的主要竞争优势。

国际供应链的流通依其流通的内容可分为四种。

（一）实体流通：物品的流通

物品包括原材料、半成品与成品，物品的流通探讨实体物品从最初的原料到制造厂商最后到消费者手中的实体流程，物流的流通方向是由上游到下游，最近业界备受关注的一个话题是逆向物流，讨论商品因回收、维修而从下游消费者往上游流通的过程，故逆向物流的流通方向是由下游往上游。

供应链物品的流通是探讨在供应链结构已知的情形下，如何规划实体的流通使原料、半成品或成品，能在最适宜的时间、地点以整体的成本最小化，满足消费者对品项与品质的要求。在供应链结构确定的情况下，供应链的实体流通包括以下五个主要步骤：

(1) 从购买原料开始，考虑向何处购买，购买多少量。
(2) 接着考虑必须将多少的各种原料仓储在哪个仓储店。
(3) 进入生产流程时，则考虑在哪些生产点生产多少量。
(4) 考虑多少成品需要仓储在哪些不同的仓储店。
(5) 最后进入配送流程时，必须考虑由哪个成品仓储点，配送多少量给不同地区的顾客。

依上述五步骤运作，企业的整个供应链的决策过程，皆在满足顾客要求的前提下，追求最小的营运成本。

(二) 商流：物品所有权的转移

依照交易的发生，商品所有权也跟着变动，虽然商流的流通过程不一定完全与物流相同，但其所有权的转移也是由上游向下游移动。

(三) 资金流：资金的流通

随着物品所有权的转移会出现随之而来的资金转移，由取得所有权的买方将资金移转给卖出所有权的卖方，故资金流的流通方向与商流相反，由下游往上游流动。

(四) 信息流：信息的流通

物品的运输、所有权的转移与资金的流动，都需要流动的双方互相确认信息以确保流通的正确性，故信息的流通介于每个供应链成员之间，为双向流通。

三、国际供应链在企业国际化运作中的重要性

在企业国际化的同时，企业同时面临消费者对产品品质要求的提升，以及产品生命周期日益缩短等外部环境的挑战，促使企业必须积极整合上下游国际企业，快速反应消费者的需求。国际供应链整合上下游厂商与流通业者，能够达到成本的最佳化以快速反应市场需求，因此成为跨国企业建立竞争优势的重要战略。

国际企业需利用国际供应链建立竞争优势的原因有以下几点。

(一) 产品高品质成为进入国际市场的必要条件

产品高品质逐渐成为立足市场的基本条件，而非企业的竞争优势。

良好的国际供应链运作能使企业在维持高品质产品时，仍能保有低成本优势，以保持国际企业的竞争力。

(二) 消费者喜好变化加快，缩短产品生命周期

消费者喜好的快速改变，使厂商无法正确掌握消费者需求，也使产品的生命周期缩短，压缩新产品由研发至上市的周期。国际供应链管理能增加生产的弹性。并针对消费者的需求快速反应，将适量于适宜的产品提供到市场上，因而成为国际企业重要的竞争优势。

(三) 时效性的要求

顾客需求趋向多样化，产品的淘汰率也加快，能在消费者需求发生的瞬间就予以满足成为企业获利的重要手段，故满足瞬间需求的时效性，成为企业成功的重要关键因素。为达成快速的时效性

要求，国际企业一方面必须加快订单传送的速度，另一方面则必须提升成品在运输及流通的时效性；国际供应链整合信息与实体流通，能有效达成国际企业满足时效性要求的目的。

（四）降低成本的必要性

市场竞争激烈使提高营收的难度增加，欲提升企业获利，便要从降低成本着手。Peter Drucker 认为企业若要提升成本效率，物流是尚未开发而能达成效率提高的最后疆界，因为物流成本一般占企业营收的 5%～35%，能有效降低物流成本对整体成本的降低将有很大的效果。

以往企业用存货来应付市场的不可预测性，但存货也代表了成本的支出。因此制造业为解决存货问题，便要求供货商以 JIT 的方式供料，以减少对原料及零件的存货要求。另外，欲减少仓库数目可通过全球性或区域性配送中心配送速率的提升来达成，这些都是供应链管理可以达成的效果，因此，对国际企业来说，整合性的国际供应链管理能有效降低国际运作的成本，从而使获利增加。

（五）物流业务外包

为了同时使仓储与配送成本更低，并提升消费者服务的水准，愈来愈多的制造商与流通业者建立长期紧密的关系，希望能协同快速对消费者的需求变化作出反应；同时为了降低成本及增加资源使用效率，也有愈来愈多企业把先前公司自己运作的仓储及运送作业外包，专心于企业最具竞争优势的核心产品与作业。因物流服务的需求增加，专业化的物流企业应运而生，专业化的物流企业使企业能在国际供应链运作上得到更好的效果。

（六）售后服务的必要性提高

科技进步使产品的复杂度与维修的需求增加，另外随着消费者对品质要求的提高，售后服务成为必要的竞争优势。产品的复杂度增加（如汽车或计算机）使维修的难度提高，无法一次备齐所有零件，导致零件的更换时间增加，时间的延迟常造成顾客的抱怨，若为应对顾客抱怨而增加零件的存货需求，又将使企业的成本增加。解决此项问题的办法之一，是将需要的零件储存于区域型配送中心，利用电话订货隔夜配送到修理厂商，若消费者位于好几个区域或国家，跨国的调度与配送考验着企业国际物流的能力。国际供应链管理能为企业同时解决时间与成本的问题，增进国际企业的竞争力。

（七）资金周转的复杂性增加

资金的周转对企业的运作至为重要，在企业国际化后，各项收付款作业因为有了国界的阻隔，常有汇率、对保、付款条件等作业需要处理，延长了企业收款的时间，让国际企业需要更高的资金准备以应对国际化的运作；国际供应链管理能同步处理国际供应链中物品移动与资金流动的作业，通过供应链中的金融合作伙伴能降低国际企业资金储备，也降低国际企业的运作风险。

四、国际供应链管理产生的背景

全球供应链是在科技不断进步，经济全球化和信息化过程中出现的一种新现象。这一现象的出现和发展不是偶然的，其背后有着深刻的国际政治经济背景。

（一）全球市场竞争的新格局

进入 20 世纪 90 年代以来，由于科学技术不断进步和经济的不断发展、全球化信息网络和全球化市场形成及技术变革的加速，围绕新产品的市场竞争也日趋激烈。随着经济的发展，影响企业在市场上获取竞争优势的主要因素也发生着变化。认清主要竞争因素的影响力，对于企业管理者充分利用、获取最大竞争优势具有非常重要的意义。全球市场竞争的主要特点有以下几方面。

1. 产品寿命周期越来越短

随着消费者需求的多样化发展，企业的产品开发能力也在不断提高。目前，国外新产品的研制周期大大缩短。例如，惠普公司新打印机的开发时间从过去的 4.5 年缩短为 22 个月，而且，这一趋势还在不断加强。与此相应的是产品的生命周期缩短，更新换代速度加快。由于产品在市场上存留时间大大缩短了，企业在产品开发和上市时间的活动余地也越来越小，给企业造成巨大压力。例如当今的计算机，几乎是一上市就已经过时了，就连消费者都有些应接不暇。

2. 产品品种数飞速膨胀

因消费者需求的多样化越来越突出，为更好地满足消费需求，企业便不断推出新产品，从而引起新产品开发竞争，结果是产品品种数量成倍增长。为了吸引用户，许多厂家不得不绞尽脑汁不断增加花色品种。其结果是库存占用了大量的资金，严重影响企业的资金周转速度，进而影响企业的竞争力。

3. 对交货期的要求越来越高

随着市场竞争的加剧，经济活动的节奏越来越快。其结果是每个企业都感到用户对时间方面的要求越来越高。这一变化的直接反映就是竞争的主要因素的变化。20 世纪 60 年代的企业间竞争的主要因素是成本，到 70 年代时竞争的主要因素转变为质量，进入 80 年代以后竞争的主要因素转变为时间。这里所说的时间要素主要是指交货期和响应周期。用户不但要求厂家要按期交货，而且要求的交货期越来越短。企业要有很强的产品开发能力，不仅指产品品种，更重要的是指产品上市时间，即尽可能提高对客户需求的响应速度。对于现在的厂家来说，市场机会几乎是稍纵即逝，留给企业思考和决策的时间极为有限。如果一个企业对用户要求的反应稍微慢一点，很快就会被竞争对手抢占先机。因此，缩短产品的开发、生产周期，在尽可能短的时间内满足用户要求，已成为当今所有管理者最为关注的问题之一。

4. 对产品和服务的期望越来越高

从 20 世纪 90 年代起，用户对产品质量、服务质量的要求越来越高，已不满足于从市场上买到标准化生产的产品，而希望得到按照自己要求定制的产品或服务。这些变化导致产品生产方式革命性的变化。传统的标准化生产方式是"一对多"的关系，即企业开发出一种产品，然后组织规模化大批量生产，用一种标准产品满足不同消费者的需求。然而，这种模式已不再能使企业继续获得效益。现在的企业必须具有根据每一个顾客的特别要求定制产品或服务的能力，即所谓的"一对一（One—to—One）"的定制化服务。企业为了能在新的环境下继续保持发展，纷纷转变生产管理模式，采取措施，从大量生产转向定制化大量生产。

企业要想在这种严峻的竞争环境下生存下去，必须具有较强的处理环境变化和由环境引起的不确定性的能力。因此，能够做出快速反应、各节点企业紧密合作的供应链便发展起来了。

（二）经济全球化

对于经济全球化，国际组织和中外学者从不同角度或注重不同的标志等而进行了不同的描述。我国学者范爱军认为经济全球化"一般是指经济的全过程在全球范围内展开和运行，包括生产过程、流通过程和消费过程。"国际货币基金组织认为全球化是"跨国商品与服务贸易及国际资本流动规模和形式的增加以及技术的广泛迅速传播使世界各国经济的相互依赖性增强。"我国入世谈判团首席代表龙永图认为"经济全球化是一种新的国际关系体制，包括生产、金融和科技三个方面的全球化。三者之间，生产发展决定金融科技的发展，同时金融科技的发展又对生产发展产生巨大的反作用。因此，经济全球化的主要特点是生产的全球化。"美国的阿西姆·普拉卡什和杰弗里·卡特认为,"经济全球化是一系列导致要素、中间与最终产品以及服务品市场的经济活动跨越地理界限形成统一整体,并使跨国界价值链在国际循环中地位不断上升的过程。"李琼主编的《世界经济学大辞典》认为:"经济全球化是指以生产力为基础的所有经济关系在全球范围相互扩展和相互联系的发展过程或状态。是国际化特别是国际分工发展的最高阶段,是社会生产力发展的必然结果。它体现着包括生产要素、生产过程、产品的交换和消费、科学技术和信息服务等在全球范围内的分工和合作,各种经济关系在全球范围内的交织和融合。"无论他们的定义有什么差别,但都有共同点,即不同程度上涉及经济全球化是生产要素和产品的全球流动以及由此带来的经济活动过程在全球范围的展开。

按照国际间学者已达成共识的解释,所谓经济全球化(globalization),是指商品、服务、信息、生产要素等的跨国界流动的规模与形式不断增加,通过国际分工,在世界范围内提高资源配置的效率,从而使各国间经济相互依赖程度日益加深的趋势。当代经济全球化具体表现为生产要素的全球化、产品市场的全球化、产业结构的全球化、经营理念的全球化和经贸规则的全球化。生产力的发展是推动经济全球化的关键性因素,但全球范围内的贸易自由化进程对形成全球化的产品市场和生产要素的全球化,从而推动经济全球化功不可没。

经济全球化的发展,尤其是全球市场日益发展,全球竞争加剧,迫使企业必须将战略眼光着眼于全球而不是局限于国内或部分国家,促进了全球供应链的形成与发展。经济全球一体化的趋势,同样为全球供应链中节点企业与核心企业形成紧密合作的战略合作伙伴关系、采用新的组织形式提供了有利的条件,二者相互促进。

(三)发达国家与发展中国家对加工贸易的鼓励政策

全球供应链的出现和发展涉及产业结构的问题。各个国家的产业结构在国际市场竞争的催化和比较利益的诱导下,正在变成为世界产业结构的一个密不可分的组成部分。许多国家在制定产业政策时,不仅考虑本国国情,而且也充分考虑到世界各国产业结构的调整情况,以便能及时抓住机遇,更好地参加到世界分工的行列中,以获取比较利益。在近来蓬勃发展的"外包"(outsourcing)与加工贸易,正是各国产业结构调整的结果,其中,各国政府对加工贸易的鼓励政策起了极大的作用。

1. 发达国家鼓励加工贸易政策

西方发达国家工业化进程开始较早,市场经济发达,技术水平处于世界领先地位,而且经过若干年的发展和积累,资本富裕。随着近年技术的突飞猛进,尤其是知识经济时代的到来,由于其劳动力成本很高,在服装等某些劳动密集型和低技术—资本密集型产业制造业部门在世界的竞争力越来越弱。为了在世界竞争中一直保持领先地位,抓住核心竞争优势,发达国家较早地开始了产业结构的调整,把那些资本和技术密集度相对较低的产业向发展中国家转移。进行产品结构调整存在两种选择:一是把特定产品所有生产过程一揽子转移到发展中国家,从而腾挪出经济资源用于发展符合比较优势结构的产品;二是把这类产品生产过程中劳动最为密集的工序或区段转移到国外进行,资本和技术投入比例较高的生产环节仍在国内进行。显然,比较"整个产品转移"和"部分工序转移"两种方案,后者更具有经济合理性,并能降低结构调整对国内经济特别是就业市场带来的冲击。

2. 发展中国家鼓励出口加工政策

第二次世界大战结束后,很多发展中国家都相继制定了经济发展战略。发展中国家工业化一般都从实施进口替代战略贸易发展模式开始,即通过政策干预措施建立和发展本国制造业和其他工业,替代过去制成品进口,以求实现国家工业化和平衡国际收支。进口替代政策措施主要包括以下几方面内容:第一是实行贸易保护政策,通过关税(高额关税和进口附加税)和非关税手段如进口许可证、进口数量限制等措施限制直至完全禁止外国某些工业品进口。第二是实行比较严格的外汇管理政策，以将有限的外汇用于发展最急需的一些领域。采取币值高估的汇率制度，而且多数发展中国家实行复汇率制度，对必需品和资本品进口采取高估，对非必需品进口则实行低估，以达到降低消费品进口又降低资本品进口成本从而促进进口替代工业的发展的目标。第三是实行优惠的投资政策，在财政税收、价格和信用等方面给予进口替代产业以特殊优惠。这类政策虽能一度促进民族工业发展，但迟早都会面临深层困难。由于这种战略造成了进口替代工业市场不足，生产力闲置，工业与基础业和农业发展极不平衡，而且由于出口竞争力弱，未能改善国际收支困难等消极因素，因此，后来许多发展中国家都转向了鼓励加工贸易的出口替代战略。

由于进口替代贸易发展模式暴露出来的矛盾，迫使一些国家寻求新的办法。在20世纪60年代中期前后，东亚和东南亚由于全球供应链中涉及的跨国界产品或零部件、原材料等的流动和贸易非常频繁，离开了这一背景，全球供应链是较难发展起来的。一些国家和地区如新加坡、韩国和中国台湾省在短暂进口替代后都很快转向出口替代的贸易发展模式。随后拉美和其他东南亚国家如巴西、马来西亚等也采用了这种模式。鼓励出门的政策对产品内分工、供应链发展发挥了积极促进作用。这些政策初期主要表现为对原料和中间产品提供减免关税等财政激励，不久发展为建立出口加工区等成套性的鼓励参与国际工序分工措施。中国台湾省在50年代就实行出口退税政策鼓励出口加工，即利用原料或中间投入品加工出口的厂商，在进口原料和中间产品时，可以暂不缴纳关税、货物税、防卫捐税，而采取记账户方式，出口时冲销，降低出口商的成本。

五、国际供应链发展的动因与特征

（一）全球供应链的发展动因

发达国家的国际化企业为了更充分地利用全球的资源优势、尤其是发展中国家劳动力优势，将国际分工从产品间扩大到产品内，把自己不具比较优势、附加价值低的工序或生产环节如加工与装配等向发展中国家转移，自己则专注于具有比较优势、自己擅长的如研发、设计、销售等核心业务，从而提高企业的竞争优势与核心竞争力，以获得在全球竞争中的领先优势。这是全球供应链产生和发展的重要原因。

1. 技术进步是国际供应链产生的客观基础

技术进步是推动国际供应链发展的前提。

（1）产品结构日益复杂化，随着技术的进步和生产力的提高，出现了分工和社会化工业生产，产品日益复杂；技术的进步使新产品的开发能力和速度也不断提高和加快，产品的种类也日益增多。

（2）运输成本不断降低，技术革命带来了当代的运输革命。一是远洋运输技术进一步完善，特别表现为大宗货物运输费用大幅下降和运输时间节省；二是航空运输成本大幅下降，为国际生产分工和国际贸易提供了新的运输手段；三是高速公路的普及对国内市场重新整合和国内产品内分工具有重要意义。

（3）信息技术的进步，尤其是信息革命，对全球供应链的发展提供了重要条件。

2. 全球市场的驱动

全球市场的驱动来自海外竞争者的挑战和海外消费者所提供的机会。即使是一家没有海外业务的公司，也会受到外国公司出现在本土市场上时所造成的影响。为了成功地捍卫本土市场，进军海外市场也许是公司的必然选择。

3. 国际供应链的产生和发展是国际分工深化的必然结果

分工理论是经济学中的一个重要理论，其对供应链的出现更具有决定性作用。国际分工包括：

（1）行业间分工，这种分工格局形成了以垂直分工为特征的国际分工合作体系。

（2）行业内分工，即不同国家同一产业内部的专业化分工。

（3）产品内分工，是指特定产品在生产过程中，根据产品的工序的不同或者零部件对资本、劳动、技术等生产要素比例的投入要求的差异，将不同的零部件或工序在空间上分散到不同的区域或国家进行，各个区域或国家按照工序的不同或零部件的不同进行专业化生产或供应。其突破了产品的界限，深入到了产品生产过程中，是国际分工的新形式，是国际经济化的展开结构，其近似的概念有全球外包，海外外包，转包零散化等。

（二）国际供应链的特征

1. 实质距离的增加，意味着更久的前置时间，也使前置时间增加变异性，企业通常会采用更多的存货方式来应对，这会在牛鞭效应之余产生更加不稳定的因素，会导致代价昂贵的缺货状况、客户需求反复无常和较高的行政费用。

2. 预测难度和不确定性的增加，距离长远所增加的响应时间，会使预测作业更加复杂，地理位置的不同，意味着不同企业间的会在不同的文化背景下运作。

3. 汇率和其他经济不确定性，汇率和通货膨胀是全球供应链环境中的两个复杂的总体经济因素。

4. 不合适的基础建设，包括运输网络、通信能力、员工技术水平、原材料/供货商品品质、设备状况等。

5. 全球市场中暴发的产品多变性，全球竞争环境迫使企业供给不同国家高度定制化的产品和服务，这就使得企业要能提供产品的多样性和服务的多选择性。

六、中国在全球供应链运作中的地位

近代第一次技术革命发生在英国，第一个拥有"世界工厂"美名的是英国，表现为英国是世界各国工业品的主要供应者；19世纪末20世纪初，世界工业制造中心除英国之外，德国、美国分别形成两个中心；20世纪70年代中期以后，亚洲"四小龙"和巴西、墨西哥等亦参与到世界生产链中；今天，有人也给予中国"世界工厂"的美誉。2001年5月，日本通产省发表的白皮书第一次提到，日本世界生产大国的地位已经动摇，中国已经成为"世界工厂"。新加坡的李显龙在同年9月份《福布斯》杂志举办的企业高层会议上说，正如日本在战后成为"世界工厂"一样，中国将在21世纪成为"世界工厂"。中国从成为世界工厂的那一刻起——作为"世界加工厂"或"世界工厂车间"，已成为国际供应链的起点，参与了世界化工、建筑、电子、钢铁、汽车、纺织等世界生产链之中。随着科学技术的进步和发展，国际供应链发展的结构发生了变化，在成本和要素投入方面的比较优势，使供应链服务呈现了向中国这个低成本的世界工厂转移的趋势，而发达的技术手段提供了这个比较优势实现的手段。比如，国际海运技术水平的提高，大大缩短了国际供应链的周期。15年以前，从中国到北美的跨太平洋海运，需要22天的时间，现在11天就能从中国到达美国西海岸。另外，信息技术、互联网和GPS，GIS，RFID等，都成为国际供应链的技术支撑和更快效率的实现手段。正是在技术发达的情况下，供应链的服务开始转向中国。加工贸易就是中国在发达国家国际化公司主导的全球供应链中所分工从事的一个环节，或者说就是中国在全球供应链中从事的具体分工。可以说，中国加工贸易发展的广度与深度就是中国参与全球供应链的广度与深度。

（一）中国是全球供应链中的加工大国

作为拥有十几亿人口、国土面积庞大、资源丰富的大国，伴随着对外开放后的经济高速发展，尤其是加工贸易的发展，中国与全球供应链的联系不断加强，在全球供应链中所占的比重越来越大，欧美的任何一个跨国公司，在进行全球战略规划、构建全球供应链时都不可能不考虑中国。

1. 中国加工贸易的发展历程

从我国20世纪70年代末改革开放以来，加工贸易大体上可以分为三个发展阶段。

(1) 来料加工阶段。从改革开放的初期到80年代中期是来料加工阶段。这一阶段，加工贸易发展的特点是：从加工贸易方式来看，由于我国原材料短缺，制造业落后，产品的花色和品种单一、档次不高，我国加工贸易以外商提供原材料、加工技术及相关设备的来料加工为主；从区域分布看，具有明显区域特征，国内开展来料加工贸易业务主要在广东、福建两省，与我国外资的地理分布相似。另外，随着香港劳动密集型产业的内迁，香港与内地"前店后厂"的合作方式已显雏形。

(2) 进料加工阶段。从80年代中期到90年代初期是加工贸易发展到以进料加工为主的第二阶段。在这一时期，部分欧美跨国公司开始进入我国，日本也直接向我国转移了部分劳动密集型产业。我国进出口商品构成开始向高技术和高附加值的"双高"方向演变，最明显的例子是机电产品加工贸易迅速发展，并位居加工贸易主导地位，使我国加工贸易的技术档次发生了巨大变化。

(3) "双高"阶段。1992年以后，中国的加工贸易进入了"双高"发展阶段。90年代以来，加工贸易升级的步伐明显加快，加工贸易产业构成逐步发生质变，由劳动密集型为绝对主导逐步向劳动密集与技术、资金密集型产业并重的方向发展，甚至来料加工中也出现了一批技术先进、规模领先的大型项目；加工贸易企业相互之间的配套程度提高，不少企业使用国产原材料、零部件的比例在不断提高，加工贸易与国内产业的联系加强；外商投资企业取代乡镇企业成为加工贸易的经营主体。随着上海外高桥、大连、天津港等保税区的建立，投资运营环境进一步完善，中国加工贸易取得了蓬勃发展。

2. 中国与全球供应链的联系越来越紧密

作为全球供应链许多节点之一的加工环节，人们有时称之为"外包"业务或"加工贸易"等，也正是随着跨国公司全球战略和全球供应链的出现和发展而发展起来的。很多发展中国家，无论自觉还是不自觉地，都已经融入到了全球供应链中。

中国在全球供应链中制造加工环节所占的比例越来越大，联系越来越广。无论从与全球供应链联系的广度还是深度来说，中国都是全球供应链的重要一环。没有哪个发达国家在进行产业转移时可以不考虑中国这个巨大的发展中国家，也没有哪个跨国公司在进行全球战略规划、考虑其全球供应链节点企业的布局时不考虑中国。

(二) 中国参与全球供应链间接性与被动性

中国加工贸易的发展很快，加工贸易的规模也很大，在全球供应链中占有很重要的一席之地，但认真分析从事加工贸易的主体和国别地区，就会发觉中国参与全球供应链的主体主要是外资企业，国营、集体企业或民营企业只占很小的比例。这种参与全球供应链的间接性和被动性说明中国企业的竞争力还很弱，在全球供应链中的地位还不强大，也没有充分利用到全球供应链对发展中国家及其企业发展的促进作用。

1. 外资企业是加工贸易的主力

虽然中国加工贸易发展很快，加工贸易额在整个对外贸易额中所占比重很大，但外资企业加工贸易额占了绝大部分比例，尤其是加工贸易出口更是外资企业的天下。

2. 加工贸易的主要伙伴集中、进出口地区不对称

中国加工贸易的合作伙伴比较集中。加工贸易的原材料及零部件进口主要来自周边国家和地区，根据海关统计，2002年中国加工贸易的进口来源地依次排名为日本、中国台湾、东盟和韩国，从这四个贸易国家和地区的加工贸易进口就占了全国加工贸易进口总值的65%，而加工贸易出口的地区则主要集中在欧洲、美国和日本。加工贸易进口来源国与地区和加工贸易出口销售地区具有明显的非对称性。

3. 中国在全球供应链中的作用不强

从以上资料分析可以看出，虽然中国加工贸易量很大，但中国在全球供应链中的地位还很低，并没有强大的作用。外资企业的技术与管理水平一般远高于国内企业，外资企业作为加工贸易发展、参与全球供应链的主力军并不代表中国国内企业就能在全球供应链中占有同样重要的地位。国内企业加工贸易在全国加工贸易中所占的比重仅仅为21.32%就说明了这一点。加工贸易进出口地区的非对称性所代表的中国加入全球供应链的间接性，也说明中国企业直接参与全球供应链的能力还不强。

（三）中国处于全球供应链的低端，地位低、分享利益少

决定一个企业在全球供应链中的地位和作用的主要因素是企业的核心竞争力，核心竞争优势主要是技术和销售优势，这既是供应链之间竞争的取胜法宝，也是核心主导企业吸引其他节点企业和节点企业被选择为供应链的合作伙伴的前提条件。而且，从供应链利益分配中所考虑的价值增值来说，技术和销售这两个环节的价值增值程度最高，如同"微笑曲线"所描述的一样。因此，在全球供应链中拥有技术、销售优势，处于这两个环节的企业作用最大、地位最高，获得的全球供应链分工利益也最多。

1. 中国技术水平低，加工技术含量低

与发达国家相比，中国资本、技术、知识等要素供给处于劣势。尤其是在技术知识密集型产品方面不具备成本低的优势，按照比较优势定位国际分工的位次，中国大多数产业仍处在国际分工的低端层次上，这是一个不争的事实。从出口产品的技术含量上看，中国出口产品高新技术产品所占比重不高。就参与全球供应链来看，中国主要是间接和被动地以加工贸易的方式参与，而加工本来在全球供应链中就是技术含量相对低的生产活动，一般认为这种加工会提高加工企业的技术水平，但就中国而言并不很理想。

2. 缺乏品牌优势

一直以来，中国大部分产品是以低价策略进入国际市场的，忽略了自身品牌的建设。国际市场上中国商品很多，但使用中国品牌的商品却很少。而在全球供应链这个体系中，销售本来就控制在核心企业手上，从事加工组装活动也不涉及品牌建设，产品是利用链条中核心企业的品牌进行销售。在中国的三资企业出口中，很大一部分是为国际知名厂商的贴牌生产。缺乏技术与品牌优势，就缺乏核心竞争力。发展加工贸易，中国虽然参与到全球供应链中了，但从事供应链低端加工所需的那些先进技术，都主要掌握在外资企业手中，而且，这些先进技术与全球供应链中核心企业的先进技术相比，远不能称为先进。此外，这些技术的外溢效果也很不理想。由此可见，虽然中国加工贸易发展很快，但中国企业的技术水平与品牌建设远没有人们一般所认为的那样提高很多，中国企业在全球供应链中的地位还很低，作用不强。而且，本身增值就很低的加工环节，其利益还要被外资企业分走相当一部分，中国通过加工贸易参与全球供应链，本来就很低的利益就更低了。

根据中国目前在全球供应链中所处的地位及现状分析，要参与和利用全球供应链，趋利避害，促进经济发展，就要提高企业的供应链管理水平，在参与过程中努力向全球供应链的高端发展，更多从事技术含量、附加值高的加工活动，并在此基础上"走出去"，将国内供应链向国外延伸，主动利用全球供应链来获得全球资源优势，提高企业和国家的竞争力，促进经济健康、可持续发展。

第二节 国际供应链风险管理

一、供应链风险的含义与分类

(一) 供应链风险的含义

不仅产生于供应链的内部，同时是外部风险严重混乱的外在表现。外部风险可能来自自然灾害、战争、恐怖主义、流行性疾病等。内部风险主要指构建和管理供应链的风险。外部风险不受管理行为的控制，但是内部风险却受到控制。

2000 年，供应链风险概念研究，认为供应风险存在于任何制造企业中，并提出了下列关键的供应风险：供应商经营风险，供应商的生产力约束风险，质量风险、生产技术变化风险，产品设计变化风险及各种灾害风险。

2002 年，Cranfield School of Management 把供应链风险定义为供应链的脆弱性，供应链风险因素的发生通常导致降低供应链运行效率，增加成本，甚至导致供应链的破裂和失败。

2003 年，供应链风险归纳为战略风险、作业风险、供应风险、客户风险、资产损伤风险、信誉风险、制度风险和法律风险等。

2004 年，Deloitte 咨询公司在其发布的一项供应链研究报告中，提出供应链风险是指对一个或多个供应链成员产生不利影响或破坏供应链运行环境，而使得达不到供应链管理预期目标甚至导致供应链失败的不确定因素或意外事件。

综上所述，供应链风险是供应链偏离预定管理目标的可能性。供应链风险是客观存在的、普遍存在的，是不以人的意志为转移的，人们可以控制它、改变它，但不能消灭它。供应链风险是一种潜在的威胁，它具有独特的放大效应，不只是影响到某一个企业，而且会利用供应链本身的脆弱性，给上下游企业带来损害和损失。

(二) 供应链风险的分类

由于供应链自身的复杂性和风险因素众多的原因，必然导致供应链风险的复杂性特征。为了全面深入地认识供应链风险，并有针对性地进行管理，有必要对供应链风险的分类进行了解。

1. 按照风险存在的周期划分

按照风险存在的周期，供应链风险可以划分为长期风险和短期风险。

(1) 长期风险，也叫"战略风险"，是指短时间内对企业供应链可能没有什么不良影响，甚至是有利的，但长期来看可能会给企业造成损失的供应链风险。在供应链管理运作中招标、外包与战略伙伴关系建立等，既要充分认识其能够带来的好处，也不能忽视其带来的风险。例如外包的好处是让企业集中力量于核心能力、简化企业结构、节省投资、缩短市场反应时间、充分利用合作企业的优势资源与能力等，但是外包会增加对合作伙伴的依赖，供应商的机会主义行为带来危害的可能性增加，外包不当会造成核心能力丧失。IBM 公司在 PC 机生产上的外包，使新兴的竞争对手乘势而起，就是一个例子。

(2) 短期风险，也叫"战术风险"，是在一个相对较短的时间内，甚至是一个合同的执行期内，供应链存在偏离预定目标的风险。战术风险是日常供应链管理控制的重点。

2. 按照供应链管理目标划分

供应链管理的主要目标可以归纳为三个方面。成本目标，节约成本是供应链管理的根本；时间目标，供应链管理要求在正确的时间把正确数量的正确商品送到正确的地点，交给正确的下游客户

（时间目标包含数量、地点目标）；质量目标，质量目标要求供应链中流动的是符合质量要求的产品，一方面采购来的原材料、制造厂出来的最终产品是合格的，另一方面，在产品的搬运、储存过程中还必须保证产品不发生质量变化或损坏，达到合乎要求的客户服务标准。

根据供应链管理的三大目标，供应链风险可以分为成本风险、时间风险和质量风险。

（1）时间风险，如交货延误和供应短缺。

（2）成本风险，如运行效率不高造成的浪费或行为失误导致的损失。

（3）质量风险，如物流过程中的产品损坏变质。

3. 按照供应链系统构成划分

供应链是一个多参与主体、多环节的复杂系统，按照系统构成，供应链风险可以划分为系统环境风险、系统结构风险、行为主体风险及行为主体之间的协作风险。（见图 2-1）

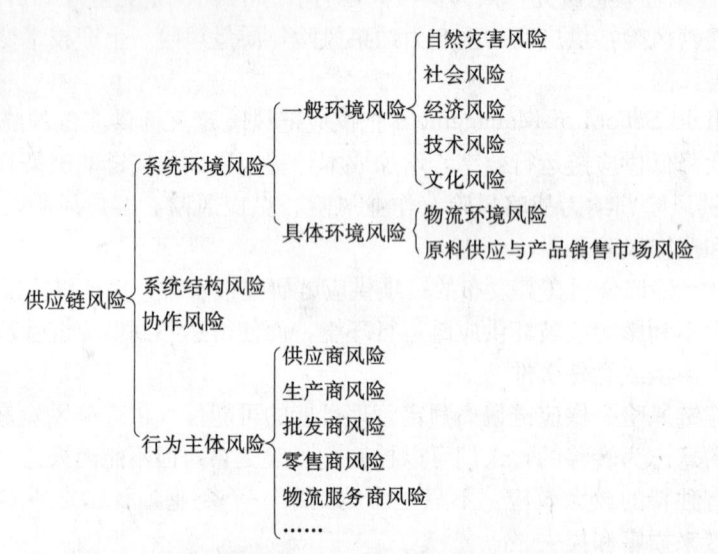

```
                               ┌─自然灾害风险
                               ├─社会风险
              ┌─一般环境风险─┼─经济风险
              │               ├─技术风险
              │               └─文化风险
  ┌─系统环境风险┤
  │           └─具体环境风险─┬─物流环境风险
  │                         └─原料供应与产品销售市场风险
供应链风险┼─系统结构风险
  │      ┼─协作风险
  │                   ┌─供应商风险
  │                   ├─生产商风险
  └─行为主体风险─────┼─批发商风险
                      ├─零售商风险
                      ├─物流服务商风险
                      └─……
```

图 2-1　按照供应链系统构成对供应链风险分类

（1）系统环境风险，指由环境因素导致的风险。系统环境可以分为一般环境和具体环境，系统环境风险也相应地分为一般环境因素风险和具体环境因素风险。具体环境因素风险包括供应链所在地区的物流环境、原料供应形势、产品销售行情等变化形成的供应链风险。具体环境是企业赖以生存和发展的、与企业的经营管理有直接关系的系统环境。具体环境因素风险是企业供应链的主要风险，是供应链风险管理与控制的关键。

（2）系统结构风险，指供应链的结构设计不合理可能造成的供应链风险。以最终产品配送为例，如果配送网络设计不合理，有限的货物在有些地区的渠道中积压，而在另外的地区却出现短缺，不能满足订单需求，或是配送费用偏高，效率低下。供应链风险沿着供应链的结构向下游传递，好的供应链结构能够吸收风险的影响，而不好的结构能扩大风险的影响和风险后果。

（3）行为主体风险，参与供应链活动的行为主体包括提供原辅材料和服务的供应商、生产商、批发商、零售商以及物流服务商等。行为主体风险就是由供应链活动参与行为主体的责任造成的风险。各参与主体各自的利益和目标各不相同，各自对任务的理解和采取的行动方式不同，各个企业的管理水平、人员素质、企业信誉也不同。按照行为主体，可以划分为供应商风险、生产商风险、批发商风险、零售商风险、物流服务商风险等。

（4）协作风险，供应链是一个多参与主体的复杂系统，不可参与主体之间不能很好地沟通协作形成的供应链风险称为协作风险。协作风险有很多种表现形式，例如合作伙伴间不同的企业文化和管理模式发生冲突、合作伙伴的流动性改变、伙伴的投入与承担的风险与获得的收益不相称、伙伴间沟通联络的渠道不通畅、合作协议有漏洞致使合作各方权责不明、核心技术外泄或关键信息外泄、合作伙伴采取的技术思想和技术平台不同导致技术衔接问题、伙伴间的数据统计口径和时限不一致造成信息传递不顺或失真、信息系统安全问题、违约信用风险等。

4. 按照供应链的过程划分

供应链全过程可以分为采购、生产、配送、退货几个阶段，相应的供应链风险可以划分为采购风险、生产风险、配送风险、退货风险。

5. 按照风险来源划分

考察形成风险的各种因素，有人的原因、管理的原因、设备的原因、产品本身的原因、环境的原因，相应地可以把供应链风险分为人为原因的风险、管理不当的风险、设备造成的风险、产品本身原因的风险、外部环境造成的风险。

（1）人为原因的风险，指由于参与供应链相关活动的人素质不高、经验不足、能力不够、行为不当或协调不好造成的供应链风险。这里的人可以是企业内部的，也可以是供应商或批发、零售商。人的因素是供应链风险管理中最关键、最活跃、最主动的因素。

（2）管理不当的风险，指由于供应链管理方法不当、措施不力以及决策失误、规划计划错误造成的供应链风险。

（3）设备造成的风险，指由于设备的低效率或故障造成的供应链风险。供应链相关的设备包括供应链支持系统的设备（如供应链管理信息系统），也包括运输、仓储、搬运甚至生产设备，设备的性能和运行表现直接影响到供应链管理目标的实现。

（4）产品本身原因的风险，指由于产品本身的特殊性造成的可能的供应链风险。供应链中不同类型的产品对供应链性能的要求是不同的。如保鲜品要求必须在限定的时间内送达，对运输、保管、搬运过程有特殊要求的，对保鲜商品的运输配送造成质量风险的可能性就大。

（5）外部环境造成的风险，指由外部环境不正常变化造成的风险。

二、国际供应链风险的因素

供应链风险是客观存在的，是一种潜在的威胁，它具有独特的放大效应，不只是影响到某一个企业，而且会利用供应链本身的脆弱性，给上下游企业带来损害和损失。国际供应链的管理与本土化供应链管理的原理基本上一样的，只是涉及了海外的国际业务，地域覆盖更为广泛。然而，正是由于包含了跨国业务，使得它的运作方式也更为复杂，会受到多个国家不同的地域、语言、货币、文化、政治等因素的影响，存在更多的风险和挑战。

（一）政治和法律因素

在不同的国家和地区，其政策和法律各有不同。每个国家都有自己的税收、进出口、海关、环保和对本国民族工业的保护等政策。全球化供应链的运作遍及世界，必然要涉及不同的政策和法律制度，因此在不同的国家和地区开展供应链业务活动时，必须了解和利用当地的政策法规，按照它们来制定相应的经营战略和策略，应付和处理在业务中遇到的问题和可能发生的纠纷。

（二）经济因素

经济因素极大地影响了供应链的全球化趋势，同时也影响了全球化供应链的管理和运作。这些因素包括金融（货币、汇率、利率波动，当地的通货膨胀率或通货紧缩率、股市波动等）、地区性贸易协议、税收、进出口配额和劳动力的成本费用等。

(三) 文化因素

文化因素对企业的海外业务、企业整体目标和整个供应链的业务都有较大的影响,它包括信仰、价值观、习俗、语言等内容。所有这些因素在全球供应链的每一个环节中都起着重要的作用。

(四) 基础设施因素

一个国家的基础设施是运作和管理全球化供应链的基础。它们的好坏都会促进或制约供应链的运行。在不同国家,基础设施的差异性会很大,这种差异性体现在:道路和桥梁的规模和效能、交通准则和交通拥挤程度、运输工具的优劣、生产规模和技术的先进程度等。

(五) 人力资源因素

许多企业在进入海外市场时,常常采取低成本策略去选择劳动力的成本费用低的国家和地区。在一些不发达国家,尽管可以发现一些具有适当技术水平的工作人员,但很难找到受过专业技术培训的专业人员和熟悉现代管理技术的管理人员,因而开展全球化的供应链业务较为困难,需要投入大量的培训成本。

(六) 信息资源因素

信息资源对供应链、特别是国际化供应链的管理和运作都有极为重要的影响,是成功运作国际化供应链的可靠保证。在信息技术的支持下,供应链上的成员能够共享资源,紧密协作,共同拓展业务。在一些发展中国家里,虽然信息支持系统已有了一定的基础,但在应用的广度和深度上还无法与发达国家相比,不足以有效应用先进的信息系统管理来替代人工操作,甚至在这种环境下还无法支持像 EDI 和条形码这样的技术的使用。

(七) 供应商合作因素

单一的供应渠道可能会带来供应链中断的风险并因此造成严重的损失。另外,与跨国供应商的合作可能会带来知识产权风险、信用风险、信息整合风险和物流运作风险。不同国家之间的具有差异性的信息技术水平和物流运作水平给整个国际化供应链的实际运作带来了整合风险。

(八) 不确定性因素

当经济全球化并且产品流动开始穿越国界时,供应链管理人员即将面临着全球化物流网络的不确定性和复杂性。这种不确定性因素包括:节点企业的不确定性;节点企业内部的不确定性;市场需求的不确定性;外界环境的不确定性。

三、供应链风险管理的含义与意义

(一) 供应链风险管理的含义

尽管人们逐渐开始重视供应链风险问题,并借助一般风险管理理论开展对供应链风险的管理,但对供应链风险管理的概念研究很少,也没有形成统一认识。

英国克兰菲尔德大学克兰菲尔德管理学院(Cranfield School of Management of Cranfield University)是比较早地给出了供应链风险管理定义的研究机构之一,其对供应链风险管理的定义为:识别和管理供应链风险,协调供应链成员从整体上减少供应链的脆弱性,从而消除、减轻和控制供应链风险。

Deloitte 管理咨询公司于 2004 年发布的一项供应链风险管理研究报告中提到了供应链风险管理的概念，认为：供应链风险管理是一个贯穿于供应链运作的始终而寻求整体优化战略、业务流程、人力资源、技术与知识的构造和协同过程。它的目标是为达到供应链的安全持续运行，实现供应链整体利润最大化而控制、监督和评估供应链风险。

Tang 引在其《供应链风险管理的思考》一文中，将前两者对供应链风险管理的定义结合起来，给出的供应链风险管理定义为：通过供应链成员之间协调或协作管理供应链风险，以便确保营利性和连续性。

宁钟在其《供应链脆弱性的影响因素及其管理原则》一文中，把供应链风险管理定义为：通过供应链成员之间协作，识别和管理供应链内部风险和外部风险，来降低整体供应链的脆弱性。

鉴于英国克兰菲尔德大学克兰菲尔德管理学院给出的供应链风险管理的定义更加直观，易于理解，因而本教材中将直接使用该定义。

（二）供应链风险管理的意义

从原材料供应到产品、服务的提供，其中任何一个环节出现"断裂"都会影响整个供应链的运作。而受诸如自然灾害、罢工或恐怖袭击等外部事件的影响，以及受到企业战略调整的冲击，供应链断裂的风险在增加。因而，客观上需要进行供应链风险管理，充分考虑供应链运作过程中的各种不利因素，早做准备，可以防患于未然，提高供应链系统的可靠性。具体来说，开展供应链风险管理具有重要意义。

1. 为供应链运作营造良好的环境

开展供应链风险管理，建立风险评价指标体系，通过不断的信息采集、处理和反馈，对供应链运作状况进行监测，防患于未然，把问题发生的可能性解决在萌芽之时。同时，设计不同风险发生情况下的多种可供选择应急方案，以应不测，进而为供应链运作营造良好的环境，确保供应链正常运作。

2. 促进供应链绩效的提高，确保供应链运作目标的顺利实现

供应链风险管理是一种以最小成本达到最大安全保障的管理方法，它将风险在供应链成员企业之间分担，将有关处置风险管理的部分费用合理地转移，减少费用在赢利中的扣除，间接地提高整个供应链绩效，确保供应链运作目标的顺利实现。

3. 有利于提高供应链的竞争力

有效的供应链风险管理可以在风险发生之前或发生时提供给决策者有用的信息，并使之做出有效的决策，保证供应链的正常运作与整体优化，从而促使供应链有效而低成本地为顾客提供高质量和高价值的产品或服务，进而提高整个供应链在市场上的竞争力。

四、供应链全球化运作中的风险管理

（一）供应链风险分析框架

1. 三维供应链风险初步分析框架

三维供应链风险初步分析框架由 Lindroth et al 提出，该框架包括供应链分析单元、供应链风险类型和供应链风险控制，如图 2-2 所示。分析单元表示供应链风险管理关注的是单一物流活动、单一企业物流、两个企业之间的双重供应链（如存在买—卖关系的供应链），还是具有三个或三个以上公司的供应链网络的企业经营活动。选定分析对象后，确定企业所面临的风险类型有哪些，再进行风险评价，以及采取何种风险管理措施。这个分析框架显然简单、直观。

2. 四阶段的供应链风险管理框架

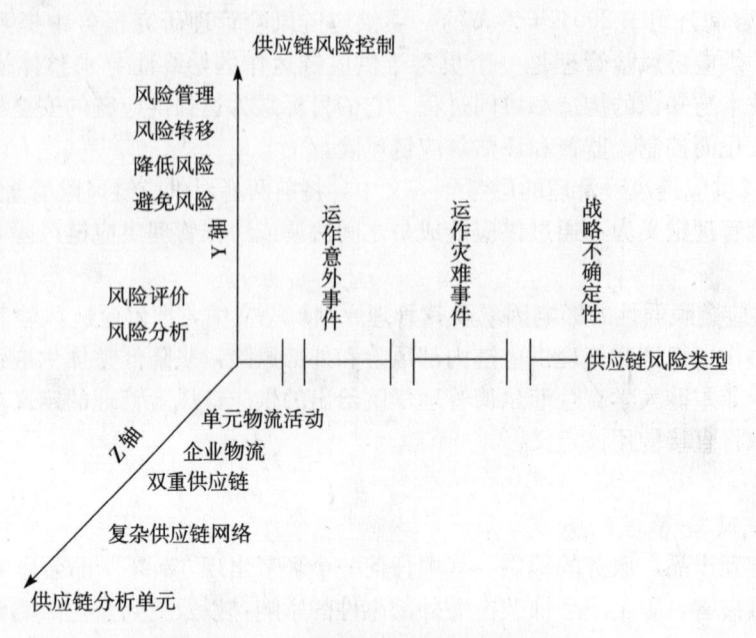

图 2-2 三维供应链风险初步框架

四阶段的供应链风险管理框架由英国克兰菲尔德大学克兰菲尔德管理学院提出，如图 2-3 所示。该风险管理框架强调对供应链风险范围和构成要素的鉴定，类似于 Lindrothetal 提出的三维供应链风险初步框架中分析单元的确定。

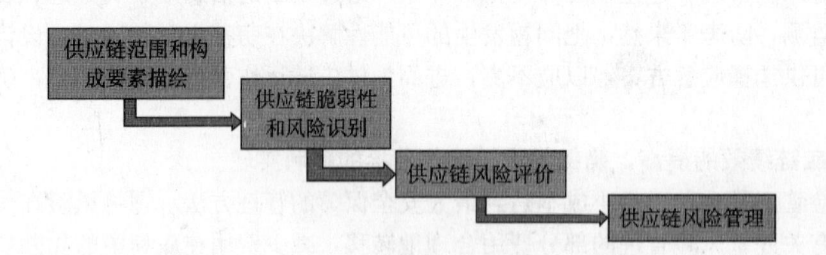

图 2-3 四阶段的供应链管理框架

（二）供应链风险管理过程

供应链风险管理过程由马丁·克里斯托弗提出，包括理解供应链、改善供应链、确定关键路径（节点和连线）、管理关键路线、提高供应链的可见性、建立供应链连贯性小组、与供应商及客户协同工作七个环节，如图 2-4 所示。

（1）理解供应链。要确保企业里面所有部门，以及本企业供应链上所有有联系的部门都能够对"供应链"的内容和目标有共同的理解。

（2）改善供应链。改善供应链即对供应链进行简化，提高过程的可靠性，降低多变性和复杂性。

（3）确定关键路径。由于供应链网络的强弱程度是由其节点和连线决定的，而这些节点和连线又可能数以千计，因而，供应链风险管理的挑战就在于确定这其中哪些是"关键路径"。管理者必须有能力去明确需要进行管理和监督的关键路径，以确保供应链的连贯性。

（4）管理关键路径。一旦关键的节点和连线确定下来，接着就是怎样才能降低或消除供应链风险。很显然，这一步骤应该包括制订应对风险事件的计划，一旦失败就要采取相应行动。情况极端严重的话，有必要重新设计供应链。也可采用合理的统计过程、控制方法来监控供应链上的关键

```
         ┌─────────────────┐
         │   理解供应链    │
         └────────┬────────┘
                  ↓
         ┌─────────────────┐
         │   改善供应链    │
         └────────┬────────┘
                  ↓
         ┌─────────────────────────┐
         │ 确定关键路径(节点和连线)│
         └────────┬────────────────┘
                  ↓
         ┌─────────────────┐
         │  管理关键路径   │
         └────────┬────────┘
                  ↓
         ┌─────────────────┐
         │ 提高供应链的可见性│
         └────────┬────────┘
                  ↓
         ┌─────────────────────┐
         │ 建立供应链连贯性小组│
         └────────┬────────────┘
                  ↓
         ┌─────────────────────┐
         │ 与供应商及客户协同工作│
         └─────────────────────┘
```

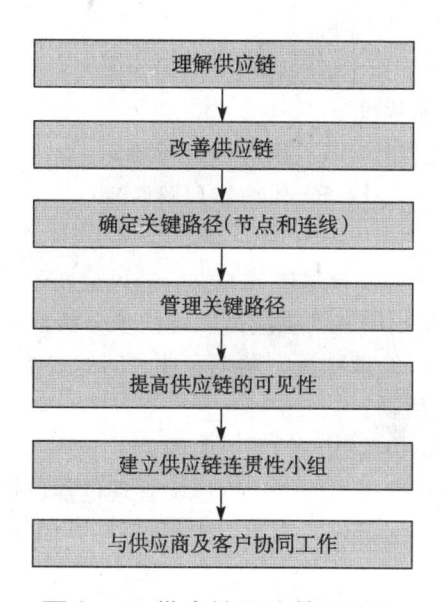

图 2-4 供应链风险管理过程

环节。

（5）提高供应链的可见性。供应链的可见性要求和本企业供应链中的外部成员分享信息，然而，很多供应链的可见性是有限的，即网络中的某个实体在供应链中成长时，并不了解上下游的营业水平和存货流动情况。这样的话，问题往往要在几周或几个月之后才能被发现，此时可能因为太迟而无法采取有效的行动。

（6）建立供应链连贯性小组。供应链风险管理的前述几个步骤，都需要人来完成，因此建立一个长久的供应链连贯性小组是非常必要的。

（7）与供应商及客户协同工作。协同是指系统的各部分之间互相协作，使整个系统形成微个体层次所不存在的新质的结构和特征。因此，在供应链系统中，协同是供应链业务流程顺畅连续的一种运作模式，是有效利用和管理供应链资源的一种手段，也是每个企业、供应商及客户行动的准则。供应链各个成员企业之间协同工作的方式多种多样，既可以在硬件方面进行协同，如资产协同、技术协同等，又可以在软件方面进行协同，如组织协同、信息协同、管理协同等。

【重点名词与概念】

供应链　供应链管理　供应链风险　供应链风险管理

【本章练习与思考题】

一、多选题

1. 国际供应链的流通依其流通的内容可分为（　　　）。
   A. 实体流通　　　B. 商流　　C. 资金流
   D. 信息流　　　　E. 物品流通

2. 全球供应链产生和发展的重要原因在于（　　　）。
   A. 技术进步　B. 全球市场的驱动　　C. 国际分工深化
   D. 国际间合作加深　　E. 物流的快速发展

3. 根据供应链管理的三大目标，供应链风险可以分为（　　　）。
   A. 长期风险　　B. 时间风险　　C. 成本风险
   D. 短期风险　　E. 质量风险

4. 系统环境风险又可分为（　　　）。
   A. 自然灾害风险　　B. 社会风险　　C. 物流环境风险

D. 一般环境风险　　E. 具体环境风险
5. 四阶段的供应链风险管理框架主要包括（　　）。
   A. 供应链范围和构成要素描绘
   B. 供应链脆弱性和风险识别　　C. 供应链分析单元
   D. 供应链风险评价　　　　　　E. 供应链风险管理

二、判断题

（　）1. 因供应链的结构设计不合理造成的供应链风险属于行为主体风险。
（　）2. 由 Lindrothetal 提出的三维供应链风险初步分析框架中，分析单元表示供应链风险管理关注的是单一物流活动、单一企业物流、两个企业之间的双重供应链，还是具有三个或三个以上公司的供应链网络的企业经营活动。
（　）3. 识别风险是供应链风险管理的第一阶段。
（　）4. 由马丁·克里斯托弗提出的供应链风险管理过程包括 6 个环节。
（　）5. 理解供应链是对供应链进行简化，提高过程的可靠性，降低多变性和复杂性。

三、简答与论讨题

1. 论述国际供应链管理产生的背景。
2. 简述全球供应链的发展的动因。
3. 简述全球供应链的发展的特征。
4. 试述国际供应链风险的因素有哪些？
5. 结合实际，谈谈中国在全球供应链运作中的地位。
6. 试述供应链全球化运作中风险管理过程包括哪些环节？

第三章 现代物流与国际货物运输体系

【本章培训要点】

本章培训的主要内容是关于现代物流与国际货物运输体系的基础知识。内容主要包括现代物流概述，国际货物运输体系，现代物流与运输的关系等。

【本章应掌握的主要内容】

通过本章学习，应掌握物流的基本概念，现代物流的发展与分类，国际货物运输的性质及基本特点；深刻理解物流的基本职能与作用，国际货物运输方式，交通运输与现代物流的关联；了解我国物流的发展现状，国际贸易运输组织，交通运输企业开展现代物流服务应注意的问题等。

第一节 现代物流概述

一、物流的基本概念

（一）物流概念的界定

物流的概念的发展经过了一个漫长而曲折的过程。回顾物流的发展过程和理解历史上经典的物流概念，不仅有利于我们了解物流的发展规律，更有利于我们全面、深入理解了物流的内涵。1965年，日本在政府文件中正式采用"物的流通"这个术语，简称为"物流"。人们虽然长期对物流现象习以为常，但是一直到20世纪初以前，还没有"物流"这个概念。物流的概念最早起源于20世纪初的美国。

具代表性的概念有：

1. 属于 Physical Distribution 的概念

美国市场营销学者阿奇·萧（Arch W. Shaw）于1915年《市场流通中的若干问题》一书中指出："物流是与创造需求不同的一个问题……流通中重大的失误都是因为创造需求与物流之间缺乏协调造成的"。

1922年，克拉克（F. E. Clark）在《市场营销原理》中将市场营销定义为："影响商品所有权转移的活动和包括物流的活动"。

1935年，美国销售协会对物流定义为："物流是包含于销售之中的物质资料和服务，在从生产地点到消费地点流动过程中，伴随的种种经济活动。"

2. 属于 Logistics 的概念

1905年美国少校琼西·贝克认为"那个与军备的移动与供应相关的战争的艺术的分支就叫物流"。

美国的韦勃斯特大词典，在1963年把军事后勤定义为"军事装备物资、设施与人员的获取、供给和运输"。

美国国家物流管理委员会于1976年在定义物流管理中指出："物流活动包括，但不局限于：为用户服务、需求预测、销售情报、库存控制、物料搬运，订货销售，零配件供应、工厂及仓库的选址、物资采购、包装、退换货、废物利用及处置、运输及仓储等"。

1985年加拿大物流管理协会（CALM：Canadian Association of Logistics Management）定义物流："物流是对原材料、在制品库存、产成品及相关信息从起源地到消费地的有效率的、成本有效益的流动和储存进行计划、执行和控制，以满足顾客要求的过程。该过程包括进向、去向和内部流动。"

按照目前被普遍认同的由美国物流管理协会在1985年所下的定义："物流是以满足客户需求为目的的，为提高原料，在制品，制成品以及相关信息从供应到消费的流动和储存的效率和效益而对其进行的计划，执行和控制的过程"。

中国国家标准所下的定义：物流（logistics）是指物品从供给地向接收地的实体流动过程。根据实际需要，将运输、储存、装卸、搬运、包装、流通加工、配送、信息处理等基本功能实施有机结合。

在介绍国内外的物流概念中我们可以看到不同的时期、不同的国家对物流概念的理解有所不同，但是它们反映出以下几个基本点：

第一，物流概念的形成和发展与社会生产、市场营销、企业管理的不断进步密切相关。

第二，物流概念与物流实践最早始于军事后勤，而"物流一词没有限定在商业领域还是军事领域。物流管理对公共企业和私人企业活动都适用"。

第三，物流无论从Physical Distribution还是Logistics的内涵中都强调了"实物流动"的核心。

第四，物流的功能主要以运输、储存、装卸、搬运、包装、流通加工、配送、以及信息处理等所构成。

（二）物流系统的构成与功能

运输是物流业务的中心活动。通过信息传递，把运输、储存、包装、装卸搬运、配送、流通加工等业务活动联系起来，协调一致，以提高物流整体作业效率，取得最佳的经济效益。

1. 运输

运输是物流业务的中心活动。运输过程不改变产品的实物形态，也不增加其数量，物流部门通过运输解决物资在生产地点和消费地点之间的空间距离问题，创造商品的空间效用，实现其使用价值，满足社会需要，所以是个极为重要的环节。运输系统设计时，应根据其担负的业务范围、货运量的大小及与其他各子系统的协调关系，考虑以下各方面的问题：①运输方式的选择；②运输路径的确定；③运输工具的配备；④运输计划的制订；⑤运输环节的减少；⑥运输时间的加速；⑦运输质量的提高；⑧运输费用的节约；⑨作业流程的连续性；⑩服务水平好。

2. 储存

储存保管是物流活动的一项重要业务，通过存储保管货物解决生产与消费在时间、数量上的差异，以创造物品的时间效用。仓库是物流的一个中心环节，是物流活动的一个基地。对储存系统进行设计时，应根据仓库所处的地理位置、周围环境及物流量的多少、进出库频度，考虑以下各方面的问题：①仓库建设与布局合理；②最大限度地利用仓库容积；③货物堆码、存放的科学性；④有利于在库物品的保养防护；⑤加强入库验收、出库复核；⑥加快出、入库时间；⑦降低保管费用；⑧加强库存管理，合理存储，防止缺货与积压；⑨进出库方便；⑩仓库安全。

3. 装卸搬运

装卸搬运是各项物流过程中不可缺少的一项业务活动。特别在运输和保管工作中，几乎都离不开装卸搬运（有时是同步进行的）。装卸本身虽不产生价值，但在流通过程中，货物装卸好坏对保护货物使用价值和节省物流费用有很大影响。装卸搬运系统的设计，应根据其作业场所、使用机具及物流量的多少，考虑以下各方面的问题：①装卸搬运机械的选择；②装卸搬运机械化程度的确定；③装卸搬运辅助器具的准备；④装卸搬运的省力化；⑤制定装卸搬运作业程序；⑥配合其他子系统协同作业；⑦节约费用；⑧操作安全。

4. 包装

在整个物流过程中，包装也是一个很重要的环节。包装分为工业包装和商业包装，以及在运输、配送当中，为了保护商品所进行的拆包再装和包装加固等业务活动。对包装系统进行设计时，应根据不同的商品，采用不同的包装机械、包装技术和方法，并考虑以下各方面的问题：①包装机械的选择；②包装技术的研究；③包装方法的改进；④包装标准化、系列化；⑤节约包装资材；⑥降低包装费用；⑦提高包装质量；⑧方便顾客使用。

5. 配送

配送是物流活动中接触千家万户的重要作业。它和运输的区别在于，运输一般是指远距离、大批量、品类比较复杂，从批发企业或物流中心、配送中心到零售商店和用户的配送服务。它属于二次运输、终端运输。配送系统设计时，应根据其配送区域、服务对象和物流量的大小，考虑以下各方面的问题：①配送中心地址的选择；②配送中心作业区的合理布置，包括：收货验收区、货物保管区、加工包装区、分货拣选区、备货配送区；③配送车辆的配置；④装卸搬运机械的选用；⑤配送路线的规划；⑥配送作业的合理化；⑦制定配送作业流程；⑧配送及时性；⑨收费便宜；⑩高服务水平。

6. 流通加工

流通加工，主要是指在流通领域中的物流过程中的加工。是为了销售或运输，以及提高物流效率而进行的加工。通过加工使物品更加适应消费者的需求。如大包装化为小包装，大件物品改为小件物品等。当然，在生产过程中也有一些外延加工、如钢材、木材等的剪断、切割等。流通加工系统的设计，应根据加工物品、销售对象和运输作业的要求，考虑以下各方面问题：①加工场所的选定；②加工机械的配置；③加工技术、方法的研究；④制定加工作业流程；⑤加工物料的节约；⑥降低加工费用；⑦提高加工质量；⑧加工产品适销情况的反馈。

7. 物流信息

物流信息系统既是一个独立的子系统，又是为物流总系统服务的一个辅助系统。它的功能贯穿于物流各子系统业务活动之中，物流信息系统支持着物流各项业务活动。通过信息传递，把运输、储存、包装、装卸搬运、配送、流通加工等业务活动联系起来，协调一致，以提高物流整体作业效率，取得最佳的经济效益。当然，物流信息系统又有一些分支系统，如运输信息系统、储存信息系统、销售信息系统等，都分别配合该系统的业务进行活动，发挥其应有的作用。

在设计物流信息系统时，应考虑以下三方面的问题：系统的内容；系统的作用；系统的特点。为了组织好物流，必须采用一系列基础设施、技术装备、操作工艺和管理技术，并不断加以改造更新。也就是物流大系统的环境影响物流信息系统的内容、作业与特点。

二、现代物流的含义、特征与分类

现代物流是当前经济工作中的一大热点，一方面国家扶持力度较大，发展迅猛，另一方面也存在许多发展中的问题。因此一定要坚持从实际出发,加强宏观调控,搞好理论研究,引领物流企业走可持续发展道路。

(一) 传统物流与现代物流

1. 传统物流的含义

传统物流一般指产品出厂后的包装、运输、装卸、仓储,而现代物流提出了物流系统化或叫总体物流、综合物流管理的概念,并付诸实施。具体地说,就是使物流向两头延伸并加入新的内涵,使社会物流与企业物流有机结合在一起,从采购物流开始,经过生产物流,再进入销售物流,与此同时,要经过包装、运输、仓储、装卸、加工配送到达用户(消费者)手中,最后还有回收物流。可以这样讲,现代物流包含了产品从"生"到"死"的整个物理性的流通全过程。

2. 现代物流的含义与特征

现代物流指的是将信息、运输、仓储、库存、装卸搬运以及包装等物流活动综合起来的一种新型的集成式管理,其任务是尽可能降低物流的总成本,为顾客提供最好的服务。

现代物流的主要特征:根据国外物流发展情况,将现代物流的主要特征归纳为以下几个方面:①物流反应快速化。②物流功能集成化。③物流服务系列化。④物流作业规范化。⑤物流目标系统化。⑥物流手段现代化。⑦物流组织网络化。⑧物流经营市场化。⑨物流信息电子化。

3. 传统物流与现代物流的区别

传统物流与现代物流的区别主要表现在以下几个方面:

(1) 传统物流只提供简单的位移,现代物流则提供增值服务;

(2) 传统物流是被动服务,现代物流是主动服务;

(3) 传统物流实行人工控制,现代物流实施信息管理;

(4) 传统物流无统一服务标准,现代物流实施标准化服务;

(5) 传统物流侧重点到点或线到线服务,现代物流构建全球服务网络;

(6) 传统物流是单一环节的管理,现代物流是整体系统优化。

(二) 现代物流的分类

1. 按物流的性质进行分类

(1) 一般物流。指适应于社会经济需要的具有普遍性的物流活动及其系统。物流活动的一个重要特点,是涉及全社会、各领域、各企业。因此,物流系统的建立,物流活动的开展必须有普遍的适用性。

(2) 特殊物流。指在专门范围、专门领域、特殊行业的物流活动。在遵循一般物流规律基础上,带来特殊制约因素、特殊应用领域、特殊管理方式、特殊劳动对象、特殊机械装备特点的物流,皆属于特殊物流范围。

2. 按照物流系统性质进行分类

物流按照系统性质可以分为:社会物流、行业物流、企业物流等。

(1) 社会物流。一般是指流通领域的发生的物流,是全社会物流的整体,所以有人也称之为大物流或宏观物流。社会物流的一个标志是:它是伴随商业活动发生的,也就是说与物流过程和所有权的更迭相关的。就物流学的整体而言,可以认为研究对象主要是社会物流。社会物流的流通网络是国民经济的命脉,流通网络分布是否合理,渠道是否畅通这些都是至关重要的。必须对其进行科学管理和有效控制,采用先进的技术手段,保证高效能、低成本运行,这样做可以带来巨大的经济效益和社会效益。

(2) 行业物流。同一行业中的企业虽然在市场上是竞争对手,但是在物流领域中却可以常常互相协作，共同促进行业物流系统的合理化，行业物流系统化的结果是使参与的所有企业都得到相应的利益。

（3）企业物流。企业是一种从事商务活动，即为满足顾客需要而提供产品或服务，以营利为目的的经济组织，区别于经济领域的其他主体—政府和居民。一个制造企业，要首先购进原材料，然后经过若干工序的加工，最后形成产品销售出去。一个运输企业要按照客户的要求将货物运送到指定地点。在经营范围内由生产或服务活动所形成的物流系统称之为企业物流。

第二节 国际货物运输体系

一、国际货物运输性质

（一）运输的含义

运输（transportation），就是人和物的载运和输送。即以各种运输工具、沿着相应的地理媒介和输送路线，将人和物等运输对象从一地送到另一地的位移过程。

人类为了维持生存、求得发展，必须不断地改造自然、创造物质资料，这种活动就是生产。在生产过程中，生产工具、劳动产品及本身必然要发生位置上的移动。使用各种工具设备，通过各种方式，使物或人实现位置移动，这种活动，就是运输。

（二）运输业的产生、性质和发展

运输是随着商品生产和商品交换而产生的。在生产劳动过程中，它表现为生产过程在流通过程中的继续，即把商品从甲地运到乙地所进行的空间上的位置移动。

运输业的发展过程，与人类社会生产力发展的过程是相适应的。随着社会生产力的向前发展和社会分工的逐步完善，商品生产和商品交换规模不断扩大，促使运输量不断增加，运输业务迅速发展，运输工具也获得了相应的改进。在资本主义以前相当长的历史时期内，由于当时生产力水平较低，故只能依靠驮畜、畜力、人力车等运输工具进行运输。

在公元9世纪到10世纪间，已出现了各种帆船。到12世纪，我国就已经在海船上使用指南针进行仪器导航，12世纪后半叶又由阿拉伯人从我国传入欧洲，在各国海船上广泛应用，大大地推动了航海技术的进步，这是我国对世界航海技术的重大贡献。从13世纪起，海洋上已有各式各样的航速较快的大型帆船了。在15世纪初，中国庞大的商船队已航行在太平洋和印度洋上，到达过亚洲、非洲的30多个国家和地区，并远达非洲东岸（今索马里和肯尼亚一带）。在15世纪到16世纪间，欧洲某些国家内资本主义生产关系已开始形成，当时新兴的资产阶级为了在国外寻找市场和黄金产地，大规模地开展海上探险活动，地理知识和航海经验日益丰富，航海技术又有了很大的发展。18世纪末至19世纪初的产业革命导致了运输工具的革命，出现了铁路火车和海洋轮船等近代运输工具。随着商品生产的发展和商品交换范围的扩大，以及近代运输工具的出现，专门从事运输的企业日益扩展起来，运输工具所有者从商品所有者（工业主和商人）中分离出来，出现了专门从事运输的企业家，交通运输部门便成为运输业主特殊的投资领域。进入20世纪，生产技术不断革新，运输的合理化被提到议事日程上来，运输商品要求速度快、破损少、费用低，这就要求运输工具和运输方式来一次革命。将货物集成一组大的单位，以适合装卸的机械化，于是出现了成组化运输方式——集装箱运输方式和托船运输方式。

从运输业发展的情况看，一般可分为下列几个阶段：古代的运输业是处于手工业阶段；自15世纪末叶起，特别是进入17世纪至18世纪，运输业可以说是进入工场生产阶段；从18世纪末到

19世纪初,出现火车、轮船等近代运输工具,可以说是已进入机械生产阶段;这是的运输业已发展为除开采业、农业和工业以外的第四个独立的物质生产部门。进入20世纪30年代,汽车运输、航空运输和管道运输又相继崛起,迅猛发展。这样,就形成了包括水、陆、空等多种运输方式的现代化运输体系;第二次世纪大战以后,世纪科学技术日新月异,突飞猛进,人类进入到一个原子、电子和宇航时代。科学技术的进步,进一步推动了运输业的发展,人类发明和使用了许多新的运输工具,其特点是向大型化、调整化、专门化和自动化方向发展。特别是集装箱运输的出现和应用,促进了各种运输方式的发展,多式联运"门到门"(door to door)运输日渐取代"港到港"(port to port)和"站到站"(station to station)运输。由于出现了以集装箱为媒介的海陆空联运方式,充分发挥了各种不同运输方式的优点,使运输进入了第四阶段。

运输,就其性质来说,是一种特殊的生产。

1. 运输具有生产的本质属性

(1) 运输和一般生产一样,也必须具备劳动者(运输者)、劳动手段(运输工具和通路)、劳动对象(运输对象即货物或人)这三个基本条件。

(2) 运输的过程(货物或人的位移)和一般生产的过程一样,是借助于活的劳动(运输者的劳动)和物化劳动(运输工具设备与燃料的消耗)的结合而实现的。

(3) 运输的结果使运输对象发生了位移,就是在转移旧价值的同时,改变了运输对象的地位,这也和一般生产的结果制造出新产品一样,是创造了新价值。

(4) 运输也和一般生产一样,始终处在变化和发展的状态中,并且,运输的变化和发展是与一般生产的变化和发展紧密地结合在一起而经历了几个相同的阶段。

2. 运输自身的特点

运输业虽然具有以上几个与一般生产共同的特点,但它也具有自身的特点。

(1) 运输是在产品的流通领域内进行的,是生产过程在流通过程内的继续。

(2) 运输不能改变劳动对象的性质和形状,不能生产出任何独立的物质形态的产品。

(3) 运输使投入流通领域的产品发生位置移动,从而将生产和消费(包括生产消费和生产消费)联系起来,使产品的使用价值得以实现。

(4) 在运输费用中,没有原料费,固定资产(运输设备)的折旧和工资是运输的主要费用。

3. 现代运输手段四要素

现代运输的运输工具、运输动力、运输通路和电信设备,这些要素配合才能发挥最好的效益。

(1) 运输工具(vehicle):载人载物运行的设备。

(2) 运输动力(motive power):推动运输工具前进的力量。

(3) 运输通路(way or passage way):运输工具借以运行的媒介。

(4) 电信设备(telecommunication installation)传递信息的设备。

(三) 外贸物流运输的含义

运输,就其运送对象来说,可分为货物运输和旅客运输两大类。而从货物运输来说,又可按地形划分为国内货物运输和国际货物运输两类。国际货物运输,就是货物在国家与国家、国家与地区之间的运输。在国际贸易中,货物运输是国际商品流通过程里的一个重要环节。国际货物运输可分为贸易物资运输和非贸易物资(如展览品、个人行李、办公用品、援外物资等)运输两种。由于国际货物运输主要是贸易物资的运输,非贸易物资的运输往往只是贸易物资运输部门的附带业务。所以,国际货物运输也通常被称为国际贸易运输,从一国来说,就是对外贸易运输,简称"外贸运输"。

（四）外贸物流运输的特点

与国内货物运输相比，外贸物流运输具有以下几个主要特点：

(1) 外贸物流运输是中间环节很多的长途运输；
(2) 外贸物流运输涉及面广、情况复杂多变；
(3) 外贸物流运输的时间性特别强；
(4) 外贸物流运输的风险较大；
(5) 外贸物流运输涉及国际关系问题。

（五）外贸物流运输的地位和作用

(1) 外贸物流运输是国际贸易不可缺少的重要环节；
(2) 外贸物流运输是交通运输的重要分支；
(3) 外贸物流运输能够促进国际贸易的发展；
(4) 外贸物流运输能够促进交通运输的发展；
(5) 外贸物流运输是平衡国家外汇收入的重要手段。

（六）外贸物流运输的任务和要求

1. 外贸物流运输的任务

(1) 认真贯彻国家的对外政策；
(2) 按时、按质、按量完成进出口运输任务；
(3) 节省运杂费用，为国家积累建设资金。

2. 外贸物流运输的要求

(1) 树立为货主服务的观点，实现"安全、迅速、准确、节省、方便"的要求；
(2) 树立全局观点，加强与有关部门的配合、协作。

二、外贸物流运输方式

根据使用运输工具的不同，外贸物流运输（图3-1）主要可分为如下几种方式。

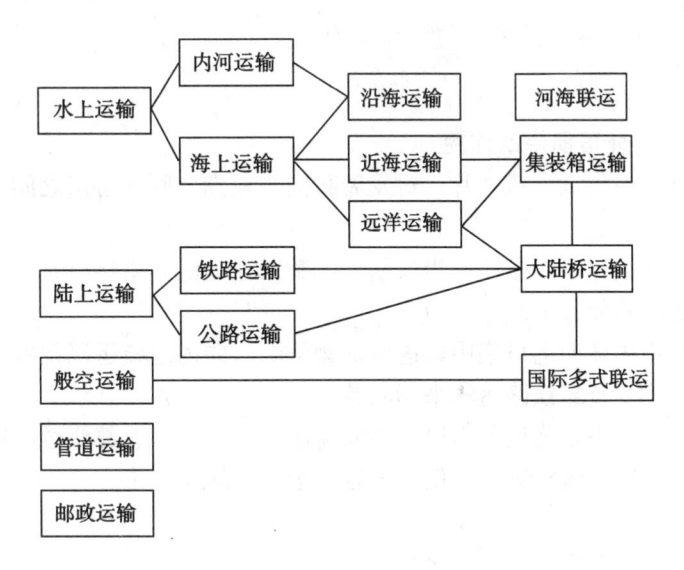

图 3-1 外贸物流运输方式

（一）国际海上货物运输

国际海上货物运输是指使用船舶通过海上航道在不同国家和地区的港口之间运送物资的一种方式。

1. 国际海上货物运输的特点

(1) 通过能力大；
(2) 运输量大；
(3) 运费低廉；
(4) 对货物的适应性强；
(5) 速度较低；
(6) 风险较大。

2. 国际海上货物运输的作用

国际海上货物运输虽然存在速度较低、风险较大的不足，但由于它的通过能力大、运量大、运费低廉以及对货物适应性强等长处，加上全球特有的地理条件，使它成为国际贸易中最主要的运输方式。海上航运业实际上也是一个国家的国防后备力量。

（二）国际铁路货物运输

1. 铁路运输发展概况

铁路运输的发展还只有170多年的历史。我国的第一条铁路是1876年英国修建的吴淞路（上海—吴淞），全长15千米，迫于沿线人民的坚决反对，卖给了清政府，并予以拆毁。我国自己修建的第一条铁路是唐胥铁路（唐山—胥各庄），全长10公里，1881年建成，在现在的京沈线上。到1949年为止，旧中国共修建了2.1万余公里的铁路。新中国成立后，铁路建设迅速发展，2009年年底全国铁路通车里程已达成8.5万公里，居世界第二位。

2. 铁路货物运输的特点

(1) 运输的准确性和连续性强；
(2) 运输速度较快；
(3) 运输量较大；
(4) 运输安全可靠；
(5) 运输成本较低；
(6) 初期投资大。

3. 铁路运输在我国对外贸易中的作用

(1) 通过铁路把欧、亚大陆连成一片，对发展我国与亚洲、欧洲各国之间的经济贸易关系起着重要的作用。

(2) 对港澳地区的铁路运输，是我国出口创汇、繁荣稳定港澳市场以及开展香港转口贸易、发展我国陆海、陆空联运的重要保证。

(3) 我国出口货物由内地向港口集中、进口货物从港口向内地疏运以及省与省间、省内各地区间的外贸物资的调拨，主要是靠铁路运输来完成的。

总之，在我国对外贸易中，无论是出口货物或是进口货物，一般都要通过铁路运输这一重要环节，仅以进出口货物量计算，铁路运输也仅次于海上运输而居第二位。

（三）国际公路货物运输

公路运输（一般指汽车运输）是陆上运输的两种基本方式之一，也是现代运输的主要方式之一。在国际贸易运输中，它是不可缺少的一个重要组成部分。

1. 公路运输发展概况

从 1903 年美国礼物汽车公司生产出世界上第一辆汽车以来，公路运输的历史不到一个世纪，比起水运、铁路运输来，时间要短得多，但它的发展速度却非常快。

我国在解放以前，公路运输非常落后，所筑公路多为土路，而且大部分集中在沿海一些主要城市，西北、西南有些省市连公路都没有，汽车则全部依靠进口。新中国成立后，国家大力改建原有公路、新建现代化的公路干线支线，公路通车里程从 7 万公里增加到 1995 年年底 113.5 万公里，已有 9/10 的城镇、7/10 的乡村有公路可通汽车，全国已初步形成一个公路运输网。近几年来，又开始大力兴建高速公路，到 2007 年年底，全国已建成通车的高速公路达 5.4 万公里，居世界第二位。

2. 公路运输的特点

（1）机动灵活、简捷方便、应急性强。

（2）汽车运输投资少、收效快。

（3）随着公路建设的现代化、汽车生产的大型化，汽车也能够适应集装箱货运方式发展的需要，载运集装箱。

（4）汽车运输的不足之处是：载重量小；车辆运行时震动较大，易造成货损事故；费用成本较水运和铁路运输为高。

3. 公路运输在国际贸易运输中的地位和作用

（1）公路运输的特点决定了它最适合于短途运输。它可以将两种或多种运输方式串联起来，实现多种运输方式的联合运输（多式联运），做到进出口货物运输的"门到门"服务。

（2）公路运输可以配合船舶、火车、飞机等运输工具完成运输的全过程，是港口、车站、机场集散货物的重要手段。

（3）公路运输也是一个独立的运输体系，可以独立完成进出口货物运输的全过程。

（四）国际航空货物运输

航空货物运输是指采用商业飞机运输货物的商业活动。

1. 航空运输发展概况

世界上第一架飞机是 1903 年由美国人莱特兄弟发明制造的。在我国，新中国成立前虽曾有中美合营的中国航空公司和中德合办的欧亚航空公司，但航空运输一直未能得到发展。新中国成立后，才逐渐由小到大，初具规模。目前，已形成一个以北京为中心的四通八达的航空运输网。目前全国民航共有国内、国际和地区航线 1 257 条，其中国内航线 1 024 条（其中港澳航线 43 条），国际航线 233 条。截至 2008 年年底，我国民航全行业累计完成运输总周转量达到 361 亿吨公里、旅客运输量 1.85 亿人、货邮运输量 396 万吨，分别是 1978 年的 120.5 倍、80.5 倍和 61.9 倍，从 1978—2007 年，年均增长分别为 17.9%、16.3%和 15.4%。航空运输总周转量和旅客周转量（不含香港、澳门、台湾地区）在国际民航组织（ICAO）缔约国中的排名均从 1978 年的第 37 位直线上升，2005 年、2006 年、2007 年连续 3 年高居第二位。

2. 航空货物运输的特点

（1）速度快。

（2）安全准确。

（3）手续简便。

（4）节省包装、保险、利息和储存等费用。

（5）运输较小、运价较高。

3. 航空运输在国际贸易中的作用

(1) 当今国际贸易大多是洲际市场,商品竞争激烈,时间就是金钱,争取时间至关重要。航空运输的出现,满足了国际市场的这种需要,对于国际贸易的发展起到了很大的推动作用。

(2) 易腐、鲜活商品对时间要求极为敏感,采用航空运输,可保持新鲜活,并有利于开辟较远的市场。航空运输还适用季节性商品及其他应急物品的运送。

(3) 航空运输虽然运量小、运价高,但由于速度快,商品周转期短,存货可相应降低,资金可迅速回收,这就大大节省储存和利息费用;货损货差少,可简化包装,又可节省包装费用;运费安全准确,保险费也较低。

(五) 国际集装箱货物运输

集装箱运输是以集装箱为集合包装和运输单位,适合门到门交货的成组运输方式,也是成组运输的高级形态。

集装箱(container)又称"货柜"、"货箱",英文原意是一种容器,是一种有一定强度和刚度、能长期反复使用可以集装成组货物而专供周转使用并便于机械操作和运输的大型货物容器。

1. 集装箱运输的特点和优越性

(1) 提高装卸效率,加速车船周转。

(2) 提高运输质量,减少货损货差。

(3) 便利货物运输,简化货运手续。

(4) 节省包装用料,减少运杂费。

(5) 节约劳动力,改善劳动条件。

2. 集装箱运输的发展及其前景

最简单的集装箱运输始于20世纪初,世界集装箱运输进入迅速发展时期是20世纪50年代中期。从那时到现在,世界集装箱运输的发展大致可以划分为三个阶段。第一阶段为初试阶段,自50年代中期至60年代末。第二阶段为迅速发展阶段,自60年代末至80年代初。第三阶段从80年代初开始,集装箱运输已遍及全球,发达国家的杂货运输已经基本上实现了集装箱化(适箱货源的装箱率达80%以上),集装箱运输的增长率主要靠贸易的自然增长来维持。

我国的集装箱运输始于1956年,到1973年才开辟了由上海、天津至日本的第一条国际集装箱运输航线,不久陆续开辟了澳大利亚、美国、加拿大、香港、新加坡和西欧航线。到目前,已基本上形成了连接世界各主要港口的海上集装箱运输网。

(六) 国际多式联合运输及其他运输方式

1. 国际多式联合运输

国际多式联合运输(international multimodal transport)简称"国际多式联运或多式联运"。它的产生是当今科学技术的不断发展在国际贸易运输中的体现,是国际运输组织技术的革新。国际多式联运是在集装箱运输的基础上产生并发展起来的,一般以集装箱为媒介,把海上运输、铁路运输、公路运输、航空运输和内河运输等传统的单一运输方式有机地结合起来,构成一种连贯的过程来完成国际间的货物运输。因而,它除了具有集装箱运输的优越性之外,还将其他各种运输方式的特点融汇一体,加以扬长避短的综合利用,比传统单一的运输方式具有无可比拟的优越性。

国际多式联运于20世纪60年代末首先在美国出现,经过试办,取得显著效果,受到贸易界的普遍欢迎。

中国外运(集团)公司于1980年年末在我国首先承办国际多式联运业务。经过多年的努力,目前已开办有十多条国际多式联运路线,承办的范围有日本、美国等20多个国家。

国际多式联运是当前国际贸易运输发展的方向。我国地域辽阔，更有发展多式联运的潜力。可以预料，随着我国内陆交通运输条件的改善，我国国际多式联运必将蓬勃地发展起来。

2. 内河运输

内河运输是水上运输的一个重要组成部分，也是连接内陆腹地和沿海地区的纽带。它具有运量大、投资少、成本低、耗能少的特点，对于国家的国民经济和工业布局起着重要的作用，因此世界各国都很重视内河运输系统的建设。

3. 邮政运输

国际邮政运输具有广泛的国际性，并具有国际多式联运和"门到门"运输的性质。它的手续简单方便，发货人只需将邮包交到邮局，付清邮费并取得邮政收据（即邮单），然后将邮政收据交给收货人即完成了交货任务。

4. 管道运输

管道运输是随着石油的生产、运输而产生、发展的，是运输通道和运输工具合二为一的一种运输方式。这种运输方式具有安全、迅速、不污染环境，但铺设管道技术较为复杂、成本高，而且要求有长期稳定的油源。

三、国际贸易运输组织

（一）国际贸易运输组织概况

1. 国际贸易运输的一般组织机构

世界上国际贸易运输的组织机构五花八门、数不胜数，但基本上可以归纳为三个方面，即承运人、货主（也称托运人或收货人）和货运代理人。这三方面的业务组成国际贸易运输工作的主体结构，它们之间在工作性质上有区别，在业务上则有着密不可分的关系。

（1）承运人（carrier），是指专门经营水上、铁路、公路、航空等货物运输业务的交通运输部门。

（2）货主（cargo owner），是指专门经营进出口商品业务的进出口商或商品生产厂家。

（3）货运代理人（freight forworder），是指根据委托人的要求，代办货物运输业务的机构。

此外，国际贸易运输工作与海关、商检、保险、银行以及包装、仓储等部门也有着十分密切的关系。

2. 我国国际贸易运输的组织机构

（1）承运人类主要包括：

①水上运输：中国远洋运输公司、中国经贸船务公司、地方轮船公司、长江航运公司、珠江航运公司及中外合资、合营轮船公司

②铁路运输：铁路管理总局和各地方分局

③公路运输：公路局和运输公司

④航空运输：中国民航总局所属各航空公司及地方民航公司

⑤邮电运输：中国邮电总局和各地分局

（2）货主类主要包括：

①各外贸专业总公司、各工、农、技贸公司、地方外贸专业公司

②从事外贸业务的其他国营企业和集体企业

（3）货运代理人类主要包括：

①外经贸部批准的其他货运代理公司

②铁道部所属铁路服务公司

③交通部所属中国外轮代理公司及各港口分公司
④中外合资、合营货运代理公司

（二）国际货物运输代理

1. 运输代理的由来和种类

（1）运输代理的由来

由于国际货物运输是国家与国家、国家与地区之间的长途运输，中间环节很多，涉及面很广，情况十分复杂，任何一个承运人或货主都不可能亲自处理每一项具体运输业务，许多工作需要委托他人代为办理，运输代理就是适应这种需要而产生的。它们接受委托人的委托，代办各种运输业务并收取一定的报酬，即代理费、佣金或手续费等。

（2）运输代理的种类

运输代理的种类主要可分为以下四类：

①租船代理，又称"租船经纪人"（shipbroker）。指以船舶为商业活动对象而进行船舶租赁业务的人。

②船务代理（shipping agent）。指接受承运人的委托，代理与船舶有关的一切业务的人。

③货运代理（freight forworder）。指接受货主的委托，代理货主办理有关货物报关、交接、仓储、调拨、检验、包装、转运、订舱等业务的人。

④咨询代理（consul tating agent）。指专门从事咨询工作，按委托人的需要，以提供有关国际贸易运输咨询情况、情报、资料、数据和信息服务而收取一定报酬的人。

2. 国际货运代理的地位和作用

国际货运代理的工作性质决定了从事这项业务的人必须具有有关国际贸易运输方面的广博的专业知识、丰富的实践经验和卓越的办事能力。他们熟悉各种运输方式、运输工具、运输路线、运输手续和各种不同的社会经济制度、法律规定、习惯做法等。

他们具有的这些优势使得他们在国际货物运输中起着任何其他人也取代不了的作用。这些作用大致可以归纳为以下几个主要方面：

（1）能够为委托人办理国际货物运输中每一个环节的业务或全程各个环节的业务，手续简单方便。

（2）能够把小批量的货物集中成为成组货物进行运输。

（3）能够根据委托人托运货物的具体情况，综合考虑运输中的安全、时耗、运价等各种因素，使用最适合的运输工具和运输方式，选择最佳的运输路线和最优的运输方案，把进出口货物安全、迅速、准确、节省、方便地运往目的地。

（4）能够掌握货物的全程运输信息，使用最现代化的通信设备随时向委托人报告货物在运输途中的状况。

（5）能够就运费、包装、单证、结关、领事要求、金融等方面向进出口商提供咨询，并对国外市场和在国外市场销售的可能性提出建设。

（6）不仅能够组织和协调运输，而且能够创造开发新运输方式、新运输路线以及制定新的费率。

3. 国际货运代理的发展概况

货运代理从公元10世纪就开始存在，随着公共仓库在港口和城市的建立、海上贸易的扩大以及欧洲交易会的举办，货运代理业逐步发展起来。到了16世纪，已有相当数量的货运代理公司签发自己的提单、运单及仓储收据等。18世纪，货运代理开始越来越多地把几家托运人运行为表现同一目的地的货物集中起来托运，同时，开始办理投保。到了19世纪，货运代理建立了行业组织，并于 1880 年在莱比锡召开了第一次国际货运代理代表大会。进入 20 世纪 20 年代，国际合作有了更大的发展，终于在 1926 年 5 月，16 个国家的货运代理协会在维也纳成立了国际货运代理协会联合会（International Federation of Forworders Association，FIATA）简称"菲亚塔"。现在 FIATA 已有 50 多个正式会员和 1 000 多个协作会员。

中国外运公司于 1985 年加入 FIATA，成为正式会员。国际货运代理在其发展的历史中，除了促使海上运输向更大规模发展外，也曾先后对于铁路、航空、公路、集装箱运输和国际多式联运的产生和发展起了很大的推动作用。

为了规范国际货运代理行为，保障进出口收发货人和国际货代企业的权益，促进外贸的发展，1995 年 6 月 6 日国务院批准了《中华人民共和国国际货物运输代理业管理规定》，并于同年 6 月 29 日发布实施。全文共六章二十八条。对国际货运代理企业的建立条件、审批程序、经营业务和罚责等都有了明文规定，为我国今后做好行业管理工作提供了法律依据。

四、外贸物流运输对象

外贸物流的运输对象是国际货物运输部门随运的各种进出口货物如原料、材料、工农业产品、商品以及其他产品等。

（一）从货物形态的角度分类

1. 包装货物

为了保证有些货物在装卸运输中的安全和便利，必须使用一些材料对它们进行适当的包装，这种货物就叫包装货物。通常可分为以下几种：

（1）箱装货物。可分为木箱、纸箱和金属箱几种。

（2）桶装货物。有金属桶、胶合板桶、纸板桶、塑料桶和木桶等。

（3）货装货物。用多层牛皮纸、麻织料、布料、塑料、化纤织料和人造革等各种材料制成的包装袋。

（4）捆装货物。使用棉、麻、金属或塑料等织物包扎或捆扎的条状货物。

（5）其他。如卷筒状、编筐状、坛罐瓶状等多种形状的包装货物。

2. 裸装货物

它又称无包装货物。

3. 散装货物

它又称"散装"。在运输中，没有包装、一般无法清点件数的粉状、颗粒状或块状货物。

（二）从货物性质的角度分类

1. 普通货物

（1）清洁货物。指清洁、干燥货物，这种货物在运输保管过程中，不能混入杂质，也不能被玷污。

（2）液体货物。指盛装于桶、瓶、坛内的流质或半流质货物。

（3）粗劣货物。指具有油污、水湿、扬尘和散发异味等特性的货物。

2. 特殊货物

（1）危险货物。指具有易燃、易爆、毒害、腐蚀和放射性性质的货物。

（2）易腐、冷藏货物。指常温条件下易腐变质或指定以某种低温条件运输的货物。

（3）贵重货物。指价值高昂的货物。

（4）动植物活体。指具有正常生命活动，在运输中需要特殊照料的动植物。

（三）从货物重量和体积的角度分类

按照货物的重量和体积比例的大小来划分，可分为重量货物和体积货物两种。根据国际上统一的划分标准，凡1吨重量的货物，体积如小于40立方英尺或1立方米，这种货物就是重量货物；

凡1吨重量的货物，体积如大于40立方英尺或1立方米，这种货物就是重量货物，也称为轻泡货物。

（四）从货物运量大小的角度分类

1. 大宗货物

同批（票）货物的运量很大者，称为"大宗货物"。

2. 件杂货物

大宗货物之外的货物称为件杂货物。

3. 长大笨重货物

在地对空中，凡单件重量超过限定数量的货物称为重件货物或超重货物；凡单件某一体积（尺码）超过限定数量的货物称为长大货物或超长货物。

五、国际货物合理运输

（一）合理运输的概念

合理运输，就是按照货物的特点和合理流向以及交通运输条件，走最少的里程，经最少的环节，用最少的运力，花最少的费用，以最快的时间，把货物安全、完整地运到目的地。

不合理运输，就是指在各种运输方式之间，或在同一运输方式内部各条线路或航道上，发生相同产品（或可以互代产品）的对流或相向运输、重复运输，以及过远运输、迂回运输和违反各种运输合理分工原则的运输，其结果是造成不必要的货物周转或装卸工作量，浪费运输能力，增加运输费用。

（二）决定合理运输的五个要素

(1) 运输距离；
(2) 运输环节；
(3) 运输工具；
(4) 运输时间；
(5) 运输费用。

（三）组织合理运输的措施

(1) 合理选择运输方式和运输工具；
(2) 正确选择运输路线和装卸中转港口；
(3) 提高包装质量，改进包装方法；
(4) 提高装载技术。

第三节 现代物流与运输的关系

一、交通运输与现代物流的内涵关联

它作为两个通用概念，交通和运输具有较大的重合。一般而言，交通被认为是"各类运输和邮

电通信的总称,是人、物和信息的传播递送"(《辞海》、《中国百科大辞典》),是"相互通达"(《辞源》),或认为是"某一地区的车辆或行人的往来通达,川流不息。"(《语言大典》)。而对运输则解释为"将物品和人员从一地运送到另一地及完成此类运送的过程。(《简明不列颠百科全书》)或简单解释为"人和物的输送。"(《辞海》)。

分析上述解释可以看出,交通是各种人员,物资和信息的交流和通达的规模与状态,而运输是交通一种重要(但不是唯一)的表现与实现方式,并主要表现为使用专用载具满足交通需求的模式和改变交通状态的过程。长期以来的交通运输实践表明,交通的概念包含了运输,其含义更加社会化,更多注重能力规模、整体状态和社会效果描述,公用性和综合性较强,具有社会发展程度的指针作用;运输则针对人员与物资的地理空间位移的行为与过程,更注重服务过程的专业化、市场化和组织化运行,且具有自身明确的业务指向性和目的性以及更直接的经济性体现与经济效果描述,是交通最重要和最主要的实现手段。虽然两者在内涵上具有明显的区别,但由于交通和运输所具有的很高的内在相关联系,因此作为国家经济活动的重要领域通常以"交通运输"一个概念被使用,并在各个层次的具体操作过程中较为注重其中"运输"的内涵。伴随着现代物流的不断发展,国内外对于其本质和内涵的研究均在不断地更新和完善中。

2001年3月,国家经贸委、外经贸部、交通部、铁道部、信息产业部和国家民航总局联合发布了《关于加快我国现代物流业发展的若干意见》,对现代物流的概念进行了较为完整的描述,即:现代物流泛指原材料、产成品从起点至终点伴随相关信息有效流动的全过程。现代物流将运输、仓储、装卸、加工、整理、配送与信息等方面有机结合,形成完整的供应链,为用户提供多功能、一体化的综合性服务。

从上述定义可以看出,作为一个新兴的复合型产业,现代物流的基本特点表现为在服务对象空间移动的全过程中,为其提供跨越行业、运输方式和区域界限的全方位计划、组织、实施、控制和管理服务。在服务运作层面上,交通运输和现代物流同为服务于经济与社会发展产生的人员与物资空间位移的服务活动,只是前者的服务范围更广,而后者服务对象更明确,服务更专一,服务的综合性、专业性、时效性、安全性和全过程性更强,服务内容包含了交通运输服务本身及其衍生和延伸环节。长期以来,交通运输一直是国民经济发展的基础,是社会生产、运输、分配、消费各环节正常运转和协调发展的先决条件,对保障国民经济持续健康快速发展、改善人民生活和促进国防现代化建设等具有十分重要的作用。

（一）物流与运输的关系

现代物流是一个通过不同的经济管理活动(如计划、实施与控制),对资源从原产地到最终消费者的有关选址、移动和存储业务进行的优化过程。其实质是货物的有效流动,这正是运输的基本功能。因此,可以说现代物流实际上是对运输概念的一种延伸,是对传统运输方式的革命性的突破。

这种突破表现在物流是多种运输方式的集成,它把传统运输方式下相互独立的海、陆、空的各个运输手段按照科学、合理的流程组织起来,从而使客户获得最佳的运输路线、最短的运输时间、最高的运输效率、最安全的运输保障和最低的运输成本,形成一种有效利用资源、保护环境的"绿色"服务体系。

它打破了运输环节独立于生产环节之外的行业界限,通过供应链的概念建立起对企业产供销全过程的计划的控制,从整体上完成最优化的生产体系设计和运营。在利用现代信息技术的基础上,实现了物流、资金流和信息流的有机统一,降低了社会生产总成本,使供应商、厂商、销售商、物流服务商及最终消费者达到皆赢的战略目的。

它突破了运输服务的中心是运力的观点,强调了运输服务的宗旨是客户第一,客户的需求决定运输服务的内容和方式，在生产趋向小批量、多样化和消费者需求趋向多元化、个性化的情况下，物流服务提供商需要发展专业化、个性化的服务项目。

在各种运输要素中，物流更着眼于运输流程的管理和高科技信息情报，使传统运输的"黑箱"作业变为公开和透明的，有利于适应生产的节奏和产品销售的计划。

（二）影响物流运输合理化的因素

物流运输合理化，是由各种经济的、技术的和社会的因素相互作用的结果。影响物流运输合理化的因素主要有：

（1）运输距离。在运输时运输时间、运输货损、运费、车辆周转等运输的若干技术经济指标，都与运输距离有一定比例关系，运输距离长短是运输是否合理的一个最基本因素。因此，物流公司在组织商品运输时，首先要考虑运输距离，尽可能实现运输路径优化。

（2）运输环节。因为运输业务活动，需要进行装卸、搬运、包装等工作，多一道环节，就会增加起运的运费和总运费。因此，减少运输环节，尤其是同类运输工具的运输环节，对合理运输有促进作用。

（3）运输时间。运输是物流过程中需要花费较多时间的环节，尤其是远程运输，在全部物流时间中，运输时间短有利于运输工具加速周转，充分发挥运力作用，有利于运输线路通过能力的提高。

（4）运输工具。各种运输工具都有其使用的优势领域，对运输工具进行优化选择，要根据不同的商品特点，分别利用铁路，水运，汽运等不同的运输工具，选择最佳的运输线路合理使用运力，以最大限度发挥所用运输工具的作用。

（5）运输费用。运费在全部物流费用中占很大比例，是衡量物流经济效益的重要指标，也是组织合理运输的主要目的之一。

上述因素，既相互联系，又相互影响，有的还相互矛盾。运输时间短了，费用却不一定省，这就要求进行综合分析，寻找最佳方案。在一般情况下，运输时间快，运输费用省，是考虑合理运输的关键，因为这两项因素集中体现了物流过程中的经济效益。

（三）不合理运输的表现

物流不合理运输是针对合理运输而言的。不合理运输是违反客观经济效果，违反商品合理流向和各种动力的合理分工，不充分利用运输工具的装载能力，环节过多的运输是导致运力紧张，流通不畅和运费增加的重要原因，不合理的运输，一般有以下几个方面。

1. 对流运输

它是指同一种物资或两种能够相互代用的物资，在同一运输线或平行线上，作相对方向的运输，与相对方向路线的全部或一部分发生对流。对流运输又分两种情况：一是明显的对流运输，即在同一运输线上对流。如一方面把甲地的物资运往乙地，而另一方面又把乙地的同样物资运往甲地，产生这种情况大都是由于货主所属的地区不同企业不同所造成的。二是隐蔽性的对流运输，即把同种物资采用不同的运输方式在平行的两条路线上，朝着相反的方向运输。

2. 倒流运输

它是指物资从产地运往销地，然后又从销地运回产地的一种回流运输现象。倒流运输有两种形式：一是同一物资由销地运回产地或转运地；二是由乙地将甲地能够生产且已消费的同种物资运往甲地，而甲地的同种物资又运往丙地。

3. 迂回运输

它是指物资运输舍近求远绕道而行的现象。物流过程中的计划不同、组结不善或调运差错都容易出现迂回现象。

4. 重复运输

它是指某种物资本来可以从起运地一次直运达到目的地，但由于批发机构或商业仓库设置不当，或计划不周人为的运到中途地点（例如中转仓库）卸下后，又二次装运的不合理现象，重复运输增加了一道中间装卸环节，增加了装卸搬运费用，延长了商品在途时间。

5. 过远运输

它是指舍近求远的运输现象。即销地本可以由距离较近的产地供应物资，却从远地采购进来；工产品不是就近供应消费地，却调给较远的其他消费地，违反了近产近销的原则。是远程运输，由于某些物资的产地与销地客观上存在着较远的距离，这种远程运输是合理的。

6. 运力选择不当

选择运输工具时，未能运用其优势，如弃水走陆（增加成本）铁路和大型船舶的过近运输，运输工具承载能力不当等。

7. 托运方式选择不当

如可以选择整车运输却选择了零担，应当直达却选择了中转运输，应当中转却选择了直达等，没有选择最佳托运方式。

（四）物流运输合理化的有效措施

运输合理化是一个系统分析过程，常采用定性与定量相结合的方法，对运输的各个环节和总体进行分析研究，研究的主要内容和方法主要有以下几点。

1. 提高运输工具的实载率

实载率的含义有两个：一是单车实际载重与运距之乘积和标定载重与行驶里程之乘积的比率，在安排单车、单船运输时它是判断装载合理与否的重要指标；二是车船的统计指标，即在一定时期内实际完成的货物周转量（吨公里）占载重吨位与行驶公里乘积的百分比。提高实载率如进行配载运输等，可以充分利用运输工具的额定能力，减少空驶和不满载行驶的时间，减少浪费从而求得运输的合理化。

2. 减少劳力投入，增加运输能力

运输的投入主要是能耗和基础设施的建设，在运输设施固定的情况下，尽量减少能源动力投入。从而大大节约运费，降低单位货物的运输成本，达到合理化的目的。

3. 发展社会化的运输体系

运输社会化的含义是发展运输的大生产优势，实行专业化分工，打破物流企业自成运输体系的状况。实行运输社会化，可以统一安排运输工具，避免对迂回、倒流、空驶，运力选择不当等多种不合理形式，不但可以追求组织效益而且可以追求规模效益，所以发展社会化的运输体系是运输合理化的非常重要的措施。

4. 开展中短距离公路运输

公路分流在公路运输经济里程范围内，应利用公路运输。这种运输合理化的表现主要用两点：一是对于比较紧张的铁路运输，用公路分流后，可以得到一定程度的缓解，从而加大这一区段的运输通过能力；二是充分利用分路从门到门和在中途运输中速度快且灵活机动的优势，实现铁路运输难以达到的水平。

5. 尽量发展直达运输

直达运输，就是在组织货物运输过程中，越过商业、物资仓库环节或交通中转环节，把货物从产地或起运地直接运到销地或用户，以减少中间环节。直达的优势，尤其是在一次运输批量和用户一次需求量达到了一整车时表现最为突出。此外，在生产资料、生活资料运输中，通过直达，建立稳定的产销关系和运输系统，有利于提高运输的计划水平。

6. 配载运输

它是充分利用运输工具载重量和容积，合理安排装载的货物及方法以求合理化的一种运输方式。配载运输往往是轻重商品的合理配载，在以重质货物运输为主的情况下，同时搭载一些轻泡货物。

7. 提高技术装载量

依靠科技进步是运输合理化的重要途径。它一方面是最大限度的利用运输工具的载重吨位，另一方面是充分使用车船装载容量。

8. 进行必要的流通加工

有不少产品由于产品本身形态及特性问题，很难实现运输的合理化，如果进行适当加工，针对货物本身的特性进行适当的加工，就能够有效解决合理运输的问题。

（五）发展现代化运输体系

所谓现代运输体系是指各种运输方式在社会化的运输范围内和统一的运输过程中，按其技术经济特点组成分工协作、有机结合、连续贯通、布局合理的交通运输体系。首先，现代化运输体系是在五种运输方式的基础上建立起来的，随着经济和社会的发展，科学技术的进步，运输过程从单一方式向多样化发展，运输工具也不断向现代化方向发展，因此，运输生产本身就要求把多种运输方式组结起来，形成统一的运输过程。其次，现代化运输体系是各种运输方式通过运输过程式本身的要求联系起来的。即各种运输方式运输生产过程式中存在着协作配合、优势互补的要求。最后，现代化运输体系由三个子系统组成。其一是有一定技术装备的综合运输网及其结合部系统，这是现代化运输体系的物质基础。其二是各种运输方式的联合运输系统。其三是综合运输管理、组结和协调系统。上述三个方面构成了现代化运输体系的主要因素。这个系统要实现运输高效率、经济高效率、服务高质量，充分体现出各种运输方式综合利用的优越性。

二、现代物流与运输体系

（一）现代物流与传统交通运输的比较

在经营理念上，传统交通运输企业着重强调了"以我为主"，未体现方便客户，客户至上的理念，缺乏服务的规范性和时效性。相对传统交通运输企业，现代物流着重确立方便快捷的经营理念，在服务的规范性、运输工具和运输线路的选择上体现了优质、高效的特点。由传统的"点到点"运作方式演变为"门到门"的运输方式。着重强调一切从客户出发，方便客户的经营理念。

传统运输企业在计划体制下，服务和质量意识较差，野蛮装卸、野蛮作业，货差货损时有发生。作为服务性行业的交通运输企业，服务质量的好坏直接对企业生产经营产生决定性影响。因此，交通运输企业在传统运输的基础上必须向客户提供更方便、更快捷、更优质和更符合实际的服务方式，现代物流企业通过强化"以客户为中心"的理念，提升了服务质量意识。

传统交通运输企业运作模式僵化，缺乏应有的灵活性，运输效率低。现代物流企业的运作模式更灵活，大都在经营中采取了信息化、网络化运作平台，这种运作平台能够向客户提供更加优质的运输路线和运输效率。通过企业自身或协作的网络使得客户多向运输的需求在低成本运作中取得效益，客户小批量、多批次、多流向、高时效的要求成为交通运输企业开展现代物流运作的强有力支持。

在市场定位上，传统交通运输企业靠国家指令下达计划，缺少市场营销的意识，端着国家的大锅饭坐等客户上门。现代物流企业市场定位更准确，随着市场经济的逐步发展，生产企业和销售商对运输的需求也在不断变化，物流企业把经营重点放在不拘批量大小，不论批次多少的客户需求上，为客户提供安全性和时效性更强的运输服务，赢得客户，占领市场。

传统交通运输企业走到今天，很少有不亏损的，企业面前的路越走越窄，许多企业都到了难以为继的地步。纵观现代物流企业，发展前景广阔，随着我国加入世界贸易组织（WTO），国民生产总值GDP的持续增长，西部开发的力度加大，各地生产原材料和产成品流动加快，必将刺激物流业的强力发展，这也为交通运输企业向物流企业的转型打下了良好的基础。

（二）运输产业发展与物流的关系

交通运输在物流活动中的核心作用

自古以来，交通运输就是人类生存、发展的重要活动之一。物流作为现代社会经济活动的重要组成部分，在其发展和运行过程中，同交通运输的关系更为密切。

（1）物品运输是物流系统的主要内容之一，也是物流业务的中心活动。一切物体的移动，都离不开运输环节，运输合理化在很大程度上影响着物流合理化。

（2）运输费用在物流费用中占较大比重。在进行物流活动中，直接耗费的活劳动和物化劳动所需支付的直接费用有：运输费、保管费、包装费、装卸搬运费和运输损耗等。其中运输费所占的比重最大，是影响物流费用的主要原因。

（三）我国交通运输体系发展现状

交通运输体系是指由铁路、公路、水运、民航、管道5种方式构成的交通运输系统。经过30多年的改革与建设，我国在交通设施总量、运输能力供给以及运输质量等方面取得了巨大成就，有效地支撑了国民经济平稳、快速发展。

1. 交通运输能力得到显著提高

近年来，随着国家对交通运输业投入的加大，我国已经形成了具有相当规模的综合交通体系，综合运输能力显著增强。到2008年年底，交通基础网络达到399.22万公里。其中，公路里程373.02万公里，与2000年相比，年均增长超过7%，高速公路6.03万公里；铁路约7.9万公里，与2000年相比，年均增长5%左右；内河航道达到13.3万公里；港口泊位3.53万个，与2000年相比，深水泊位新增300多个；管道里程5万公里，比2000年增长98%；机场达到158个，比2000年增加了37个。我国交通运输已进入能力扩张与质量提高的发展阶段。到2008年年底，各种运输方式完成货运量244.5亿吨，比2000年增长30%；货物周转量83 600亿吨公里。我国运输总量进入快速增长阶段。

2. 交通基础设施建设取得重大进展

交通运输基础设施总量规模迅速扩大，质量和技术装备水平大幅提高，整体结构明显改善。电气化铁路、高速公路、远洋船队等从无到有，快速发展，并跃居世界前列，标志着我国交通运输在一些重要领域与发达国家的差距已大大缩小，一个颇具规模的现代交通运输体系已初步形成。

3. 交通运输市场化进程进一步加快

交通运输领域的投资主体、投资渠道和经营主体的多元化格局正逐步形成。交通运输价格改革稳妥推进，出台了国内航空运输价格改革方案。价格听证制度得到推广。目前除国家铁路运输价格仍实行国家定价外，其他方式已初步形成了政府指导与市场相结合的价格市场形成机制，多个市场主体平等参与市场竞争的格局初步形成。

4. 运输效率和服务质量不断提高

在市场竞争机制的作用下，随着基础设施、技术装备水平和管理水平的不断提高，服务质量有了较大改善。以铁路提速和公路便捷、高效为目标的货物运输服务体系初步形成，货物运输代理、物流服务、多式联运、快递业务和信息服务等运输服务方式发展迅速，货物运输及时性和延展性有所提高。

（四）综合运输体系的发展对物流的影响

1. 效率与水平不断提高，运输方式之间的界限将被打破

一体化运输是交通运输发展的必然趋势，是改善运输服务质量、提高运输效率的突破口。因此，在交通运输基础设施网络和运输规模不断扩大的背景下，物流服务向集约化、规范化方向的发展将不断加快，物流运输的组织效率与水平会不断提高，运输与物流成本会不断降低，运输方式之间的界限将被打破。

2. 公路网络的完善将提高现代物流效率

现代物流要实现最佳的价值效能，就要使物流运作过程更加通畅迅速。对于公路而言，就是要完善网络，减少断头路，为物流企业提供最佳的运输路线，减少运输成本和时间，使物流运输过程达到最佳运输效果。

3. 铁路发展会改变物流发展结构

铁路客运专线建设会直接释放既有的线路货运能力，使其基本成为货运专线。铁路新线建成后将极大提高我国运输系统的总体能力，提升整个铁路的能力、效率和质量，全面缓解运输紧张局面。这不仅为物流企业提供了发展机会，并将由此带来交通运输与物流发展结构的调整与市场竞争格局的改变，使各种运输方式的运输组织朝着更合理的方向演进。促使各种运输方式回归自己的优势领域，更好地发挥各自的技术经济特性，从而降低整个社会的运输与物流成本。

4. 港口、机场建设将加速物流集约化发展

港口、机场、货运场站、物流园区、物流中心等设施的建设，不仅设施之间将产生联动发展，而且设施将成为企业运输和物流服务系统的有机组成部分，成为企业和社会服务创新的重要支撑条件。以港口为代表的运输基础设施的主要功能是进行不同运输方式的衔接和装卸、搬运作业。基础设施的完善将促进运输与物流集约化、组织化的提升，有效支撑物流业的规模化发展。

5. 技术装备进步促进物流服务创新

未来以技术进步为核心实现现代运输与物流的发展，总体上符合国家发展新型运输服务与现代物流的决策，因此，无论是货物运输还是现代物流，其发展进程都将加快，质量也将不断提高。

6. 运输市场化将促进外资进入规模不断扩大

目前我国的交通运输已初步实现了市场化。未来运输市场化向纵深拓展，外资的大举进入已经成为必然趋势，跨国企业从初期的小规模尝试向整体并购和网络布局发展。

【重点名词与概念】

物流　物流职能　物流学说　国际货物运输　交通运输体系

【本章练习与思考题】

一、单选题

1. 物流按照系统性质分为行业物流、企业物流和（　　）。
   A. 国际物流　　B. 社会物流　　C. 生产物流　　D. 特殊物流
2. 物流的基本职能大体包括：运输职能、保管职能和（　　）。
   A. 装卸职能　　B. 加工职能　　C. 包装职能　　D. 仓储职能
3. 世界上国际贸易运输的组织机构五花八门、数不胜数，但基本上可以归纳为三个方面，即承运人、货主和（　　）。
   A. 货运代理人　　　　　　B. 托运人
   C. 收货人　　　　　　　　D. 运输人

二、多选题

1. 现代运输手段四要素是指（　　）。
   A. 运输工具　　　　　B. 运输动力功能整合
   C. 运输通路　　　　　D. 电信设备

2. 根据物流活动发生的先后次序，可将物流划分为（　　）。
   A. 供应物流　　　　　B. 生产物流
   C. 销售物流　　　　　D. 回收和废弃物流

3. 决定合理运输的要素包括（　　）。
   A. 运输距离　　　　　B. 运输环节
   C. 运输工具　　　　　D. 运输时间
   E. 运输费用

4. 运输就其运送对象来说，可分为（　　）。
   A. 货物运输　　　　　B. 一般物运输
   C. 旅客运输　　　　　D. 贵重运输

5. 评价物流体系的主要要素包括（　　）。
   A. 品质　　　　　　　B. 数量
   C. 时间　　　　　　　D. 地点
   E. 价格

三、判断题

（　）1. 物流按照系统性质可以分为：社会物流、行业物流、企业物流等。
（　）2. 建立和健全必要的储存、运输基础设施，是发挥物流职能的前提条件。
（　）3. 物流合理化是物流管理追求的总目标。
（　）4. 物流按照系统性质可以分为：一般物流、特殊物流。
（　）5. 裸装货物又称无包装货物。

四、简答与论述题

1. 简述国际贸易运输的特点。
2. 简述集装箱运输的特点和优越性。
3. 简述物流的实质和作用。
4. 简述物流运输合理化的措施有哪些。
5. 试述现代物流的主要特征。

第四章　外贸物流与国际贸易

【本章培训要点】

本章培训的主要内容是关于国际贸易基础知识。内容主要包括外贸物流与国际贸易的关系，各种贸易方式的基本理论，套期保值业务的风险点和规避风险的操作技巧，国际贸易术语的含义、作用，国际贸易惯例以及 INTERTERMS 2010 贸易术语的应用，商品的命名、品质、数量及包装的含义、合同条款的表示方法，溢短装条款的使用。

【本章应掌握的主要内容】

通过本章学习，应掌握国际贸易与外贸物流的关系，各种贸易方式的基本理论，国际贸易术语的含义、作用，国际贸易惯例以及 INTERTERMS 2010 贸易术语的应用，商品的命名、品质、数量及包装的含义、合同条款的表示方法；深刻理解溢短装条款的使用；了解套期保值业务的风险点和规避风险的操作技巧。

第一节　外贸物流与对外贸易的关系

一、对外贸易的地位和作用

一国的对外贸易与其经济的发展是密切相关的。两者之间的关系实际上是交换与生产的关系。要了解对外贸易的地位，首先要了解交换在社会再生产中的地位。社会生产是商品生产过程和流通过程的统一。商品流通不过是生产过程的延长。在这个统一和延长的过程中起决定作用的是生产。而作为再生产过程一个阶段的交换不仅仅是一个消极的被决定的东西，它也能对生产发生反作用，甚至有时会对生产的发展起巨大的推动或阻碍作用。不断扩大的生产需要一个不断扩大的市场，反过来，不断扩大的市场又能促进生产的不断扩大。可见，交换是社会再生产过程中不可缺少的中间环节，是联系生产与消费的桥梁和纽带。就对外贸易而言，它是对外商品交换的媒介，是国内商业向国外的延伸和贸易地区范围的扩大。所以，对外贸易在国民经济发展中处于客观的中介地位。

对外贸易促使国内外商品流通，将国内外市场紧密地联系起来，从而促进了国内外经济技术交流，对国民经济乃至社会的发展起着十分重要的作用。

第一，通过对外贸易，可以调节国内供需的不平衡，改进扩大再生产所需的实物结构，从而保证社会扩大再生产的顺利进行。

第二，利用对外贸易，可以引进国外的先进技术和管理经验，提高国内企业的技术和管理水平，促进生产力的发展。

第三，参与国际贸易，一方面能补充国内市场商品的不足，满足人民物质和文化方面的需要，另一方面，还能增加国家财政和外汇收入，从而增强国力，以巩固国际上的政治和经济地位。

总之，一个国家要使经济有长足的发展，就必须参与国际市场和国际贸易。对外贸易已成为经济发展的基础。

二、外贸物流与对外贸易的关系

对外贸易推动着外贸物流的发展，是外贸物流网生存的前提和基础，并促进其国际化。对外贸易和外贸物流是当今世界发展不可或缺的两个方面，对外贸易使商品的所有权发生了交换，而外贸物流则体现了商品在各国之间或在其国内的实体转移。两者之间是相互促进，相互依赖，相互制约的关系。

（一）对外贸易是外贸物流产生和发展的基础

外贸物流是在对外贸易产生和发展的基础上发展起来的，而高效运作的外贸物流又促进了对外贸易的发展，在这种情况下，外贸物流也应运而生，这些都给我国的物流产业的发展带来了机遇和挑战。

（二）国际物流是开展国际贸易的必要条件

世界范围的社会化大生产必然会引起国际分工，任何国家都不能够包揽一切生产活动，而需要国际间的合作。国际间的商品和劳务流动是由商流和物流组成的，前者由国际交易机构按照国际惯例进行，后者由物流企业按各个国家的生产和市场结构完成。为了克服它们之间的矛盾，就需开展与国际贸易相适应的国际物流。只有物流工作做好了，才能将国外客户需要的商品适时、适地，按质、按量、低成本地送达，从而提高本国商品在国际市场上的竞争能力，促进对外贸易。外贸物流已成为影响和制约对外贸易进一步发展的重要因素。据有关统计，目前跨国公司控制着全球生产总值的40％左右、国际贸易的50％以上和国际投资的90％。我国大型企业要进入世界企业100强或500强的行列，必须极大地提高我国外贸物流的支持能力。

（三）国际贸易的发展促进物流国际化，并不断对外贸物流提出新的要求

世界经济的飞速发展和国际政治格局的风云变幻，使国际贸易不断表现出一些新的趋势和特点，从而也在不断对国际物流提出更新、更高的要求。目前，跨国公司正在由各国子公司独立经营的阶段，向围绕公司总部战略，协同经营一体化发展，从而对外贸物流提出了更高的要求。

第一，质量要求。国际贸易的结构正在发生着巨大变化，高附加值、高精密度商品流量的增加，对国际物流工作的质量也提出了更高的要求；此外，国际贸易需求的多样化还造成了物流的多品种、小批量化，这就同时要求国际物流向优质服务和多样化发展。

第二，效率要求。国际贸易活动的集中表现就是合约的订立和履行。而国际贸易合约的履行是由国际物流活动来完成的，这就要求通过高效率的物流来履行合约。

第三，安全要求。由于国际分工和社会生产专业化的发展，大多数商品是在世界范围内分配和生产的。因此，在组织国际物流，选择运输方式和运输路线时，要密切注意所经地域的气候条件、地理条件，同时还应注意沿途所经国家和地区的政治局势、经济状况等，以防止这些人为因素和不可抗拒的自然力所在地造成货物灭失和损害。

第四，经济要求。国际贸易的特点决定了国际物流的环节多、备运期长。因而，在国际物流领域，控制物流费用以降低成本具有很大潜力。对于国际物流企业来说，选择最佳物流方案、提高物流经济性、降低物流成本、保证服务水平，是提高竞争力的有效途径。

第五，信息化要求。电子商务的使用在全球范围内已有许多成功的范例，而随着EDI技术的成熟以及国际互联网的迅速发展，电子商务全球化的发展必将更加突飞猛进，从而不可避免地对国际商贸领域产生重大而深刻的影响，国际贸易的运行、管理、效率都将因此而产生质的飞跃。这就要求国际

物流业必须实现信息化，加强网络意识，提高工作效率，并及时做好国际货物的运输工作。

三、外贸物流管理对策

提高外贸物流效率是一个系统工程，不仅受到通关效率的影响，还与政策环境、物流设施、市场潜力、技术进步等方面的因素密切相关。因此，当前提高外贸物流效率尤其需要从以下几个方面作出努力。

（一）积极培育具有国际竞争能力的枢纽港口

从目前我国外贸物流的组织现状分析，港口扮演着重要角色，无论在总量和效率方面均对口岸物流具有重要影响。联合国贸易发展组织在评价港口在物流发展中的作用时指出，随着国际贸易的发展和贸易方法及运输的现代化，港口由原先海陆交界的转运点发展成为贸易供应中心。在有些港口这种新活动生成的港口收入，占全部收入的1/3以上。实质上第三代港口是以物流中心为载体，集国际商品、资本、技术等于一身的资源配置型港口。

许多口岸城市建设了一批以市场信息为基础，以产品配送为主业，以现代仓储为配套，以多式联运为手段，以商品交易为依托的大型多功能综合物流中心或物流基地，并成为区域性的物流中心城市。

如广州港在发展主业的同时，利用港口的优势，兴办了水产品交易市场。青岛港依托煤炭、原油、矿石、集装箱四大支柱货种的物流优势，大力培育矿石、原油、煤炭及化肥、粮食等港口现货市场和区域性航运交易所。从国际物流发展趋势看，我国应积极培育具有国际竞争能力的大型枢纽港口，努力发挥其在推动我国现代物流跨越式发展中的重要作用。

（二）改善外贸物流发展环境，为客户提供一流的外贸物流管理服务

要进一步完善外贸物流相关的法律、法规，努力与国际惯例相衔接。要在加强海关进出口监管、提高口岸各项管理职能的同时，强化职能部门的服务意识，尽量简化手续，提高效率，最大限度地方便客户。当前要研究尽早推广"口岸电子执法系统"，实现企业"网上报关"，简化进出关手续，缩短通关时间，方便企业合法进出。

同时，对于口岸的其他各项管理，应该遵循"一个窗口"服务的原则，尽量使商检、卫检和动植检在一个窗口内实施检查、检疫。要尽力缩短货物口岸滞港时间，在出口退税、外汇核查、核销等金融管理方面也应尽可能为客户着想，提高企业从事进出口贸易的积极性。要大力发展口岸保税物流，以吸收周边国家和地区的中转物流货源。

（三）努力促进外贸物流的资源整合，积极培育国际一流的现代外贸物流服务市场

要引进市场机制，改善经营方式，紧紧围绕用户各种需求，提供优质高效和丰富多样的外贸物流服务，特别是强化外贸物流的货物集散功能，抓好集货、存货和配货，努力培育一个完善的物流服务市场，以满足外贸物流服务的需求。

要根据口岸的特点，加速物流产业结构调整，促进外贸物流资源整合，在对外贸物流全行业开展协调和前瞻性的规划工作的基础上，推进行业联盟和企业联合经营，逐步使物流业务向规模化、集约化方向发展，更大程度地发挥外贸物流的潜在综合优势。

要根据现代物流发展趋势，大力培育社会化、专业化的第三方物流企业，努力将现代物流同商流、信息流、人才流、资金流紧密结合在一起，形成一个以第三方物流服务为核心的外贸物流综合服务系统。

（四）建立外贸物流信息网络，加快外贸物流信息化进程

信息技术是构成现代物流体系的重要组成部分，也是现代物流赖以生存的根本技术保障。要尽

快建立外贸物流信息网络，包括以物流流转数据处理为主要功能的电子数据交换系（EDI）；以物流信息系统中信息收集、仓储库存控制为主要功能的条形码系统（BAR-CODING）；以物流流程监控为主要功能的全球卫星定位系统（GPS）。

在信息系统建设的基础上，尽快建立一个公正的、高效的外贸物流共同数据（公共信息）交换平台，以实现外贸物流信息资源共享的要求，提升外贸物流信息管理和服务水平。在外贸物流信息网络建设的同时，充分运用各种物流新技术手段，大力发展EC（电子商务）物流和IT（信息）物流，不断提高外贸物流技术含量。

（五）实施"双证书"制度，培养两型外贸物流人才

所谓双证书制，是指高校毕业生在完成专业学历教育获得毕业文凭的同时，还通过与其专业相衔接的国家职业资格证书。

学历教育和职业培训是两个相对独立发展的培养方式，承担的主体也不相同，分别培养知识型和技能型的人才。在传统物流人才培养体系中它们相对分离，难以实现知识型和技能型人才的互相跨越与融合。我国高等教育必须变革目前的外贸物流人才培养体系，建立和完善学历教育、职业培训和职业资格认证相结合的两型外贸物流人才培养模式。所授课程覆盖岗位资格证书要求的所有知识和技能，以学分作为"双证沟通"的纽带，把外贸物流岗位资格标准中要求的知识与技能融入国际物流专业的教学大纲中，使学生在接受专业知识学习与同时，获得从业资格，积累就业资本。学校应该鼓励学生参加外贸物流岗位资格考试以及相关专业资格考试，为就业积累资本。随着经济全球化不断加深，对国际物流人才的需求越来越迫切，提出的要求也越来越高。高校作为培养国际物流人才的教学与科研机构，应更具超前的眼光与国际视野，不断提高国际物流的教学科研水平，为我国的对外经贸发展输送大批具有动手能力、实践能力与理论知识的复合型外贸物流人才。

第二节 国际贸易方式

一、经销和代理

（一）经销

1. 经销的概念和特点

经销（distribution）是国际贸易中常见的一种出口贸易方式，是指出口商（即供货方，supplier）与进口商（即经销方，distributor）之间签订经销协议，以"款、货两清"的买断形式达成的一种商品买卖关系。经销方式下，进口商以自有资金支付商品的货款，取得商品的所有权，在经营中以进口价格和转售价格之间的差额为经销利润，并在享有自货物进口后到将货物转售的全部收益的同时，承担一切经营风险。

2. 经销的分类

根据经销商所享有的权限，可以将经销方式分为总经销、独家经销、特约经销和一般经销四种类型。前三种经销方式属于特许经营的范畴，有一定的特许权转让。不同的经销方式，其区别在于出口企业需要通过签订不同的经销协议或通过发放授权证书的方式授予中间商指定商品的不同的经营权利，并要求中间商承担不同的经营义务。

（1）总经销（general distribution）。是指出口供货方（只限于出口生产企业）赋予进口中间商在规定的时间和区域内（可以是全部市场，也可以是某个大区域或某个国家范围内），对指定商品享有独家分销权、最低进价权和优先进货权的一种方式。而出口生产企业在此期间和区域内则不能

再向任何其他商人分销该指定商品，如在该地区销售该指定商品的商人均需向总经销商处进货。总经销商在享有指定商品的独家分销权的同时也必须承担一定的义务方面的限制，这些限制往往在特许协定中有明确规定。如保证一定数量的销售额；做好该区域内的商品维修服务；防伪打假，保护授权商品的知识产权和负责组织和承担一定的广告促销活动等。出口企业选择总经销商时有两个最基本的条件：一是要有良好的商业信誉和合作态度；二是具有强大的商品分销能力。以便确保出口企业的利益不受伤害以及产品在授权区域的市场覆盖率。

(2) 独家经销（sole distribution）。是指出口供货方（可以是生产企业，也可以是享有某种商品商标专用权的商业企业）授予某一进口经销商（一般限于零售商）在规定期限和规定地区内，享有指定商品的独家专卖权的一种方式。在经销协议所规定的时间和区域内，该指定商品除由独家经销商销售外，该区域内任何其他商人均不得销售此种商品。而独家经销商一般也要承担一定数量的销售、维护授权商品的知识产权、承担生产企业委托的商品促销活动和部分商品的售后服务工作等义务。

(3) 特约经销（special distribution）。是指出口生产企业在规定的时间和规定的区域内，同时选择若干个中间商作为本企业产品的指定销售商。一般是赋予进口商指定商品销售的授权证书的形式，并承诺出口企业向特约经销商直接供应指定商品和不向非授权企业供应指定商品。出口生产企业对特约经销商的选择和约束主要是商品的销售数量能力和商品的销售服务水平。

(4) 一般经销（common distribution）。是指出口供货方对挑选经销商的条件不苛刻，不强调经销商要承担过多的义务，也不对经销商授予任何特权。只要经销商有进口积极性，能满足供货方的交易条件，及时付足货款，即可得到出口供货方提供的货物。在这种方式下，供货方与经销方之间存在的只是相对长期、稳定的买卖关系，实质上与一般的国际货物买卖并无区别。

(二) 代理（agency）

代理是许多国家商人在从事进出口业务中习惯采用的一种贸易做法。在国际市场上存在着名目繁多的代理商，这里介绍的只限于销售代理。

1. 代理的含义和性质

国际贸易中的销售代理是指委托人（principal）授权代理人（agent）代表他向第三者招揽生意，签订合同或办理与贸易有关的各项事宜，由此而产生的权利与义务直接对委托人发生效力。在我国外贸实践中代理人通常是有进出口经营权的外贸公司，而被代理人（即委托人）通常是专门从事初级产品和制成品生产的工矿企业和农产品生产公司。

2. 包销与代理的区别

代理与包销的性质不同，包销商与出口商之间是买卖关系，在包销方式下，由包销商自筹资金、自担风险和自负盈亏。而销售代理商同出口商之间的关系，因不是买卖关系，故销售代理商不垫资金、不担风险和不负盈亏，他只获取佣金。

3. 代理的种类

(1) 总代理。总代理（general agent）是指代理商在一定地区和一定期限内不仅享有专营权，还代表委托人进行全面业务活动，甚至包括非商业性质的活动。总代理人实际上是委托人在指定地区的全权代表。

(2) 独家代理。独家代理（sole agent）是在指定地区内，由代理人单独代表委托人行为，委托人在该指定地区内，不得委托其他第二个代理人。由于委托人与代理人不是买卖关系，所以，商品出售前所有权仍归委托人，由委托人负责盈亏。代理商不必动用自己的资金，只是赚取佣金。独家代理具有的专营权与包销商所具有的专营权并不完全一样。通常，除非协议另有约定，一般也可以允许委托人直接向指定的代理地区的买主进行交易。为了不损害独家代理的利益，有些协议规定，凡委托人直接与指定代理地区的买主达成交易的，仍然向独家代理计付佣金。

（3）佣金代理。佣金代理（commission agent）又称为"一般代理"，是指在同一代理地区的某一期限内，委托人同时委派几个代理人为其推销商品或服务。一般代理根据推销商品的实际金额或根据协议规定的办法和百分率向委托人计收佣金，委托人可以直接与该地区的实际买主成交，而无须给佣金代理支付佣金。

佣金代理与独家代理的主要区别有两点：一是独家代理享有专营权，佣金代理不享有这种权利；二是独家代理收取佣金的范围既包括招揽生意介绍客户成交的金额，也包括委托人直接成交的金额；佣金代理收取佣金的范围，只限于他推销出去的商品的金额。

二、寄售与展卖

（一）寄售

1. 寄售的概念

寄售（consignment）是一种委托代售的贸易方式，它是指委托人（货主）先将货物运往寄售地，委托国外一个代销人（受托人），按照寄售协议规定的条件，由代销人代替货主进行销售，在货物出售后，由代销人向货主结算货款的一种贸易做法。在外贸实践中，寄售人通常是委托人，即委托他人在国外销售货物的出口商，而代销人通常是出口商在进口国的受托人。

2. 寄售的特点

在国际贸易中，与卖断方式比较，寄售有以下几个特点：

（1）它是凭实物进行买卖的现货交易。寄售人先将货物运至目的地市场（寄售地），然后经代销人在寄售地向当地买主销售。

（2）寄售人与代销人之间是委托代售关系，而非买卖关系。代销人只能根据寄售人的指示处置货物，货物的所有权在寄售地售出之前仍属于寄售人。

（3）寄售货物在售出之前，包括运输途中和到达寄售地后的一切费用和风险，均由寄售人承担。

（4）寄售货物装运出口后，在到达寄售地前也可采用出售路货的办法即当货物尚在运输途中，由代销人寻找买方出售。

（二）展卖

1. 展卖的含义

展卖（fairs and sales）是利用展览会和博览会及其他交易会形式，对商品实行展销结合的一种贸易方式。

展卖是最古老的交易方式之一，其最早的雏形是区域性的集市。在制造业迅速发展、国际贸易不断扩大和现代科技、交通、通信条件日益完善的情况下，展卖日趋国际化、大型化和综合化，成为当前国际贸易中一种重要方式，特别是作为一种推销方式被人们广泛接受。

2. 展卖的特点

展卖的基本特点是，把出口商品的展览和推销有机结合起来，边展边销，以销为主。这种展销结合的方式具有下列明显的优点：

（1）有利于宣传出口国家的科技成就和介绍出口商品，以扩大影响，促成交易。

（2）有利于建立和发展客户关系，广交朋友，以扩大销售地区和范围，实现市场多元化。

（3）有利于搜集市场信息，开展市场调查研究，以便更有效地掌握市场动态。

（4）有利于听取国外客户的意见，并通过货比货发现问题，找出差距，不断提高出口商品质量，增强出口竞争能力。

3. 展卖的类型

展卖有各种不同的形式和内容，其做法也多种多样，结合我国开展展卖业务的实践有国际博览会、中国出口商品交易会和在国外举办展卖会等几种主要方式。

三、招标、投标与拍卖

招投标和拍卖是两种特殊的贸易方式，与包销、代理和寄售不同之处在于其具有公开性和竞争性，并采取一定的组织形式来开展交易。招标、投标一般是从购买或进口角度出发而有组织地进行交易，引起卖方之间的竞争；拍卖则一般是从出售或出口角度出发而有组织地进行交易，引起买方之间的竞争。

（一）招标与投标

招标、投标常用在国家政府机构、国营企业或公用事业单位采购物资、器材或设备的交易中，更多地用于国际承包工程。目前，国际间政府贷款项目和国际金融机构贷款项目，往往在贷款协议中规定，接受贷款方必须采用国际竞争性招标采购项目物资或发包工程。这里主要介绍货物买卖中的招标与投标。

1. 招标、投标的含义和特征

（1）招标与投标的含义

招标（invitation to tender）是指招标人（买方）在规定时间、地点发出招标公告或招标单，提出准备买进商品的品种、数量和有关买卖条件，邀请投标人（卖方）投标的行为。

投标（submission of tender）是指投标人（卖方）应招标人（买方）的邀请，根据招标公告或招标单的规定条件，在规定的时间内向招标人递盘的行为。

由此可见，招标与投标是一种贸易方式的两个方面。

（2）招标与投标的特征

招标、投标与其他贸易方式相比有以下特征：

①招标的组织性。即有固定的招标组织机构、招标场所。

②招标、投标的公开性。招标机构要通过招标公告广泛通告有兴趣、有能力投标的供货商或承包商，并向投标人说明交易规则和条件，以及招标的最后结果。

③投标的一次性。投标人只能应邀作一次性投标，没有讨价还价的权利。标书在投递之后，一般不得撤回或修改。

④招标、投标的公平性。在招标公告发出后，任何有能力履行合同的卖主都可以参加投标。招标机构在最后取舍投标人时，要完全按照预定的招标规则进行。招标所具有的组织性和公开性本身，也是招标、投标公平和合理的有效保证。

2. 招标的主要方式

目前，国际上采用的招标方式归纳起来有以下几种：

（1）国际竞争性招标。是指招标人邀请几个或几十个投标人参加投标，通过多数投标人竞标选择其中对招标人最有利的投标人达成交易，它属于竞卖的方式。

（2）谈判招标。又叫"议标"，它是非公开的，是一种非竞争性的招标。这种招标由招标人物色几家客商直接进行合同谈判，谈判成功，交易达成。它不属于严格意义上的招标方式。

（3）两阶段招标。是指无限竞争招标和有限竞争招标的综合方式，采用此方式时，先用公开招标，再用选择性招标，分两阶段进行。

（二）拍卖

拍卖（auction）是一种具有悠久历史的交易方式。通过拍卖成交的商品通常是品质难以标准化或按传统习惯以拍卖出售的商品，如裘皮、茶叶、烟草、羊毛、木材、水果以及古玩和艺术品等。

1. 拍卖的含义

拍卖是经营拍卖业务的拍卖行接受货主的委托，在规定的时间和场所，按照章程和规则，以公开叫价的方法，把货物卖给出价最高的买主的一种贸易方式。

2. 拍卖的特征

（1）拍卖是在一定的机构内有组织地进行的。拍卖机构可以是由公司或行业协会组成的专业拍卖行，也可以是由货主临时组织的拍卖会。

（2）拍卖具有自己独特的法律和规章。许多国家对拍卖业务有专门的规定。各个拍卖机构也订立了自己的章程和规则，供拍卖时采用。

（3）拍卖是一种公开竞买的现货交易。拍卖采用事先看货，当场叫价，落槌成交的做法。成交后，买主即可付款提货。

（4）参与拍卖的买主，通常须向拍卖机构缴存一定数额的履约保证金。买主在叫价中，若落槌成交，就必须付款提货；不付款提货，拍卖机构则没收其保证金。

（5）拍卖机构为交易的达成提供了服务，它要收取一定的报酬，通常称作佣金或经纪费。

四、对销贸易与加工贸易

（一）对销贸易

对销贸易（counter trade）是指在互惠的前提下，由两个或两个以上的贸易方达成协议，规定一方的进口产品可以部分或者全部以其向对方出口的产品来支付。其主要目的是以进带出，开辟贸易双方各自的出口市场，求得贸易收支平衡或基本平衡。它是易货贸易、回购贸易、补偿贸易、抵消贸易等具体方式的总称。当常规的支付方式难以实现，成本过高或根本不存在时，对销贸易成为了国际贸易所选择的一种替代方式。世界上许多国家的货币与其他货币是不能自由兑换的。一国政府可能会限制本国的货币兑换以保持足够的外汇储备用来偿还国际债务及购买关键性的进口物资，这对出口商是一个难题。货币的不可兑换意味着出口商得不到用本国货币支付的货款，很少有出口商愿意接受以一种不可兑换货币支付的货款，这个问题通常用对销贸易的方法解决。对销贸易意味着签订一个或多个以货易货的协议，当货物不能用货币支付时，就采取以一些商品和劳务交换另一些商品和劳务的形式。

（二）加工贸易

1. 加工贸易的含义与性质

（1）加工贸易的含义。加工贸易是来料加工和来件装配的总称。来料加工（processing with customer's mate—rials），是指外商提供原材料、辅料和包装物料等，由国内的承接方按外商提出的要求加工成成品并提交给对方，按双方约定的标准收取加工费的一种贸易方式。来件装配（assembling with customer's parts），是指由外商提供零部件、包装物料等，由国内承接方按外商要求装配成成品提交给对方，并按双方约定的收取加工费的一种贸易方式。

（2）对外加工装配业务的性质。加工贸易是一种委托加工的方式。外商将原材料、零部件等运交国内承接方，并未发生所有权转移。承接方只是作为受托人按照外商的要求，将原材料或零部件加工成为成品。加工过程中，承接方付出了劳动，获取的加工费用是劳动的报酬。因此，可以说加工贸易属于劳务贸易的一种形式，它是以商品为载体的劳务出口。

(3) 加工贸易与进料加工的区别。加工贸易与从国外进口原材料加工成成品再出口的"进料加工"方式有相似之处。因为它们都是利用国内的劳动力和技术设备，都属于"两头在外"的加工贸易方式。但是，加工贸易与进料加工又有明显的区别，主要表现在：

①在进料加工中，原材料进口和成品出口是两笔不同的交易，均发生了所有权的转移，而且原材料供应者和成品购买者之间没有必然的联系。在加工贸易中，原材料运进和成品运出均未发生所有权的转移，它们均属于一笔交易，有关事项在同一个合同中加以规定。由于加工贸易属于委托加工，所以原材料供应者又是成品接受者。

②在进料加工中，国内承接方从国外购进原材料，由国内工厂加工成成品，使价值增值，再销往国外市场赚取由原材料加工为成品的附加价值，但国内承接方要承担国际市场销售的风险。在加工贸易中，由于成品交给外商自己销售，国内承接方无须承担风险，但是所能得到的也仅是一部分劳动力的报酬。因此，加工贸易的创汇一般低于进料加工。

2. 开展加工贸易应注意的事项

开展加工贸易已成为我国对外经济贸易合作的一种方式，为了有效地开展这项业务，需要注意下列事项：

(1) 在开展这项业务时，必须要有全局观点，注意处理好与正常出口的关系。凡出口贸易有争客户、争市场的国家，应该少做或不做。

(2) 要加强经济核算，注意经济效益。在决定加工费水平时，不仅要考虑本单位是否合算，同时要参照国际市场加工费水准进行核算，讲求效益，力求使我国企业的加工费标准既具有竞争性，又能为国家多创外汇。

五、国际租赁贸易

(一) 国际租赁贸易的含义及特点

国际租赁贸易 (international lease trade) 是直接利用外资的一种灵活贸易方式，指出租人根据与承租人的租赁协议，以收取租金为代价，把物品交付给承租人在一定时期内使用的一种贸易方式。

国际租赁贸易一般由两个环节组成：首先是由出租人自筹资金或者从银行贷款，与供货人签订货物销售合同，购得符合承租人要求的机械设备，然后再由出租人与承租人签订租赁合同，将机械设备出租给承租人。

(二) 国际租赁方式

1. 国际金融租赁

它又称国际融资租赁，根据规定，由出租人自己筹资或从银行贷款，从供货人处购得机器设备，再出租给承租人。它是国际租赁中使用最频繁，也是最基本的一种形式，适用于大型、高额的设备租赁。

2. 国际经营性租赁

它又称"服务性租赁"。出租人批量购买租赁物，形成库存，而后出租给不特定的承租人（主要是中、短期承租人），并且由出租人提供设备的安装、保养、维修等服务。这种租赁方式主要适用于技术更换快，或短期使用，或需要专门技术保养的设备，如电子计算机、汽车、工程建筑设备等。

3. 国际平衡杠杆租赁

它又称"杠杆租赁"。出租人自筹一部分资金（通常是20%～40%），同时向银行或者保险公司等金融机构贷款一部分资金发展起来的一种高级租赁业务，在美国和加拿大租赁市场上，使用得较多，主要适用于价格昂贵、使用寿命长的机械设备，例如，大型飞机、轮船、集装箱、卫星系统等。

4. 国际综合性租赁合同

国际租赁与贸易相结合，产生了一些综合性租赁合同，例如，国际租赁与加工装配相结合、国际租赁与补偿贸易相结合、国际租赁与包销相结合等国际租赁合同。这类国际综合性租赁主要适用于工业发达国家同发展中国家之间的租赁业务，它有利于发展中国家引进国外各种先进的技术和设备，而不必耗费外汇成本；同时，又可以扩大产品的销路，占领国际市场。

5. 国际直租、转租与回租租赁

（1）直接租赁。一般由资金实力较雄厚的租赁公司直接向生产厂商支付货款，购买机械设备，而后出租给承租人，并收取租金。直接租赁程序比较简单，只存在着出租人与承租人之间的租赁关系及出租人与厂商之间的买卖关系，承租人一般不与生产厂商发生关系。

（2）转租。出租人从生产厂商或租赁公司租进机械设备，再把机械设备转租给用户。

（3）回租。又称售后租回。拥有某项机械设备的所有人需要继续使用该项机械设备，但短期内资金周转发生困难，这时，所有人可以将自己的机械设备出售给租赁公司，再与租赁公司签订租赁合同，租回该项机械设备。采用这种方式，有利于资产流动性差的企业把固定资产转变为现金，而不影响原有的生产。

6. 真实租赁与租购

（1）真实租赁。指租赁期满后，承租人将租赁物退还给出租人的租赁形式，是一种名副其实的租赁。在英国、美国、德国等国家，由于真实租赁在税收方面真正享受租赁待遇，即税收优惠待遇，所以又称节税租赁。根据美国税制规定，真实租赁必须符合一定的条件，只有满足一定的条件，出租人才可以按照规定，获得加速折旧、投资优惠，以降低租金形式向承租人转让部分税收优惠，承租人支付的租金可以作为费用，从应纳税利润中扣除。

（2）租购。指租赁期满后，承租人以象征性价格购买租赁物，取得所有权的一种租赁形式。在英国、美国等国家，租购并不享有税收上的优惠，故又被称为"非节税租赁"。按照美国税制规定，租购必须满足一定的条件，例如，承租人按照名义价留购资产，或者承租人承担出租人投资损失的风险，或者租期实质上等于租赁资产的全部有效寿命，按照买卖交易对待，由承租人作为物主，享受折旧税收优惠和期末残值，其支付的租金不能作为费用从成本中扣除。

7. 总租

总租又称"主租赁"或"开放租赁"，主要适用于运输工具、计算机及附属设备的租赁。在这种租赁方式下，由租赁公司与承租人签订一份总租赁合同，承租人可以依照同样的租赁条件（租金除外），多次租用出租人提供的机械设备，而无须多次签约。租赁公司在整个租期内，有责任提供最先进的设备。租赁期差不多等同于机械设备的使用年限。

六、期货贸易

（一）期货贸易的概念

期货市场是指在一定时间和地点，按一定规章买卖特定商品的期货合同的有组织市场。在期货市场买卖的是代表一定商品数量的期货合同，这种交易称为商品期货贸易。期货贸易不同于商品贸易中的现货交易。众所周知，在现货交易的情况下，买卖双方可以以任何方式、在任何地点和时间达成实物交易，卖方必须交付实际货物，买方必须支付货款。而期货贸易则是在一特定期货市场上，即商品交易所内，按照交易所预先制定的标准期货合同进行的期货买卖，成交后买卖双方并不移交商品所有权。

（二）期货贸易的种类

期货贸易根据其交易的目的分为投机性交易和套期保值交易。

投机性交易是一种利用期货合同作为赌博的筹码，通过单纯的期货合同的买卖，来获取盈利的买空卖空活动。买空的投机者，在行情看涨时买进期货，等待价格实际上涨后获利抛出；卖空的投机者，在行情看跌时，卖出期货，等待价格实际下跌后买进；追逐价格涨跌变化的差额是一种纯投机活动。

套期保值交易，也叫"套头交易"或"双重交易"、"对冲交易"，是一种以转移价格发生不利变化风险为目的的交易。套期保值交易的基本做法是，在现货市场和期货市场同时进行两个等量而又方向相反的交易，即在买进（卖出）实物商品的同时，又在期货市场上卖出（买进）同等数量的期货交易合同，经过一段时间，当现货价格变动造成亏损或赢利时，可由期货交易上的赢利和亏损得到补偿或抵消，其目的是为了避免实货价格发生变化的风险，并不是为了赚取价格变动的利润。

第三节　国际贸易术语

一、贸易术语的含义及作用

（一）含义

国际贸易术语是进出口商品价格的重要组成部分，是用几个英文字母的缩写来说明买卖双方有关费用、风险和责任的划分，确定卖方交货和买方接货方面的权利和义务。

（二）作用

贸易术语促进了国际贸易的发展，对于简化交易手续、缩短洽商时间和节约费用开支，有着重要的作用，着重解决以下五个问题：

(1) 卖方在什么地方，以什么方式办理交货。
(2) 货物发生损坏或灭失的风险何时由卖方转移给买方。
(3) 由谁负责办理货物运输、保险以及通关过境手续。
(4) 由谁承担办理上述事项时所需的各种费用。
(5) 买卖双方需要交接哪些有关的单据。

二、国际贸易（术语）惯例的性质

交货地点不同，卖方承担的风险、责任和费用也不相同。如果双方约定，在出口国内的商品产地交货，卖方只需按约定时间和地点将货物备妥，买方则应自行安排运输工具将货物从交货地点运往最终目的地，并承担其间的一切风险、责任和费用。按这样条件成交，货价自然很低。反过来，如果采取在进口国内的约定地点交货的贸易术语成交，卖方要承担在指定目的地将货物实际交给买方之前的一切风险。并且要负责办理货物从产地到目的地的运输、保险以及通关过境的手续，提交规定的单据。同时还要承担与之相关的费用。货价自然也要高得多。可见，贸易术语首先直接关系到商品的价格构成、也关系到双方风险、责任、义务划分，这也是许多人将贸易术语称为价格术语的原因。

国际商会、国际法协会等国际组织以及美国一些著名商业团体经过长期努力,分别制定了解释国际贸易术语的规则。这些规则在国际上被广泛采用,因而形成一般的国际贸易习惯做法与贸易惯例是有区别的。国际贸易业务中反复实践的习惯做法只有经国际组织加以编撰与解释才成为国际贸易惯例。

国际贸易惯例性质:

(1) 惯例本身不是法律,它对贸易双方不具有强制性,故买卖双方有权在合同中作出与某项惯例不符的规定。

(2) 国际贸易惯例对贸易实践仍具有重要的指导作用。一方面,如果双方都同意采用某种惯例来约束该项交易,并在合同中做出明确规定时,那么这项约定的惯例就具有了强制性。另一方面,如果双方对某一问题没有做出明确规定,也未注明该合同适用某项惯例,在合同执行中发生争议时,受理该争议案的司法和仲裁机构也往往会引用某一国际贸易惯例进行判决或裁决。

三、关于贸易术语方面的国际贸易惯例

主要有以下三种。

(一)《1932 年华沙—牛津规则》

它是国际法协会专门为解释 CIF 合同而制定的。国际法协会于 1928 年在波兰首都华沙开会,制定了关于 CIF 买卖合同的统一规则,称之为《1928 年华沙规则》共包括 22 条。在 1930 年的纽约会议、1931 年的巴黎会议和 1932 年的牛津会议上,将此规则修订为 21 条,并更名为《1932 年华沙—牛津规则》,沿用至今。

(二)《1941 年美国对外贸易定义修订本》

它是由美国 9 个商业团体制定的。它最早于 1919 年在纽约制定,原称为《美国出口报价及其缩写条例》后来于 1941 年在美国第 27 届全国对外贸易会议上对该条例作了修订,命名为《1941 年美国对外贸易定义修订本》。解释的贸易术语共有六种。

(1) EX Point of Origin:原产地交货价
(2) FAS (Free Along Side Ship):装运港船边交货价
(3) C&F (Cost & Freight):成本加运费价
(4) CIF (Cost Insurance Freight):成本加保险费、运费价
(5) EX Dock:目的港码头交货价
(6) FOB (Free on Board):运输工具上交货价

(注意:上述 FAS、FOB 与国际商会中的这两种术语不同)

(三)《2000 年国际贸易术语解释通则》

《国际贸易术语解释通则》缩写形式为 INCOTERMS,它是国际商会为了统一对各种贸易术语的解释而制定的。最早的《通则》产生于 1936 年,后来为适应国际贸易业务发展的需要国际商会先后进行过多次修改和补充。最新修订的 Incoterms 2010 即《2010 通则》于 2010 年 9 月 27 日国际商会在巴黎全球发布,是国际商会根据近 10 年的变化和国际贸易发展的需要,在《2000 年通则》的基础上修订产生的,并于 2011 年 1 月 1 日起生效。但是 Incoterms 2010 实施之后并非 Incoterms 2000 就自动作废。因为国际贸易惯例本身不是法律,对国际贸易当事人不产生必然的强制性约束力。国际贸易惯例在适用的时间效力上并不存在"新法取代旧法"的说法。

相对于 Incoterms 2000，Incoterms 2010 主要变化如下：

(1) 术语分类的调整：由原来的 EFCD 四组分为适用于两类：适用于各种运输方式和水运。

(2) 贸易术语的数量由原来的 13 种变为 11 种。

(3)《2010 年国际贸易术语解释通则》删去了《2000 年国际贸易术语解释通则》4 个术语：DAF（delivered at frontier）边境交货、DES（delivered ex ship）目的港船上交货、DEQ（delivered ex quay）目的港码头交货、DDU（delivered duty unpaid）未完税交货，新增了 2 个术语：DAT（delivered at terminal）在指定目的地或目的港的集散站交货、DAP（delivered at place）在指定目的地交货。即用 DAP 取代了 DAF、DES 和 DDU 三个术语，DAT 取代了 DEQ，且扩展至适用于一切运输方式。

(4) 修订后的《2010 年国际贸易术语解释通则》取消了"船舷"的概念，卖方承担货物装上船为止的一切风险，买方承担货物自装运港装上船后的一切风险。在 FAS，FOB，CFR 和 CIF 等术语中加入了货物在运输期间被多次买卖（连环贸易）的责任义务的划分。考虑到对于一些大的区域贸易集团内部贸易的特点，规定，Incoterms 2010 不仅适用于国际销售合同，也适用于国内销售合同。

此外，《2010 通则》在文字上还是做了一些修改，为了让买卖双方、保险人及其他当事方更准确地使用新通则，新通则增加了大量的指导性解释以及图示、电子交易程序的适用、在国内适用贸易术语的建议等内容。

四、《2010 通则》中的各种贸易术语

第一组：适用于任何运输方式的术语七种：EXW, FCA, CPT, CIP, DAT, DAP, DDP。

EXW（ex works） 工厂交货

FCA（free carrier） 货交承运人

CPT（carriage paid to） 运费付至目的地

CIP（carriage and insurance paid to） 运费/保险费付至目的地

DAT（delivered at terminal） 目的地或目的港的集散站交货

DAP（delivered at place） 目的地交货

DDP（delivered duty paid） 完税后交货

第二组：适用于水上运输方式的术语四种：FAS, FOB, CFR, CIF。

FAS（free alongside ship） 装运港船边交货

FOB（free on board） 装运港船上交货

CFR（cost and freight） 成本加运费

CIF（cost insurance and freight） 成本、保险费加运费

第一组

（一）EXW 术语

1. EXW 的含义

EX WORKS（…named place）——工厂交货（……指定地）是指卖方将货物从工厂（或仓库）交付给买方，即完成了交货义务。除非另有规定，卖方不负责将货物装上买方安排的车上或船上，也不办理出口报关手续。买方负担自卖方工厂交付后至最终目的地的一切费用和风险。EXW 是卖方责任最小（minimum obligation）的贸易术语。

2. 买卖双方的义务

(1) 卖方义务

①在合同规定的时间、地点，将合同要求的货物置于买方的处置之下。
②承担将货物交给买方处置之前的一切费用和风险。
③提交商业发票或具有同等作用的电子信息。

(2) 买方义务

①在合同规定的时间、地点，受领卖方提交的货物，并按合同规定支付货款。（接货、付款）
②承担受领货物之后的一切费用和风险。
③自负费用和风险，取得出口和进口许可证或其他官方批准证件，并办理货物出口和进口的一切海关手续。

（二）FCA 术语

1. FCA 的含义

FREE CARRIER（…named place）——货交承运人（……指定地）是指卖方必须在合同规定的交货期内在指定地或地点将经出口清关的货物交给买方指定的承运人监管，并负担货物被交由承运人控制为止的一切费用和货物灭失或损坏的风险。该术语适用于各种运输方式，包括多式联运。

2. 买卖双方义务

(1) 卖方义务

①在合同规定的时间、地点，将合同规定的货物置于买方指定的承运人控制下，并及时通知买方。
②承担将货物交给承运人控制之前的一切费用和风险。
③自负风险和费用，取得出口许可证或其他官方批准证件，并办理货物出口所需的一切海关手续。
④提交商业发票或具有同等作用的电子信息，并自费提供通常的交货凭证。

(2) 买方义务

①签订从指定地点承运货物的合同，支付有关的运费，并将承运人名称及有关情况及时通知卖方。
②根据买卖合同的规定受领货物并支付货款。
③承担受领货物之后所发生的一切费用和风险。
④自负风险和费用，取得进口许可证或其他官方证件，并且办理货物进口所需的海关手续。

3. 使用 FCA 术语应注意的问题

(1) 关于承运人、交货点和装卸货物的责任划分问题。在 FCA 条件下通常是由买方安排承运人，与其订立运输合同，并将承运人的情况通知卖方。该承运人可以是拥有运输工具的实际承运人，也可以是运输代理人或其他人。

(2) FCA 条件下风险转移的问题。在采用 FCA 术语成交时，买卖双方的风险划分是以货交承运人为界。这在海洋运输以及陆运、空运等其他运输方式下，均是如此。但由于 FCA 与 F 组其他术语一样，通常情况下是由买方负责订立运输契约，并将承运人名称及有关事项及时通知卖方，卖方才能如约完成交货义务，并实现风险的转移。而如果买方未能及时给予卖方上述通知，或者他所指定的承运人在约定的时间内未能接受货物，其后的风险是否仍由卖方承担呢？《通则》的解释是，自规定的交付货物的约定日期或期限届满之日起，由买方承担货物灭失或损坏的一切风险，但以货物已被划归本合同项下为前提条件。可见，对于 FCA 条件下，风险转移的界限问题也不能简单片面地理解为一概于交承运人处置货物时转移。虽然在一般情况下，确实是在货交承运人时，风险由卖方转移给买方，但如果由于买方的原因，使卖方无法按时完成交货义务，只要货物已被特定化，那么风险转移的时间可以前移。此说明也适用于其他由买方负责运输的贸易术语。

4. 有关责任和费用的划分问题

按照 FCA 术语成交，一般是由买方自行订立从指定地点承运货物的合同，但是，如果买方有要求，并由买方承担风险和费用的情况下，卖方也可以代替买方指定承运人并订立运输合同。当然，卖方也可以拒绝订立运输合同。如果拒绝，应立即通知买方，以便买方另行安排。

在 FCA 条件下，买卖双方承担的费用一般也是以货交承运人为界进行划分，即卖方负担货物交给承运人控制之前的有关费用，买方负担货交承运人之后的各项费用。但是，在一些特殊情况下，买方委托卖方代办一些本属自己义务范围内的事项所产生的费用，以及由于买方的过失所引起的额外费用，均应由买方负担。

（三）CPT 术语

1. CPT 术语的含义

它指卖方负责订立货物运输合同并支付货物运至指定目的地的运费，在货物被交由承运人控制时，货物灭失或损坏的风险，以及由于发生事件而引起的任何额外费用，即从卖方转移至卖方。

2. 买卖双方的义务

（1）卖方的义务

①订立将货物运往指定目的地的运输合同，并支付有关运费。

②在合同规定的时间、地点，将合同规定的货物置于承运人控制之下，并及时通知买方。（货交承运人）

③承担将货物交给承运人控制之前的风险。

④自负风险和费用，取得出口许可证或其他官方批准证件，并办理货物出口所需的一切海关手续，支付关税及其他有关费用。

⑤提交商业发票和自费向买方提供在约定目的地提货所需的通常的运输单据，或具有同等作用的电子信息。

（2）买方义务

①接受卖方提供的有关单据，受领货物，并按合同规定支付货款。

②承担自货物在约定交货地点交给承运人控制之后的风险。

③自负风险和费用，取得进口许可证或其他官方证件，并办理货物进口所需的海关手续，支付关税及其他有关费用。

3. 使用 CPT 术语应注意的问题

（1）风险划分的界限问题。按照 CPT 术语成交，虽然卖方要负责订立从起运地到指定目的地的运输契约，并支付运费，但是卖方承担的风险并没有延伸至目的地。按照通则的解释，货物自交货地点至目的地的运输途中的风险由买方而不是卖方承担，卖方只承担货物交给承运人控制之前的风险。在多式联运情况下，卖方承担的风险自货物交给第一承运人控制时即转移给买方。

（2）责任和费用的划分问题。采用 CPT 术语时，买卖双方要在合同中规定装运期和目的地，以便于卖方选定承运人，自费订立运输合同，将货物运往指定的目的地。卖方将货物交给承运人之后，应向买方发出货已交付的通知，以便于买方在目的地受领货物。如果双方未能确定目的地买方受领货物的具体地点，卖方可以在目的地选择最适合其要求的地点。

按 CPT 术语成交，卖方只是承担从交货地点到指定目的地的正常运费。正常运费之外的其他有关费用，一般由买方负担。货物的装卸费可以包括在运费中，统一由卖方负担，也可以由双方在合同中另行规定。

（3）CPT 与 CFR 的异同点。CPT 与 CFR 有相似之处，这主要表现在它们都是风险转移在先、责任费用转移在后。卖方承担的风险都是在交货地点随着交货义务的完成而转移。但卖方都要负责安排自交货地至目的地的运输,负担运费,并在价格构成中体现出来。另外,按这两种术语成交的合同,都属于装运合同,卖方只需保证按时交货,并不保证按时到货。

CPT 与 CFR 的不同之处在于 CFR 只适用于水上运输方式,因此交货地点只能是在装运港,CPT 适用于各种运输方式,交货地点根据运输方式的不同,由双方加以约定。CFR 条件下,风险划分以装运港船舷为界;CPT 则以货交承运人为界。另外,在不同术语下,因运输方式、交货地点的不同,卖方承担的责任、费用以及需提交的单据等也自然不同。

(四) CIP 术语

1. CIP 的含义

CARRIAGE AND INSURANCE PAID TO (... named place of destination)——运费、保险费付至(……指定目的地),是指卖方负责订立货物运输合同与货运保险合同并支付货物运至目的地的运费和保险费,在货物被交由承运人控制时,货物灭失或损坏的风险,以及由于发生各种事件而引起的任何额外费用,即从卖方转移至买方。该术语适用于各种运输方式,包括多式联运。

2. 买卖双方的义务

(1) 卖方的义务

①订立将货物运往指定目的地的运输合同,并支付有关运费。

②在合同规定的时间、地点,将合同规定的货物置于承运人的控制之下,并及时通知买方。(货交承运人)

③承担将货物交给承运人控制之前的风险。

④按照买卖合同的约定,自负费用投保货物运输险。

⑤自负风险和费用,取得出口许可证或其他官方批准证件,并办理货物出口所需的一切海关手续,支付关税及其他有关费用。

⑥提交商业发票和在约定目的地提货所需的通常的运输单据或具有同等作用的电子信息,并且自费向买方提供保险单据。

(2) 买方义务

①接受卖方提供的有关单据,受领货物,并按合同规定支付货款。

②承担自货物在约定地点交给承运人控制之后的风险。

③自负风险和费用,取得进口许可证或其他官方证件,并且办理货物进口所需的海关手续,支付关税及其他有关费用。

3. 使用 CIP 术语应注意的问题

(1) 正确理解风险和保险问题。按 CIP 术语成交的合同,卖方要负责办理货运保险,并支付保险费,但货物从交货地运往目的地的运输途中的风险由买方承担。所以,卖方的投保仍属于代办性质。一般情况下,卖方要按双方协商确定的险别投保,而如果双方未在合同中规定应投保的险别,则由卖方按惯例投保最低的险别,保险金额一般是在合同价格的基础上加成10%。

(2) 合理确定价格。与 FCA 相比,CIP 条件下卖方要承担较多的责任和费用。卖方要负责办理从交货地至目的地的运输,承担有关运费;办理货运保险,并支付保险费。这些都应反映在货价之中。所以,卖方对外报价时,要认真核算成本和价格。在核算时,应考虑运输距离、保险险别、各种运输方式和各类保险的收费情况,并要预计运价和保险费的变动趋势等。从买方来讲,也要对卖方的报价进行认真分析,做好比价工作,以免接受不合理的报价。

(3) 了解 CIP 与 CIF 的区别。CIP 与 CIF 有很多相同点,这表现在,它们的价格构成中都包括了通常的运费和约定的保险费。这是卖方都要承担的。另外 CIP 和 CIF 合同均属于装运合同。风险转移和责任费用的转移问题都是分离的。

CIP 与 CIF 的不同点，主要是适用的运输方式。CIF 仅适用于水上运输方式，而 CIP 则适用于包括多式联运在内的各种运输方式。其交货地点、风险划分界限以及有关责任和费用的划分自然因运输方式不同而存在差异。例如，在办理货运保险、支付保险费用方面，CIF 只办理水上运输险，而 CIP 货运险可能要包括各种运输险（多式联运情况下），而不仅仅是水上运输险。

（五）DAT 术语

1. DAT 的含义

DELIVERED AT TERMINAL (... named place) ——目的地或目的港的集散站交货（……指定地）是类似于取代了的 DEQ 术语，指卖方在指定的目的地或目的港的集散站卸货后将货物交给买方处置即完成交货，卖方应承担将货物运至指定的目的地或目的港的集散站的一切风险和费用（除进口费用外）。本术语适用于任何运输方式或多式联运。

2. 买卖双方义务

（1）卖方义务

①订立将货物运往边境约定交货地点的运输合同，并支付有关运费。

②在合同规定的时间，在目的地或目的港的集散站将货物置于买方控制之下。

③承担将货物运至指定的目的地或目的港的集散站的一切风险和费用。

④自负风险和费用，取得出口许可证或其他官方批准证件，并办理货物出口所需的一切海关手续，支付关税及其他有关费用。

⑤提交商业发票和自费向买方提交通常的运输单证或在边境指定地点交货的其他凭证或具有同等作用的电子信息。

（2）买方义务

①接受卖方提供的有关单据，在目的地或目的港的集散站地点受领货物。并按合同规定支付货款。

②承担在目的地或目的港集散站受领货物之后的风险和费用。

③自负风险和费用，取得进口许可证或其他官方证件，并办理货物进口所需的海关手续，支付关税及其他有关费用。

（六）DAP 术语

1. DAP 的含义

类似于取代了的 DAF，DES 和 DDU 三个术语，指卖方在指定的目的地交货，只需做好卸货准备无须卸货即完成交货。术语所指的到达车辆包括船舶，目的地包括港口。卖方应承担将货物运至指定的目的地的一切风险和费用（除进口费用外）。本术语适用于任何运输方式、多式联运方式及海运。

2. 买卖双方的义务

（1）卖方的义务

①签订将货物运往约定目的地的运输合同，并支付有关运费。

②在合同规定的时间，将货物运至约定目的地通常的卸货地点，并在船上将货物置于买方处置之下。

③承担在目的地将货物置于买方处置之前的风险和费用。

④自负风险和费用，取得出口许可证或其他官方批准证件，并办理货物出口所需的一切海关手续，支付关税及其他有关费用。

⑤提交商业发票和自负费用向买方提交提货单或为买方在目的地提取货物所需的通常的运输单证，或具有同等作用的电子信息。

（2）买方义务

①接受卖方提供的有关单据，在目的地约定地点受领货物，并按合同规定支付货款。（受货、付款）

②承担在约定目的地受领货物之后的风险和费用。

③自负风险和费用，取得进口许可证或其他官方证件，支付卸货费用，并且办理货物进口所需的相关手续，支付关税及其他有关费用。

（七）DDP 术语

1. DDP 术语的含义

DELIVERED DUTY PAID（...named place of destination）——完税后交货（……指定目的地）指卖方将货物运至进口国指定地点，将在交货运输工具上尚未卸下的货物交付给买方，并负责办理进口报关手续，支付在目的地办理海关手续时所应交缴的任何进口"税费"，即履行了交货义务。卖方必须负担货物运至该处的一切风险和费用。与 EXW 相反，DDP 是卖方承担义务最多（maximum obligation）的贸易术语。

2. 买卖双方的义务

（1）卖方义务

①订立将货物按照惯常路线和习惯方式运至进口国内约定目的地的运输合同，并支付有关运费。

②在合同规定的时间、地点，将合同规定的货物置于买方处置之下。

③承担在指定目的地约定地点，将货物置于买方处置下之前的风险和费用。

④自负风险和费用，取得出口和进口许可证及其他官方批准证件，并且办理货物出口和进口所需的海关手续，支付关税及其他有关费用。

⑤提交商业发票和自负费用向买方提交提货单或为买方在目的地提取货物所需的通常的运输单证，或具有同等作用的电子信息。

（2）买方义务

①接受卖方提供的有关单据，在目的地约定地点受领货物，并按合同规定支付货款。

②承担在目的地约定地点受领货物之后的风险和费用。

③根据卖方得请求，并由卖方负担风险和费用的情况下，给予卖方一切协助，使其取得货物进口所需的进口许可证或其他官方批准证件。

3. 使用 DDP 术语应注意的问题

（1）妥善办理投保事项。由于按照 DDP 术语成交，卖方要承担很大的风险，为了能在货物受损或灭失时及时得到经济补偿，卖方应办理货运保险。选择投保的险别时，也应与 DAP 术语一样，根据货物的性质、运输方式及运输路线来灵活决定。

（2）其他注意事项。在 DDP 交货条件下，卖方是在办理了进口结关手续后在指定目的地交货的，这实际上是卖方已将货物运进了进口方的国内市场。如果卖方直接办理进口手续有困难，也可要求买方协助办理。如果双方当事人同意由买方办理货物的进口手续和支付关税，则应采用 DDU 术语。如果双方当事人同意在卖方承担的义务中排除货物进口时应支付的某些费用（如增值税），应写明"Delivered Duty Paid, VAT UnPaid（...named place of destination）"，即"完税后交货，增值税未付（……指定目的地）"。

第二组

（一）FAS 术语

1. FAS 的含义

FREE ALONGSIDE SHIP（…named port of shipment）——船边交货（……指定装运港），是指卖方将货物运至指定装运港的船边或靠船边的驳船上，即完成了交货。买方则承担自装运港船边（或驳船）起的一切费用和货物灭失或损坏的一切风险。

2. 买卖双方的义务

（1）卖方义务

①在合同规定的时间和装运港口，将合同规定的货物交到买方所派船只的旁边，并及时通知买方。

②承担货物交至装运港船边的一切费用和风险。

③自负费用和风险，取得出口许可证或其他官方批准证件，并且办理货物出口的一切海关手续。

④提交商业发票或具有同等作用的电子信息，并且自负费用提供通常的交货凭证。（单据）

（2）买方义务

①订立从指定装运港口运输货物的合同，支付运费，并将船名、装货地点和要求交货的时间及时通知卖方。

②在合同规定的时间、地点，受领卖方提交的货物，并按合同规定支付货款。

③承担受领货物之后所发生的一切费用和风险。

④自负费用和风险，取得进口许可证或其他官方批准证件，并且办理货物进口的一切海关手续。

3. 使用 FAS 术语应注意的问题

（1）对 FAS 的不同解释。根据通则的解释，FAS 术语只适合于包括海运在内的水上运输方式，交货地点只能是装运港。但是，按照《美国对外贸易定义》的解释，FAS 是 Free Along Side 的缩写，即指交到运输工具的旁边。因此，在同北美国家的交易中使用 FAS 术语时，应在 FAS 后面加上 Vessel 字样，以明确表示"船边交货"。对此，应予以注意。

（2）注意船货衔接问题。因为在 FAS 条件下，从装运港至目的港的运输合同要由买方负责订立，买方要及时将船名和要求装货的具体时间、地点通知卖方，以便卖方按时做好备货出运工作。卖方也应将货物交至船边的情况及时通知买方，以利于买方办理装船事项。如果买方指派的船只未按时到港接受货物，或者比规定的时间提前停止装货，或者买方未能及时发出派船通知，只要货物已被清楚地划出，或以其他方式确定为本合同项下的货物，由此而产生的风险和损失均由买方承担。

（二）FOB 术语

1. FOB 的含义

FREE ON BOARD（…named port of shipment）——装运港船上交货（……指定装运港）是指卖方必须在合同规定的装运期内在指定的装运港将货物交至买方指定的船上，并负担货物装上船为止的一切费用和货物灭失或损坏的风险。买方则承担货物装上船后的一切责任、费用和货物灭失或损坏的风险。本术语只适用于海运和内河运输。

2. 买卖双方的义务

（1）卖方义务

①在合同规定的时间和装运港口，将合同规定的货物交到买方指派的船上，并及时通知买方。

②承担货物交至装运港船上之前的一切费用和风险。

③自负风险和费用，取得出口许可证或其他官方批准证件，并且办理货物出口所需的一切海关手续。

④提交商业发票和自费提供证明卖方已按规定交货的清洁单据，或具有同等作用的电子信息。

（2）买方义务

①订立从指定装运港口运输货物的合同，支付运费，并将船名、装货地点和要求交货的时间及时通知卖方。

②根据买卖合同的规定受领货物并支付货款。

③承担自装运港装上船之后所发生的一切费用和风险。

④自负风险和费用，取得进口许可证或其他官方证件，并办理货物进口所需的海关手续。

3. 常见的 FOB 术语变形

FOB Liner Terms（FOB 班轮条件），指装船费用如同以班轮运输那样，由支付运费的一方（即买方）负担。

FOB Under Tackle（FOB 吊钩下交货），指卖方将货物置于轮船吊钩可及之处，从货物起吊开始的装货费用由买方负担。

FOB Stowed（FOB 并理舱，缩写：FOBS），指卖方负担将货物装入船舱并支付包括理舱费在内的装货费用。理舱费是指货物入舱后进行安置和整理的费用。

FOB Trimmed（FOB 并平舱，缩写：FOBT），指卖方负担将货物装入船舱并支付包括平舱费在内的装货费用。平舱费是指对装入船舱的散装货物进行平整所需的费用。

FOB Stowed and Trimmed（FOB 并理舱和平舱，缩写：FOBST），指卖方负担包括理舱费和平舱费在内的各项装船费用。

值得注意，以上关于 FOB 术语变形的解释系根据我国和其他国家在国际贸易实践中的通常理解和应用所作出的，国际上对此并无统一和权威性的解释。因此，在实际业务中，除非买卖双方对有关贸易术语变形的含义有一致的理解，否则，在使用贸易术语变形时，必须在合同中明确规定卖方所需承担的额外义务，以免事后发生争议。

（三）CFR 术语

1. CFR 的含义

COST AND FREIGHT（...named port of destination）——成本加运费（……指定目的港）是指卖方必须在合同规定的装运期内在装运港将货物交至运往指定目的港的船上，承担货物越过船舷为止的货物灭失或损坏的一切风险以及由于各种事件造成的任何额外费用，负责租船订舱，支付从装运港到目的港的正常运费，并自费办理出口通关手续。但交货后货物灭失或损坏的风险，以及由于发生各种事件而引起的任何额外费用，自卖方转移至买方。本术语只适用于海运和内河运输。

2. 买卖双方的义务

（1）卖方义务

①签订从指定装运港将货物运往约定目的港的合同；在买卖合同规定的时间和港口，将合同要求的货物装上船并支付至目的港的运费；装船后及时通知买方。

②承担货物在装运港越过船舷之前的一切费用和风险。

③自负风险和费用，取得出口许可证或其他官方证件，且办理货物出口所需的一切海关手续。

④提交商业发票，及自费向买方提供为买方在目的港提货所用的通常的运输单据，或具有同等作用的电子信息。

（2）买方义务

①接受卖方提供的有关单据，受领货物，并按合同规定支付货款。

②承担货物在装运港装上船以后的一切风险。

③自负风险和费用，取得进口许可证或其他官方证件，并且办理货物进口所需的海关手续，支付关税及其他有关费用。

3. 采用 CFR 术语应注意的问题

（1）关于装船通知的重要性问题。按 CFR 术语订立合同，需特别注意的是装船通知问题。因为，在 CFR 术语下，卖方负责租船订舱并将货物装上船，买方负责办理货物运输保险，货物装上船后可能遭受灭失或损坏的风险已由卖方转移给买方。因此，在货物装上船前，即风险转移至买方前，卖方必须及时充分向买方发出装船通知，以便买方及时向保险公司办妥保险。这是 CFR 合同中一个至关重要的问题。

（2）关于卸货费用的负担问题。在 CIF 术语一节中述及的关于租船订舱的责任和在目的港卸货费用负担的问题，同样适用于 CFR 术语。为明确卸货费用负担，也可采用 CFR 术语的变形，例如：CFR 班轮条件（CFR Tiner Terms）、CFR 舱底交货（CFR Ex Ship's Hold）、CFR 吊钩交货（CFR Ex Tackle）和 CFR 卸到岸上（CFR Landed）。上述 CFR 术语的各种变形，在关于明确卸货费用负担的含义方面，与前述 CIF 术语变形中所说明的是相同的。

需要说明的是，以上各 FOB、CFR、CIF 贸易术语变形，除买卖双方另有约定者外，其作用通常仅限于明确或改变买卖双方在费用负担上的划分，而不涉及或改变风险的划分。若要涉及后者，必须经得双方同意，并在合同中另行订明。

还须强调指出，只有在买卖双方对所使用的贸易术语变形的含义有一致理解的前提下，才能在交易中使用这些术语变形。

（四）CIF 术语

1. CIF 的含义

COST, INSURANCE AND FREIGHT (… named port of destination)——成本加保险费、运费（……指定目的港）是指卖方必须在合同规定的装运期内在装运港将货物交至运往指定目的港的船上，承担货物装上船为止的一切货物灭失或损坏的风险以及由于各种事件造成的任何额外费用，负责租船订舱，办理货运保险，支付从装运港到目的港的正常运费以及保险费，并自费办理出口通关手续。但交货后货物灭失或损坏的风险，以及由于发生各种事件而引起的任何额外费用，自卖方转移至买方。本术语只适用于海运和内河运输。

在我国，有人曾误称 CIF 为"到岸价"，这容易引起误解而导致工作中不应有的损失。其实，按 CIF 条件成交时，卖方仍是在装运港完成交货，卖方承担的风险，也是在装运港货物装上船为止的风险，装船后的风险仍由买方承担；货物装船后产生的除正常运费、保险费以外的费用，也要由买方承担；CIF 条件下的卖方，只要提交了约定的单据，就算完成了交货义务，并不保证把货物按时送到对方港口。因此，CIF 合同的性质仍属装运合同而非到达合同。

2. 买卖双方的义务

（1）卖方的义务

①签订从指定装运港承运货物的合同；在合同规定的时间和港口，将合同要求的货物装上船并支付至目的港的运费；装船后须及时通知买方。

②承担货物在装运港装上船之前的一切费用和风险。

③按照买卖合同的约定，自负费用办理水上运输保险。

④自负风险和费用，取得出口许可证或其他官方批准证件，并办理货物出口所需的一切海关手续。

⑤提交商业发票和在目的港提货所用的通常的运输单据或具有同等作用的电子信息，并且自费向买方提供保险单据。

（2）买方义务

①接受卖方提供的有关单据，受领货物，并按合同规定支付货款。

②承担货物在装运港装上船之后的一切风险。

③自负风险和费用，取得进口许可证或其他官方证件，并且办理货物进口所需的海关手续。

3. 使用 CIF 术语应注意的问题

第一，保险险别问题。在 CIF 条件下，保险应由卖方负责办理，但对应投保的具体险别，各国的惯例解释不一。因此，买卖双方应根据商品的特点和需要，在合同中具体订明。①如果合同中未作具体规定，则应按有关惯例来处理。按照《通则》对 CIF 的解释，卖方只需投保最低的险别。②如买方要求投保战争险，一般都应由买方自费投保，卖方代为投保时，费用仍由买方负担。③卖方实质上是为买方利益办理的投保手续，因此投保何种险别，双方应尽量商量确定。

第二，租船订舱问题。依照对 CIF 贸易术语的一般解释，卖方应按通常的条件及惯驶的航线，租用通常类型的船舶。因此，除非买卖双方另有约定，对于买方提出的关于限制载运要求，卖方均有全拒绝接受。但在外贸实践中，为发展出口业务，考虑到某些国家的规定，如买方有要求，在能办到而又不增加额外费用情况下，也可考虑接受。

第三，卸货费用问题。对此各国港口有不同的惯例，有的港口规定由船方负担，有的港口规定由收货人负担，等等。一般来讲，如使用班轮运输，班轮管装管卸，卸货费已包括在运费之内。大宗货物的运输要租用不定期轮船，故买卖双方应明确卸货费用由何方负担并在合同中订明，以免日后发生纠纷。明确卸货费用由谁负担的方法是在 CIF 贸易术语后面加列各种附加条件，这样，就形成了如下几种变形：

（1）CIF LINER TERMS（班轮条件）。这一变形是指卸货费用按照班轮的做法来办，即买方不负担卸货费，而由卖方或船方负担。

（2）CIF LANDED（CIF 卸至码头）。这一变形是指由卖方承担将货物卸至码头上的各项有关费用，包括驳船费和码头费。

（3）CIF EX TACKLE（吊钩下交接）。这一变形是指卖方负责将货物从船舱吊起卸到船舶吊钩所及之处（码头上或驳船上）的费用。在船舶不能靠岸的情况下，租用驳船费用和货物从驳船卸至岸上的费用，概由买方负担。

（4）CIF EX SHIPS HOLD（CIF 舱底交接）。按此条件成交，货物运达目的港在船上办理交接后，自船舱底起吊直至卸到码头的卸货费用，均由买方负担。

CFR 与 CIF 的不同之处，仅在于 CFR 的价格构成因素中不包括保险费，故卖方不必代办保险，而由买方自行投保并支付保险费。除此之外，买卖双方所负的责任、费用和风险，以及货物所有权的转移，二者是完全相同的。因此有人称 CFR 是 CIF 的一种变形。所以，在使用 CIF 术语时应注意的问题中，如租船或订舱、卸货费用负担，以及为解决卸货费用负担问题而产生的各种变形，也同样适用于 CFR。

第四，象征性交货问题：象征性交货（symbolic delivery）

它是针对实际交货（physical delivery）而言的。前者指卖方只要按期在约定地点完成装运，并向买方提交合同规定的包括物权凭证在内的有关单证，就算完成了交货义务，无须保证到货。后者则指卖方要在规定的时间和地点，将符合合同规定的货物提交给买方或其指定人，而不能以交单代替交货。

例如：我方按 CIF "卸到岸上" 条件对外出口，并按规定提交了全套符合要求的单据，货轮在航行途中触礁沉没，货物全部灭失，买方闻讯以"卖方需将货物运到目的港并安全卸到岸上才算完成交货任务"为由拒付货款。请分析买方拒付的理由是否合理？我方应如何处理？

第四节 国际货物买卖合同的标的物

一、合同的标的物概述

（一）标明合同标的物的意义

商品的品名（name of commodity）就是"商品的名称"，是指能使某种商品区别于其他商品的一种称呼或概念。商品的品名在一定程度上体现了商品的自然属性、用途以及主要的性能特征。标明的意义主要在于：首先，标明品名是由国际贸易的特点决定的。其次，标明商品品名是交易得以进行的前提。再次，在合同中列明标的物的具体名称具有法律意义。

（二）合同中的品名条款

无统一规定，可由交易双方酌情商定。一般包括：

(1) 通常在"商品名称"或"品名"的标题下，列明成交商品的名称。

(2) 品名条款的规定，还取决于成交商品的品种和特点。有的还需要将有关具体品种、等级或型号包括进去，做进一步限定。如：三道眉葵花子、一等玉米、45X 45CM 的羊剪绒坐垫等。

(3) 品名条款与品质条款合并。如：含绒90％鸭鸭牌羽绒服。

（三）规定品名条款应注意的问题

(1) 内容必须具体、明确。如：品名为大豆，就不够具体，应标明东北大豆，或其他产地的大豆。

(2) 针对商品实际做出实事求是的规定。如：品名为优质绿茶，大家对优质的理解各不相同，就不宜使用。

(3) 尽可能使用国际上通用的名称。一些药品，如我们常称"病毒唑"，而国际通用名称为"利巴韦林"。

(4) 注意选用合适的品名。如：一家公司出口苹果酒，品名写为"CIDER"，结果遭到拒付。原因是这个词除了苹果酒的意思之外，还有苹果汁的意思，海关无从收税。正确的写法应为"APPLE WINE"。

二、商品质量

（一）商品质量含义

商品质量含义：（quality of goods）也称商品的品质，是商品的外观形态和内在品质的综合。它是商品使用价值的标志，它直接影响商品售价的高低。

案例：某出口公司与国外成交红枣一批，合同与来证上均写的是三级品。但到发货装船时才发现三级红枣库存告罄，于是改以二级品交货，并在发票上加注："二级红枣仍按三级计价。"问这种以好顶次原价不变的做法妥当吗？

（二）表示品质的方法

在国际货物买卖中，商品种类繁多，特点各异，故表示品质的方法也多种多样。归纳起来，包括凭实物表示和凭说明表示两大类。

1. 凭实物表示品质

凭实物表示品质又可分为看货买卖和凭样品买卖。

（1）看货买卖。当买卖双方采用看货成交时，买方或代理人通常先在卖方存放货物的场所验看货物，一旦达成交易，卖方就应按对方验看过的商品交货。只要卖方交付的是买方验看过的货物，买方就不得对品质提出异议。这种做法，多用于寄售、拍卖和展卖的业务中。

（2）凭样品买卖。样品通常是从一批商品中抽出来的或由生产、使用部门设计、加工出来的，足以反映和代表整批商品品质的少量实物。凡以样品表示商品品质并以此作为交货依据的，称为"凭样品买卖"（sale by sample）。

在国际贸易中，通常由卖方提供样品，凡以卖方样品作为交货的品质依据者，称为"凭卖方样品买卖"。卖方所交货物的品质，必须与提供的样品相同。有时买方为了使其订购的商品符合自身要求，也会提供样品交由卖方依样承制，如卖方同意按买方提供的样品成交，称为"凭买方样品买卖"。有时卖方可根据买方提供的样品，加工复制出一个类似的样品交买方确认，这种经确认后的样品，称为"对等样品"（counter sample）或"回样"，也有称之为"确认样品"（confiming sample）。当对等样品被买方确认后，日后卖方所交货物的品质，必须以对等样品为准。此外，买卖双方为了发展贸易关系和增进彼此对对方商品的了解，往往采用互相寄送样品的做法。这种以介绍商品为目的而寄出的样品，最好标明"仅供参考"（for reference only）字样，以免与标准样品混淆。

2. 凭说明表示品质

凭说明表示品质，是指用文字、图表、图片等方式来说明成交商品的品质。这类表示品质方法可细分为如下几种：

（1）凭规格买卖（sale by specification）。商品规格是指一些足以反映商品品质的主要指标，如化学成分、含量、纯度、性能、容量、长短、粗细等。国际贸易中的商品由于品质特点不同，其规格也各异，买卖双方凡用商品的规格确定品质时，称为"凭规格买卖"。

（2）凭等级买卖（sale by grade）。商品的等级是指同一类商品按规格上的差异，分为品质优劣各不相同的若干等级。凭等级买卖时，由于不同等级的商品具有不同的规格，为了便于履行合同和避免争议，在品质条款列明等级的同时，最好一并规定每一等级的具体规格。这对简化手续、促进成交和体现按质论价等方面，都有一定的作用。

（3）凭标准买卖（sale by standard）。商品的标准是指将商品的规格和等级予以标准化。商品的标准，有的由国家或有关政府主管部门规定，有的由同业公会、交易所或国际性的工商组织规定。有些商品习惯凭标准买卖，人们往往使用某种标准作为说明和评定商品品质的依据。

（4）凭说明书和图样买卖（sale by descriptions and Illustrations）。在国际贸易中，有些机、电、仪等技术密集型产品，因其结构复杂，对材料和设计的要求严格，用以说明其性能的数据较多，很难用几个简单的指标来表明品质的全貌，而且有些产品，即使其名称相同，但由于所使用的材料、设计和制造技术的某些差别，也可能导致功能上的差异。因此，对这类商品的品质，通常以说明书并附以图样、照片、设计图纸、分析表及各种数据来说明具体性能和结构特点。按此方式进行交易，称为凭说明书和图样买卖。

（5）凭商标或品牌买卖。商标（trade mark）是指生产者或商号用来识别所生产或出售的商品的标志。品牌（brand name）是指工商企业给制造或销售的商品所冠的名称。商标或品牌自身实际上是一种品质象征。人们在交易中可以只凭商标或品牌进行买卖，无须对品质提出详细要求。

（6）凭产地名称买卖。在国际货物买卖中，有些产品，因产区的自然条件、传统加工工艺等因素的影响，在品质方面具有其他产区的产品所不具有的独特风格和特色，对于这类产品，一般也可用产地名称来表示品质。

上述各种表示品质的方法，一般是单独使用，但有时也可酌情将其混合使用。

（三）合同中的品质条款
1. 合同条款的基本内容
表示商品品质的方法不同，合同中品质条款的内容就不相同。
（1）在凭文字说明买卖时，应针对不同交易的具体情况在买卖合同中明确规定商品的名称、规格、等级、标准、牌名、商标或产地名称等内容。
（2）在凭样品买卖时，合同中除了要列明商品的名称外，还应订明凭以达成交易的样品的编号，必要时还要列出寄送的日期。
（3）在以说明书和图样表示商品品质时，还应在合同中列明说明书、图样的名称、份数等内容。

2. 品质机动幅度与品质公差
（1）品质机动幅度条款：是指允许卖方所交货物的品质指标在一定范围内的差异，只要卖方所交货物的品质没有超出机动幅度的范围，买方就无权拒收货物。其规定方法主要有：
①规定范围：指对某项商品的主要指标（质量）规定允许有一定机动的范围。
②规定极限：指对某种商品的质量规格，规定上下极限。如最大、最高、最多、最小、最低、最少等。
（2）品质公差：（quality tolerance）是指允许交付货物的特定质量指标有在公认范围内的差异。

三、商品的数量

（一）商品数量的意义
货物买卖是一定数量的货物与一定金额价款的交换，在这一过程中，确定商品的数量是国际货物买卖合同中的主要条款之一，具有重要意义。第一，数量的多寡决定合同金额的大小及交易双方交货的最后依据；第二，数量大小直接影响市场销售价格的高低；第三，数量的多少也涉及包装、运输、检验等环节的成本。

（二）计量单位和计量方法
1. 计量单位：在国际贸易中使用的数量计量单位，依据商品的性质不同而主要有以下六种：
（1）重量单位（weight）
（2）个数单位（number）
（3）面积单位（area）
（4）长度单位（length）
（5）容积单位（capacity）
（6）体积单位（volume）

2. 计算重量的方法
在国际贸易中，有许多货物都是采用按重量计量。按重量计量时，计算重量的方法主要有：
（1）按毛重：（gross for net）指商品本身的重量加皮重，也就是商品连同包装的重量。这种计量方法在国际贸易中被称作"以毛作净"。如："稻米，每公吨 300 美元，麻袋装，以毛作净。"（US＄300 Per metric ton gross for net）
（2）按净重：（net weight）指商品本身的重量，即毛重扣除皮重（包装）的重量。国际贸易中的货物按重量计量大都采用以净重计量。其中去除皮重的方法，以交易商品的特点以及商业习惯的不同，由买卖双方事先商定，在合同中做出具体规定。

（3）按公量计量（conditioned weight）是指在计算货物重量时，使用科学仪器，抽去商品中所含水分，再加上标准水分重量，求得的重量。主要适用于少数经济价值较高而水分含量极不稳定的商品。

$$公量＝干量＋标准含水量＝实际重量（1＋标准回潮率）/（1＋实际回潮率）$$

（4）按理论重量计量（theoretical weight）适用于有固定规格和固定体积的商品，规格一致、体积相同的商品，每件重量也大体相等，根据件数即可算出其总重量。

（5）法定重量（legal weight）和净净重（net net weight）法定重量是指纯商品的重量加上直接接触商品的包装材料。它是海关依法征收从量税时，作为征税基础的计量方法。净净重是指扣除这部分内包装及其他包含杂物的重量。这种计量方法主要也是为海关征税时使用。

（三）买卖合同中的数量条款

1. 基本内容

合同中的数量条款主要包括①成交商品的具体数量②计量单位③有的合同中还需规定确定数量的方法。如：10 000公吨大米，以毛作净。（Rice10 000 Metric ton gross for net）按照合同规定的数量交付货物是卖方的基本义务，因而，合理订立合同中的数量条款内容非常重要。

2. 数量机动幅度

它的有关规定所谓数量机动幅度条款也就是溢短装条款（more or less clause），是指在规定具体数量的同时，再在合同中规定允许多装或少装的一定百分比。卖方交货的数量只要在允许增减的范围内即符合合同有关交货数量的规定。此外，在少数场合，也有使用"约"数条款来表示实际交货数量可有一定幅度的伸缩，即在某一具体数字前加"约"或类似含义的文字。如：约10 000公吨（about 10 000 metric ton）在使用溢短装条款时，要注意溢短装的决定权问题。合同中规定有溢短装条款，具体伸缩量的掌握一般都明确由卖方决定，但有时特别是由买方派船装运时，也可规定由买方决定。在采用租船运输时，也可考虑由船方掌握并决定装运的增减量。

四、商品的包装

（一）商品包装的作用和意义

1. 包装的含义

一般是指为了有效地保护商品品质完好和数量完整，采用一定的方法将商品置于合适的容器的一种措施。

2. 作用和意义

首先，包装是商品生产过程的继续。大部分商品只有经过包装，才能进入流通领域，才能实现商品的价值和使用价值。其次，良好的包装能吸引顾客，提高售价，而且能增强竞争力。再次，包装条件是国际买卖合同中的一项主要条件。按照有些国家的法律规定，如果卖方交付的货物未按约定的条件包装，或者货物的包装与行业习惯不服，买方有权拒收货物。

（二）商品包装的种类

1. 运输包装（transport packing）

它又称"大包装"、"外包装"，是指将货物装入特定的容器，或以特定的方式成件或成箱包装。

其作用一是保护货物在长时间和远距离运输中不被损坏和散失;二是方便货物的搬运、储存和运输。一般说,对国际贸易商品的运输包装比对国内贸易商品的运输包装要有更高的要求。运输包装按照商品在运输、装卸过程中的不同要求,又可分为单件运输包装和集合运输包装。

2. 销售包装(selling packing)

它又称为小包装、内包装或直接包装,是在商品制造出来以后以适当的材料或容器所进行的初次包装。销售包装上要有必要的文字说明,文字说明要与装潢画面紧密结合,互相衬托,彼此补充,以达到宣传和促销的目的。使用的文字要简明扼要,并让顾客能看懂,必要时可以中英文同时使用。另外,在销售包装上使用文字说明或制作商品标签时,还应注意有关国家的标签管理条例的规定。

3. 中性包装(neutral packing)**和定牌生产**

中性包装:是指商品包装上没有标明生产国别、原产地名、生产厂名等。

定牌生产:是指卖方按照买方要求在其出售的商品或包装上标明买方指定的商标或牌号。在使用定牌生产时,需要注意客商提供商标或牌号是否合法,需要谨慎从事。

(三)商品包装的标志

商品包装标志按其作用分为运输标志、指示性标志和警告性标志等。

1. 运输标志(shipping mark)

它俗称"唛头"其作用是在运输过程中使有关人员易于辨认货物,便于核对单证,避免货物在运输中发生混乱或延误,使货物顺利和安全地运抵目的地。

唛头通常有下列三个主要内容:

(1)收货人及/或发货人名称的代用简字或代号、简单的几何图形或发票号码、合同号码等。

(2)目的港名称。

(3)件号,有时在每件货物上都刷上该批货物的总件数;有时刷顺序的件号;有时则两者都刷视需要而定。唛头式样如:

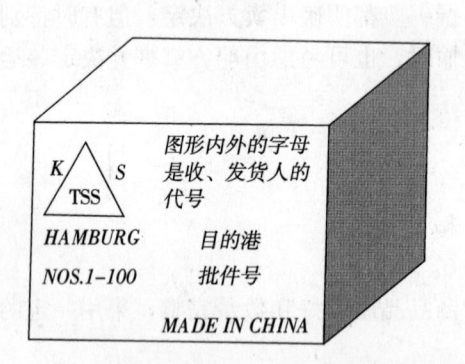

值得注意的是:国际标准化组织和国际货物装卸协会曾制定标准化运输标志。它由4行组成,每行不得超过17个英文字码。它包括收货人名称、参考号(如合同号、发票号)、目的地、件号四项内容。

以下是标准运输标志的式样:

SMCO……………………………………收货人
New York…………………………………目的港(地)
2004/C No. 845789………………………合同号(或发票号、信用证号)
NO. 1—20…………………………………件号

2. 指示性标志:(indicative mark)

它又称操作标志，是以简单、醒目的图形和文字在包装上标出，提示人们在装卸、运输和保管过程中注意的事项。如："小心轻放"（Handle with Care）"保持干燥"（Keep Dry）等。

为统一指示性标志，一些国际组织分别制定了包装储运指示性标志，并建议各会员国采纳。下面列举的是一些国际组织和贸易国所制定的运输包装指示性标志：

3. 警告性标志（warning mark）

它又称"危险性标志"，是指在装有爆炸品、易燃物品、腐蚀物品、氧化剂和放射物质等危险货物的运输包装上用图形或文字表示各种危险品的标志。其作用是警告有关装卸、运输和保管人员按货物特性采取相应的措施，以保障人身和物资的安全。下面列举的是一些危险品标志。

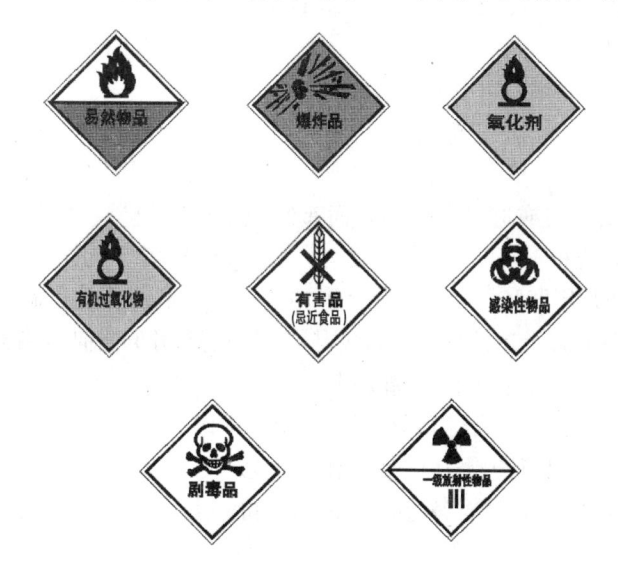

（四）合同中的包装条款

1. 包装条款的基本内容

包装条款（packing clause），也称"包装条件"。它主要包括包装材料、包装方式、包装费用和运输标志四项内容。其中前两项为首要内容。如：布包，每包20匹，每匹42码。In cloth bales each containing 20 pcs of 42 yds.

2. 订立包装条款时应注意的问题

(1) 要考虑商品特点和不同运输方式的要求。
(2) 对包装的规定要明确、具体。
(3) 要考虑进口国对包装的有关规定。

【重点名词与概念】

外贸物流　国际贸易术语　国际贸易方式　合同标的物　商品数量　商品名称　商品包装

【本章练习与思考题】

一、单选题

1. 以转移价格发生不利变化风险为目的的交易是指（　　）。
   A. 国际租赁贸易　　　　B. 拍卖
   C. 期货贸易　　　　　　D. 代理

2. 国际上最早制定的解释贸易术语的国际贸易惯例是（　　）。
   A.《华沙—牛津规则》　　　B.《美国对外贸易定义》
   C.《国际贸易术语解释通则》D.《国际货物销售合同公约》

3. （　　）的作用是在运输过程中使有关人员易于辨认货物，便于核对单证，避免货物在运输中发生混乱或延误，使货物顺利和安全地运抵目的地。
   A. 销售标志　　　　　　B. 指示性标志
   C. 运输标志　　　　　　D. 警告性标志

4. 用班轮运输货物，在规定运费计收标准时，如果采用"A. V"的规定办法，则表示（　　）。
   A. 按货物的毛重计收　　B. 按货物的体积计收
   C. 按货物的件数计收　　D. 按货物的价值计收

5.《2010年通则》解释的贸易术语有（　　）。
   A. 6种　　　B. 9种　　　C. 11种　　　D. 14种

二、多选题

1. 根据经销商所享有的权限，可以将经销方式分为（　　）。
   A. 总经销　　　　　　B. 独家经销
   C. 特约经销　　　　　D. 一般经销

2. （　　）一般是从购买或进口角度出发而有组织地进行交易，引起卖方之间的竞争；
   A. 招标　　　B. 投标　　　C. 展卖　　　D. 拍卖

3. 根据《INCOTERMS 2010》，以下关于FCA与CPT术语释义正确的有（　　）。
   A. FCA术语仅适用于海运运输方式，而CPT术语可适用于任何运输方式
   B. FCA与CPT术语可适用于任何运输方式
   C. FCA术语下以装运港船上为界划分风险，CPT术语下以货交承运人为界划分风险
   D. FCA与CPT术语均以货交承运人为界划分风险

4. 下列是上海宁发进出口公司对其进口货物的报价，其中表述正确的有（　　）。
   A. USD 58 per Metric Ton CIF New York
   B. USD 58 per Metric Ton FCA Shanghai
   C. USD 58 per Metric Ton FOB New York
   D. USD 58 per Metric Ton CIF Shanghai

5. INCOTERMS 2010中删除了以下（　　）贸易术语。
   A. DDU　　　B. DES　　　C. DEQ　　　D. DAF

三、判断题

（　　）1. 外贸物流推动着国际贸易的发展，是国际贸易生存的前提和基础，两者之间是相互促进，相互依赖，相互制约的关系。

（　　）2. 最新修订的 Incoterms 2010 即《2010 通则》于 2010 年 9 月 27 日国际商会在巴黎全球发布，是国际商会根据近 10 年的变化和国际贸易发展的需要，在《2000 年通则》的基础上修订产生的，并于 2010 年 9 月 27 日起生效。

（　　）3. 根据（INCOTERMS 2000），在 FAS 贸易术语下，如买方所派的船不能靠岸，则卖方只要将货物装上驳船即可。

（　　）4. 溢短装条款再装运输量上可增减一定幅度，该幅度即可由卖方决定也可由买方决定，但应视合同的具体规定而定。

四、简答与论述题

1. 简述外贸物流与国际贸易的关系。
2. 简述展卖方式对拓展商品市场有哪些明显的长处。
3. 简述 Interterms 2010 与 Interterms 2000 相比有什么变化。
4. 简述 FCA、CPT 和 CIP 的异同点。
5. 试述套期保值与投机的主要区别。
6. 试述在进出口合同中列明成交商品名称及其质量和数量的意义。

第五章　国际支付与结算

【本章培训要点】

本章培训的主要内容是关于外贸活动中常用的支付工具与结算方式。内容主要包括外贸常用支付工具，外贸主要结算方式，与相关国际惯例的介绍。

【本章应掌握的主要内容】

通过本章学习，应掌握外贸的主要结算方式汇付、托收、信用证的相关内容，深刻理解常用支付工具，如汇票、本票、支票及其使用，了解不同结算方式的相关国际惯例。

第一节　支付工具

外贸活动涉及的买卖双方通常处于两个国家或两地，不同于国内贸易，不能一手交钱，一手交货。特别是国家间的货币制度、外汇惯例、货款支付的法令和惯例的不同，加上银行与金融机构的介入，使得这种支付显得更为复杂。外贸货款的支付是外贸业务最主要的环节之一，如果这一环节没有做好，很可能导致"钱货两空"。外贸活动中货款的收付直接影响到买卖双方的资金周转和融通，并且采用不同的国际货款收付方式给买卖双方带来的金融风险和费用负担各不相同，直接关系到买卖双方的利益。因此进出口商在订立合同的货款收付条款时，都力争使用对自己有利的支付方式。在国际货款收付时，采用先进结算的较少，大多使用非现金结算，即使用代替现金作为支付工具的信用工具来结算国际债权债务关系。

一、汇票（bill of exchange/draft）

（一）汇票的定义

汇票是出票人（drawer）向受票人（drawee）签发的，要求受票人于即期或定期或在将来可以确定的日期给某人或其指定的人或持票人无条件支付一定金额的书面命令。

虽然各国票据法对汇票内容的规定不尽相同，但都认为汇票必须要格式齐全，即应当具备必要的内容。根据日内瓦统一票据法的有关规定，汇票一般应包括下列基本内容：

(1) 应载明"汇票"字样；
(2) 无条件支付命令；
(3) 一定金额的货币；
(4) 付款期限和地点；
(5) 受票人（drawee），又称付款人（payer），即接受支付命令付款的人。在进出口业务中，

通常是进口人或其指定的银行;

(6) 受款人(payee),即有权凭汇票取得汇票所规定金额的人。在进出口业务中,通常是出口人或其指定的银行;

(7) 出票日期和地点;

(8) 出票人签章。

上述内容为汇票的要项,但不是汇票的全部内容,根据各国票据法的规定,汇票的要项必须齐全,否则受票人就有权拒付。

汇票样例,见图5-1(一),图5-2(二)。

BILL OF EXCHANGE

凭 Drawn Under			不可撤销信用证 Irrevocable L/C No.
日期 Date			
号码 No.	汇票金额 Exchange For	支取 Payable with Interest @ % 按 息 付款	南京 Nanjing
	见票 at	日后(本汇票之副本未付)付交 sight of this FIRST of Exchange (Second of Exchange Being unpaid) Pay to the order of	
金额 the sum of			
此致 To			

图5-1 汇票样例(一)

BILL OF EXCHANGE

No. _HNJHEXP05348_   *Hunan, China.* Date: _(10th JULY 2011)_

Exchange for _USD21450.80_

At * * * sight of this second of exchange (first of the same tenor and date being unpaid) pay to the order of the _Bank of China, Hunan branch_ the sum of _SAY U.S. DOLLARS TWENTY-ONE THOUSAND FOUR HUNDRED AND FIFTY POINT EIGHT ONLY_

Drawn under _CITI BANK USA_

L/C No. _LC05CN826_ Dated _(28TH JUNE 2011)_

TO _CITI BANK USA_

                 HUNAN XX Co. Ltd.

图5-2 汇票样例(二)

(二) 汇票的主要当事人

1. 出票人(drawer)

它又叫"收款人",指签发汇票的人,一般为卖方或债权人。在进出口业务中,通常为出口人或银行。

2. 受票人(drawee/Payer)

它就是"付款人",即接受支付命令的人。进出口业务中,通常为进口人或银行。在托收支付方式下,付款人一般为买方或债务人;在信用证支付方式下,一般为开证行或其指定的银行。

3. 受款人(payee)

它又叫"汇票的抬头人",是指受领汇票所规定的金额的人。进出口业务中,一般填写出票人提交单据的银行。

(三)汇票的种类

汇票可以分为以下几种。

1. 按出票人的不同——银行汇票、商业汇票

银行汇票(banker's draft)是出票人和付款人均为银行的汇票。

商业汇票(commercial draft)是出票人为企业法人、公司、商号或者个人,付款人为其他商号、个人或者银行的汇票。

2. 按有无附属单据——光票汇票、跟单汇票

光票(clean bill)汇票本身不附带货运单据,银行汇票多为光票。

跟单汇票(documentary bill)又称信用汇票、押汇汇票,是需要附带提单、仓单、保险单、装箱单、商业发票等单据,才能进行付款的汇票,商业汇票多为跟单汇票,在国际贸易中经常使用。

3. 按付款时间——即期汇票、远期汇票

即期汇票(sight bill)指持票人向付款人提示后对方立即付款,又称见票即付汇票。

远期汇票(time bill)是在出票一定期限后或特定日期付款。在远期汇票中,记载一定的日期为到期日,于到期日付款的,为定期汇票;记载于出票日后一定期间付款的,为计期汇票;记载于见票后一定期间付款的,为注期汇票;将票面金额划为几份,并分别指定到期日的,为分期付款汇票。

4. 按承兑人——商业承兑汇票、银行承兑汇票

商业承兑汇票(commercial acceptance bill)是以银行以外的任何商号或个人为承兑人的远期汇票。

银行承兑汇票(banker's acceptance bill)承兑人是银行的远期汇票。

上述几种汇票之间的关系,大体归纳如下:

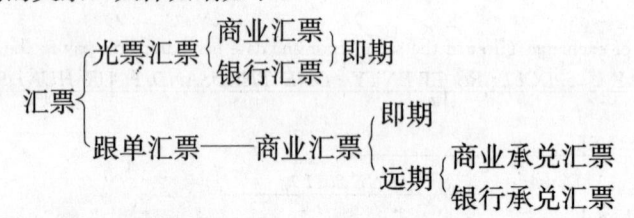

$$\text{汇票}\begin{cases}\text{光票汇票}\begin{cases}\text{商业汇票}\\\text{银行汇票}\end{cases}\text{即期}\\\text{跟单汇票——商业汇票}\begin{cases}\text{即期}\\\text{远期}\begin{cases}\text{商业承兑汇票}\\\text{银行承兑汇票}\end{cases}\end{cases}\end{cases}$$

一张汇票往往可以同时具备几种性质,例如一张商业汇票同时又可以是即期的跟单汇票;一张远期的商业跟单汇票,同时又是银行承兑汇票。

(四)汇票的票据行为

汇票的使用要经过出票、提示、承兑、付款等手续,如需转让,通常需经过背书。汇票遭到拒付时,还要涉及做成拒绝证书和行使追索等法律权利。

1. 出票(issue/draw)

它是指出票人缮制汇票,经签字交给持票人的行为。缮制汇票注意事项:①汇票应列明出票根据。属于信用证方式的,应按来证规定文句填写,或说明是依据××银行于××日开立的××信用证出具。属于托收方式的,应列明有关的合同编号;②付款人名称视不同情况填写。采用信用证方式时,付款人的名称有开证行、代付行或进口商三种,填写何者,应按来证的规定办理。如来证未具体规定付款人的名称,则以开证行为付款人。采用托收方式时,付款人应填写国外买方;③除另有规定外，汇票的受款人应填写议付行（信用证方式下）或托收行（托收方式下）；④汇票一般填制一式两份，两份具有同等效力，其中一份付讫，另一份自动失效。此外根据有关国际惯例，要写明"汇票"字样、出票日期和地点、付款期限和地点、汇票金额、出票人签字等。

2. 提示（presentation）

它是指持票人将汇票提交付款人要求付款或承兑的行为。付款人见到汇票叫做见票（sight）。提示可以分为付款提示和承兑提示两种。即期汇票或到期汇票提示的目的是要求付款，远期汇票提示的目的是要求承兑。

3. 承兑（acceptance）

它是指付款人对远期汇票表示承担到期付款责任的行为。付款人在汇票上写明"承兑"（accepted）字样，注明承兑日期，并由付款人签字，交还持票人，付款人即成为承兑人。承兑人有在远期汇票到期时付款的责任。

4. 背书（endorsement）

在国际市场上，汇票作为一种流通工具，可以在票据市场上流通转让。背书是转让汇票权利的一种法定手续，就是由汇票持有人在汇票背面签上自己的名字，或再加上受让人即背书人（endorsee）的名字，并把汇票交给受让人的行为。经背书后，汇票的收款权利便转移给受让人。

5. 付款（payment）

对即期汇票，在持票人提示汇票时，付款人即应付款；对远期汇票，付款人经过承兑后，在汇票到期日付款。付款后，汇票上的一切债务即告终止。

6. 拒付（dishonor）

持票人提示汇票要求承兑时遭到拒绝承兑，或持票人提示汇票要求付款时遭到拒绝付款，均称拒付，也称退票。除了拒绝承兑和拒绝付款外。付款人拒不见票、死亡或宣告破产，以致付款事实上已不可能时，也称拒付。

7. 追索（recourse）

如汇票在合理时间内提示遭到拒绝承兑，或在到期日提示遭到拒绝付款，持票人立即产生追索权，他有权向背书人和出票人追索票款。持票人为了行使追索权应及时做出拒付证书。所谓追索权（right of recourse）是指汇票遭到拒付时，持票人对其前手（背书人、出票人）有请求其偿还汇票金额及费用的权利。拒付证书是由付款地的法定公证人或其他依法有权做出证书的机构如法院、银行、公会等做出的证明拒付事实的文件，是持票人凭以向其"前手"进行追索的法律依据。如拒付的汇票已经承兑，出票人可凭以向法院起诉，要求承兑汇票的承兑人付款。

二、本票（promissory note）

（一）本票的含义和基本内容

本票（promissory note）是一个人向另一个人签发的，保证于见票时或定期或在可以确定的将来的时间，对某人或其指定人或持票人支付一定金额的无条件的书面承诺。简言之，本票是出票人对受款人承诺无条件支付一定金额的票据。在进出口贸易中，进口商可以向出口商签发本票，承诺付款或到期履行付款责任，若本票是由银行签发，其功能与流通货币、银行存单功能相似，当出口商向银行提示本票时，银行必须承兑或履行付款责任。

我国《票据法》规定，本票必须记载下列内容：表明"本票"字样；无条件的支付承诺；确定的金额；收款人的名称；出票日期；出票人签字。本票上未记载上述规定事项之一即被视为无效。

（二）本票的种类

本票可分为商业本票和银行本票。由工商企业或个人签发的称为商业本票或一般本票。由银行签发的称为银行本票。商业本票有即期和远期之分。银行本票则都是即期的。在国际贸易结算中使用的本票，大都是银行本票。有的银行发行见票即付、不记载收款人的本票或是来人抬头的本票，它的流通性与纸币相似。

（三）本票与汇票的区别

本票与汇票有以下区别：

（1）当事人。汇票有出票人、付款人和收款人三个基本当事人；本票只有出票人和收款人两个基本当事人，因为本票的付款人就是出票人自己。

（2）份数。汇票能够开出一式多份（银行汇票除外）；而本票只能一式一份。

（3）承兑。远期汇票在付款前需要先办理承兑手续；而由于本票的出票人即是付款人，远期本票无须办理承兑手续。

（4）责任。汇票在承兑前由出票人负责，承兑后则由承兑人主要负责，出票人负次要责任；而本票在任何情况下，出票人都是绝对的主债务人。

三、支票（cheque/check）

支票（cheque 或 check）是以银行为付款人的即期汇票，即出票人（银行存款人）对银行（受票人）签发的，要求银行见票时立即无条件支付一定金额的票据。

出票人签发支票时，应在付款银行存有不低于票面金额的存款。如存款不足，持票人提示将遭拒付，这种支票被称为空头支票。开出空头支票的出票人要负法律上的责任。我国《票据法》第八十二条规定，支票时出票人签发的，委托办理支票存款业务的银行或其他金融机构在见票时无条件支付确定金额给收款人或持票人的票据。

与汇票相比，支票有两个不同之处：

（1）必须是即期付款，支票上不须做付款期限说明；

（2）受票人应该是出票人开立支票账户的银行。

由于支票遗失以后很容易被冒领，而且难以追回，为了防止冒领，出票人或持票人可以在支票上画两条横向线条，这样的画线支票（crossed cheque）就只能通过银行收款，不得由持票人直接提取现款。画线支票又称平行线支票。

第二节 汇付与托收

当发生商品进出口贸易时，出口方收汇，进口方付汇，从而引起货款的收付业务。汇付（remittance）和托收（collection）都是外贸活动中经常采用的支付方式，他们都由买卖双方根据合同互相提供信用，所以都属于商业信用。按资金和支付工具流向间的关系可以将支付方式分为顺汇法与逆汇法两大类。顺汇法也称为汇付法，是指付款人主动委托银行使用某种支付工具，将款项支付给收款人，这实际上就是银行的汇款业务。逆汇法是指收款人出具某些票据作为支付工具，委托银行向付款人收取款项。由于支付工具与资金的流动方向恰恰相反，这种支付方式被称为逆汇法。

一、汇付

（一）汇付的含义及其当事人

1. 汇付的含义

汇付（remittance）又称汇款，是付款人委托银行采用各种支付工具，将款项汇交收款人的支付方式。这是一种费用最省、手续最简便的支付方式。这也只是利用国际银行间相互划拨款项的便利，并不涉及银行信用。买卖双方能否履行合同，完全取决于彼此的信用。因此纯属商业信用。汇付项下的票据的传送方向与资金流向是一致的，所以属于顺汇。

2. 在汇付的业务中，一般需要涉及四方当事人

（1）汇款人（remitter），即付款人，通常是进口人。

（2）收款人（payee；beneficiary），有时也被称为受益人，通常就是出口人。

（3）汇出行（remitting bank），是接受汇款人的委托，代其汇出款项的银行。

（4）汇入行（receiving bank），有时被称为解付行（paying bank），是接受汇出行的委托，将款项付给收款人的银行。汇入行通常在收款人所在地，而且一般与汇出行订有代理行关系。

汇款人在委托银行汇款时，要提交书面的汇款申请书，一旦汇出行接受其汇款申请，就要按申请书中的指示通知汇入行向收款人解付汇款。

（二）汇付的种类

按照汇出行向汇入行发送解付授权书的方式，可以将汇付分为三种（见表5-1）。

1. 电汇（telegraphic transfer，T/T）

银行（汇出行）根据汇款人的申请，通过拍发加押电报或加押电传或环球银行间金融电讯网络（SWIFT）的方式，委托并指示受款行（汇入行）解付一定的款项给指定收款人的汇款方式。通过电汇方式，收款人可以迅速受到汇款，但费用较高。

2. 信汇（mail transfer，M/T）

银行（汇出行）根据汇款人的申请，将信汇委托书（M/T advice）或支付委托书（payment order）通过航空信函送达汇入行，授权其解付一定的款项给指定收款人的汇款方式。信汇的费用比电汇低廉，但应支付凭证邮寄时间较长，收款较慢。

3. 票汇（remittance by banker's Demand Draft，D/D）

银行（汇出行）根据汇款人的申请，开立的以其账户行或代理行为解付行的银行即期汇票，交由汇款人自行邮寄指定收款人或由其自带出境，凭票向汇入行提取一定款项的汇款方式。

表5-1　　　　　　　　　电汇、信汇、票汇三种汇款方式的比较

	电汇	信汇	票汇
特点	快捷、安全	收费较少	可背书转让、收费较少
不足	收费较高	速度慢、有一定风险	风险较大

（三）汇付的业务流程

三种汇付业务的流程如图5-3、图5-4、图5-5所示。

从图5-3、图5-4以及图5-5综合来看，汇付业务流程主要有五个步骤：

第一步，申请。汇款人向汇出行提交汇款申请书，并交款付费。

第二步，回执。银行将汇款受理回单交汇款人，同时借记汇款人账户。

第三步，指示。汇出行在接受委托以后，以加押电传、电报或信汇委托书、汇票通知书等方式向出口地的往来银行发出付款指示。

第四步，解付。汇入行在接到其进口地往来银行指示后，将资金款项解付给收款人。

第五步，借记。汇入行解付后，借记汇出行账户或向汇出行所要头寸。

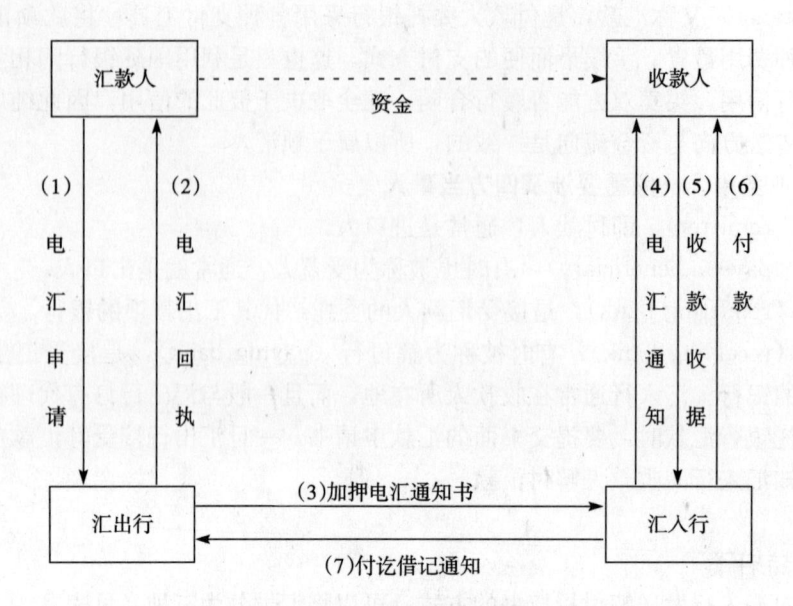

图 5-3　电汇业务流程

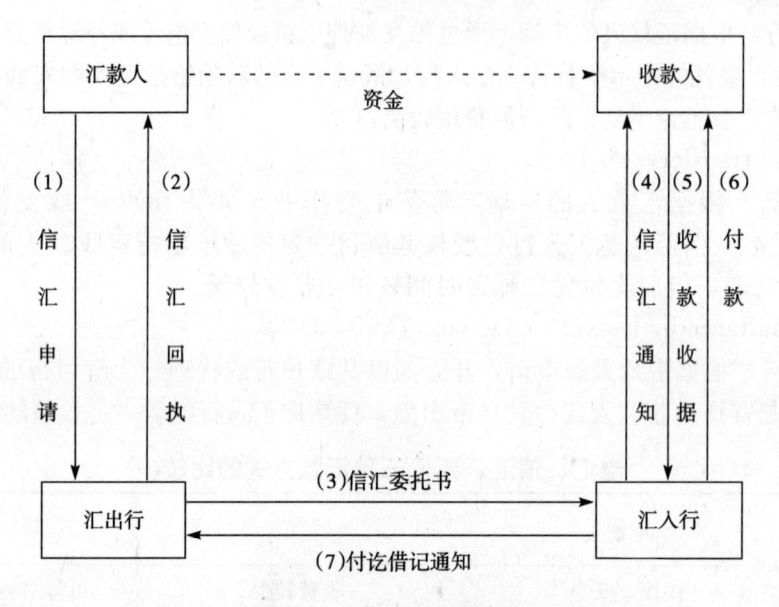

图 5-4　信汇业务流程

其中，填写汇款申请书是进口商需要做的事情。银行接受汇款人的委托，以约定汇款方式委托其海外联行或代理行将一定金额的款项付给指定收款人。进口商办理各类汇出汇款均需向银行提供：汇出汇款申请书、现汇账户的支款凭证和用于购汇的人民币支票。办理汇出汇款需符合国家有关外汇管理规定，提交我国外汇管理办法要求的有关凭证，如有关批汇文件、国际收支申报表、贸易进口付汇核销单等。

（四）汇款方式的合同条款

如买卖双方商定以预付货款的方式成交买卖，则应在合同中明确规定汇款日期和汇款方式。如果合同中没有规定汇款日期，无法约束买方在交货前付款，也影响卖方按时交货。汇款方式的限定是指在合同中规定是采用电汇、信汇还是票汇。另外，还要规定汇款的金额，注明是货款的全部还是一部分。如果是采用货到付款方式结算，也应在合同中规定买方的汇款时间和汇款方式。

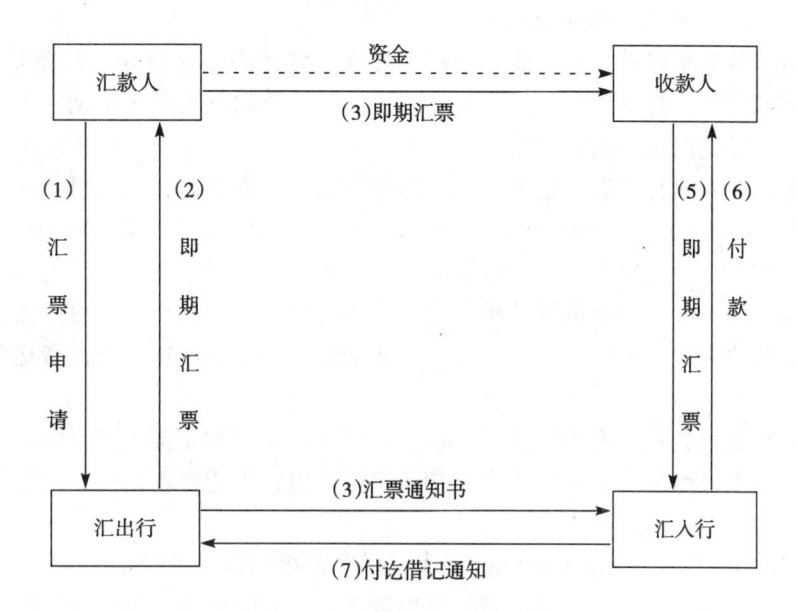

图 5-5　票汇业务流程

二、托收

(一)托收的定义和当事人

1. 托收的定义

托收（collection）是指债权人根据发票金额出具汇票委托银行向债务人收取货款的一种支付方式。在国际贸易中，托收一般都是通过银行进行，所以又称银行托收。托收与汇付一样，都是由买卖双方根据贸易合同相互提供信用，因而同样属于商业信用。

2. 托收方式的当事人

(1) 委托人（principal），是指委托银行办理托收业务的客户，即债权人。在进出口业务中，通常是出口人。

(2) 托收银行（remitting bank），是指接受委托人的委托，办理托收业务的银行，又称寄单行，通常是债权人所在地的银行。

(3) 代收银行（collecting bank），是接受托收银行的委托向付款人收取票款的进口地银行。代收行通常是托收银行的国外分行或代理行。

(4) 受票人（drawee），就是债务人，也是汇票上的受票人，通常是进口人。

在托收业务中，还可能有另外两个当事人：提示行和需要时的代理。提示行（presenting bank）是指向付款人做出提示汇票的单据的银行。需要时的代理（customer's representative in case of need）是委托人指定的在付款地的代为照料货物存仓、转售、运回等事宜的代理人。

(二)托收的种类

托收按是否附带货运单据，分为光票托收和跟单托收。

1. 光票托收（clean collection）

它指出口商仅开具汇票而不附带商业单据的托收。在国际贸易中，光票托收通常只用于收取货款的尾数、样品费、佣金、代垫费用、其他贸易从属费用或进口索赔款等。光票托收是卖方通过银行主动向买方结清欠款的方式。

2. 跟单托收（documentary collection）

它指在卖方所开具汇票以外,附有商业单据的托收。实务中,跟单托收所附单据主要有发票、提单、保险单及装箱单等。在办理跟单托收时,卖方需将汇票和所附商业单据一并提交托收行,由托收行寄交代收行,凭此向买方收取货款。

跟单托收根据付款人取得货运单据的方法及时间不同,分为承兑交单和付款交单。

(1) 承兑交单（documents against acceptance；D/A）。指由出口商或代收银行以进口商承兑汇票为条件交付单据。承兑交单必定有一张远期汇票,进口商只对远期汇票进行承兑,不需付清货款,即可以从代收行那里取得货运单据。承兑的具体手续是付款人在代收行提示汇票要求承兑时,在汇票上或背面签署"承兑"字样,注明承兑日期或加上到期日期,然后取得货运单据,汇票回到持有人手中。

承兑交单对进口商很有利,因为其承兑交单时,尽管进口商对汇票金额承诺一定时期后交付,但毕竟没有付款。对出口商来说,一旦交出了货运单据,他就不能再以物权、货物运输单据来约束进口商付款,所以对出口商风险很大。

(2) 付款交单（documents against payment；D/P）。指出口商或代收行以进口商付款为条件交单,也即被委托的代收银行必须在进口商付清票款之后,才能将货运单据交给出口商。付款交单又可分为即期付款交单和远期付款交单。

即期付款交单（documents against payment at sight；D/P at sight）是由出口商开具即期汇票,一并与单据通过托收行寄到进口地的代收行,代收行提示给进口商见票,进口商审核有关单据无误后,立即付款赎单,票款和物权单据两清的托收方式。付款交单主要是指这种即期付款交单。

远期付款交单（documents against payment after sight；D/P after sight）属远期付款交易。指出口商开具远期汇票,附单据寄到进口地代收行,代收行提示给进口商见票,进口商见票并审单无误后,立即承兑汇票,于汇票到期时付款后赎单。

（三）托收的国际惯例

为明确托收业务有关各方的权利、义务与责任,减少矛盾和纠纷,以利国际贸易的发展,国际商会于1958年草拟了《商业单据托收统一规则》,即国际商会第192号出版物,建议各银行采用。经多次修订,于1978年改名为《托收统一规则》,即国际商会第322号出版物,于1979年1月1日起正式生效和实施。

《托收统一规则》除前言外,分《总则和定义》与《义务和责任》两部分。它统一了托收业务的术语、定义、程序和原则,自公布实施以来被各国银行广泛采纳和应用。但是,这个规则只有在有关当事人,特别是银行间实现约定的情况下,有关当事人才受其约束。我国银行在进出口贸易中使用托收方式进行结算时,也参照这个规则的解释办理。后几经修订,于1995年公布了新的《托收统一规则》,简称《URC 522》,并于1996年1月1日生效。

（四）采用托收方式时应注意的问题

在激烈竞争的国际市场上,卖方往往将允许买方以托收方式付款作为吸引客户的手段。在采用托收方式时,应注意以下问题。

1. 注意对出口方风险的防范

由于托收方式对出口方的风险较大,所以在决定出口业务以托收方式收款之前,首先应了解对方国家法律及外汇管制情况,以免在运出货物之后不能收回外汇;其次要了解对方的资信状况,对资信不良、商誉欠佳的进口商尽量不用托收而以信用证方式收取货款。

若交易双方决定以托收方式支付货款,出口商应尽量采用付款交单的交单方式。另外,出口方最好争取买方预付一部分定金,以便在买方拒付货款时以此弥补卖方遭受的损失或付出的额外费用。最后,出口方应力争自办保险,若不能以 CIF 条件成交,也要在保险公司投保卖方利益险,以便在货物于运输途中遇险的情况下,从保险公司得到部分补偿。

2. 应注意在托收方式下,进出口双方都可以从银行得到资金融通的便利

出口商在以跟单托收方式收取货款时,可以凭跟单汇票向托收行申请抵押贷款,由托收行视出口商的资信状况与经营作风,将一定比例的票款扣除利息和手续费后贷给出口商。货款收妥后,要先归还贷款,再由银行将余额付给出口商。若进口商拒付票款,托收行有权向出口商索还贷款,否则可以处理货运单据下的货物。这种做法被称为托收出口押汇,有利于出口商的资金周转。

对进口方来说,在托收方式下,可以在付款前凭信托收据向代收行借单提货,在汇票到期前将票款偿还代收行,换回信托收据。在进口方借单后、付款前,货物所有权属于银行。若进口商在汇票到期时不能付款,除非代收行是按出口商的指示借单,一切责任要由代收行承担。这种做法通常被称为"付款交单凭信托收据借单",可以帮助进口商及时提货出售,解决其资金周转困难。但由于代收行要承担一定的风险,所以它一般只对少数资信可靠的进口商提供这种便利。

以下是一个 D/P 远期条件下,付款人凭信托收据借单案的案例。我方出口一批货物,付款方式为 D/P90 天托收。汇票及货运单据通过托收银行寄抵国外代收行后买方进行了承兑,但货到目的地后,恰好这时行情上涨,于是付款人出具信托收据(T/R)向银行借得单证。货出售后买方倒闭。我方于汇票到期时还能收回货款呢?答案是能收回,代收行应承担付款责任。D/P 远期托收,买方如果想提前取得货运单据可提前付款赎单,若无其他规定,出口人还应承担提前付款的利息。具体到本例,进口人并未提前付款而是向代收行通融借单。尽管按照国际商会《托收统一规则》的规定,银行不承担付款人必须付款的责任,但在这笔托收业务中出口方并未授权代收行凭 T/R 提前借单,因此汇票到期时代收行应承担付款的责任。

第三节 信用证

随着外贸活动的发展,银行与金融机构正逐渐参与外贸结算,信用证(letter of credit,L/C)支付方式便应运而生。信用证支付方式将由进口人履行付款责任,转为由银行来付款,为出口人安全、迅速的收款提供了保障,同时,买方也可以按时收到货运单据。因此,在一定程度上解决了进出口人之间互相不信任的矛盾,同时也为进出口双方提供了资金融通的便利。所以,自出现 L/C 以来,这种支付方式发展很快,并在外贸活动中被广泛使用。

一、信用定义及其特点

(一)信用证的定义

信用证(letter of credit,L/C)又称银行信用证,是一种有条件的银行付款承诺。具体讲,信用证是银行根据买方的要求和指示,或是自己主动向卖方开出的,在一定金额内和规定期限里,凭规定单据付款的书面承诺。在信用证的定义中不难发现,在信用证支付方式下,开证行成为首先付款人,属于银行信用。

(二)信用证的特点

银行信用比商业信用更为可靠,因此,信用证支付方式与汇付方式、托收方式相比较,具有以下三个特点。

1. 信用证是一种银行信用

信用证是一项有条件的银行付款承诺。开证行通过跟单信用证来为开证申请人承担付款义务。即使申请人未能履行义务，只要受益人所提交的单据与信用证条款一致，银行应承担对受益人的第一位付款责任。

2. 信用证是一种独立的文件

信用证的开立是以买卖合同为依据的，但一旦开出，在信用证业务处理过程中各当事人的责任与权利都以信用证为准。当银行进行信用证业务时，实际货物是否与合同一致或货物是否按时到达目的港，对于银行来说无关紧要。因此，信用证是一个与合同分离的自足的独立文件。

3. 信用证项下付款是一种单据的买卖

银行在信用证业务中，只审查受益人所提交的单据是否与信用证条款相符，以决定其是否履行付款责任。只要受益人提交了符合信用证的单据，开证行就应承担付款责任，进口商也应向开证行付款赎单。银行在信用证业务中是按"严格相符原则"办事的，要求"单证相符，单单一致"。

二、信用证涉及的当事人及其职责

信用证主要涉及申请人、开证行和受益人三个基本当事人，以及信用证有关的通知行、议付行、付款行、保兑行等其他当事人。具体内容如下。

（一）开证申请人（applicant）

它是向银行申请开立信用证的人，一般为进口商。信用证中一般又称之为开证人。其职责是在合同规定的时间内申请开证。

开证申请人责任：

(1) 申请开证；

(2) 提供支付保证；

(3) 开证行为执行申请人的指示而利用其他的服务，其风险应由开证申请人承担。

（二）开证银行（opening bank; issuing bank）

它是指受开证人之托开具信用证、承担保证付款责任的银行，一般在进口人所在地。

其职责是：

(1) 承担信用证第一付款人的责任；

(2) 在收到单证后的7个银行工作日内，以"单单相符""单证相符"为标准，审核单证表面真伪。若单证相符，则履行付款责任；若单证不符，则须在7个银行工作日内提出不符点，且提出不符点的机会只有一次。

（三）受益人（beneficiary）

它是指信用证上所指定的有权使用该证的人，即出口人或者实际供货人。

其主要职责有三：

(1) 受销售合同的约束，按时备货出运；

(2) 精确制单，及时交单议付；

(3) 若单据遭开证行拒付，应执行议付行的追索请求，开证行或保兑行的议付除外。单据由开证行代为保管期间，风险由受益人自行承担。

（四）通知银行（advising bank, notifying bank）

它是指受开证行之托将信用证通知或转交出口人的银行。通知行一般在出口人所在地，通常是开证行的分行或代理行。

通知行的职责：
(1) 合理谨慎地审核它所通知的信用证的表面真实性（即核对电开 L/C 的密押及信开 L/C 的印鉴）；
(2) 通知受益人。

（五）议付银行（negotiating bank）

议付行是指开证行指定的或自愿买入受益人交来的跟单信用证全套单据的银行。前一种情况称为"指定议付"，这时只有开证行指定的银行才能议付信用证；后一种情况则称之为"自由议付"或"非限制性议付"，任何一家银行都可以议付信用证。

议付行的职责：
(1) 审核单据并付出对价；
(2) 如果单据遭开证行拒付或开证行因倒闭而无力偿付，议付行对受益人享有追索权；
(3) 议付行自主选择所购买的单据，并自行承担其风险。

（六）付款银行（paying bank; drawee bank）

付款行是在信用证上指明履行付款责任的银行。通常为开证行或指定的银行。付款行一经付款，不得再向受益人追索。

主要职责：
(1) 负有审核单据、及时付款的责任；
(2) 付款行作为开证行的付款代理人，它的付款同样无追索权，只能根据代理协议，向开证行请求偿付。

（七）偿付银行（reimbursing bank）

它是指根据开证行的指示或授权，向信用证上的指定银行执行偿付的银行，一般为开证行的账户行。

偿付行无审单责任，仅是按照与开证行的协议履行单纯的付款行为。

值得一提的是偿付行的付款并非终局性，开证行审单后若发现不符，有权直接向议付行追偿已付款项，但不是向偿付行追索。

（八）保兑银行（confirming bank）

它是指受开证行的邀请后同意在信用证上加具保兑的银行。

保兑行的责任有二：
(1) 保兑行有权选择是否接受开证行的邀请加保；
(2) 保兑行一经确定对指定信用证加具保兑，只要受益人提交单据符合信用证的条款，它必须承担第一性的、终局性的付款责任。

三、信用证的主要内容

世界上各商业银行所开立的信用证并没有统一的格式，其格式和内容因信用证的种类不同而略有差别，但所有信用证一般都包括以下基本内容：

(1) 对于信用证本身的说明，包括信用证的性质、种类、编号、开证日期、开证行名称、金额、有效期限、到期地点等。

(2) 信用证的当事人。如开证行、受益人、申请人、通知行等。有的信用证还制定议付行、付款行、偿付行等。

(3) 对汇票的规定，如信用证规定受益人凭汇票收款，则应列明所应开立的汇票出票人、种类、金额及付款人等。

(4) 对货物的要求，名称、数量、品质、包装、价格等。

(5) 对运输的要求，装船期限、装运港和目的港，运输方式，是否允许分批装运和转船等。

(6) 对单据的要求，信用证要求的单据主要分为三类，货物单据、运输单据和保险单据，这是信用证最重要的内容。

(7) 特殊条款，可根据每一笔具体交易的需要而做出不同规定。

(8) 开证行保证条款，即开证行对受益人及汇票持有人保证付款人的责任文字，这是确定开证行付款责任的依据。

(9) 开证行指示文句。对议付行的指示，要求议付行如何向开证行寄交单据、索偿货款等条款。

(10) 适用《跟单信用证统一惯例》规定的声明等。

以下是表 5-2 一份信用证的样本。

四、信用证的种类

信用证可根据其性质、期限、流通方式等特点，分为以下几种。

（一）跟单信用证和光票信用证

以信用证项下的汇票是否附有货运单据划分，信用证可分为跟单信用证和光票信用证。

表 5-2　信用证样本

```
2011MAR22 09：18：11                                              LOGICAL TERMINAL
E102
MT S700                    ISSUE OF A DOCUMENTARY CREDIT
                                                                   PAGE 00001
                                                                   FUNC MSG700
                                                                   UMR 06881051

MSGACK DWS765I AUTH OK，KEY B198081689580FC5，BKCHCNBJ RJHISARI RECORO
BASIC HEADER              F 01 BKCHCNBJA940 0588 550628
APPLICATION               0 700 1057 070320 RJHISARIAXXX 7277 977367 020213 1557 N
HEADER                                         * ALRAJHI BANKING AND INVESTMENT
                                               * CORPORATION
                                               * RIYADH
                                               * （HEAD OFFICE）
USER HEADER               SERVICE CODE    103：
                          BANK. PRIORITY  113：           （银行盖信用证通知专用章）
                          MSG USER REF.   108：
                          INFO. FROM CI   115：
SEQUENCE OF TOTAL    *    27     1/1
FORM OF DOC. CREDIT  *    40 A   IRREVOCABLE
DOC. CREDIT NUMBER   *    20     0071LC123756
DATE OF ISSUE             31 C   070320
DATE/PLACE EXP.      *    31 D   DATE 070515 PLACE CHINA
APPLICANT            *    50     NEO GENERAL TRADING CO.
                                 P. O. BOX 99552，RIYADH 22766，KSA
                                 TEL：00966-1-4659220 FAX：00966-1-4659213
```

续表

BENEFICIARY	*	59	DESUN TRADING Co., LTD. HUARONG MANSION RM2901 NO.85 GUANJIAQIAO, NANJING 210005, CHINA TEL: 0086-25-4715004 FAX: 0086-25-4711363
AMOUNT	*	32 B	CURRENCY USD AMOUNT 13260,
AVAILABLE WITH/BY	*	41 D	ANY BANK IN CHINA, BY NEGOTIATION
DRAFTS AT...		42 C	SIGHT
DRAWEE		42 A	RJHISARI * ALRAJHI BANKING AND INVESTMENT * CORPORATION * RIYADH * (HEAD OFFICE)
PARTIAL SHIPMTS		43 P	NOT ALLOWED
TRANSSHIPMENT		43 T	NOT ALLOWED
LOADING ON BRD		44 A	
			CHINA MAIN FORT, CHINA
		44 B	
			DAMMAM PORT, SAUDI ARABIA
LATEST SHIPMENT		44 C	070430
GOODS DESCRIPT.		45 A	
			ABOUT 1700 CARTONS CANNED MURSHOOM PIECES & STEMS 24 TINS X 425 GRAMS NET WEIGHT (D.W. 227 GRAMS) AT USD7.80 PER CARTON. ROSE BRAND.
DOCS REQUIRED		46 A	
			DOCUMENTS REQUIRED: + SIGNED COMMERCIAL INVOICE IN TRIPLICATE ORIGINAL AND MUST SHOW BREAK DOWN OF THE AMOUNT AS FOLLOWS: FOB VALUE, FREIGHT CHARGES AND TOTAL AMOUNT C AND F. + FULL SET CLEAN ON BOARD BILL OF LADING MADE OUT TO THE ORDER OF AL RAJHI BANKING AND INVESTMENT CORP, MARKED FREIGHT PREPAID AND NOTIFY APPLICANT, INDICATING THE FULL NAME, ADDRESS AND TEL NO. OF THE CARRYING VESSEL'S AGENT AT THE PORT OF DISCHARGE. +PACKING LIST IN ONE ORIGINAL PLUS 5 COPIES, ALL OF WHICH MUST BE MANUALLY SIGNED. + INSPECTION (HEALTH) CERTIFICATE FROM C.I.Q. (ENTRY-EXIT INSPECTION AND QUARANTINE OF THE PEOOPLES REP. OF CHINA) STATING GOODS ARE FIT FOR HUMAN BEING. +CERTIFICATE OF ORIGIN DULY CERTIFIED BY C.C.P.I.T. STATING THE NAME OF THE MANUFACTURERS OF PRODUCERS AND THAT GOODS EXPORTED ARE WHOLLY OF CHINESE ORIGIN. + THE PRODUCTION DATE OF THE GOODS NOT TO BE EARLIER THAN HALF MONTH AT TIME OF SHIPMENT. BENEFICIARY MUST CERTIFY THE SAME. + SHIPMENT TO BE EFFECTED BY CONTAINER AND BY REGULAR LINE. SHIPMENT COMPANY'S CERTIFICATE TO THIS EFFECT SHOULD ACCOMPANY THE DOCUMENTS. + INSURANCE POLICY OR CERTIFICATE IN 1 ORIGINAL AND 1 COPY ISSUED OR ENDORSED TO THE ORDER OF ALRAJHI BANKING AND INVESTMENT CORP FOR THE INVOICE PLUS 10 PERCENT COV-

续表

ERING ALL RISKS, INSTITUTE CARGO CLAUSES, INSTITUTE STRIKES. DD. CONDITIONS	47 A	ADDITIONAL CONDITION: A DISCREPANCY FEE OF USD50.00 WILL BE IMPOSED ON EACH SET OF DOCUMENTS PRESENTED FOR NEGOTIATION UNDER THIS L/C WITH DISCREPANCY. THE FEE WILL BE DEDUCTED FROM THE BILL AMOUNT. PAYMENT UNDER THE GOODS WERE APPROVED BY SAUDI GOVERNMENT LAB.
CHARGES	71 B	ALL CHARGES AND COMMISSIONS OUTSIDE KSA ON BENEFICIARIES' ACCOUNT INCLUDING REIMBURSING, BANK COMMISSION, DISCREPANCY FEE (IF ANY) AND COURIER CHARGES.

1. 跟单信用证（documentary credit）

它是指开证行凭跟单汇票或单纯凭单据付款的信用证。所谓"跟单"，多指代表货物所有权或证明货物已装运的运输单据、商业发票、保险单及商检证书、海关发票、产地证书、装箱单等。

2. 光票信用证（clean credit）

它是指开证行仅凭不附单据的汇票付款的信用证。也有的光票信用证要求附有非货运单据，如发票、垫款清单等。光票信用证通常用于采用信用证方式预付货款的情况。

（二）不可撤销信用证和可撤销信用证

以开证行所负的责任为标准，信用证可以分为不可撤销信用证和可撤销信用证两种。

1. 不可撤销信用证（irrevocable letter of credit）

它是指信用证开具后，在有效期内，非经信用证各有关当事人的同意，开证行不得修改或撤销的信用证。不可撤销信用证对受益人提供了可靠的保障，只要受益人提交了符合信用证规定的单据，开证行就必须履行其确定的付款义务。国际结算的信用证绝大多数为不可撤销信用证。

2. 可撤销信用证（revocable letter of credit）

它是指开证行可以不经过受益人的同意，也不必事先通知受益人，在议付行议付之前有权随时加以修改或撤销的信用证。但开证行对于撤销通知到达前已议付的单据负有付款责任。由于开证行可以单方面撤销信用证，所以可撤销信用证对于受益人利益缺乏保障。故在国际货物买卖中，买方多不接受这种信用证。

（三）保兑信用证和不保兑信用证

按有没有另一银行加以保证兑付，信用证可分为保兑信用证和不保兑信用证。

1. 保兑信用证（confirmed letter of credit）

它是指开证行开出的信用证，由另一银行保证对符合信用证条款规定的单据履行付款义务。对信用证加保兑的银行，叫做保兑行（confirming bank）。保兑行通常是通知行，有时也可以是出口地的其他银行或第三国银行。信用证的"不可撤销"是指开证行对信用证的付款责任。而"保兑"则指开证行以外的银行保证对信用证承担付款责任。那么，不可撤销的保兑的信用证，就意味着该信用证不但有开证行不可撤销的付款保证，而且又有保兑行的兑付保证，且两者都承担第一性的付款责任，所以这种有双重保证的信用证对出口商最为有利。

2. 不保兑信用证（unconfirmed letter of credit）

它是指开证行开出的信用证没有经另一家银行保兑。当开证行资信好或成交金额不大时，一般都使用这种不保兑的信用证。

（四）即期信用证和远期信用证

根据付款时间的不同，信用证可分为即期信用证和远期信用证。

1. 即期信用证（sight credit）

它是指开证行或付款行收到受益人提交的符合信用证条款的跟单汇款或装运单据后，立即履行付款义务的信用证。这种信用证的特点是出口人收汇迅速安全，有利于资金周转。

在即期信用证中，有时还加列电汇索偿条款（T/T reimbursement clause），这是指开证行允许议付行电报或电传通知开证行或指定付款行，说明各种单据与信用证要求相符，开证行或指定付款行接到电报或电传通知后，有义务立即用电汇方式将货款拨交议付行。

2. 远期信用证（usance letter of credit）

它是指开证行或付款行收到受益人提交的符合信用证条款的单据时，在规定期限内履行付款义务的信用证。远期信用证还可分为下列几种：

（1）银行承兑远期信用证（banker's acceptance credit）。它是指以开证行作为远期汇票付款人的信用证。这种信用证项下的汇票，在承兑前，银行对出口商的权利义务以信用证为准；在承兑后，银行作为汇票的承兑人，应按票据法规定，对出票人、背书人、持票人承担付款责任。

（2）延期付款信用证（deferred payment credit）。它是指开证行在信用证中规定货物装船后若干天或开证行收到单据后若干天付款的信用证。延期付款信用证出口商不能利用贴现市场的资金，只能自行垫款或向银行借款。在出口业务中，若使用这种信用证，货价应比银行承兑远期信用证高一些，以弥补较高的银行贷款利率与较低的贴现率之间的差额。

（3）假远期信用证（usance credit payable at sight）。它是指受益人开立远期汇票，由付款行负责贴现，并规定一切利息和费用由进口人负担。这种信用证，表面上看是远期信用证，但从上述条款规定来看，出口人却可即期收到十足的货款。因此，这种信用证对出口人而言，又与即期信用证相似；但对进口人来说，则待远期汇票到期时才付款给付款行。

（五）可转让信用证和不可转让信用证

根据受益人对信用证的权利可否转让，分为可转让信用证和不可转让信用证。

1. 可转让信用证（transferable credit）

它是指开证行授权通知行，在受益人要求时，可将信用证转让给一个或数个受益人，即第二受益人使用的信用证。这种信用证的受益人（即第一收益人）通常是中间商，第二受益人为实际供货人。信用证转让后，由第二受益人办理交货，但原信用证的受益人仍须对买卖合同的履行承担责任，并在第二受益人交单议付单证不符时，承担第一责任。

开证行对信用证的"可转让"的要求既明确又严格，即只有开证行在信用证中明确注明"可转让（transferable）"的，信用证才能转让。诸如"可分割"（divisible）、"可分开"（fractionable）、"可过户"（assignable）、"可转移"（transmissible）等用语并不能使信用证可转让。

可转让信用证只能转让一次，即只能由第一受益人转让给第二受益人。第二受益人不得要求将信用证转让给其后的第三受益人，但是，再转让给第一受益人，不属被禁止转让的范畴。如果信用证不禁止分批装运，在总和不超过信用证金额的前提下，可分别按若干部分办理转让，该项转让的总和，将被认为只构成信用证的一次转让。

在国际贸易中，中间商本身并不生产货物，他在承揽业务后再向实际供货人购进货物，从中赚取差价。为此，中间商必须对原来的对转让信用证进行相应改动，如信用证金额、商品的单价、到期日、交单日及最迟装运日期可以减少或缩短,保险加成比例增加,但这改动要遵循原证的规定。

2. 不可转让信用证(Non-transferable credit)

它是指受益人不能将信用证的权利转让给第三者的信用证。凡未在信用证上注明"可转让"的,均被视为不可转让的信用证。

(六) 循环信用证

循环信用证(revolving credit),是指信用证全部或部分使用后,其金额又恢复到原金额,可再次使用,直到达到规定的次数或规定的总金额为止。

循环信用证与一般信用证的不同之处在于:一般信用证在使用后即告失效,而循环信用证则可多次循环使用。这种信用证通常在分批均匀交货的情况下采用。因此,其优点在于:进口方可以不必多次开证,从而节省开证费用,同时也可简化出口人的审证、改证等手续,有利于合同的履行。

(七) 对开信用证

对开信用证(reciprocal credit),是指两张信用证的开证申请人互以对方为受益人而开立的信用证。对开信用证的特点是第一张信用证的受益人(出口人)和开证申请人(进口人)就是第二张信用证的开证申请人和受益人,第一张信用证的通知行通常就是第二张信用证的开证行。两张信用证的金额相等或大体相等,两证可同时互开,也可先后开立。对开信用证多用于易货贸易或来料加工和补偿贸易业务等。例如俄罗斯A公司从中国B公司进口钢材,我国B公司向俄罗斯A公司进口大米,于是俄罗斯A公司以中国B公司为受益人开立一张信用证,中国B公司同样以俄罗斯A公司为受益人开立一张信用证,两张信用证金额大体相等,但彼此相互独立。一般双方在签订易货贸易合同时就会规定开立对开信用证。

(八) 对背信用证

对背信用证(back to back credit),是指受益人要求原证的通知行或其他银行以原证为基础,另开一张内容相似的新信用证。对背信用证的受益人可以是国外的,也可以是国内的。对背信用证的开证银行只能根据不可撤销信用证来开立。对背信用证的开立通常是中间商转售他人货物,从中牟利,或两国不能直接办理进出口贸易时,通过第三者以此种方法来沟通开展贸易。例如中国A外贸公司收到美国B公司开立出口纺织品的信用证,由于A公司自己不组织生产,而且国内生产的产品无法达到美国B公司的检验标准,于是A公司以原证为基础,向日本的C公司开立了同一商品标的的信用证,金额比原信用证略有增加,作为其转手的利润,这样的信用证就是原证的对背信用证。

(九) 预支信用证

预支信用证(anticipatory L/C)是指开证行授权代付行(通常是通知行)向受益人预付信用证金额的全部或部分,由开证行保证偿还并负担利息。预支信用证与远期信用证相反,它是开证人付款在先,受益人交单在后。预支信用证可分全部预支或部分预支。预支信用证凭出口人的光票付款,也有要求出口人附一份负责补交信用证规定单据的说明书的。如出口人以后不交单,开证行和代付行并不承担责任。当货运单据交到后,代付行在付给剩余货款时,将扣除预支货款的利息。为引人注目,这种预支货款的条款,常用红字打成,故习称"红条款信用证"(red clause L/C)。

(十) 备用信用证

备用信用证(standby L/C)是根据开证申请人的请求,对受益人开立的承诺承担某项义务的凭证，又称商业票据信用证（commercial paper L/C）、担保信用证（guarantee L/C）或履约信用证（performance L/C）等。

五、信用证的流转程序

信用证交易，是纯粹的单据买卖，银行处理的是单据，而不是单据所涉及的货物、服务或其他行为。一笔信用证业务从发生到终结大体上要经过进口商申请开证、进口方银行开证、出口方银行通知信用证、出口方审查和修改信用证、出口方银行议付信用证及索汇、进口方付款赎单提货等环节。其流转程序如图5-6所示。

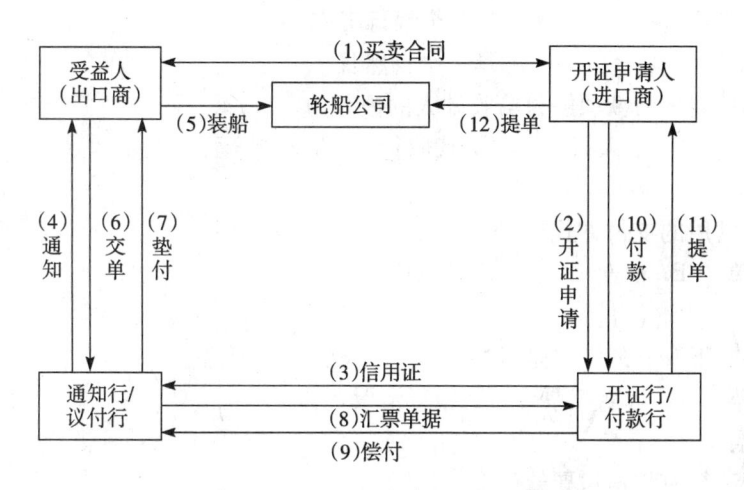

图5-6 信用证业务流转程序

六、国际商会《跟单信用证统一惯例》

随着国际贸易的发展，信用证方式成为国际贸易中通常使用的一种支付方式。但是，由于对单信用证有关当事人的权利、责任、付款的定义和术语在国际上缺乏统一的解释和公认的准则，各国银行根据各自的习惯和利益自行规定行事，因此，信用证各有关当事人之间的争议和纠纷经常发生，以致引起司法诉讼。国际商会为了减少因解释不同而引起的争端，调和各有关当事人之间的矛盾，于1930年拟订一套《商业跟单信用证统一惯例》，并于1933年正式公布，建议各国银行采用。以后随着国际贸易、运输以及保险的不断发展与变化，国际商会于1951年、1962年、1974年、1983年和1993年先后对该惯例进行了修订。并重新命名为《跟单信用证统一惯例》（Uniform customs and practice for documentary credit，简称UCP）。

近年来，随着国际上运输工具和运输方式的发展变化，通信工具的电子化、网络化和电脑的广泛使用，国际贸易、运输、保险、单据处理和结算工作也发生巨大的变化。为了适应时代的发展，国际商会于2003年又对《跟单信用证统一惯例》进行修订，修订后的《统一惯例》即《国际商会第600号出版物》，于2006年开始实行。

国际商会《跟单信用证统一惯例》不是一个国际性的法律规章，但它已为各国银行普遍接受，成为一种公认的国际惯例。开证行如采用该惯例，就可在信用证中加注："除另有规定外，本证根据国际商会《跟单信用证统一惯例（2003年修订）》即国际商会600号出版物办理。"

【重点名词与概念】
汇票 电汇 信汇 票汇 托收 信用证

【本章练习与思考题】

一、单选题

1. 收款最快，费用较高的汇款方式是（　　）。
   A. T/T　　　　B. M/T　　　　C. D/D　　　　D. D/P
2. 使用 L/C，D/P 和 D/A 三种支付方式结算货款，就卖方的收汇风险而言，从小到大依次排列为（　　）。
   A. D/P，D/A 和 L/C　　　　B. DA，D/P 和 L/C
   C. L/C，D/P 和 D/A　　　　D. D/P，L/C 和 D/A
3. 根据《UCP 600》的规定，如果开证行在审核单据时发现单证不符，则必须在收到单据后的（　　）内通知寄送单据的一方。
   A. 5 个银行工作日　　　　B. 7 个银行工作日
   C. 5 个自然日　　　　　　D. 7 个自然日
4. 接受汇出行的委托将款项解付给收款人的银行为（　　）。
   A. 托收行　　B. 汇入行　　C. 代收行　　D. 转递行

二、多选题
1. 进口业务中常用的支付方式有（　　）。
   A. 付款交单　　B. 汇款　　C. 信用证
   D. 托收　　　　E. 议付
2. 承兑交单方式下开立的汇票是（　　）。
   A. 即期汇票　　B. 远期汇票　　C. 银行汇票
   D. 商业汇票　　E. 支票
3. 下列情况开证行有权拒付票款（　　）。
   A. 单据内容与信用证条款不符
   B. 单据内容与合同条款不符
   C. 单据与货物有出入
   D. 单据与单据互相之间不符
   E. 信用证内容与合同内容不符

三、判断题
（　　）1. 信汇、电汇和托收业务中的结算工具与资金流向相同，所以属于顺汇。
（　　）2. 托收业务中有两地两家银行参与，故托收业务属于银行信用。
（　　）3. 按照《UCP 600》的规定，商业发票应该由信用证中指定的受益人出具，其抬头必须是信用证的开证申请人。
（　　）4. 信用证的装运期和有效期分别是 9 月 30 日和 10 月 15 日，同时规定提单出具 15 天后交单。若受益人提交议付单据的日期是 10 月 12 日，而提单日期是 9 月 22 日，根据《UCP 600》的规定，银行可以拒绝对这套单据付款。
（　　）5. 如果信用证未规定汇票的付款人，则应该理解为付款人是开证行。

四、简答与论述题
1. 外贸活动的货款结算中常使用的支付工具有哪些？他们之间有哪些异同点？
2. 托收是通过银行进行的，为什么它还是一种商业信用？
3. 简述信用证的性质和特点。
4. 外贸活动中常用的信用证有哪些？
5. 试述信用证的流转程序。

第六章 国际商务谈判与国际贸易合同商订

【本章培训要点】
本章培训的主要内容是关于国际商务谈判与合同商订知识。内容主要包括国际商务谈判的定义、内容、特点、分类及原则、国际商务谈判的过程及每个过程的谈判策略；国际贸易磋商的原则和磋商步骤及国际贸易合同的成立、形式及内容。

【本章应掌握的主要内容】
通过本章学习，应掌握国际商务谈判的基础知识和国际贸易合同的相关知识，如国际商务谈判内容、原则、分类等和国际贸易合同的签订、合同的形式及合同的内容等；熟知和理解国际商务谈判各个阶段的谈判策略及国际贸易磋商的原则和磋商步骤。

第一节 国际商务谈判概述

一、国际商务谈判的含义

国际商务谈判是指处于不同国家或地区的商务活动当事人为了达成某笔交易，彼此通过信息交流，就交易的各项条件进行协商的过程。国际商务谈判是国际商务活动的重要组成部分，是国际商务理论的主要内容，是国内商务谈判的延伸和发展。可以说，国际商务谈判是一种在对外贸易活动中普遍存在的、解决不同国家的商业机构之间不可避免的利害冲突、实现共同利益的一种必不可少的手段。

国际商务谈判是国际货物买卖过程中必不可少的一个很重要的环节，也是签订买卖合同的必经阶段。国际商务谈判的内容，不仅包括商务与技术方面的问题，还包括法律与政策问题，它是一项政策性、策略性、技术性和专业性很强的工作。国际商务谈判的结果，决定着合同条款的具体内容，从而确定合同双方当事人的权利和义务，故买卖双方都很重视商务谈判这项重要的活动。

二、国际商务谈判的特点

国际商务谈判既具有一般商务谈判的特点，又具有国际经济活动的特殊性。

（一）一般特性
1. 以获得经济利益为谈判的目的
不同的谈判者参加谈判的目的是不同的，外交谈判涉及的是国家利益；政治谈判关心的是政党、团体的根本利益；军事谈判主要是关系敌对双方的安全利益。虽然这些谈判都不可避免地涉及经济利益，但是常常是围绕着某一种基本利益进行的，其重点不一定是经济利益。而商务谈判则十分明确，谈判者以获取经济利益为基本目的，在满足经济利益的前提下才涉及其他非经济利益。虽然，在商务谈判过程中，谈判者可以调动和运用各种因素，而各种非经济利益的因素，也会影响谈判的结果，但其最终目标仍是经济利益。所以，人们通常以获取经济效益的好坏来评价一项商务谈判的成功与否。

2. 商务谈判是以价值谈判为核心的

商务谈判涉及的因素很多，谈判者的需求和利益表现在众多方面，但价值则几乎是所有商务谈判的核心内容。这是因为在商务谈判中价值的表现形式——价格最直接地反映了谈判双方的利益。谈判双方在其他利益上的得与失，在很多情况下或多或少都可以折算为一定的价格，并通过价格升降而得到体现。需要指出的是，在商务谈判中，我们一方面要以价格为中心，坚持自己的利益，另一方面又不能仅仅局限于价格，应该拓宽思路，设法从其他利益因素上争取应得的利益。因为，与其在价格上与对手争执不休，还不如在其他利益因素上使对方在不知不觉中让步。这是从事商务谈判的人需要注意的。

（二）特殊性

1. 政治性强

国际商务谈判既是一种商务交易的谈判，也是一项国际交往活动，具有较强的政策性。由于谈判双方的商务关系是两国或两个地区之间整体经济关系的一部分，常常涉及两国之间的政治关系和外交关系，因此在谈判中两国或地区的政府常常会干预和影响商务谈判。因此，国际商务谈判必须贯彻执行国家的有关方针政策和外交政策，同时，还应注意国别政策，以及执行对外经济贸易的一系列法律和规章制度。

2. 以国际商法为准则

由于国际商务谈判的结果会导致资产的跨国转移，必然要涉及国际贸易、国际结算、国际保险、国际运输等一系列问题，因此，在国际商务谈判中要以国际商法为准则，并以国际惯例为基础。所以，谈判人员要熟悉各种国际惯例，熟悉对方所在国的法律条款，熟悉国际经济组织的各种规定和国际法。这些问题是一般国内商务谈判所无法涉及的，要引起特别重视。

3. 要坚持平等互利的原则

在国际商务谈判中，要坚持平等互利的原则，既不强加于人，也不接受不平等条件。所谓平等互利，是指国家不分大小，不论贫富强弱，在相互关系中，应当一律平等。在相互贸易中，应根据双方的需要和要求，按照公平合理的价格，互通有无，使双方都有利可得，以促进彼此经济发展。

4. 谈判的难度大

由于国际商务谈判的谈判者代表了不同国家和地区的利益，有着不同的社会文化和经济政治背景，人们的价值观、思维方式、行为方式、语言及风俗习惯各不相同，从而使影响谈判的因素更加复杂，谈判的难度更加大。同时在国际商务谈判过程中，谈判涉及面广、谈判内容广泛复杂，且影响谈判的因素多样且变化多端，在一定程度上也加大了谈判的难度。

三、国际商务谈判的形式

（一）按参加谈判的人数规模来划分

从参加谈判的人数规模来划分，可将谈判分为谈判双方各只有一人参加的一对一的个体谈判，以及各方都有多人参加的集体谈判。一般来说，关系重大而又比较复杂的谈判大多是集体谈判。

（二）按参加谈判的利益主体的数量来划分

根据参加谈判的利益主体数量不同，可以将谈判分为双方谈判（两个利益主体）以及多方谈判（两个以上利益主体）。

（三）按谈判双方接触的方式来划分

从谈判双方接触的方式，可以将谈判分为面对面的口头谈判与间接的书面谈判两种。口头谈判是双方的谈判人员在一起，直接地进行口头交谈协商。这种谈判形式的好处是便于双方谈判人员交流思想感情。书面谈判是谈判双方不直接见面，而是通过传真、电报、互联网、信函等方式进行商谈。

（四）按谈判进行的地点来划分

根据谈判进行的地点不同，可将谈判分为主场谈判、客场谈判、中立地谈判三种。主场谈判，指的是对谈判的某一方而言，在其所在地进行的谈判，他就是东道主；相应地，对谈判的另一方来讲就是客场谈判，他是以宾客的身份前往谈判的；中立地谈判是指在谈判双方所在地以外的其他地点进行的谈判。

（五）按谈判中双方所采取的态度与方针来划分

根据谈判中双方所采取的态度，我们可以将谈判划分为三种类型：让步型（或称软式谈判）、立场型（或称硬式谈判）、原则型（或称价值型谈判）。让步型谈判，也称为软式谈判，是一种为了保持同对方的某种关系而做出退让、妥协的谈判；立场型谈判，又称硬式谈判，是谈判者以意志力的较量为手段，很少顾及或根本不顾及对方的利益，以取得己方胜利为目的的立场坚定、主张强硬的谈判方法；原则型谈判，也被称为价值型谈判，由于这种谈判最早由美国哈佛大学谈判研究中心提出，故又称为哈佛谈判术。所谓原则型谈判，是指谈判者在谈判中，既重视经济利益，又重视人际关系，既不回避对立的一面，也更加重视去发现和挖掘合作的一面的谈判。

影响和制约上述方法运用的因素有以下四个方面：

一是今后与对方继续保持业务关系的可能性。如果一方想与另一方保持长期的业务关系，并且具有这样的可能性，那么就不能采取立场型谈判法，而要采取比较注意建立和维护双方关系的原则型谈判与让步型谈判法。反之，如果是一次性的、偶然的业务关系，则可以适当地考虑使用立场型谈判法。

二是对方的谈判实力与己方的谈判实力的对比。如果双方实力接近，可以采取原则型谈判法，如果己方的谈判实力要比对方强许多，则可以考虑适当采用立场型谈判法。

三是该笔交易的重要性。如果交易很重要，可以考虑采用原则型谈判法或立场型谈判法。

四是谈判在人力、物力、财力和时间方面的限制。如果谈判的花费很大，在人力、物力、财力上支出较多，谈判时间过长，必然会使谈判者难以负担，故应考虑采用让步型谈判法或原则型谈判法。

四、影响国际商务谈判的因素

谈判不是在真空中进行的，而是在一定的法律制度下和某一特定的政治、经济、社会、文化环境中进行的，这些环境因素会对谈判产生直接或间接的影响。谈判的环境因素包括谈判双方国家的所有客观因素，如政治因素、社会文化、经济建设、自然资源、基础设施、气候条件与地理位置等。谈判人员必须对上述环境因素进行全面系统的调研与分析评估，才能制定出相应的谈判方针和策略。

（一）政治因素

一个国家或地区与谈判有关的政治因素主要有以下几个方面：国家对企业的管理程度；经济的

运行机制；政治背景；政局稳定性；政府间的关系。

（二）宗教信仰因素

众所周知，宗教对人们的思想行为是有直接影响的。信仰宗教的人与不信仰任何宗教的人的思想行为不同，而信仰不同宗教的人的思想行为也会有差异。因此，宗教信仰对人们思想行为的影响是客观存在的，是环境因素分析中的重要环节。

（三）法律制度因素

一个国家或地区与商务谈判有关的法律制度因素主要有以下几个方面：该国法律基本概况；法律执行情况；司法部门的影响。该国法院与司法部门是否独立，司法部门对业务洽谈的影响程度如何；法院受理案件的时间长短；执行其他国家法律的裁决时所需要的程序。

（四）商业习惯

一个国家或地区与商务谈判有关的商业习惯因素主要有以下几个方面：企业的决策程序；文本的重要性；律师的作用；谈判成员的谈话次序；商业间谍问题；是否存在贿赂现象；竞争对手情况；翻译及语言问题。

（五）社会习俗因素

不同国家或地区有着不同的习俗这些习俗都可能在一定程度上影响业务谈判活动。对此，我们应很好地加以了解和把握。文化差异对商务谈判的影响往往很微妙。不同文化背景下的谈判代表谈判过程中会表现出不同的处事态度，从而影响谈判方式和效果，有可能给谈判埋下危机。

（六）财政金融状况因素

国际商务谈判的结果便利洽谈双方的资产形成跨国流动，这种流动是与洽谈双方的财政金融状况密切相关的。从一个国家或地区来看，与业务谈判有关的财政金融状况主要包括以下几个方面：外债状况；外汇储备情况；货币的自由兑换；支付信誉；税法方面的情况。所有这些问题都会直接影响到双方最终获利的大小。此外，该国对外汇汇出是否有限制以及其他问题都应分析清楚。

（七）基础设施及后期供应状况因素

一个国家或地区的基础设施与后期供应状况也会影响业务洽谈活动。如该国的人力、物力、财务情况如何，有无必要的熟练工人和有经验的专业技术人员，有无充足的建筑材料、建筑设备及维修设备、有无雄厚的资金等。另外，当地的邮电、运输条件如何，具体包括邮电及通信能力、港口的装卸设备状况、公路铁路的运载能力、航空运输能力等。

一个国家的气候状况也会间接对业务洽谈活动产生影响。例如，该国的雨季长短及雨量的大小、全年平均气温状况、冬夏季的温差、空气平均湿度状况、地震情况等。

第二节 国际商务谈判程序与策略

国际商务谈判的过程非常复杂多变，为了在复杂多变的谈判中取得满意的结果，实现既定目标，必须在谈判中采取灵活多样、实用有效的战略方案。策略是谈判者为了有效地达到预期目的，在谈判过程中所采取的各种行动、方法和手段的总和，是谈判工作者在可以预见和可能发生的情况下应采取的相应的行动和手段。在国际商务谈判中，从谈判双方见面开始，到最后签约或成交为止，整个过程呈现出一定的阶段性特点。按国际商务谈判的程序通常将其分为开局、报价、磋商和成交这四个阶段，在每个阶段应该采取相应的谈判策略。

一、开局阶段的策略

在实际谈判中，从谈判双方见面商议开始，到最后签约或成交为止，整个过程往往呈现出一定的阶段性特点。

开局阶段主要是指谈判双方见面后，在讨论具体、实质性的交易内容之前，相互介绍、寒暄以及就谈判内容以外的话题进行交谈的那段时间。谈判的开局是整个商务谈判的起点，开局的效果如何在很大程度上决定着整个谈判的走向和发展趋势。因此，一个良好的开局将为谈判成功奠定坚实的基础，谈判人员应给予高度重视。

（一）开局阶段的策略

在开局阶段，谈判人员的主要任务是创造谈判气氛、交换意见和作开场陈述。

1. 创造良好的谈判气氛

每一次谈判都因谈判内容、形式、地点的不同，而有其独特的气氛。有的谈判气氛是冷淡的、对立的；有的是松弛的、缓慢的、旷日持久的；有的是积极的、友好的；也有的是平静的、严肃的、拘谨的。不同的谈判气氛对谈判会有不同的影响。在热烈、积极、友好的气氛下，双方抱着互利互让、通过共同努力而签订一个皆大欢喜的协议、使双方的需要都能得到满足的态度来参加谈判，谈判便会成为一件轻松愉快的事情；在冷淡、对立、紧张的气氛中，双方抱着寸土不让、寸利必夺、尽可能签订一个使自己利益最大化的协议的态度来参加谈判，很有可能会将谈判变成一场没有硝烟的战争。因此，在谈判一开始，建立起一种合作的、诚挚的、轻松的、认真的和解决问题的气氛，对谈判可起到十分积极的作用。谈判人员要善于运用灵活的技巧来影响谈判气氛的形成。只有建立起诚挚、轻松、合作的洽谈气氛，谈判才能获得理想的结果。

2. 交换意见

在建立良好的谈判气氛之后，谈判人员相继落座，此时谈判开始。

在开局阶段，谈判人员切忌离题太远，应尽量将话题集中于谈判的目标、计划、进度和人员四个方面：

（1）谈判目标。谈判目标因各方出发点不同而有不同类型。例如，探测型意在了解对方的动机；创造型旨在发掘互利互惠的合作机会；论证型旨在说明某些问题；还有达成原则协定型、达成具体协定型、批准草签的协定型、回顾与展望型、处理纷争型，等等。目标既可是上述的一种，也可以是其中的几种。

（2）谈判计划。谈判计划是指议程安排，其内容包括议题和双方人员必须遵循的规矩。

（3）谈判进度。这里的进度是指会谈的速度或是会谈前预计的洽谈速度。

（4）谈判人员。谈判人员是指每个谈判小组的成员情况，包括姓名、职务以及谈判中的地位与作用。

上述问题也许在谈判前双方就已经讨论了，但在谈判开始前，仍有必要再就这些问题协商一次。最为理想的方式是以轻松、愉快的语气先谈双方容易达成一致意见的话题。

3. 开场陈述

在报价和磋商之前，为了摸清对方的原则和态度，可作开场陈述和倡议。所谓开场陈述，即双方分别阐明自己对有关问题的看法和原则，开场陈述的重点是己方的利益，但它不是具体的，而是原则性的。

陈述的内容通常包括：己方对问题的理解，即己方认为这次应涉及的问题；己方的利益，即己方希望通过谈判取得的利益；哪些方面对己方来讲是至关重要的；己方可向对方做出的让步和商谈事项；己方可以采取何种方式为双方共同获得利益做出贡献；己方的原则，包括双方以前合作的结果，己方在对方心中享有的信誉，今后双方合作中可能出现的良好机会或障碍等。

双方应尽量平分陈述的时间，切忌出现独霸会场的局面。发言内容要简短而突出重点，恰如其分地把意图、感情倾向表示出来即可。对于对方的陈述，己方一是倾听，听的时候要思想集中，不要把精力集中在寻找对策上；二是要明晓对方陈述的内容，如果有疑问，可以向对方提问；三是归纳，要善于思考理解对方的关键问题。

双方分别陈述后，需要做出一种能把双方引向寻求共同利益的陈述，即倡议。倡议时，双方提出各种设想和解决问题的方案，然后再在设想和符合商业标准的现实之间，搭起一座通向成交道路的桥梁。

（二）开局阶段应考虑的因素

不同内容和类型的谈判，需要有不同的开局策略与之对应。一般来说，确定恰当的开局策略需要考虑以下几个因素。

1. 考虑谈判双方之间的关系

谈判双方之间的关系，主要有以下几种情况：双方过去有过业务往来，且关系很好；双方过去有过业务往来，关系一般；双方过去有过业务往来，但己方对对方印象不佳；双方过去没有业务往来。

（1）如果双方在过去有过业务往来，且关系很好，那么这种友好的关系应作为双方谈判的基础。在这种情况下，开局阶段的气氛应是热烈、真诚、友好和愉快的。

（2）如果有过业务往来，但关系一般，那么开局的目标是要争取创造一个比较友好、和谐的气氛。

（3）如果双方过去有过一定的业务往来，但己方对对方的印象不好，那么开局阶段的谈判气氛应是严肃、凝重的。

（4）如果过去双方从来没有业务往来，应努力创造一种真诚、友好的气氛，以淡化和消除双方的陌生感以及由此带来的防备，为后面的实质性谈判奠定良好的基础。

2. 考虑双方的实力

就双方的实力而言，有以下三种情况：

（1）双方谈判实力相当，为了防止一开始就强化对手的戒备心理或激起对方的对立情绪，以致影响到实质性谈判，在开局阶段，仍然要力求创造一种友好、轻松、和谐的气氛。己方谈判人员在语言和姿态上要做到轻松又不失严谨、礼貌又不失自信、热情又不失沉稳。

（2）如果己方谈判实力明显强于对方，为了使对方能够清醒地意识到这一点，使其在谈判中不抱过高的期望值，从而产生威慑作用，同时又不至于将对方吓跑，在开局阶段，在语言和姿态上，既要表现得礼貌友好，又要充分显示出己方的自信和气势。

（3）如果己方谈判实力弱于对方，为了不使对方在气势上占上风，从而影响后面的实质性谈判，应在开局阶段的语言和姿态上，一方面要表示出友好和积极合作的意愿；另一方面也要充满自信，使对方不能轻视我们。

二、报价阶段的策略

谈判双方在结束非实质性交谈之后，要将话题转向有关交易内容的正题，即开始报价。报价以及随之而来的磋商是整个谈判过程的核心。这里所说的报价，不仅指产品在价格方面的要价，而且泛指谈判的一方对另一方提出自己的所有要求,包括商品的数量、质量、包装、价格、装运、保险、支付、商检、索赔、仲裁等交易条件,其中价格条件是谈判的中心。外贸业务虽然种类繁多,但一般情况下,谈判都是围绕着价格进行的。

报价阶段的策略主要体现在三个方面,即报价的先后顺序、报价方式和如何对待对方的报价。

(一)报价的先后顺序

关于谈判双方中谁先报价是个微妙的问题,报价的先后在某种程度上对谈判结果会产生实质性影响。就一般情况而言,先报价有利也有弊。谈判者一般都希望谈判尽可能按己方意图进行,因此要以实际的步骤来树立己方在谈判中的影响。己方如果首先报价就为以后的讨价还价树立了一个界碑,实际上是为谈判划定了一个框架或基准线,最终谈判将在这个范围内达成。例如,卖方报价某种材料每吨 FOB 1 000 美元,那么双方磋商结果的最终成交价一定不会超过 1 000 美元。

而且,先报价如果出乎对方的预料和期望值,会使对方失去信心。例如,卖方报价 FOB 1 000 美元一吨的货物,买方能承受的价格只有 400 美元,与卖方报价相去甚远,即使经过磋商也很难达成协议,因此只好改变原部署,要么提价,要么放弃交易。总之,先报价在整个谈判中会持续地发挥作用,因此先报价比后报价影响要大得多。

先报价的弊端也很明显:一方面,卖方了解己方的报价后,可以对他们原有的想法做出最后的调整。由于己方先报价,对方对己方的交易起点有所了解,他们可以修改预先准备的报价,获得本来得不到的收益。如上例中,卖方报价 1 000 美元一吨的材料,若买方预先准备的报价是 1 100 美元,这种情况下,很显然,在卖方报价后,买方会马上修改其原来准备的报价条件,其报价肯定会低于 1 000 美元,那么对买方来讲,后报价至少可以使他获得 100 美元的好处。另一方面,先报价后,对方还会试图在磋商过程中迫使己方按照他们的思路进行后续谈判。其常用的做法是:采取一切手段,调动一切积极因素,集中力量,攻击我方报价,逼迫我方逐步降价,而并不透露他们自己的价格。

既然两种方式各有利弊,就应通过分析比较谈判双方的谈判实力,采取不同的策略:

(1)如果预期谈判将会出现各不相让的僵持局面,那么就应通过先报价来规定谈判过程的起点,并由此来影响此后的谈判过程,从一开始就占据主动是比较有利的。

(2)如果己方的谈判实力强于对方,或者与对方相比,己方在谈判中处于相对有利的地位,那么己方可以先报价。尤其是在对方对本次交易的市场行情不太熟悉的情况下,先报价就更占优势,这样可为谈判划定一个基准线。同时,由于己方了解行情,可以适当掌握成交的条件,对己方无疑利大于弊。

(3)如果谈判对方同己方有较长的业务往来,而且双方合作一向较愉快,在这种情况下,谁先报价对双方来说都无足轻重。

(4)就一般惯例而言,发起谈判的人应先报价。

(5)如谈判双方都是谈判专家,则谁先报价均可。如谈判对方是谈判专家,自己不是谈判专家,则让对方先报价可能较为有利。

(6)如对方是行业外人士,不论己方是不是了解此行业,己方先报价可能较为有利,因为这样做可以对对方起一定的引导或支配作用。

(7)按照惯例,由卖方先报价。卖方先报价的目的不是为了扩大影响,而只是用报价的方法直接刺探对方的反应思路。卖方报价是一种义务,买方还价也是一种义务。以下的案例说明了报价中的艺术。

让对方先报盘,就是把报价的主动权让给对方,通过对方的报盘传递的信息,来探查对方的目的、动机,摸清对方的虚实。然后及时地调整自己的谈判计划,重新确定报盘的价格。

（二）报价方式

由于报价的高低对整个谈判进程会产生实质性影响，因此，要成功地进行报价，谈判人员必须遵守一定的原则。

1. 掌握行情是报价的基础

众所周知，国际市场的行情处于不断地变化之中，这种错综复杂的变化，通常会通过价格的波动表现出来；同时，价格的波动反过来又会影响市场的全面波动。因此，要求谈判人员在收集、积累有关信息、情报和资料的基础上，注意分析和预测市场动向，主要是研究有关商品的国际市场供求关系及其价格动态。此外，该商品或其代用品在生产技术上如有重大突破和革新征兆时，也应予以密切的关注。

2. 报价的原则

卖方希望卖出的商品价格越高越好，而买方则希望买进的商品价格越低越好。但价格水平的高低，并不是由任何一方凭自己意愿决定的，它要受到供求和竞争以及谈判对手状况等多方面因素的制约。因而，谈判一方向另一方报价时，不仅要考虑报价所获利益，还要考虑该报价能否被对方接受，即报价能否成功的概率。

因此，报价的基本原则就是：通过反复比较和权衡，设法找出价格所带来的利益与被接受的成功率之间的最佳结合点。

3. 最低可接纳水平

报价之前最好为自己设定一个"最低可接纳水平"。最低可接纳水平是指最差的但却可以勉强接纳的最终谈判结果。有了最低可接纳水平，谈判人员可避免拒绝有利条件或接受不利条件，也可用来防止一时的鲁莽行动。在"联合作战"的场合，可以避免各个谈判者各行其是。例如，卖方将他欲出售的某种商品的最低可接受价格定为 500 元，意味着假如售价等于或高于 500 元，他将愿意成交，但若售价不及 500 元，则他宁愿持有商品，也不愿出售。

4. 确定报价

一般来说，一方开盘报价之后，对方立即接受的例子极为少见，一方开价后，对方通常要还价。报价策略对卖方来说，是要报出最高价，而买方则要报出最低价。

首先，报价存在一定虚头是正常情况，虚头的高低要看具体情况而定，不能认为越高越好，也没有固定的百分比。在国际行市看好时，卖方的虚头可以略高一些，行市越趋好，虚头就可以越高。虚头是为以后的谈判留有余地，量要适当。

作为卖方，开盘价为成交的价格确定了一个最高限。一般来讲，除特殊情况外，开盘价一经报出，就不能再有提高或更改的余地。同样，作为买方，开盘价为购买价确定了一个最低限度。一般来讲，没有特殊情况，开盘价也是不能降低的。

其次，"一分钱，一分货"的观念被大多数人所信奉，尤其对于价格政策为"厚利少销"的商品（如工艺美术品），较高的虚头是必要的。

最后，在谈判过程的各个阶段，特别是磋商阶段中，谈判双方经常会出现僵持不下的局面。为了推动谈判的进程，使之不影响己方谈判的战略部署，己方应根据需要，适时作一些退让，适当满足对方的某些要求，以打破僵局或换取对己方有利的条款。所以，报出含有高虚头的价格是很有必要的。

5. 报价过程

卖方主动开盘报价叫报盘，买方主动开盘报价叫递盘。在正式谈判中，开盘都是不可撤销的，叫做实盘。开盘时，要坚定而果断地提出报价，这样才能给对方留下己方是认真而诚实的印象。开盘必须明确清楚，必要时应向对方提供书面的开价单，或一边解释一边写明，使对方准确地了解己方的期望，切勿含混不清使对方误解。

6. 两种典型报价术

在国际商务谈判中，有两种典型的报价战术，即西欧式报价和日本式报价。

西欧式报价战术与前面所述报价原则一致。其一般的模式是，首先提出含有较大虚头的价格，然后根据买卖双方的实力对比和该笔交易的外部竞争状况，通过给予各种优惠，如数量折扣、价格折扣、佣金和支付条件上的优惠（如延长支付期限、提供优惠信贷等）来逐步软化和接近买方的市场和条件，最终达成交易。实践证明，这种报价方法只要能够稳住买方，往往会有一个不错的结果。

日本式报价战术的一般做法是，将最低价格列在价格表上，以求首先引起买主的兴趣。由于这种价格一般是以对卖方最有利的结算条件为前提的，并且，在这种低价格交易条件下，几个方面都很难全部满足买方的需要，如果买主要求改变有关条件，则卖主就会相应提高价格。因此买卖双方最后成效的价格往往高于价格表中的价格。日本式报价术一方面可以排斥竞争对手而将买方吸引过来，取得与其他卖主竞争中的优势和胜利；另一方面，当其他卖主败下阵来，这时买方原有的市场优势就不复存在了。如果你想要达到一定需求，只好任卖方把价格抬高才能实现。

（三）如何对待对方的报价

在对方报价的过程上，切忌干扰对方的报价，而应认真听取并尽力完整、准确、清楚地把握对方的报价内容。在对方报价结束后，对某些不清楚的地方可以要求对方予以解答。同时，应将己方对对方报价的理解进行归纳总结，并加以复核，以确认自己的理解是否准确无误。

三、磋商阶段的策略

磋商阶段也可叫讨价还价阶段，它是谈判的关键阶段，也是最困难和紧张的阶段。

一般情况下，当谈判一方报价之后，另一方不会无条件地接受对方的报价，而要进行一场谈判双方的实力、智力和技术的具体较量，这是谈判双方求同存异、合作、谅解、让步的阶段。因此，这一阶段是谈判双方为了实现其目的而运用智慧使用各种策略的过程。

（一）还价前的准备

己方在清楚了解对方报价的全部内容后，就要透过其报盘的内容，来判断对方的意图，在此基础上分析如何能使交易既对己方有利又能满足对方的某些要求，即如何实现双方的共赢。将双方的意图和要求逐一进行比较，弄清双方分歧之所在，判断对方的谈判重点。

谈判双方的分歧可分为实质性分歧和假性分歧两种。实质性分歧是原则性的根本利益的真正分歧；假性分歧是由于谈判中的一方或双方为了达到某种目的人为设置的难题或障碍，是人为制造的分歧，目的是使自己在谈判中有较多的回旋余地。其实，要区分这两种分歧并不困难，只要谈判人员细心观察和分析，是可以进行区分的，特别是当双方都用同一种方法时，就都不言自明了。人为设置难题或障碍等过渡性手段不影响谈判结局。所以，对待假性分歧，只要认真识别，不被对方的气势所逼迫而坚持说理，就一定会取得最后成功。

而对于实质性分歧则更需认真对待。要反复研究做出某种让步的可能性，并做出是否让步的决定。同时，根据预期的目标决定让步的阶段和步骤。当然，谈判人员的分析受到经验和水平的限制，在谈判开始不一定准确，但允许在谈判过程中不断修正。

通过分析应得出：若己方还盘，还价的幅度应如何掌握；在其他各项交易条件上所作的针对原报盘的变动、补充和删减中，识别能为对方所接受和对方急于讨论的问题。然后以此为基础，设想出双方最终可能签订的合同的大致面目,并据此把握谈判的总体方向和讨论范围。

(二) 让步策略

谈判中讨价还价的过程就是让步的过程。让步是一种侦察手段,是探清对方期望的过程。让步的方式灵活多样,无论是以价格的增减换取原则条款的保留,以放弃某些次要条款或要求换取价格的效益,还是以次要条款或要求的取舍换取主要条款或要求的取舍,都要掌握好尺度和时机。如何把握尺度和时机,还需要凭借谈判人员的经验、直觉和机智来处理。但这并不意味着谈判中的让步无法从科学的角度去认识、把握、计划和运筹。恰恰相反,有经验的谈判专家无不在谈判之前就胸有成竹,在进入实际让步阶段后,再凭借自己的经验、直觉和机智来灵活处理,变换和发展自己已有的让步方案罢了。

1. 考虑对方的反应

在做出让步的决策时,事先要考虑到对方的反应。总的来讲,己方的让步给对方造成的影响和反应有以下三种情况。

(1) 对方很看重己方所做出的让步,并感到心满意足,甚至会在其他方面也做些松动和让步作为回报,这是己方最希望的结果。

(2) 对方对己方所做的让步不很在乎,因而在态度上或其他方面没有任何改变或是松动的表示。

(3) 己方的让步使对方认为己方的报价有很大的水分,甚至认为只要他们再加以努力,己方还会做出新的让步。也就是说,己方的让步不但没能使对方心满意足,反而鼓励对方向己方争取更多的让步。

显然,后两种反应及结果都对己方不利。

2. 注意让步的原则

谈判中的让步不仅仅取决于让步的绝对值的大小,还取决于彼此的让步策略,即如何做出让步,以及对方如何争取到让步。在具体讨价还价的过程中,要注意以下几方面的基本原则:

(1) 不要做无谓的让步,应体现对己方有利的宗旨。每次让步都是为了换取对方在其他方面的相应让步和策略。

(2) 让步要集中于关键环节上,幅度要适当,使己方较小的让步能给对方以较大的满足。

(3) 在己方认为重要的问题上要力求对方先让步,而在较为次要的问题上,根据情况的需要,己方可以考虑先作让步。

(4) 不要承诺作同等幅度的让步。例如,对方在某一条款项目上让步60%,而己方在另一项目上让步40%。假如对方说"你也应该让步60%",己方则可以说'"我方无法负担60%"来拒绝他。

(5) 做出让步时要三思而行,不要掉以轻心。因为每一次让步都包含着己方的利润损失甚至成本的增加。

(6) 如果做出让步后又觉得考虑欠周,也可以收回,因为让步不同于决定,完全可以推倒重来。

(7) 即使己方已决定做出让步,也要使对方感受到己方为让步所付出的努力,要使对方珍惜所得到的让步。

(8) 一次让步的幅度不要过大,节奏不宜太快,应做到步步为营。如果一次让步太大,会使人觉得己方这一举动是处于软弱地位的表现,会建立起对方的自信心,导致对方在以后的谈判中掌握主动。

3. 选择理想的让步方式

在商务谈判实践中，人们总结出了八种常见的、理想的让步方式，见表6-1。由于每一种方式传递的信息不同，应用于不同的谈判对象也就有不同的结果。选择、采取哪种让步方式，取决于以下几个因素：谈判的经验；准备采取什么样的谈判方针和策略；让步后期望对方给予何种反应。

表 6-1　　　　　　　　　　　　八种理想的让步方式

让步方式	预定让步(元)	第一期让步	第二期让步	第三期让步	第四期让步
1	60	0	0	0	60
2	60	15	15	15	15
3	60	13	8	17	22
4	60	22	17	13	8
5	60	26	20	12	2
6	60	46	10	0	1
7	60	50	10	−1	1
8	60	60	0	0	0

4. 运用适当的让步策略

磋商中的每一次让步，不但是为了追求己方的满足，同时也要充分考虑到对方的满足。谈判双方在不同利益问题上相互给予让步，以达成谈判和局为最终目标。通常的让步策略有以下几种：以己方的让步换取对方在另一问题上的让步，称为互利互惠的让步策略；在时空上，以未来利益上的让步换取对方近期利益上的让步称作予远利谋近惠的让步策略；若谈判一方以不做任何让步为条件而获得对方的让步也是有可能的，称为己方丝毫无损的让步策略。

（1）互利互惠的让步策略。谈判不仅仅是有利于某一方的洽谈，一方做出了让步，必然期望对方对此有所补偿，使自身获得更大的让步。

（2）予远利谋近惠的让步策略。在商务谈判中，参加谈判的各方均持有不同的愿望和需要，对于有些谈判人员来说，可以通过给予其期待的满足或未来的满足而避免给予其现实的满足，即为了避免现实的让步而给予对方远利。例如：当对方在谈判中要求己方在某一问题上做出让步时，己方可以强调保持与己方的业务关系将能给对方带来长期的利益，而本次交易对是否能够成功地建立和发展双方之间的这种长期业务关系是至关重要的。向对方说明远利和近利之间的利害关系，如果对方通情达理，是会取远利而弃近惠的。

（3）丝毫无损的让步策略

丝毫无损的让步，是指在谈判过程中，当谈判的对方就某个交换条件要求己方做出让步，其要求确实有理，而对方又不愿意在这个问题上做出实质性的让步时，可以采取这样一种处理的办法，既首先认真地倾听对方的诉说，并向对方表示，己方充分理解对方的要求，也认为对方的要求有一定的合理性，但就己方目前的条件而言，实在难以接受对方的要求，同时保证在这个问题上己方给其他客户的条件，绝对不比给对方的好，希望对方能够谅解。

（三）迫使对方让步的策略

谈判中的让步是必需的，没有适当的让步，谈判就无法进行。而一味地让步是根本不现实的，有害于己方利益。所谓"最好的防守便是进攻"，在谈判磋商中，迫使对方让步也是达到最终谈判目的的手段之一。迫使对方让步的策略主要有以下几种。

1. 利用竞争

制造和创造竞争条件是谈判中迫使对方让步的最有效的武器和策略。当一方存在竞争对手时,其谈判的实力就大为减弱。因此,在谈判中,应注意制造和保持对方的竞争局面。具体做法是:进行谈判前,多考察几家国外厂商,同时邀请他们前来谈判,并在谈判过程中适当透露一些有关竞争对手的情况。在与一家厂商达成协议前,不要过早结束与其他厂商的谈判,以保持竞争局面。即使对方实际上没有竞争对手,己方也可巧妙地制造假象来迷惑对方。

2. 软硬兼施

谈判过程中,对方在某一问题上应让步或可以让步但却坚持不让步时,谈判便难以继续下去。在这种情况下,谈判人员可利用软硬兼施的策略。具体做法是:我方主谈人或负责人暂时回避,让"强硬派"挂帅出阵,将对方的注意力引向自己,采取强硬立场,步步紧逼,从气势上压倒对方,给对方心理造成错觉,迫使对方让步,或者索性将对方主谈人激怒,使其怒中失态。一旦己方主谈人估计已获得预期效果时,即回到谈判桌边,但不要马上发表意见,而是让己方调和者以缓和的口气和"诚恳"的态度,调和双方的矛盾,以便巩固己方已取得的优势。主谈人通过调和者的间接汇报和察言观色,判断对方确被激怒或确被己方的气势压倒而有让步的可能时,就应以诚恳的态度、亲切的言辞,提出"合情合理"的条件,使对方接受。如有必要,也可训斥己方"强硬派"扮演者的粗暴行为以顾全对方的情面。在这种情况下,被攻击的一方,很可能会接受己方主谈人所提出的条件或做出某些让步,当然,对方也可能不会立即让步,应给对方以思考的时间。

3. 最后通牒

在谈判双方争执不下、对方不愿做出让步来接受己方交易条件时,为了逼迫对方让步,己方可以向对方发出最后通牒,即如果对方在某个期限内不接受己方的交易条件并达成协议,己方就宣布谈判破裂并退出谈判。

在谈判过程中,谈判人员往往寄希望于未来能有更大利益而对现实的讨价还价不肯放弃,打破对方的奢望,就能击败犹豫中的对方。最后通牒在这种情况下极为有效。

运用最后通牒策略必须注意以下几点:

(1)谈判人员知道自己处于一个强有力的地位,特别是该笔交易对对方来讲,要比对己方更为重要。这是运用这一策略的基础和必备条件。

(2)谈判的最后阶段或最后关键时刻才宜使用"最后通牒"。对方经过旷日持久的谈判,花费大量人力、物力、财力和时间,一旦拒绝己方的要求,这些成本将付之东流。这样,对方会因无法承受失去这笔交易所造成的损失而非达成协议不可。

(3)"最后通牒"的提出必须非常坚定、明确、清晰,不让对方存有斡旋的余地。同时,己方也要做好对方决不让步而退出谈判的思想准备,不致到时惊慌失措。

(四)阻止对方进攻的策略

谈判中,除了需要一定的进攻以外,还需要有效的防守策略。

1. 限制策略

商务谈判中,经常运用的限制因素有以下几种:

(1)权力限制。上司的授权、国家的法律和公司的政策以及交易的惯例限制了谈判人员所拥有的权力。一个谈判人员的权力受到限制后,可以很坦然地对对方的要求说"不"。因为未经授权,对方无法强迫他超越权限做出决策。对方若选择终止谈判,寻找有此权限的上司重新开始谈判,都不得不遭受人力、物力、财力和时间上的损失。因此,精于谈判之道的人都信奉这样一句名言:在谈判中,受到限制的权力才是真正的权力。

(2)资料限制。在商务谈判过程中,当对方要求己方就某一问题做进一步解释或让步时,己方可以用抱歉的口气告诉对方:实在对不起,有关这方面的详细资料己方手边暂时没有,或者没有备齐，或者这属于本公司方面的商业秘密，因此暂时还不能做出答复。这就是利用资料限制因素阻止对方进攻的常用策略。

（3）其他方面的限制。其他方面的限制包括自然环境、人力资源、生产技术要求、时间等因素在内的其他方面的限制。值得注意的是，经验表明，该策略使用的频率与效率成反比。限制策略运用过多，会使对方怀疑己方无诚心谈判，或者请己方具备一定条件后再谈，会使己方处于被动的局面。

2. 示弱以求怜悯

示弱者在对方就某一问题提请让步，而其又无法以适当理由拒绝时，就表现出处于弱势的姿态乞求对方。例如，若按对方要求去办，公司必将破产倒闭，或是他本人就会被公司解雇，等等，要求对方高抬贵手，放弃要求。与此类似，有的谈判人员"以坦白求得宽容"，当在谈判中被对方逼迫而走投无路时，只好把己方对本次谈判的真实希望和要求和盘托出，以求得到对方的理解和宽容，从而阻止对方进攻。这些策略，都取决于对方谈判人员的个性以及对示弱者坦白内容的相信程度，因此具有较大的冒险性。

3. 以攻对攻

只靠防守无法有效地阻止对方的进攻，有时需要采取以攻对攻的策略。当对方就某一问题逼己方让步时，己方可以将这个问题与其他问题联系在一起加以考虑，在其他问题上要求对方做出让步。例如，如果买方要求卖方降低价格，卖方就可以要求买方增加订购数量或延长交货期限，等等。要么双方都让步，要么双方都不让步，从而避免对方的进攻。

四、成交阶段的策略

谈判双方的期望已相当接近时，就都会产生结束谈判的愿望。成交阶段就是双方下决心按磋商达成的最终交易条件成交的阶段。这一阶段的主要目标有三方面：一是力求尽快达成协议；二是尽量保证已取得的利益不丧失；三是争取最后的利益收获。为达到这些目标，可以采用以下谈判策略。

（一）场外交易

当谈判进入成交阶段，双方已经在绝大多数议题上取得了一致意见，仅在某一两个问题上存在分歧、相持不下而影响成交时，即可考虑采取场外交易，如酒宴或其他娱乐场所等。因为这时仍把问题摆到谈判桌上继续商讨，往往难以达成协议。原因是：①过长时间的谈判会影响谈判协商的结果；②谈判桌上紧张、激烈、对立的气氛及情绪迫使谈判人员自然地去争取对方让步，让步方会被对方视为投降或战败方；③即使某一方主谈人或领导人头脑仍能保持冷静，认为做出适当的让步以求尽快达成协议是符合己方利益的，但因同伴态度坚决、情绪激昂而难以当场做出让步的决定。

场外轻松、友好、融洽的气氛和情绪则很容易缓和双方剑拔弩张的紧张局面。轻松自在地谈论自己感兴趣的话题，交流私人感情，有助于化解谈判桌上遗留的问题，双方往往会很大度地相互做出让步而达成协议。

需要指出的是，场外交易的运用，一定要注意谈判对手的不同习惯。有的国家的商人忌讳在酒席上谈生意，所以必须事先了解清楚，以防弄巧成拙。

（二）最后让步

针对磋商阶段遗留的最后一两个有分歧的问题，需要通过最后的让步才能求得一致。求得最后的让步要把握两方面的问题：一是让步的时间；二是让步的幅度。

让步的时间过早会被对方认为是前一阶段讨价还价的结果，而不是为达成协议做出的终局性的最后让步。让步的时间过晚会削弱对对方的影响和刺激作用，并增加了下一阶段谈判的难度。时间策略是将最后的让步分为两部分：主要部分在最后期限之前做出，以便对方有足够的时间来回味；次要部分安排在最后时刻，作为最后的让利。让步的幅度太大，会让对方认为这不是最后的让步，仍步步紧逼；如果幅度太小，对方会认为微不足道，难以满足。在决定最后让步的幅度时，要考虑的一个重要因素即对方接受让步的个人在对方组织中的地位或级别。在许多情况下，到谈判的最后关头，往往对方管理部门中的重要高级主管会出面参加或主持谈判。这时我们最后让步的幅度必须满足以下两项要求：幅度只能大到刚好满足该主管维持地位和尊严的需要；幅度如果过大，往往会使该主管指责他的部下没有做好工作，并坚持要求他们继续谈判。

做出最后的让步后，谈判人员必须保持坚定。因为对方会想方设法来验证己方立场的坚定性，判断该让步是否是真正的终局或是最后的让步。

（三）不忘最后的获利

通常在双方将交易的内容、条件大致确定即将签约的时候，精明的谈判人员往往还要利用最后的时刻去争取最后的一点收获。

在成交阶段最后收获的常规做法是：在签约之前，突然提出一个小的请求，要求对方再做出一个小的让步。由于谈判已进展到签约的阶段，谈判人员已付出很大的代价，也不愿为这一点点小利而伤了友谊，更不愿为这点小利而重新回到磋商阶段，因此往往会很快答应这样的请求，进行签约。

（四）注意为双方庆贺

在商务谈判即将签约的时候，可谓大功告成，此时，己方可能心中暗喜，以为自己在交易中比对方得到的更多，但这时己方一定要注意为双方庆贺，强调谈判的结果是我们共同努力的结晶，以满足双方心理的平衡和安慰。

（五）慎重地对待协议

谈判的成果要靠严密的协议来确认和保证，协议是以法律形式对谈判成果的记录和确认，它们之间应该完全一致，不得有任何误差。但实际情况中，常常有人有意无意地在签订协议时故意更改谈判的结果，如故意在日期上、数字上以及关键性的概念上做修改。如果己方对此有所疏忽，在修改后的协议上签字，那么，协议就与以前的谈判无关了。因此，将谈判成果转变为协议形式的成果需做出努力，不能有任何松懈，所以，在签订协议之前，应与对方就全部的谈判内容、交易条件进行最终的确定。协议签字时，再将协议的内容与谈判结果一一对照，在确认无误后方可签字。

第三节　磋商交易的基本原则与步骤

一、磋商交易含义与内容

（一）含义

交易磋商（business negotiation），又称贸易谈判，是交易双方就商品的有关条件进行协商，以期达成交易的过程。其核心工作实际上就是讨价还价，而交易磋商终极目的是双方为就所有交易条件达成一致，签订一个买卖合同力争双赢（win to win）。

交易磋商这一环节是每笔进出口业务中最为重要又最为棘手的一环，磋商交易的结果决定着合同条款的具体内容,从而确定了合同双方当事人的权利和义务。它具有高度的政策性、策略性和技术性,只有真正做到知己知彼,使自己尽可能处于主动地位,方能稳操胜券。在很大程度上,进出口交易的准备和磋商工作的好坏,直接影响到合同的签订及履行,关系到买卖双方的经济效益。

(二)交易磋商的内容及方式

1. 内容

交易磋商的内容,涉及商务、技术及法律、政策诸方面问题,涵盖拟签合约的诸多项条款和方方面面。有必要指出,在实际业务中,有关商检、索赔、仲裁、不可抗力等条款内容,已是约定俗成的合同固定格式,双方如无异议,无须另行协商。在实践中,有经验的业务人员往往在正式磋商之前,先就一般交易条件与对方达成一致。一般交易条件(general terms and conditions,简称GTC)是指对每笔交易都适用的一套带共性的交易条件,其内容除上述固定格式外,还包括有关主要交易条件的补充说明(如品质的机动幅度、分批装运、保险险别等),以及个别的主要交易条件(如通常的包装方式、付款方式等),当然 GTC 的法律效力同其他交易条件一样,同样是合同一个不可或缺的组成部分。

磋商的内容主要包括买卖商品的品质、数量、包装、价格、运输、保险、支付、商品检验、争议、索赔、不可抗力和仲裁等交易条件。只有买卖双方就此达成共识,交易才能成立。

2. 方式

交易磋商在形式上可分为口头和书面两种。当然,在特殊情况下同项交易的达成也可以通过买卖双方即已成为习惯的某些行为予以确认。

(1)口头磋商。主要指在谈判桌上面对面的谈判,如参加各种交易会、洽谈会以及贸易小组出访、邀请客户来华洽谈交易等。此外,还包括双方通过国际长途电话进行的交易磋商。口头磋商方式由于是面对面的直接交流,便于了解对方的诚意和态度、采取相应的对策,并根据进展情况及时调整策略,达到预期的目的。口头磋商比较适合谈判内容复杂、涉及问题较多的业务,如大型成套设备交易谈判。

(2)书面磋商。是指通过信件、电报、电传、邮件等通信方式来洽谈交易。目前,多数企业使用传真或电子邮件磋商交易。随着现代通信技术的发展,书面洽谈越来越简便易行,成本费用低廉。国际贸易中,买卖双方通常采用书面方式磋商交易。

二、磋商交易的基本程序

磋商交易一般可分为以下四部曲。即:询盘(inquiry)、发盘(offer)、还盘(counter offer)和接受(acceptance),其中发盘和接受是每笔交易必不可少的两个基本环节和必经的法律步骤,我国《合同法》规定:"当事人订立合同,采取要约、承诺方式。"这里,所谓要约即是指发盘,承诺即是指接受。

(一)建立业务关系及询盘

1. 建立业务关系

建立国外客户关系的渠道很多,通过信函(包括 E-mail)联系已成为国际贸易买卖双方的主要联系方式,草拟建立联系的信函是每个业务员必须掌握的操作技能,一笔具体的交易往往始于出口商主动向潜在客户发函建立业务关系,一般应包括如下内容:

(1)信息来源,例如:We learned from the Commercial Counselor's Office of our Embassay in your country that you are interested in Chinese handicraft.

(2)致函目的,例如:In order to expand our products into South America, we are writing to you to seek cooperation possibilities.

(3) 公司概述,例如:We are a leading company with many years' experience in machinery export business.

(4) 产品介绍,例如:Art. No. 76 in our newly launched one with superb quality, fashionable design and competitive price.

(5) 激励性结尾,例如:Your comments on our products or any information on your market demand will be really appreciated.

2. 询盘

与客户建立关系后,就可以就具体的商品发询盘函。当然,询盘也可能发生在相互之间不熟悉但又想建立业务关系的新客户之间。

(1) 询盘的含义

交易一方向另一方询问有关交易的条件或向对方提出某些不确定的条件,邀请对方向自己发盘。这是交易磋商通常要经过的开始环节。

询盘(inquiry)的内容包括商品的品质、规格、数量、包装、价格、装运等成交条件或索取样品。在实际业务中,询盘的内容可繁可简,可只询问价格,也可询问其他有关的交易条件。询盘只是探询交易的可能性,所以不具有法律上的约束力,也不是每笔业务的必经程序。

(2) 类型

由于询盘人的地位不同,询盘可分为两种:买方询盘,也称"邀请发盘";卖方询盘,也称"邀请发盘"。

买方询盘,如:Please offer Flying Pigeon Brand Bicycles.(飞鸽牌自行车请报盘)。

卖方询盘,如:Can Supply 1 000pcs Flying Pigeon Brand Bicycles May Shipment Please Bid.(可供 1 000 辆飞鸽牌自行车 5 月份装请递盘。)

询盘时一般不用"询盘"的术语,而通常使用下列术语:

买方常用:

Please Advise...　　　请告……

Please Offer...　　　请发盘……

Please Quote...　　　请报价……

卖方常用:

We can supply...please book/ order/ bid 我方可提供……请订货/递盘

3. 发盘

交易一方向另一方提出各种交易条件,并表示愿按这些条件与对方达成交易、订立合同。这是交易磋商必须经过的法律程序,对发盘人具有约束力。

发盘函既是一方提出订约的建议,又是日后订立合同的基础。一项发盘须充分了解商品的货源、生产成本及有关仓储、运输、国外市场情况后,以最为对方易于接受的语句进行发盘。发盘常用术语:

Offer Firm...　　　发实盘……

Supply (Bid) ...　　　供货(递盘)……

(1) 发盘形式及法律要件

发盘(offer)也称报盘、发价、报价,法律上称之为"要约",可用口头或书面方式表示。从发盘人的地位不同分,发盘可分为两种:一是由卖方发盘,或称"售货发盘"(selling offer);二是由买方发盘,或称"购货发盘"(buying offer),习称"递盘"(bid)。在实际业务中,发盘对发盘人具有法律上的约束力,即在发盘有效期限内,发盘人不得随意撤销或修改其内容。如果在发盘有效期内，受盘人表示接受发盘，发盘人必须承担按发盘条件与对方订立合同的法律责任。

①构成发盘的条件。根据《联合国国际货物销售合同公约》（以下简称《公约》）构成发盘应具备以下四个条件：

一是发盘应向一个或一个以上特定的人提出。

二是发盘内容必须十分确定，交易条件完整，发盘内容无保留，凡符合这三点者，则称"实盘"（firm offers），反之，称"虚盘"（non firm offers）。

三是发盘应表明订约的意旨，即"承受约束"，可注明发盘或有效期，这是明示。

四是发盘应传达到受盘人，这是《公约》和各国法律的普遍要求。

例如：The offer is subject to our final confirmation/ prior sale 即为虚盘的形式。

②发盘的有效期。它对发盘人和受盘人而言，既是一种限制又是一种保障。发盘的有效期是指受盘人接受发盘的期限，超过发盘规定的时限，发盘人即不受其约束，也就是说，受盘人在有效期内接受发盘，发盘人须承担按发盘条件与之订立合同的责任。明确规定发盘有效期的方法，一种方法是规定几天内有效，如"Offer Valid 7 Days"；另一种方法是规定某日复到有效，如"Offer Subject Reply Here 5th"。如果发盘没有规定有效期，按国际惯例视为在合理时间（reasonable-time）内接受，否则无效，但对合理时间无统一解释，易引起争议。为此，发盘一般都要明确规定有效期。受盘人超过有效期做出接受，发盘人就不承担与之订立合同的义务。如果买卖的是小商品，交易额不大，行情稳定，有效期可规定的长一些，如5～7天，也可更长。如果买卖的商品是大宗商品、初级商品或市场行情波动较大，则应规定得稍短些，如2～3天，甚至几个小时也可，以免让国外客户坐等商机，给我方带来风险或损失。

③发盘的撤回。它是指发盘人将尚未被受盘人收到的发盘予以取消的行为。《公约》第15条规定："一项发价，即使是不可撤销的，得予撤回，如果撤回通知于发价送达被发价人之前或同时送达被发价人。"由此可见，这个规定是建立在发盘尚未生效的基础上的。实际业务中，只有当使用信件或电报发盘时，才有可能撤回发盘。

④发盘的撤销。它是指发盘人将已经被受盘人收到的发盘予以取消的行为。

已经被受盘人收到的发盘能否撤销，各国法律解释不一。

《公约》第16条规定："已为受盘人收到的发盘，如果撤销的通知在受盘人发出接受通知之前送达受盘人，可予撤销，但是，下列情况不能撤销：

一是发盘规定有效期或以其他方式表明是不可撤销的；

二是受盘人有理由信赖这项发盘是不可撤销的，并已本着这种信赖采取了行动。"

这说明在前种情况下：即撤销来电遭一方拒绝，则撤销不能成立。而后种情况表明"该项发盘不能撤销"。

⑤发盘的终止。它是指发盘的法律效力的消失。它有两层含义：一是发盘人不再受发盘的约束；二是受盘人失去了接受该发盘的权利。

发盘失效的原因有很多，主要的有以下几种情况：

一是在有效期内未被接受而过期。

二是被受盘人拒绝或还盘。

三是发盘人在发盘得到接受之前进行了有效的撤销。

四是不可抗力因素的发生。

（2）发盘时应注意的问题

①发盘时要遵循有关的法律规范；②发盘时要慎重，切忌盲目对外发盘；③发盘要确定合理的有效期；④要正确区分发盘和邀请发盘。

4. 还盘

交易一方如对对方的发盘内容不同意而提出添加或修改，即为还盘。它既是对原发盘的否定，又是在原发盘基础上提出的新发盘。

在激烈的市场竞争中，交易很少碰上不还价的对手，而讨价还价则常常是交易磋商的主旋律。还盘（counter offer），也称还价，是指受盘人对发盘内容不完全同意，而提出修改或变更的表示，还盘可用口头或书面方式表示。书面方式表示，例如：YOUR CABLE2 COUNTER OFFER STERLING30 CIF LONDON REPLY HERE 8TH.（你方2日电还盘30英镑CIF伦敦限8日我方时间复到有效）。还盘并不是每一笔交易磋商的必经环节，但多数情况下，一笔交易的达成往往离不开还盘。

[例6-1] 综合报价与还盘核算实例

我方向瑞典某公司出口塑料餐具一批，情况如下：

商品：塑料制品（plastic products）　　货号：BY200234。

包装方式：10打/箱。　　尺码：50cm×40cm×24cm。

毛/净重：24/18kg　　供货价：60元/打

增值税：17%　　退税率：9%

国内费用：包装费5元/箱；每个20英尺集装箱费用如下：仓储费500元，国内运杂费800元，商检费150元，报关费50元，港口费用400元，业务费用1 200元，其他费用2 100元。

保险：发票金额加成10%，投保一切险0.7%和战争险0.3%。

海洋运费：从上海到斯德哥尔摩港一个20英尺集装箱运费为1 350美元。

汇率：人民币对美元为8.25∶1。

公司预期利润率：10%。

请根据上述条件，综合报出该产品的CIFC5价格（起订量为一个20英尺集装箱）（计算从略）。

还盘应用范例

[例6-2] 针对买方12日拒绝电文（略）2月13日卖方再次还盘如下：

Yours Twelfth only available 5% more or less at the sellers opition 2000GBW32 2.15 2000 GBW322 2.60 3000 ERVS1.45 Payment as usual Sight Credit Reply here Fifteenth.

电文大意：收到你方2日电。数量5%溢短装，由卖方决定。GBW32 2 000只，每只2.15美元；GBW322 2 000只，每只2.60美元；ERVS 3 000只，每只1.45美元。付款方式照旧即期信用证。15日前复到有效。

5. 接受

交易一方对对方的发盘或还盘完全同意，而以口头、书面或行为表示出来。这是合同成立必经的法律程序。

接受（acceptance）在法律上称为"承诺"，它与发盘一样，接受一经作出，也就承担了与对立订立合同的法律责任，接受是交易磋商的最后一个环节，也是交易磋商必经的一个最重要环节。根据英美法"镜像原则"，接受应像照镜子一样照出发盘；大陆法要求接受与发盘"完全相符"，否则，视为拒绝发盘，构成还盘，但在实践中对非"实质性变更"仍可考虑有条件接受。

（1）接受必须具备的条件

根据《公约》规定，构成法律上一项有效的接受必须具备如下条件：

①接受必须由特定的受盘人做出。

②接受必须表示出来。

③接受必须在发盘有效期内送达发盘人。

④接受的内容必须与发盘完全相符。

（2）逾期接受与接受的撤回

逾期接受（late acceptance）又称迟到的接受，是指接受的通知超过发盘规定的有效期限（发盘未规定具体有效而超过了合理时间）才到达发盘人的接受。逾期接受一般不具有法律效力，发盘人不受其约束。但《公约》对这一问题作了灵活处理：第一，只要发盘人毫不迟疑地口头或书面通知受盘人，认为该项逾期接受有效，那么合同就成立。第二，如果载有逾期接受的信件或其他书面文件显示，在传递正常的情况下，本应能够送达发盘人的，则这项接受应当有效。除非发盘人毫不迟疑地口头或书面通知受盘人，认为该发盘已失效。总之，逾期接受是否有效，关键看发盘人的态度。

《公约》规定：接受发盘的通知于送达发盘人时生效。《公约》在接受的生效问题上采用的是"到达生效"（receipt theory）的原则，因此接受在发出后而未送达发盘人之前是可以撤回的。《公约》还规定：接受得予撤回，如果撤回的通知于接受生效之前或同时送达发盘人。也就是说，受盘人撤回接受的通知在接受到达发盘人之前送达发盘人或者二者同时到达，则该项接受可以撤回。

（3）注意问题

在进出口交易磋商中，接受可能是由我方针对国外客户的某项发盘做出的，也可能是由我方发盘而由国外客户做出接受。

当接受由我方对外做出时，应注意以下几个问题：

①在表示接受前，应仔细核对以前双方之间关于此次交易的所有函电往来记录，确认无误后才可以最后做出接受的表示。

②正确理解和把握发盘有效期的规定，在发盘的有效期内做出接受的表示。

③要掌握发盘的构成要件，注意区分发盘和询盘，避免将国外客户的询问当做发盘处理，盲目做出接受表示。

当接受的表示由国外客户做出时，则我方应注意以下几个方面的问题：

一是在收到接受通知时，要查看一下这项接受是不是在我方有效期内。

二是要注意区分收到的接受是不是一项有效接受。

（4）接受信函的写作

接受信函的写作是一个需要注意的问题，接受常用的表述是："接受"（accept）、"同意"（agree）、"确认"（confirm）等。在实际业务中，通常的做法是受盘人以较简单的语句表示接受，而不一一重复列出双方协商一致的有关交易条件。但是，金额较大或磋商环节较多的交易，受盘人在表示接受时一般要将最后商定的各项交易条件复述一遍，以避免产生差错与误解。

第四节 合同的成立、形式与内容

一、合同的成立

合同的订立是交易双方意思表示一致的结果。通过交易磋商的讨价还价，一方发盘经另一方表示接受后，双方之间的合同关系即告成立。根据国际贸易的惯例，买卖双方在交易磋商成功后，一般还要订立合同，以进一步明确双方的权利和义务。订立书面合同是合同成立的证据，是合同生效的条件和合同履行的依据。

一项合同必须具备下列条件才是在法律上有效的合同：

（1）双方当事人应具有实施法律行为的资格和能力。

（2）当事人应在自愿基础上达成的意思表示一致。

（3）合同的标的和内容必须合法。

(4) 合同双方当事人必须互为有偿。
(5) 合同必须符合法律规定的形式。

二、合同的形式

合同形式是指合同当事人所达成协议的表现形式，是合同内容的载体。国际上，对货物买卖合同的形式并没有统一的规定。我国《合同法》规定：书面形式是指合同书、信件和数据电文等可以有形地表现所载内容的形式。我国的外贸企业常用合同、确认书、协议等。此外，还有意向书、订单及委托订购单等。

在进出口业务中，合同的书面形式可采用正式的合同（contract）、确认书（confirmation）、协议（agreement），也可采用备忘录（memorandum）、意向书（letter of intent）、订单（order）等形式。关于这些合同形式应注意以下几点：

(1) 合同及协议主要有：购销合同（purchase & sales contract），合同与协议二者在法律上是同义词，合同一般印有固定格式，一经签订对双方均有约束力。

(2) 确认书是合同的简化形式，一经对方签字即告成立。有销售确认书（sales confirmation）和购货确认书（purchase confirmation）。

(3) 作为书面合同的形式之一的备忘录，冠以"理解备忘录"或"谅解备忘录"的名称，它在法律上不具有约束力。

(4) 意向书不是法律文件，对有关当事人无约束力。

(5) 订单其效力相当于国外买方的购货合同或确认书，是指由出口商或实际买方拟定的货物定购单。

(6) 采用 EDI 数据电文形式的合同具有法律效力。

三、合同的内容

合同的基本内容包括三部分，即约首、本文和约尾。

1. 约首

它是合同的首部，包括合同名称、编号、签订日期和地点、订约双方的名称及地址。

2. 本文

它是合同的主要组成部分，包括各项交易条款。主要条款有：品名及规格（commodity name and specification）条款；数量（quantity）条款；包装（packing）条款；价格（price）条款；装运/交货（shipment/delivery）条款；付款（payment）条款等。

装运/交货条款如：

Shipment to be effected within 30 days after receipt of L/C.

对装运期限提出一些附加条件以保障卖方利益的条款如：

Shipment to be affected by April 30th 2005 subject to buyer's L/C reaching seller before March 15th 2005.

付款条件如：

The Buyer shall open through a bank acceptable to the Seller an Irrevocable Letter of Credit payable at sight to reach the seller 30 days before the month of shipment, valid for negotiation in China until the 15th day after the date of shipment.

3. 约尾

它是合同的尾部，载明合同使用的文字、效力、正本的份数、当事人代表的签字等。

四、电子商务合同的法律效力

联合国国际贸易法委员会制定的《电子商务示范法》明确规定：采用数据电文形式的合同具有法律效力、有效性和可执行性。就合同订立而言，一项要约及对要约的承诺均可通过数据电文的手段表示，通过数据电文交换而订立的合同符合法律上所要求的书面合同性质。我国《合同法》也明确规定了合同的书面形式包括电报、电传、传真、电子数据交换和电子邮件等。

对于信用证而言，信用证的使用正迈向电子化，为了适应电子通信技术的飞速发展及其在国际经贸领域的广泛应用，纸质信用证向电子信用证演进，国际商会就电子开证和电子交单等问题制定了《UCP Supplement for Electronic Presentation》(《eUCP》，暂译为《UCP电子交单增补》)，于2002年4月1日正式生效。作为已广泛应用于信用证的《UCP500》的补充，《eUCP》共有12条，如果在信用证当中约定使用《eUCP》。《eUCP》将与《UCP 500》共同使用，约束全部或部分电子交单的情形。一份信用证如果适用《eUCP》，即使在没有明确约定的情况下也适用《UCP 500》。而信用证当事人意欲适用《eUCP》，则必须在信用证当中明确约定。

【重点名词与概念】

国际商务谈判　谈判策略　国际商务磋商交易　国际商务合同

【本章练习与思考题】

一、多选题

1. 国际商务谈判中应遵循的原则有（　　）。
   A. 平等性原则　　　B. 忍让性原则
   C. 互利性原则　　　D. 经济至上原则

2. 影响国际商务谈判的因素包括（　　）。
   A. 法律环境　　　B. 政治环境
   C. 商业习惯　　　D. 气候条件
   E. 人口数量

3. 在国际商务谈判的开局阶段谈判人员的主要任务包括（　　）。
   A. 营造气氛　　　B. 要求对方就合同内容进行解释
   C. 交换意见　　　D. 开场陈述

二、判断题

（　）1. 在国际商务谈判过程中应坚持寸步不让的原则以确保己方利益的获得。
（　）2. 并不是所有的国际商务谈判都是以经济利益为核心。
（　）3. 我方先报价可以掌握谈判的主动。
（　）4. 在国际贸易磋商过程中询盘和接受是必不可少的两个过程。

三、简答与论述题

1. 国际商务谈判的种类有哪些？
2. 国际商务谈判的磋商阶段的谈判策略是什么？
3. 国际贸易磋商交易的步骤有哪些？
4. 国际贸易合同的内容和形式。

第七章 外贸物流海上货物运输基础知识

【本章培训要点】

本章培训的主要内容是关于外贸物流海货物运输基础知识。内容主要包括外贸物流海运的特点和作用，外贸物流海运组织，外贸物流海运业务类型，集装箱运输基础知识，常用外贸物流海运条款，提单的定义、类型，外贸物流海运航线和港口等。

【本章应掌握的主要内容】

通过本章学习，应了解外贸物流的特点和作用，主要的外贸物流海运组织，主要的外贸物流海运航线和港口；掌握租船运输与班轮运输的特点，集装箱概念与交接方式，海洋运输条款的主要内容，提单的类型；深刻理解主要的海洋运输条款等。

第一节 外贸物流海上运输概述

海洋运输简称"海运"，是一种使用船舶通过海上航道运送货物和旅客的运输方式。海运是外贸物流中最重要的运输方式之一，货物运输量占全部外贸物流货运量的 2/3 以上。我国海岸线长达 18 000 多公里，沿海拥有许许多多终年不冻的优良港口。在我国港与世界港之间，已开辟了众多的定期和不定期的海上航线。中国船公司所属的船舶已航行于五大洲 150 多个国家和地区的 1 100 多个港口。

一、外贸物流海运的特点和作用

（一）外贸物流海运的特点

1. 天然航道

海运航道主要借助天然水域进行，除了建设港口和购置船舶外，天然航道几乎不需要投资，相对其他运输方式而言，运输成本低，且不受道路、轨道的限制，通过能力更强。海运还能节省能源，与铁路和陆路相比，海运劳动生产率较高。

2. 载运量大

海洋运输能力几乎不受限制，拖船船队的载重量可达万吨以上，远远超过了铁路列车的载重量，海船货舱容积大，可载运体积庞大的货物。随着国际航运业的发展，现代化的造船技术日益精湛，船舶日趋大型化，超巨型油轮载重量已高达 60 多万吨，第五代集装箱船的载箱能力已超过5 000 TEU。

3. 运输周期长且运输风险大

由于海运速度慢，外贸物流运输周期长，时间可达一个月甚至更久。船舶长时间在力远离海岸的海洋上航行，由于海洋环境复杂，气候多变，船舶随时都有可能遭遇到狂风巨浪、暴雨、雷电、海啸、浮冰等人力不可抗衡的海洋自然灾害的袭击，危险概率大大增加。大型和巨型船舶在海上一旦遭遇危险，都可能导致巨额财产损失和人员伤亡，同时由于救援及时性差或者根本无法得到救援，会使危险损失进一步扩大。如果油船遭遇事故，除了油船本身及所载的原油损失外，还会因原油洒入海洋而造成海洋环境的污染，其后果和损失惊人，尤以那些超级大型油船发生事故后果更甚。

4. 国际性强

外贸物流海运特点主要表现主要货运单证具有国际通用性和适用法律的国际统一性方面。外贸物流海运中适用的货运单证繁多，各个国家、港口或船公司所使用的货运单证并不完全一致。但因外贸物流海运船舶航行于不同国家的港口之间，作为划分各方责任和业务联系主要依据的货运单证，应能适用于不同国家和港口各个有关方面的要求。在单证的内容和编制方法上，不但要符合本国法令的规定和业务需要，而且也必须适应国际公约或有关国家和港口的法令或习惯要求，使之能成为各关系方所承认和接受。所以，海运中的主要或有单证如提单、托运单、信用证等，在名称、作用和记载内容上大多是大同小异，可以在国际上通用。

（二）外贸物流海运的作用

1. 海洋运输是外贸物流运输的主要方式

海运虽然存在速度较低、风险较大的不足，但是由于它的通过能力大、运量大、运费低，以及对货物适应性强等长处，加上全球特有的地理条件，使它成为外贸物流中主要的运输方式。我国进出口货物运输总量的2/3是通过海洋运输进行的，由于集装箱运输的兴起和发展，不仅使货物运输向集合化、合理化方向发展，而且节省了货物包装用料和运杂费，减少了货损货差，保证了运输质量，缩短了运输时间，从而降低了运输成本。

2. 海运是国家节省外汇支付，增加外汇收入的重要渠道之一

在我国运费支出一般占外贸进出口总额10%左右，尤其大宗货物的运费占的比重更大，外贸中若充分发挥外贸物流优势，争取我方多派船，不但节省了外汇的支付，而且还可以争取更多的外汇收入。特别把我国的海运运力投入到国际海运市场，积极开展第三国的海运业务，为国家创造外汇收入。目前，世界各国，特别是沿海的发展中国家都十分重视建立自己的远洋船队，注重发展海洋货物运输。一些海运发达国家，外汇运费的收入成为这些国家国民经济的重要支柱。

3. 发展海运有利于改善国家的产业结构和国际贸易出口商品的结构

海运是依靠航海实践活动来实现的，航海活动的基础是造船业、航海技术和掌握技术的海员。造船工业是一项综合性的产业，它的发展又可带动钢铁工业、船舶设备工业、电子仪器仪表工业的发展，促进整个国家的产业结构的改善。我国由原来的船舶进口国，近几年逐渐变成了船舶出口国，而且正在迈向船舶出口大国的行列。由于我国航海技术的不断发展，船员外派劳务已引起了世界各国的重视。海洋运输业的发展，我国的远洋运输船队已进入世界10强之列，为今后大规模的拆船业提供了条件，不仅为我国的钢铁厂冶炼提供了廉价的原料、节约能源和进口矿石的消耗，而且可以出口外销废钢。由此可见，由于海运的发展，不仅能改善国家产业结构，而且会改善国际贸易中的商品结构。

二、外贸物流海运组织

随着外贸物流海运的不断发展，各国政府和非政府组织相继成立了一些政府间国际组织和非政府间国际组织。这些组织在保证海运安全、建立国际公约和提供海运服务等方面发挥着重要作用。

（一）国际海事组织

国际海事组织（International Martitime Organization，IMO）的前身为政府间海事协商组织（Intergovernmental Maritime Consultative Organization，IMCO）。IMCO 是根据 1948 年 3 月 6 日在日内瓦举行的联合国海运会议上通过的"政府间海事协商组织公约"（1958 年 3 月 17 日生效），于 1959 年 1 月 6 日至 19 日在伦敦召开的第一届公约国全体会议上正式成立的，是联合国在海事方面的一个专门机构，负责海事技术咨询和立法。IMO 总部设在伦敦，与联合国及联合国粮农组织、国际劳工组织、国际原子能机构订有合作协议。IMO 通过的国际公约、规则和决议案为造船、设计、检验、航运、海事、管理等部门所必须遵循的法定文件。我国在联合国恢复合法席位后，于 1973 年 3 月 1 日正式参加 IMO，1975 年当选为理事国，1995 年 11 月，我国以最多票数连任 A 类理事国。我国对 IMO 的归口管理部门设在交通部船舶检验局。

（二）国际海运联合会

国际海运联合会（International Shipping Federation，ISF）总部设在伦敦，是一个船东组织，在有关海员雇佣和安全的所有问题上代表船东的利益。ISF 是最老的国际船东组织，成立于 1909 年，当时是欧洲的船东组织，到 1919 年才成为世界性的船东组织。ISF 有三个主要目标，包括：为会员提供和交流最新的海员雇佣情报；根据海员的雇佣发展情况，提出和协调各国船东的意见；在讨论处理海员问题的国际论坛上，代表会员的利益与各国政府和工会商洽。

（三）国际航运公会

国际航运公会（International Chamber of Shipping，ICS）成立于 1921 年（当时叫 International Shipping Conference，1948 年改为现名），主要是由英国、美国、日本等 23 个国家有影响力的私人船东所组成的协会，协会成员大约拥有 50% 的世界商船总吨位。ICS 成立的宗旨是为了保护本协会内所有成员的利益，就互相关心的技术、工业或商业等问题交流思想，通过协商达成一致意见，共同合作。ICS 的主要业务包括：油船、化学品船的运输问题和国际航运事务；贸易程序的简化；集装箱和多式联运；海上保险；海上安全；制定一些技术和法律方面的政策，便于船舶进行运输。

（四）国际独立油轮船东协会

国际独立油轮船东协会（International Association of Independent Tanker Owners，INTERTANKO）成立于 1934 年，总部设在挪威奥斯陆，由来自各海运国家的独立油轮船东组成。当时正处于石油危机时期，它成功地将油轮闲置、集中起来管理（被称为 Schierwater plan），以便有关船东在竞争中紧密合作。目前 INTERTANKO 由 270 多个油轮船东作为它的会员，拥有世界油轮 80% 的总吨位。石油公司和政府所拥有的油轮船队不准加入协会成为会员。INTERTANKO 是非营利性机构，它成立的宗旨是为会员之间交换意见提供场所，促进自由竞争，维护独立油轮船东利益。加强技术和商业之间的交流。INTERTANKO 特别强调于它所提供的服务对它的成员具有实际价值。其业务主要包括：港口信息方面，成员们每月收到包括最新港口状况和费用的公告。INTERTANKO 凭借着优质的服务，给各独立油船业主创造了更多的获利机会，同时也促进了自身的发展，对海运业经济贸易发展起了一定的推动作用。

（五）国际油轮船东防污染联合会

国际油轮船东防污染联合会（The International Tanker Owners Pollution Federation，

ITOPF）是一个处理解决海上石油漏溢问题的专业性组织，每个加入《油轮船东自愿承担油污责任协定》（TOVALOP）的油轮船东或光船承租人都自动成为 ITOPF 的成员。ITOPF 是为管理 TOVALOP 而于 1968 年建立的，它的任务不仅限于管理 TOVALOP，还包括对清除海上油污提供专业性的帮助，进行损失程度的估计，索赔分析，制定应急方案，提供咨询、培训和情报服务等。目前，ITOPF 的赔偿能力已达 7 000 万美元，共有 3 200 个成员，加入 ITOPF 的油轮多达 6 000 艘，占世界油轮总吨位数的 97%。ITOPF 总部设在伦敦。

（六）波罗的海和国际海事公会

波罗的海和国际海事公会（Baltic and International Maritime Conference，BIMCO）成立于 1905 年，总部设在丹麦哥本哈根，原名波罗的海和白海公会，后来因其成员变成世界性的，于 1927 年改名 BIMCO。BIMCO 向本组织成员提供全世界港口和海运条件方面的免费情报服务、免费咨询服务、专题讲座及短期培训。成立的宗旨是联合船东和航运机构，在适当的时候采取一致行为促进航运业的发展，把不同的意见和违反工作惯例的情况通知本组织成员。

三、班轮运输

（一）班轮运输概念

班轮运输（liner shipping）也称"定期船运输"，指具有固定航线，沿途停靠若干固定港口，按照事先规定的船期表（liner schedule）航行的船舶。对于停靠的港口，不论货物数量多少，一般都可接受托运。具有航线，挂港，船期，运价比较固定；同一航线上的船型相似并保持一定的航班密度；运价内已包装卸费用；承托双方的权利义务和责任豁免以签发的提单条款为依据等特点。

班轮运输可分为杂货班轮运输和集装箱班轮运输。最早的班轮运输是杂货班轮运输。杂货班轮运输的货物以小件杂货为主，还可以运输一些散货、重大件等特殊货物。20 世纪 60 年代后期，随着集装箱运输的发展，班轮运输中出现了以集装箱为运输单元的集装箱班轮运输方式。由于集装箱运输具有运送速度快、装卸方便、机械化程度高、作业效率高、便于开展联运等优点，到 20 世纪 90 年代后期，集装箱班轮运输已逐渐取代了传统的杂货班轮运输。

班轮运输合同中承担提供船舶并负责运输的当事人称为班轮承运人。班轮运输合同中委托承运人运输货物的当事人称为托运人。承运人同托运人责任和费用的划分界限一般在船上吊杆所能达到的吊钩底下，换言之，托运人将货物送达吊钩底下后就算完成交货任务，然后由承运人负责装船。但风险的划分一般以船舷为界，即货物在装运港越过船舷以前发生的风险由托运人负责，越过船舷以后的风险由承运人负责。承运人最基本的义务是按合理的期限将货物完整无损地运到指定地点，并交给收货人。托运人的基本义务是按约定的时间，品质和数量准备好托运的货物，保证船舶能够连续作业，并及时支付有关费用。

（二）班轮运输的特点

与租船运输相比，班轮运输具有如下特点：

（1）承运人与货主之间在货物装船之前通常不书面签订具有详细条款的运输合同，而是签发提单（还可以根据需要签发海运单），双方的权利和义务以提单背面的条款为依据。

（2）通常要求托运人送货至承运人指定的码头仓库交货，收货人在承运人指定的码头仓库提货。

（3）班轮公司一般负责包括装货、卸货和理舱在内的作业和费用。

（4）承运人与货主之间不规定装卸时间，也不计算滞期费和速遣费。

四、租船运输

（一）租船运输的概念与特点

租船运输（carriage of good by chartering）又称"不定期船运输"（tramp shipping），是相对于班轮运输，即定期船运输而言的另一种远洋船舶营运方式。它和班轮运输不同，没有预制定的船期表，没有固定的航线，停靠港口也不固定，无固定的费率本。船舶的营运是根据船舶所有人与需要船舶运输的货主双方事先签订的租船合同来安排的。租船运输具有如下基本特点：

(1) 租船运输是根据租船合同组织运输的，租船合同条款由船东和租方双方共同商定，各种租船合同均有相应的标准合同格式。租金率或运费率是根据租船市场行情来决定。船舶营运中有关费用（港口使用费、装卸费、滞期费、速遣费）的支出，取决于不同的租船方式由船东和租方分担，并在合同条款中订明。

(2) 一般由船东与租方通过各自或共同的租船经纪人洽谈成交租船业务。

(3) 不定航线，不定船期。船东对于船舶的航线、航行时间和货载种类等按照租船人的要求来确定，提供相应的船舶，经租船人同意进行调度安排。

(4) 租船运输中的提单不是一个独立的文件。船方出具的提单一般为只有正面内容的简式提单，并注明"ALL TERMS ANDCONDITIONS AS PER CHARTER PARTY"，或"FREIGHT PAYABLE AS PER CHARTER PARTY"。这种提单要受租船契约约束，银行不乐意接受这类提单，除非信用证另有规定。

(5) 租船运输适宜大宗货物运输，批量大、附加值低、包装简单（或者裸装），运价水平低于班轮运输。

（二）租船运输分类

1. 航次租船、定程租船（voyage charter，trip charter）

航次租船又称程租船，是指由船舶所有人负责提供一艘船舶在指定的港口之间进行一个航次或几个航次运输指定货物的租船。最活跃，且对运费水平的波动最为敏感。在国际现货市场上成交的绝大多数货物（主要包括液体散货和干散货两大类）都是通过航次租船方式运输的。

它包括①单航次租船（single trip or voyage charter）；②来回程租船（return trip or voyage charter）；③连续单航次租船（consecutive single voyage charter）；④连续往返航次租船（consecutive return voyage charter）四种主要形式。

航次租船的特点主要表现在：

(1) 船舶的营运调度由船舶所有人负责，船舶的燃料费、物料费、修理费、港口费、淡水费等营运费用也由船舶所有人负担。

(2) 船舶所有人负责配备船员，负担船员的工资、伙食费。

(3) 航次租船的"租金"通常称为运费（freight），运费按货物的数量及双方商定的费率计收。

(4) 在租船合同中需要订明货物的装、卸费由船舶所有人或承租人负担。在租船合同中需要订明可用于装、卸时间的计算方法，并规定延滞费和速遣费的标准及计算办法。

2. 包运租船（contract of affreightment，COA）

包运租船又称为"运量合同"。包运租船是指船舶所有人以一定的运力，在确定的港口之间，按事先约定的时间，航次周期，每航次以较均等的运量，完成全部货运量的租船方式。

这种租船方式可以减轻租船压力，对船东来说，营运上比较灵活，可以用自有船舶来承运，也可以再租用其他的船舶来完成规定的货运任务；可以用一条船多次往返运输，也可以用几条船同时运输。包运合同运输的货物通常是大宗低价值散货。

包运租船区别于其他租船方式的特点有：

（1）包运租船合同中不确定船舶的船名及国籍，仅规定船舶的船级、船龄和船舶的技术规范等，船舶所有人只需比照这些要求提供能够完成合同规定每航次货运量的运力即可，这对船舶所有人在调度和安排船舶方面是十分灵活、方便的。

（2）租期的长短取决于货物的总量及船舶航次周期所需的时间。

（3）船舶所承运的货物主要是运量特别大的干散货或液体散装货物，承租人往往是业务量大和实力强的综合性工矿企业、贸易机构、生产加工集团或大石油公司。

（4）船舶航次中所产生的时间延误的损失风险由船舶所有人承担，而对于船舶在港装、卸货物期间所产生的延误，则通过合同中订有的"延滞条款"的办法来处理，通常是由承租人承担船舶在港的时间损失。

（5）运费（freight）按船舶实际装运货物的数量及商定的费率计收，通常按航次结算。从上述特点可见，包运租船在很大程度上具有"连续航次租船"的基本特点。

3. 航次期租（time charter on trip basis，TCT）

航次期租船又称"日租租船"，它是一种以完成一个航次运输为目的，但租金按完成航次所使用的日数和约定的日租金率计算。航次期租兼具有航次租船和定期租船的特点，在操作上是以完成一个航次为目的的，类似于航次租船，在租金的计算上又类似于定期租船，不约定装卸时间和滞期费速遣费等费率。承租人对装卸时间的浪费承担责任。

在装货港和卸货港的条件较差，或者航线的航行条件较差，难于掌握一个航次所需时间的情况下，这种租船方式对船舶所有人比较有利。因为采用这种租船方式可以使船舶所有人避免难以预测的情况而使航次时间延长所造成的船期损失。

航次期租运输的特点包括：

（1）以完成一个航次任务为基础，类似航次租船。

（2）费用和风险按照定期租船处理，船舶港口作业和等泊等时间风险由承租人负责。

（3）支付的费用为"租金（hire）"而非"运费（freight）"。一般15天预付一次租金。

4. 定期租船（time charter）

定期租船又称"期租船"，是指由船舶所有人按照租船合同的约定，将一艘特定的船舶在约定的期间，交给承租人使用的租船。这种租船方式不以完成航次数为依据，而以约定使用的一段时间为限。在这个期限内，承租人可以利用船舶的运载能力来安排运输货物；也可以用以从事班轮运输，以补充暂时的运力不足；还可以以航次租船方式承揽第三者的货物，以取得运费收入。当然，承租人还可以在租期内将船舶转租，以谋取租金差额的收益。关于租期的长短，完全由船舶所有人和承租人根据实际需要洽商而定。

定期租船的主要特点是：

（1）船长由船舶所有人任命，船员也由船舶所有人配备，并负担他们的工资和给养，但船长应听从承租人的指挥，否则承租人有权要求船舶所有人予以撤换。

（2）船舶的营运调度由承租人负责，并负担船舶的燃料费、港口费、货物装卸费、运河通行费等与营运有关的费用，而船舶所有人则负担船舶的折旧费、维修保养费、船用物料费、润滑油费、船舶保险费等船舶维持费。

（3）租金（hire）按船舶的载重吨、租期长短及商定的租金率计算。

（4）租船合同中订有关于交船和还船，以及关于停租的规定。

（5）较长期的定期租船合同中常订有"自动递增条款（escalation clause）"以保护船舶所有人在租期中因部分费用上涨而使船舶所有人的盈利减少或发生亏损的损失。由于租金一经确定，通常在租期内不再变动，如果合同中订有"自动递增条款"，在规定的费用上涨时，按约定租金即可按相应的比例提高。

5. 光船租船（bare boat charter）

光船租船又称船壳租船。这种租船不具有承揽运输性质，它只相当于一种财产租赁。光船租船是指在租期内船舶所有人只提供一艘空船给承租人使用，而配备船员，供应给养，船舶的营运管理以及一切固定或变动的营运费用都由承租人负担。也就是说，船舶所有人在租期内除了收取租金外，不再承担任何责任和费用。因此，一些不愿经营船舶运输业务，或者缺乏经营管理船舶经验的船舶所有人也可将自己的船舶以光船租船的方式出租。虽然这样的出租利润不高，但船舶所有人可以取得固定的租金收入，对回收投资是有保证的。

光船租船的特点是：

(1) 船舶所有人只提供一艘空船。
(2) 全部船员由承租人配备并听从承租人的指挥。
(3) 承租人负责船舶的经营及营运调度工作，并承担在租期内的时间损失，即承租人不能"停租"。
(4) 除船舶的资本费用外，承租人承担船舶的全部固定的及变动的费用。
(5) 租金（hire）按船舶的装载能力、租期及商定的租金率计算。

五种常见租船运输方式特点比较见表7-1。

表 7-1　　　　　　　　　　五种常见的租船运输方式特点比较

承租人控制船舶能力由弱到强排序	代码	简称	承租人支付费用	船长、船员配备以及工资与淡水、食物等补给	船舶保养、保险、维修、润滑等维护费用支付	港口使用费、燃料费等航次运营费用支付	是否存在规定装船时间条款及滞期费率约定	关于装卸费用支付
包运租船	COA	运量合同	运费	出租人	出租人	出租人	是	根据合同
航次租船	VC	程租船	运费	出租人	出租人	出租人	是	根据合同
航次期租	TCT	日租租船	租金	出租人	出租人	承租人	否	承租人
定期租船	TC	期租船	租金	出租人	出租人	承租人	否	承租人
光船租船	BBC	船壳租船	租金	承租人	承租人	承租人	否	承租人

五、集装箱运输基础知识

（一）集装箱（container）的概念

集装箱又称"货柜"或"货箱"，其英文为container，按英文的字面含义理解是"容器"，但并非所有的容器均可称作集装箱。国际标准化组织（ISO）根据保证集装箱在装卸、堆放和运输中的安全需要，在货物集装箱的定义中，提出了作为一种运输工具的货物集装箱所应具备的基本条件。只有具备以下基本条件的"容器"才可算作集装箱。

(1) 具有足够的强度，可长期反复使用；
(2) 装有便于装卸和搬运的装置，特别是便于从一种运输工具换装到另一种运输工具；

(3) 便于货物的装满和卸空;
(4) 适于一种或多种运输方式运送货物,无须中途换装;
(5) 内容积为 1 立方米 (35.315 立方英尺) 或 1 立方米以上。

注:①以上集装箱的定义中不包括车辆及一般包装。②目前,包括我国在内的许多国家基本上采用国际标准化组织 ISO 对集装箱的定义。③简而言之,集装箱是具有一定强度、刚度和规格,专供周转使用的大型装货容器。

(二) 集装箱货物的交接

1. 集装箱货物的交接形态

(1) 整箱货 FCL (full cntr load)。FCL 系指由发货人自行装箱,并负责填写装箱单、场站收据,并由海关加铅封的货。整箱货又习惯理解为一个发货人、一个收货人。对于 FCL,由 Shipper's Load, Count & Seal (由发货人装箱、计数、加封);柜运至目的地后由收货人拆柜、掏箱。承运人对柜货的责任为:外表情况良好、封条完整下从接柜至交柜,只要货柜外表良好,封条完整即可交柜给收货人。至于柜内货物的数量是否与单证上相符,货物质量情况怎样,Carrier 概不知晓。为此,承运人通常在提单上订明"不知条款"(即 STC 条款,STC 的全写为 Said to Contain,可译为"据称内装,据称装有") 或 SLAC, SLCAS, SLCS 条款 (SLAC = Shipper's Load And Count,可译为"由发货人装箱并计数",SLCAS = Shipper's Load, Count And Seal,可译为"由发货人装箱、计数并加封",SLCS = Shipper's Load, Count, Seal 可译为"由发货人装箱、计数、加封")。

(2) 拼箱货 LCL (less than container cargo load)。拼箱货系指把不足装满一整箱的零散的货拼装于同一只 20′ 或 40′ 柜中由集装箱货运站负责装箱、计数、加封负责填写装箱单,并由海关加铅封,至目的地后,由货运站的目的地代理人负责拆柜并将货交给几个或一个收货人。承运人接货时,在每件货物外表情况良好下接收,至目的地须每件货外表情况良好,才可交货。拼箱货又习惯理解为几个发货人、几个收货人。

2. 常见的集装箱货物交接地点

集装箱的交接地点主要有以下几个地点:①CY (container yard CY) 集装箱堆场。CY 仅指集装箱码头里的堆场,不可指其他地方的集装箱堆场。②DR (door) 指 Shipper 或 CNEE (consignee) 的工厂或 W/H (warehouse 仓库) 大门。③CFS (cntr freight station) 集装箱货运站,又叫拼装货站或中转站,主要为拼箱货 (LCL) 服务,它是 LCL 办理交接的地方。④HK (hook/ship's rail/tackle) 指船边或吊钩,一般针对特殊的商品才会采用,比如危险品、冷冻商品。

3. 集装箱货物的交接方式

由于集装箱的交接地点有 4 个,根据排列组合的方式,理论上集装箱的交接方式共有 16 种:钩到门交接 (hook/door)、门到门交接 (door/door)、门到场交接 (door/CY)、门到站交接 (door/CFS)、门到钩交接 (door/hook)、场到门交接 (CY/door)、场到场交接 (CY/CY)、场到站交接 (CY/CFS)、场到钩交接 (CY/hook)、站到门交接 (CFS/door)、站到场交接 (CFS/CY)、站到站交接 (CFS/CFS)、站到钩交接 (CFS/hook)、钩到场交接 (hook/CY)、钩到站交接 (hook/CFS)、钩到钩交接 (hook/hook)。

实践中常见的交接方式以 CY-CY, DR-DR, CFS-CFS 为最常见。一般来说与站 (CFS) 交接的为拼箱货 (LCL),不与站交接的为整箱货 (FCL),比如说 CFS-CY,承运人是以拼箱货接受、整箱货交付,而 DR-CFS 则是以整箱货接受、拼箱货交付;通常不涉及钩 (hook),以钩 (hook) 交接的为特殊商品,如冷冻货、危险品;一般以门 (door) 为方式交接,经常属于多式联运,而门到门交接的货物系整箱货,而且通常是采取多式联运时使用的一种交接方式。

第二节　常用海洋运输条款

海洋运输条款又称海运装运条款（terms of shipment），是外贸合同的一个重要组成部分。这些条款是运输条款，不是贸易条款，主要指装运条件和相互责任，是任何涉及外贸物流运输的人员都必须熟悉的。对外磋商交易和签订合同时，要争取把合同中的运输条款订得合理、明确，同时要特别注意买卖合同的运输条款和负责运输的一方和船公司订立的运输条款要一致，以利于进出口贸易的顺利开展。

一、海洋运输条款的主要内容

（一）装运时间
装运时间又称装运期，通常用以下几种方法表示装运期：
(1) 具体规定装运期限。
(2) 规定在收到信用证后若干天装运。

信用证是买方请银行开具的有条件的保证付款的文件，卖方收到信用证后若干天装运，就有了取得货款的保证。在采用这种方式时，通常会规定有关信用证开到日期或开出日期。

(3) 收到信汇、票汇或电汇后若干天装运。

（二）装卸港
在规定装卸港时必须注意以下问题：
(1) 必须是政府许可往来的港口。
(2) 必须明确规定装卸港口。
(3) 采用选择港时，备选港口不宜超过3个，而且必须在同一航区、同一航线比较靠近的港口。
(4) 要选择安全港（即非疫港、非战争港）。
(5) 要考虑港口具体运输和装卸条件。

（三）分批装运和转运
1. 分批装运

分批装运是指一笔交易的货物分若干批装运。《跟单信用证统一惯例》（即国际商会第500号出版物，也即UCP 500）规定，同一船只、同一航次中多次装运同一发货人的货物，即使提单表示不同的装船日期及不同的装货港口，也不做分批装运处理。

例如：我出口公司出口2 000吨大豆，国外开来信用证规定：不允许分批装运。结果我方在规定的期限内分别在大连、上海各装1 000吨于同一航次的同一船只上，提单上也注明了不同的装货港和不同的装船日期。这种情况就不属分批装运，没有违约。

2. 转船

如果货物没有直达或一时无合适的船舶运输，则需要中途转船运输。按实际情况，买卖双方可以在合同中订明是否允许转船。若信用证未规定可否转船，按《跟单信用证统一惯例》（国际商会第500号出版物）规定，为允许转船。

（四）备货通知、派船通知、装船通知
前两者用于FOB贸易术语成交的合同，至于装船通知则在FOB合同、CFR合同、CIF合同中

都会碰到。在FOB合同下，卖方应在约定的装运期开始前30天，向买方发出货物备妥待运的通知，以便买方派船接货。

同时，买方在安排好船只后，以电报方式将装货船名、船籍、吨位、预计到港日期告诉卖方，以便及时安排货物装运事项。卖方在货物装船完毕后，立即向买方发出装船通知。在CFR合同下，卖方负责装运，买方自己负责保险，及时发出装船通知，显得尤为重要。

（五）装卸时间、装卸率和滞期、速遣条款

装卸时间是指对大宗交易的货物在使用定程租船运输时，对完成装货和卸货任务所需要的时间和定额的规定。一般在买卖合同中还同时规定有每天装卸货物的重量，称为装卸率。如果租船方在租船合同所规定的时间未完成装卸货物的任务，延误了船期，应向船方支付一定的罚款，称为滞期费。如果租船方用于装卸货物的时间少于租船合同中所规定的时间而使船方可以加速船只的周转，租方可以向船方领取一种奖金，称为速遣费。

因此，在使用租船运输货物时，负责租船的买方或卖方，为了按时完成装卸作业，必须在买卖合同中对装卸时间、装卸率、滞期和速遣等条款有明确规定。装卸时间的计算，通常有以下几种方法：

（1）按连续日（或时）（running consecutive days/hours）
（2）按工作日（working days）
（3）按好天气工作日（weather working days）
（4）按连续24小时好天气工作日（weaher working days of 24consecutive hours）

关于装卸起始时间的计算，各国规定不一。有的从船抵港就开始起算，有的是从船到港码头后开始起算，有的规定正式作业起算。贸易合同中有关装卸时间、装卸率、滞期和速遣条款的规定，应当与租船合同有关规定相符合，否则租船方就会陷于被动。

二、常见的散杂货海洋运输条款

在海运运输中，散杂货主要采用的是班轮运输和租船运输方式，其常用的运输条款主要是关于装卸费分担的条款，具体包括以下几种。

（一）班轮条款

班轮条款（liner terms），又称"泊位条款"（berth terms）或总兑条款（gross terms），是指由船舶所有人负责雇佣装卸工人，并负责支付装卸及堆装费用。具体地讲，在装货港，承租人只负责将货物送至码头、船边，并置于船舶吊钩之下，船舶所有人则在船舶吊钩所及之处接收货物；在卸货港，船舶所有人负责在船舶吊钩之下交付货物，承租人则在船舶吊钩之下接收货物。至于费用的划分也完全以此为标准。

在航运实践中，有人误认为只要合同中订立了班轮条款，则此种运输就完全应按照班轮运输的条件来进行，其实不然。所谓的班轮条款，仅仅是在装卸费的分担问题上仿效了班轮的做法，即由船舶所有人承担装卸费用，而不涉及其他的权利和义务。

（二）出租人不负担装货费用条款

出租人不负担装货费用条款（Free In, F.I.，一般用作free in and liner out，俗称"管卸不管装"），又称"舱内收货条款"。在这一条款之下，船舶所有人在装货港只负责在舱内收货，装货费用由承租人负担，而在卸货港所发生的费用则由船舶所有人负担。

（三）出租人不负担卸货费条款

该条款又称"舱内交货条款"（Free Out, F.O., 一般用作 liner in and free out, 俗称"管装不管卸"）。按照该条款，在装货港由船舶所有人支付装货费，在卸货港船舶所有人只负责舱内交付货物，而卸货费则由承租人负担。

（四）出租人不负担装卸费条款

出租人不负担装卸费条款（Free in and Out, F.I.O., 俗称不管装不管卸），又称"舱内收"、"交货条款"。在此种条款下，船舶所有人只负责在舱内收、交货物，在装卸两港由承租人雇佣装卸工人，并承担装卸费用。

（五）出租人不负担装卸、积载及平舱费用条款

出租人不负担装卸、积载及平舱费条款（free in and out, stowed and trimmed, F.I.O.S.T.），又称"舱内收"、"交货并负责积载费用条款"。该条款与班轮条款完全相反，船舶所有人不负责有关装卸的所有费用，所有雇佣装卸工人及有关的装卸费用均由承租人负担。在这一条款之下，装运大件货物所产生的绑扎费及需要的绑扎材料，也应该由承租人负担。不过，为了避免不必要的争议，在运输大件货时，合同中应订明"绑扎"（lashed）的字样，以表明船舶所有人不负责绑扎费。同样，如果在上述规定后加上"垫舱"（dunnages）的字样，表明出租人除了不负责上述费用之外，还不负担垫舱费用。

三、集装箱运输条款

CY/CY 是指堆场到堆场方式，承运人在装货港集装箱堆场接收整箱货物并负责运至卸货港集装箱堆场整箱交付收货人。

CY/FO（free out）承运人在装货港集装箱堆场接收整箱货物并负责运至卸货港但不负责卸货。

CY/LO（line out）承运人在装货港集装箱堆场接收整箱货物并负责运至卸货港卸货。

CY/TACKLE 承运人在装货港集装箱堆场接收整箱货物并负责运至卸货港卸货至接货车上。

CY/HOOK 承运人在装货港集装箱堆场接收整箱货物并负责运至卸货港卸货，此处当吊臂吊下货物后服务终止。

见下表 7-2 集装箱运输条款代码表。

表 7-2　　　　　　　　　集装箱运输条款代码表

内容	代码	内容	代码
CY—FOR	10	DOOR—CFS	32
CY—CY	11	DOOR—DOOR	33
CY—CFS	12	DR—FREE OUT	36
CY—DOOR	13	DR—LINER OUT	38
CY—TACKLE	14	TACKLE—CY	41
CY—RAMP	15	TACKLE—CFS	42
CY—FREE OUT	16	RAMP—CY	51
CY—LINER OUT	18	FREE IN—CY	71
CFS—CY	21	FREE IN—DR	73
CFS—CFS	22	LINER IN—CY	91
CFS—DOOR	23	LINER IN—DR	93
DOOR—CY	31	FREE IN—FREE OUT	76

第三节 提 单

一、提单概述

(一) 提单定义

海运提单（marine bill of lading or ocean bill of lading）简称"提单"（bill of lading，B/L），是国际结算中的一种最重要的单据。《汉堡规则》给提单下的定义是：Bill of lading, means a document which evidences a contract of carriage by sea and the taking over or loading of the goods by the carrier, and by which the carrier undertakes to deliver the goods against surrender of the document. A provision in the document that the goods are to be delivered to the order of the document. A provision in the document that the goods are to be delivered to the order of a named person, or to order, or to bearer, constitutes such an undertaking. 《中华人民共和国海商法》1993年7月1日施行第71条规定："提单，是指用以证明海上货物运输合同和货物已经由承运人接收或者装船，以及承运人保证据以交付货物的单证。提单中载明的向记名人交付货物，或者按照指示人的指示交付货物，或者向提单持有人交付货物的条款，构成承运人据以交付货物的保证。"

提单的主要关系人是签订运输合同的双方：托运人和承运人。托运人即货方，承运人即船方。其他关系人有收货人和被通知人等。收货人通常是货物买卖合同中的买方，提单由承运人经发货人转发给收货人，收货人持提单提货，被通知人是承运人为了方便货主提货的通知对象，可能不是与货权有关的当事人。如果提单发生转让，则会出现受让人、持有人等提单关系人。

(二) 提单的作用

提单具有以下三项主要功能。

1. 货物已由承运人接管或装船的收据（receipt for the goods shipped）

对于将货物交给承运人运输的托运人，提单具有货物收据的功能。承运人不仅对于已装船货物负有签发提单的义务，而且根据托运人的要求，即使货物尚未装船，只要货物已在承运人掌管之下，承运人也有签发一种被称为"收货待运提单"的义务。所以，提单一经承运人签发，即表明承运人已将货物装上船舶或已确认接管。提单作为货物收据，不仅证明收到货物的种类、数量、标志、外表状况，而且还证明收到货物的时间，即货物装船的时间。本来，签发提单时，只要能证明已收到货物和货物的状况即可，并不一定要求已将货物装船。但是，将货物装船象征卖方将货物交付给买方，于是装船时间也就意味着卖方的交货时间。而按时交货是履行合同的必要条件，因此，用提单来证明货物的装船时间是非常重要的。

2. 承运人保证凭以交付货物的物权凭证（document of title）

对于合法取得提单的持有人，提单具有物权凭证的功能。提单的合法持有人有权在目的港以提单相交换来提取货物，而承运人只要出于善意，凭提单发货，即使持有人不是真正货主，承运人也无责任。而且，除非在提单中指明，提单可以不经承运人的同意而转让给第三者，提单的转移就意味着物权的转移，连续背书可以连续转让。提单的合法受让人或提单持有人就是提单上所记载货物的合法持有人。提单所代表的物权可以随提单的转移而转移，提单中所规定的权利和义务也随着提单的转移而转移。即使货物在运输过程中遭受损坏或灭失，也因货物的风险已随提单的转移而由卖方转移给买方，只能由买方向承运人提出赔偿要求。

3. 海上货物运输合同成立的证明文件（evidence of contract of carriage）

提单上印就的条款规定了承运人与托运人之间的权利、义务，而且提单也是法律承认的处理有关货物运输的依据，因而常被人们认为提单本身就是运输合同。但是按照严格的法律概念，提单并不具备经济合同应具有的基本条件：它不是双方意思表示一致的产物，约束承托双方的提单条款是承运人单方拟定的；它履行在前，而签发在后，早在签发提单之前，承运人就开始接受托运人托运货物和将货物装船的有关货物运输的各项工作。所以，与其说提单本身就是运输合同，还不如说提单只是运输合同的证明更为合理。如果在提单签发之前，承托双方之间已存在运输合同，则不论提单条款如何规定，双方都应按原先签订的合同约定行事；但如果事先没有任何约定，托运人接受提单时又未提出任何异议，这时提单就被视为合同本身。虽然由于海洋运输的特点，决定了托运人并没在提单上签字，但因提单毕竟不同于一般合同，所以不论提单持有人是否在提单上签字，提单条款对他们都具有约束力。

二、提单的种类

随着世界经济的发展，国际海上货物运输所遇到的海运提单种类也越来越多。通常使用的提单为全式提单（long form B/L）或称为繁式提单，即提单上详细列有承运人和提单关系人之间权利、义务等条款的提单。此外，还有简式提单（short form B/L），即提单上印有"short form"字样，而背面没有印刷有关承运人与提单关系人权利、义务条款，或者背面简单列有注明以承运人与提单关系人权利、义务条款，或者背面简单列有注明以承运人全式提单说列条款为准的提单。海运提单的种类按不同的分类标准，提单可以划分为许多种类，在此介绍时间中经常会遇到的一些提单种类。

（一）按提单收货人的抬头划分

1. 记名提单（straight B/L）

记名提单又称收货人抬头提单，是指提单上的收货人栏中已具体填写收货人名称的提单。提单所记载的货物只能由提单上特定的收货人提取，或者说承运人在卸货港只能把货物交给提单上所指定的收货人。如果承运人将货物交给提单指定的以外的人，即使该人占有提单，承运人也应负责。这种提单失去了代表货物可转让流通的便利，但同时也可以避免在转让过程中可能带来的风险。

使用记名提单，如果货物的交付不涉及贸易合同下的义务，则可不通过银行而由托运人将其邮寄收货人，或由船长随船带交。这样提单就可以及时送达收货人，而不致延误。因此，记名提单一般只适用于运输展览品或贵重物品，特别是短途运输中使用较有优势，而在国际贸易中较少使用。

2. 指示提单（order B/L）

在提单正面"收货人"一栏内填上"凭指示"（to order）或"凭某人指示"（order of...）字样的提单。这种提单按照表示指示人的方法不同，指示提单又分为托运人指示提单、记名指示人提单和选择指示人提单。如果在收货人栏内只填记"指示"字样，则称为托运人指示提单。这种提单在托运人未指定收货人或受让人之前，货物所有权仍属于卖方，在跟单信用证支付方式下，托运人就是以议付银行或收货人为受让人，通过转让提单而取得议付货款的。如果收货人栏内填记"某某指示"，则称为记名指示提单，如果在收货人栏内填记"某某或指示"，则称为选择指示人提单。记名指示提单或选择指示人提单中指名的"某某"既可以是银行的名称，也可以是托运人。

指示提单是一种可转让提单。提单的持有人可以通过背书的方式把它转让给第三者，而不须经过承运人认可，所以这种提单为买方所欢迎。而不记名指示（托运人指示）提单与记名指示提单不同，它没有经提单指定的人背书才能转让的限制，所以其流通性更大。指示提单在国际海运业务中使用较广泛。

3. 不记名提单（bearer B/L, or open B/L, or blank B/L）

提单上收货人一栏内没有指明任何收货人,而注明"提单持有人"(bearer)字样或将这一栏空白,不填写任何人的名称的提单。这种提单不需要任何背书手续即可转让,或提取货物,极为简便。承运人应将货物交给提单持有人,谁持有提单,谁就可以提货,承运人交付货物只凭单,不凭人。这种提单丢失或被窃,风险极大,若转入善意的第三者手中时,极易引起纠纷,故国际上较少使用这种提单。另外,根据有些班轮公会的规定,凡使用不记名提单。在给大副的提单副本中必须注明卸货港通知人的名称和地址。

《海商法》第七十九条规定:"记名提单:不得转让;指示提单:经过记名背书或者空白背书转让;不记名提单:无须背书,即可转让。"记名提单虽然安全,不能转让,对贸易各方的交易不便,用得不多。一般认为:由于记名提单不能通过背书转让,因此从国际贸易的角度看,记名提单不具有物权凭证的性质。不记名提单无须背书即可转让,任何人持有提单便可要求承运人放货,对贸易各方不够安全,风险较大,很少采用。指示提单可以通过背书转让,适应了正常贸易需要,所以在实践中被广泛应用。背书分为记名背书(special endorsement)和空白背书(endorsement in blank)。前者是指背书人(指示人)在提单背面写上被背书人的名称,并由背书人签名。后者是指背书人在提单背面不写明被背书人的名称。在记名背书的场合,承运人应将货物交给被背书人。反之,则只需将货物交给提单持有人。

(二)按货物是否已装船划分

1. 已装船提单(shipped B/L, or on board B/L)

已装船提单是指货物装船后由承运人或其授权代理人根据大副收据签发给托运人的提单。如果承运人签发了已装船提单,就是确认他已将货物装在船上。这种提单除载明一般事项外,通常还必须注明装载货物的船舶名称和装船日期,即是提单项下货物的装船日期。由于已装船提单对于收货人及时收到货物有保障,所以在国际货物买卖合同中一般都要求卖方提供已装船提单。根据国际商会1990年修订的《国际贸易术语解释通则》的规定,凡以CIF或CFR条件成立的货物买卖合同,卖方应提供已装船提单。在以跟单信用证为付款方式的国际贸易中,更是要求卖方必须提供已装船提单。国际商会1993年重新修订的《跟单信用证统一惯例》规定,如信用证要求海运提单作为运输单据时,银行将接受注明货物已装船或已装指定船只的提单。

2. 收货待运提单(received for shipment B/L)

收货待运提单又称备运提单、待装提单,或简称"待运提单"。它是承运人在收到托运人交来的货物但还没有装船时,应托运人的要求而签发的提单。签发这种提单时,说明承运人确认货物已交由承运人保管并存在其所控制的仓库或场地,但还未装船。所以,这种提单未载明所装船名和装船时间,在跟单信用证支付方式下,银行一般都不肯接受这种提单。但当货物装船,承运人在这种提单上加注装运船名和装船日期并签字盖章后,待运提单即成为已装船提单。同样,托运人也可以用待运提单向承运人换取已装船提单。我国《海商法》第七十四条对此作了明确的规定。

这种待运提单于19世纪晚期首先出现于美国,其优点在于:对托运人来说,他可以在货物交承运人保管之后至装船前的期间,尽快地从承运人手中取得可转让提单,以便融通资金,加速交易进程。而对于承运人来说,则有利于招揽生意,拓宽货源。但这种提单同时也存在一定的缺陷,第一,因待运提单没有装船日期,很可能因到货不及时而使货主遭受损失;第二,待运提单上没有肯定的装货船名,致使提单持有人在承运人违约时难以向法院申请扣押船;第三,待运提单签发后和货物装船前发生的货损、货差由谁承担也是提单所适用的法律和提单条款本身通常不能明确规定的问题,实践中引起的责任纠纷也难以解决。基于上述原因,在贸易实践中,买方一般不愿意接受这种提单。

随着集装箱运输的发展,承运人在内陆收货越来越多,而货运站不能签发已装船提单,货物装入集装箱后没有特殊情况，一般货物质量不会受到影响。港口收到集装箱货物后，向托运人签发"场站收据"，托运人可持"场站收据"向海上承运人换取"待运提单"，这里的待运提单实质上是"收货待运提单"。由于在集装箱运输中，承运人的责任期间已向两端延伸，所以根据《联合国国际货物多式联运公约》和《跟单信用证统一惯例》的规定，在集装箱运输中银行还是可以接受以这种提单办理货款的结汇的。

我国《海商法》第七十四条规定："货物装船前，承运人已经应托运人的要求签发收货待运提单或者其他单证的，货物装船完毕，托运人可以将收货待运提单或者其他单证退还承运人，以换取已装船提单，承运人也可以在收货待运提单上加注承运船舶的船名和装船日期，加注后的收货待运提单视为已装船提单。"由此可见，从承运人的责任来讲，集装箱的"收货待运提单"与"已装船提单"是相同的。因为集装箱货物的责任期间是从港口收货时开始的，与非集装箱装运货物从装船时开始不同。现在跟单信用证惯例也允许接受集装箱的"收货待运"提单。但是在目前国际贸易的信用证仍往往规定海运提单必须是"已装船提单"，使开证者放心。

（三）按提单上有无批注划分

1. 清洁提单（clean B/L）

在装船时，货物外表状况良好，承运人在签发提单时，未在提单上加注任何有关货物残损、包装不良、件数、重量和体积，或其他妨碍结汇的批注的提单称为清洁提单。

使用清洁提单在国际贸易实践中非常重要，买方要想收到完好无损的货物，首先必须要求卖方在装船时保持货物外观良好，并要求卖方提供清洁提单。根据国际商会《跟单信用证统一惯例》第三十四条规定："清洁运输单据，是指货运单据上并无明显地声明货物及/或包装有缺陷的附加条文或批注者；银行对有该类附加条文或批注的运输单据，除信用证明确规定接受外，当拒绝接受。"可见，在以跟单信用证为付款方式的贸易中，通常卖方只有向银行提交清洁提单才能取得货款。清洁提单是收货人转让提单时必须具备的条件，同时也是履行货物买卖合同规定的交货义务的必要条件。

我国《海商法》第七十六条规定："承运人或者代其签发提单的人未在提单上批注货物表面状况的，视为货物的表面状况良好。"由此可见，承运人一旦签发了清洁提单，货物在卸货港卸下后，如发现有残损，除非是由于承运人可以免责的原因所致，承运人必须负责赔偿。

2. 不清洁提单（unclean B/L or foul B/L）

在货物装船时，承运人若发现货物包装不牢、破残、渗漏、玷污、标志不清等现象时，大副将在收货单上对此加以批注，并将此批注转移到提单上，这种提单称为不清洁提单，我国《海商法》第七十五条规定："承运人或者代其签发提单的人，知道或者有合理的根据怀疑提单记载的货物品名、标志、包数或者件数、重量或者体积与实际接收的货物不符，在签发已装船提单的情况下怀疑与已装船的货物不符，或者没有适当的方法核对提单记载的，可以在提单上批注，说明不符之处，怀疑的根据或者说明无法核对。"

实践中承运人接受货物时，如果货物外表状况不良，一般先在大副收据上作出记载，在正式签发提单时，再把这种记载转移到提单上。在国际贸易的实践中，银行是拒绝出口商以不清洁提单办理结汇的。为此，托运人应把损坏或外表状况有缺陷的货物进行修补或更换。习惯上的变通办法是由托运人出具保函，要求承运人不要将大副收据上所作的有关货物外表状况不良的批注转批到提单上，而根据保函签发清洁提单，以使出口商能顺利完成结汇。但是，承运人因未将大副收据上的批注转移提单上，承运人可能承担对收货人的赔偿责任，承运人因此遭受损失，应由托运人赔偿。那么，托运人是否能够赔偿，在向托运人追偿时，往往难以得到法律的保护，而承担很大的风险。承运人与收货人之间的权利义务是提单条款的规定，而不是保函的保证。所以，承运人不能凭保函拒赔，保函对收货人是无效的，如果承、托双方的做法损害了第三者收货人的利益，有违民事活动的诚实信用的基本原则，容易构成与托运人的串通，对收货人进行欺诈行为。

由于保函换取提单的做法，有时确实能起到变通的作用，故在实践中难以完全拒绝，我国最高人民法院在《关于保函是否具有法律效力问题的批复》中指出："海上货物运输的托运人为换取清洁提单而向承运人出具的保函，对收货人不具有约束力。不论保函如何约定，都不影响收货人向承运人或托运人索赔；对托运人和承运人出于善意而由一方出具另一方接受的保函，双方均有履行之义务。"承运人应当清楚自己在接受保函后所处的地位，切不可掉以轻心。

（四）根据运输方式的不同划分

1. 直达提单（direct B/L）

直达提单，又称"直运提单"，是指货物从装货港装船后，中途不经转船，直接运至目的港卸船交与收货人的提单。直达提单上不得有"转船"或"在某港转船"的批注。凡信用证规定不准转船者，必须使用这种直达提单。如果提单背面条款印有承运人有权转船的"自由转船"条款者，则不影响该提单成为直达提单的性质。

使用直达提单，货物由同一船舶直运目的港，对买方来说比中途转船有利得多，它既可以节省费用、减少风险，又可以节省时间，及早到货。因此，通常买方只有在无直达船时才同意转船。在贸易实务中，如信用证规定不准转船，则买方必须取得直达提单才能结汇。

2. 转船提单（transhipment B/L）

转船提单是指货物从起运港装载的船舶不直接驶往目的港，需要在中途港口换装其他船舶转运至目的港卸货，承运人签发这种提单称为转船提单。在提单上注明"转运"或在"某某港转船"字样，转船提单往往由第一程船的承运人签发。由于货物中途转船，增加了转船费用和风险，并影响到货时间，故一般信用证内均规定不允许转船，但直达船少或没有直达船的港口，买方也只好同意可以转船。

按照海牙规则，如船舶不能直达货物目的港，非中转不可，一定要事先征得托运人同意。船舶承运转船货物，主要是为了扩大营业、获取运费。转运的货物，一般均属零星杂货，如果是大宗货物，托运人可以租船直航目的港，也就不发生转船问题。转运货物船方的责任可分下列三种情况：①第一航程与第二航程的承运人对货物的责任各自负责，互不牵连；②第一航程的承运人在货物转运后承担费用，但不负责任；③第一航程的承运人对货物负责到底。上述三项不同责任，须根据转运的过程和措施不同而定。

3. 联运提单（through B/L）

联运提单是指货物运输需经两段或两段以上的运输方式来完成，如海陆、海空或海海等联合运输所使用的提单。船船（海海）联运在航运界也称为转运，包括海船将货物送到一个港口后再由驳船从港口经内河运往内河目的港。

联运的范围超过了海上运输界限，货物由船舶运送经水域运到一个港口，再经其他运输工具将货物送至目的港，先海运后陆运或空运，或者先空运、陆运后海运。当船舶承运由陆路或飞机运来的货物继续运至目的港时，货方一般选择使用船方所签发的联运提单。

4. 多式联运提单（multimodaL transport B/L or intermodal transport B/L）

这种提单主要用于集装箱运输。是指一批货物需要经过两种以上不同运输方式，其中一种是海上运输方式，由一个承运人负责全程运输，负责将货物从接收地运至目的地交付收货人，并收取全程运费所签发的提单。提单内的项目不仅包括起运港和目的港，而且列明一程、二程等运输路线，以及收货地和交货地。

（五）按提单内容的简繁划分

1. 全式提单（long form B/L）

全式提单是指提单除正面印就的提单格式所记载的事项，背面列有关于承运人与托运人及收货人之间权利、义务等详细条款的提单。由于条款繁多，所以又称繁式提单。在海运的实际业务中大量使用的大都是这种全式提单。

2. 简式提单（short form B/L, or simple B/L）

简式提单，又称"短式提单"、"略式提单"，是相对于全式提单而言的，是指提单背面没有关于承运人与托运人及收货人之间的权利、义务等详细条款的提单。这种提单一般在正面印有"简式"（short form）字样，以示区别。简式提单中通常列有如下条款："本提单货物的收受、保管、运输和运费等事项，均按本提单全式提单的正面、背面的铅印、手写、印章和打字等书面条款和例外条款办理，该全式提单存本公司及其分支机构或代理处，可供托运人随时查阅。"

简式提单通常包括租船合同项下的提单和非租船合同项下简式的提单。

（1）租船合同项下的提单。在以航次租船的方式运输大宗货物时，船货双方为了明确双方的权利、义务首先要订立航次租船合同，在货物装船后承租人要求船方或其代理人签发提单，作为已经收到有关货物的收据，这种提单就是"租船合同项下的提单"。因为这种提单中注有"所有条件均根据某年某月某日签订的租船合同"（All terms and conditions as per charter party dated...）；或者注有"根据……租船合同开立"字样，所以，它要受租船合同的约束。因为银行不愿意承担可能发生的额外风险，所以当出口商以这种提单交银行议付时，银行一般不愿接受。只有在开证行授权可接受租船合同项下的提单时，议付银行才会同意，但往往同时要求出口商提供租船合同副本。国际商会《跟单信用证统一惯例》规定，除非信用证另有规定，银行将拒收租船合同项下的提单。

根据租船合同签发的提单所规定的承运人责任，一般应和租船合同中所规定的船东责任相一致。如果提单所规定的责任大于租船合同所规定的责任，在承租人与船东之间仍以租船合同为准。

（2）非租船合同项下的简式提单。为了简化提单备制工作，有些船公司实际上只签发给托运人一种简式提单，而将全式提单留存，以备托运人查阅。这种简式提单上一般印有"各项条款及例外条款以本公司正规的全式提单所印的条款为准"等内容。按照国际贸易惯例，银行可以接受这种简式提单。这种简式提单与全式提单在法律上具有同等效力。

（六）按签发提单的时间划分

1. 倒签提单（anti-dated B/L）

倒签提单是指承运人或其代理人应托运人的要求，在货物装船完毕后，以早于货物实际装船日期为签发日期的提单。当货物实际装船日期晚于信用证规定的装船日期，若仍按实际装船日期签发提单，托运人就无法结汇。为了使签发提单的日期与信用证规定的装运日期相符，以利结汇，承运人应托运人的要求，在提单上仍以信用证的装运日期填写签发日期，以免违约。

签发这种提单，尤其当倒签时间过长时，有可能推断承运人没有使船舶尽快速遣，因而承担货物运输延误的责任。特别是市场上货价下跌时，收货人可以以"伪造提单"为借口拒绝收货，并向法院起诉要求赔偿。承运人签发这种提单是要承担一定风险的。但是为了贸易需要，在一定条件下，比如在该票货物已装船完毕，但所签日期是船舶已抵港并开始装货，而所签提单的这票货尚未装船，是尚未装船的某一天；或签单的货物是零星货物而不是数量很大的大宗货；或倒签的时间与实际装船完毕时间的间隔不长等情况下，取得了托运人保证承担一切责任的保函后，才可以考虑签发。

2. 顺签提单（post-date B/L）

顺签提单是指货物装船后，承运人或者船代应货主的要求，以晚于该票货物实际装船完毕的日期作为提单签发日期的提单。这是为了符合有关合同关于装运日期的规定，应托运人的要求而顺签日期签发。在这种情况下，如果货物在实际装船后提单顺签日期前发生货损，收货人将面临索赔问题。

3. 预借提单（advanced B/L）

预借提单是指货物尚未装船或尚未装船完毕的情况下，信用证规定的结汇期（即信用证的有效期）即将届满，托运人为了能及时结汇，而要求承运人或其代理人提前签发的已装船清洁提单，即托运人为了能及时结汇而从承运人那里借用的已装船清洁提单。

这种提单往往是当托运人未能及时备妥货物或船期延误，船舶不能按时到港接受货载，估计货物装船完毕的时间可能超过信用证规定的结汇期时，托运人采用从承运人那里借出提单用以结汇，当然必须出具保函。签发这种提单承运人要承担更大的风险，可能构成承、托双方合谋对善意的第三者收货人进行欺诈。

签发这种提单的后果：

（1）因为货物尚未装船而签发提单，即货物未经大副检验而签发清洁提单，有可能增加承运人的赔偿责任。

（2）因签发提单后，可能因种种原因改变原定的装运船舶，或发生货物灭失、损坏或退关，这样就会很容易地使收货人掌握预借提单的事实，以欺诈为由拒绝收货，并向承运人提出索赔要求，甚至诉讼。

（3）不少国家的法律规定和判例表明，在签发预借提单的情况下，承运人不但要承担货损赔偿责任，而且会丧失享受责任限制和援引免责条款的权利，即使该票货物是因免责事项原因受损的，承运人也必须赔偿货物的全部损失。

签发倒签或预借提单，对承运人的风险很大，由此引起的责任承运人必须承担，尽管托运人往往向承运人出具保函，但这种保函同样不能约束收货人。比较而言，签发预借提单比签发倒签提单对承运人的风险更大，因为预借提单是承运人在货物尚未装船，或者装船还未完毕时签发的。我国法院对承运人签发预借提单的判例，不但由承运人承担了由此而引起的一切后果，赔偿货款损失和利息损失，还赔偿了包括收货人向第三人赔付的其他各项损失。

4. 过期提单（stale B/L）

过期提单有两种含义，一是指出口商在装船后延滞过久才交到银行议付的提单。按国际商会500号出版物《跟单信用证统一惯例》1993年修订本第四十二条规定："如信用证无特殊规定，银行将拒受在运输单据签发日期后超过21天才提交的单据。在任何情况下，交单不得晚于信用证到期日。"二是指提单晚于货物到达目的港，这种提单也称为"过期提单"。因此，近洋国家的贸易合同一般都规定有"过期提单也可接受"的条款（Stale B/L is acceptance）。

（七）按收费方式划分

1. 运费预付提单（freight prepaid B/L）

成交CIF、CFR价格条件为运费预付，按规定货物托运时，必须预付运费。在运费预付情况下出具的提单称为运费预付提单。这种提单正面载明"运费预付"字样，运费付后才能取得提单；付费后，若货物灭失，运费不退。

2. 运费到付提单（freihgt to collect B/L）

以FOB条件成交的货物，不论是买方订舱还是买方委托卖方订舱，运费均为到付（freight payable at destinaiion），并在提单上载明"运费到付"字样，这种提单称为运费到付提单。货物运到目的港后，只有付清运费，收货人才能提货。

3. 最低运费提单（minimum B/L）

最低运费提单是指对每一提单上的货物按起码收费标准收取运费所签发的提单。如果托运人托运的货物批量过少，按其数量计算的运费额低于运价表规定的起码收费标准时，承运人均按起码收费标准收取运费，为这批货物所签发的提单就是最低运费提单，也可称为起码收费提单。

（八）其他各种特殊提单

1. 运输代理行提单（house B/L）

运输代理行提单是指由运输代理人签发的提单。在航运实践中，为了节省费用、简化手续，有时运输代理行将不同托运人发运的零星货物集中在一套提单上托运，而由承运人签发给运输代理行成组提单，由于提单只有一套，各个托运人不能分别取得提单，只好由运输代理人向各托运人签发运输代理人（行）的提单。由于集装箱运输的发展，运输代理人组织的拼箱货使用这种提单有利于提高效率，所以这种提单的使用正在扩展。

一般情况下，运输代理行提单不具有提单的法律地位，它只是运输代理人收到托运货物的收据，而不是一种可以转让的物权凭证，故不能凭此向承运人提货。根据国际商会《跟单信用证统一惯例》1993年修订本的规定，除非提单表明运输行作为承运人（包括无船承运人）或承运人的代理人出具的提单，或国际商会批准的"国际货运代理协会联合会"的运输提单可以被银行接受外，银行将拒收这种提单。

2. 合并提单（omnibus B/L）

合并提单是指根据托运人的要求，将同一船舶装运的同一装货港、同一卸货港、同一收货人的两批或两批以上相同或不同的货物合并签发一份提单。托运人或收货人为了节省运费，常要求承运人将本应属于最低运费提单的货物与其他另行签发提单的货物合并在一起只签发一份提单。

3. 并装提单（combined B/L）

这是将两批或两批以上品种、质量、装货港和卸货港相同，但分属于不同收货人的液体散装货物并装于同一液体货舱内，而分别为每批货物的收货人签发一份提单时，其上加盖有"并装条款"印章的提单，称为并装提单。在签发并装提单的情况下，应在几个收货人中确定一个主要收货人（通常是其中批量最大的收货人），并由这个主要收货人负责分摊各个收货人应分担的货物自然损耗和底脚损耗。

4. 分提单（separte B/L）

这是指承运人依照托运人的要求，将本来属于同一装货单上其标志、货种、等级均相同的同一批货物，托运人为了在目的港收货人提货方便，分开签多份提单，分属于几个收货人，这种提单称为分提单。只有标志、货种、等级均相同的同一批货物才能签发分提单，否则，会因在卸货港理货，增加承运人理货、分标志费用的负担。分提单一般除了散装油类最多不超过5套外，其他货物并无限制。

5. 交换提单（switch B/L）

它是指在直达运输的条件下，应托运人的要求，承运人承诺，在某一约定的中途港凭在启运港签发的提单另换发一套以该中途港为启运港，但仍以原来的托运人为托运人的提单，并注明"在中途港收回本提单，另换发以该中途港为启运港的提单"或"switch B/L"字样的提单。当贸易合同规定以某一特定港口为装货港，而作为托运人的卖方因备货原因，不得不在这一特定港口以外的其他港口装货时，为了符合贸易合同和信用证关于装货港的要求，常采用这种变通的办法，要求承运人签发这种交换提单。

签发交换提单的货物，一般由同一艘船进行直达运输，中途港并不换装，只不过由承运人在中途港的代理人收回原在启运港签发的提单，另签发以中途港为货物启运港的提单而已。

6. 舱面货提单（On Deck B/L）

舱面货提单又称甲板货提单。这是指货物装于露天甲板上承运时，并于提单注明"装于舱面"（On Deck）字样的提单。

在贸易实践中，有些体积庞大的货物以及某些有毒货物和危险物品不宜装于舱内，只能装在船舶甲板上。货物积载于甲板承运，遭受灭失或损坏的可能性很大，除商业习惯允许装于舱面的货物如木材，法律或有关法规规定必须装于舱面的货物，承运人和托运人之间协商同意装于舱面的货物外，承运人或船长不得随意将其他任何货物积载于舱面承运。如果承运人擅自将货物装于舱面，一旦灭失或损坏，承运人不但要承担赔偿责任，而且还将失去享受的赔偿责任限制的权利。但是，如果签发的是表明承、托双方协商同意的，注有"装于舱面"字样的舱面提单，而且实际上也是将货物积载于舱面，那么，只要货物的灭失或损坏不是承运人的故意行为造成的，承运人仍可免责。否则即使货物装在甲板上而没有批注，承运人对此要像装舱内货一样负责。

为了减轻风险，买方一般不愿意把普通货物装在舱面上，有时甚至在合同和信用证中明确规定，不接受舱面货提单。银行为了维护开证人的利益，对这种提单一般也予以拒绝。

7. 包裹提单（parcel receipt B/L）

包裹提单是指以包裹形式托运的货物而签发的提单。这是承运人根据贸易上的特殊需要而设定的一种提单。它只适用于少量货物或行李，以及样品和礼品的运输。对于这种提单，承运人一般都对货物的重量、体积和价值规定了限制条件，比如重量不得超过45kg（或100 lb）；体积不超过0.15立方米（或5立方英尺）；价值在10英镑以下等。对于包裹提单的货物，收取较低的运费，小量样品甚至可免费运送。这种提单不能转让，对货物的灭失，承运人也不承担赔偿责任。

8. 集装箱提单（container B/L）

集装箱提单是集装箱货物运输下主要的货运单据，负责集装箱运输的经营人或其代理人，在收到集装箱货物后而签发给托运人的提单。它与普通货物提单的作用和法律效力基本相同，但也有其特点：

（1）由于集装箱货物的交接地点不同，一般情况下，由集装箱堆场或货运站在收到集装箱货物后签发场站收据，托运人以此换取集装箱提单结汇。

（2）集装箱提单的承运人责任有两种：一是在运输的全过程中，各段承运人仅对自己承担的运输区间所发生的货损负责；二是多式联运经营人对整个运输承担责任。

（3）集装箱内所装货物，必须在条款中说明。因为有时由发货人装箱，承运人不可能知道内装何物，一般都有"Said to Contain"条款，否则损坏或灭失时整个集装箱按一件赔偿。

（4）提单内说明箱内货物数量、件数，铅封是由托运人来完成的，承运人对箱内所载货物的灭失或损坏不予负责，以保护承运人的利益。

（5）在提单上不出现 On Deck 字样。

（6）集装箱提单上没有"装船"字样，它们都是收讫待运提单，而提单上却没有"收讫待运"字样。

另外，提单按船舶经营性质划分为班轮提单和租船提单，按提单使用有效性可划分为正本提单和副本提单，按货物运输形式划分为件杂货提单和集装箱运输提单；按货物进出口划分为进口货运提单和出口货运提单，等等。

第四节　海上运输航线和港口

一、海运航线的概念及分类

世界各地的水域，在港湾、潮流、风向、水深及地球球面距离等自然条件的限制下，可供船舶航行的一定路径，称为海运航路。船舶在两个或多个港口之间从事货物运输的线路称为海运航线。海运航线可从不同角度按多种方式进行分类。

（一）按船舶营运方式分

按船舶营运方式可将海运航线分为定期航线和不定期航线。定期航线是指使用固定的船舶，按固定的船期和港口航行，并以相对固定的运价经营客货运输业务的航线。定期航线又称班轮航线，主要装运杂货物。不定期航线是临时根据货运的需要而选择的航线。船舶，船期，挂靠港口均不固定，是以经营大宗，低价货物运输业务为主的航线。

（二）按航程的远近分

按航程的远近可分为远洋航线、近洋航线和沿海航线。远洋航线（ocean - going shipping line）指航程距离较远，船舶航行跨越大洋的运输航线，如远东至欧洲和美洲的航线。我国习惯上以亚丁港为界，把去往亚丁港以西，包括红海两岸和欧洲以及南北美洲广大地区的航线划为远洋航线。近洋航线（near - sea shipping line）指本国各港口至邻近国家港口间的海上运输航线的统称。我国习惯上把航线在亚丁港以东地区的亚洲和大洋洲的航线称为近洋航线。沿海航线（coastal shipping line）指本国沿海各港之间的海上运输航线，如上海—广州，青岛—大连等航线。

（三）按航行的海洋范围分

海运航线按航行海洋的范围可分为太平洋航线、大西洋航线、印度洋航线及北冰洋航线四种类别，如图 7 - 1 所示，下文将进行具体阐述。

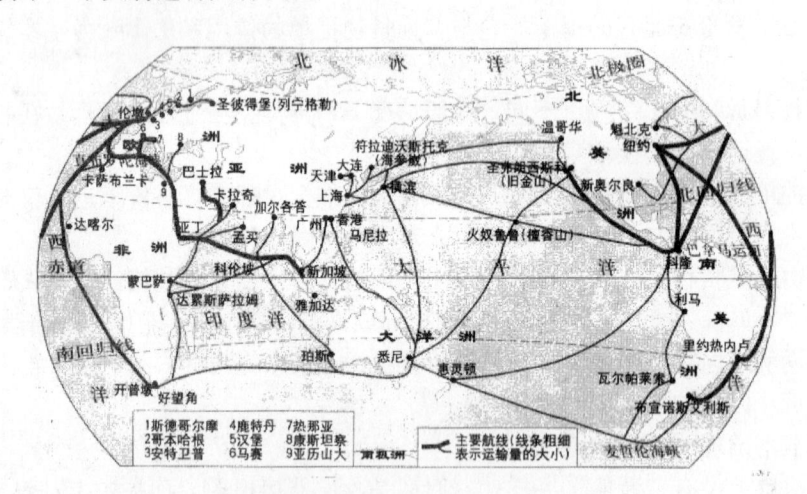

图 7 - 1 世界海运航线图

二、世界海运航线

（一）太平洋航线

太平洋沿岸有 30 多个国家和地区，经济水平比较发达。太平洋航线主要包括以下几组。

1. 远东—北美西海岸各港航线

该航线包括从中国、韩国、日本和俄罗斯远东海港出发到加拿大、美国、墨西哥等北美西海岸各港，是战后货运量增长最快、货运量最大的航线之一。该航线随季节也有波动，一般夏季偏北、冬季南移，以避北太平洋的海雾和风暴。该航线以日本与美国、加拿大贸易量为最大，其次是韩国。

2. 远东—加勒比海、北美东海岸各港航线

该航线不仅要横渡北太平洋，还越过巴拿马运河，因此一般偏南，横渡大洋的距离也较长，夏威夷群岛的火奴鲁鲁港是它们的航站，船舶在此添加燃料和补给品等，本航线也是太平洋货运量最大的航线之一。

3. 远东—南美西海岸各港航线

该航线主要从我国北方沿海各港出发的船舶多经琉球奄美大岛、硫磺列岛、威客岛、夏威夷群岛之南的莱思群岛附近穿越赤道进入南太平洋至南美西海岸各港。该航线与上航线相同的是都要横渡大洋、航线长，要经过太平洋中枢纽站，但不同的是用不着过巴拿马运河。

4. 远东—澳、新航线

由于澳大利亚面积辽阔，远东至新西兰和澳大利亚东海岸与去澳大利亚西海岸的航线有所不同。我国北方沿海各港及日本等国去澳东海岸和新西兰港口，走琉球、加罗林群岛，进入所罗门海、珊瑚海。但中澳之间的集装箱航线则由我国北方港口南下经香港加载后经南海、苏拉威西海、班达海、阿拉弗海，然后进入珊瑚海、塔斯曼海。去澳西海岸航线，多半经菲律宾的民都洛海峡，然后经望加锡海峡、龙目海峡南下。该航线不需要横跨太平洋，而在西太平洋南北航行，离陆近，航线较短。由于北部一些岛国（地区）工业发达而资源贫乏，而南部国家资源丰富，因而初级产品运输特别繁忙。

5. 东亚—东南亚各港航线

它指日本、韩国、朝鲜、俄国远东及中国各港西南行至东南亚各国港口。该航线短，但往来频繁，地区间贸易兴旺，且发展迅速。

6. 远东—北印度洋、地中海、西北欧航线

该航线大多经马六甲海峡往西，也有许多初级产品经龙目海峡与北印度洋国家间往来，如石油等。经苏伊士运河至地中海、西北欧的运输以制成品集装箱运输为多。本航线货运繁忙。

7. 东亚—东南非、西非、南美东海岸航线

该航线大多经东南亚过马六甲海峡或过巽他海峡西南行至东南非各港，或再过好望角去西非国家各港，或横越南大西洋至南美东海岸国家各港。该航线也以运输资源型货物为主。

8. 澳、新—北美西、东海岸航线

澳新至北美西海岸各港，一般都经过苏瓦和火奴鲁鲁等这些太平洋航运枢纽。至北美东海岸各港及加勒比海国家各港，需经巴拿马运河。

9. 澳、新—南美西海岸国家各港航线

该航线需横越南太平洋。由于两岸国家和人口均少，故贸易量最少，航船稀疏。

10. 北美东、西海岸—南美西海岸航线

本航线都在南北美洲大陆近洋航行，由于南美西岸国家、人口少，面积小，南北之间船舶往来较少。南北美西海岸至北美东海岸各港要经巴拿马运河。

（二）大西洋航线

1. 西北欧—北美东岸各港航线

该航线连接北美和西北欧这两个经济发达的地区，航运贸易的历史也悠久，船舶往来特别繁忙，客货运量大。

2. 西北欧—地中海、中东、远东、澳新各港航线

西北欧至地中海航线主要是欧洲西北部与欧洲南部国家之间的连线，距离较短。但过苏伊士运河至中东、远东、澳新地区航线就大大增长，然而它们是西北欧与亚太地区、中东海湾间最便捷的航线，货运量也大，是西北欧地区第二大航线。

3. 西北欧—加勒比海岸各港航线

该航线横渡北大西洋，过向风、莫纳海峡，有的还与过巴拿马运河的太平洋航线连接。

4. 欧洲—南美东海岸或非洲西海岸各港航线

该航线多经加纳利群岛货达喀尔港歇脚，是欧洲发达国家与南大西洋两岸发展中国家的贸易航线，欧洲国家输出的大多是工业品，输入的都以初级产品为多。

5. 北美东岸—地中海、中东、亚太地区航线

该航线与西北欧—地中海、中东、远东航线相似，但航线更长，需横渡北大西洋。货物以石油、集装箱货为主。

6. 北美东海岸—加勒比海沿岸各国港口航线

该航线较短，但航船密度频繁，不仅有该两地区各国港口间往来船只，还有过巴拿马运河至远东、南北美西海岸国家港口间往来船只。

7. 北美东海岸—南美东海岸港口航线

该航线是南北美洲之间工业品与农矿产品对流航线。

8. 南北美洲东岸—好望角航线

北美东海岸港口经好望角至中东海湾是巨型油轮的运输线，20万吨级以上油轮需经此，还有西北欧的巨型油轮也经此。南美洲东岸港口过好望角航线不仅有原油，还有铁矿石等初级产品。中国、日本、韩国等运输巴西的铁矿石经过此航线。

（三）印度洋航线

印度洋航线以石油运输线为主。此外，由于印度洋的特殊地理位置，其航线可以将大西洋与太平洋连接起来，因此经过的航线众多，有不少是大宗货物的过境运输。

1. 中东海湾—远东各国港口航线

该航线东行都以石油为主，特别是往日本、韩国的石油运输，西行以工业品、食品为多。

2. 中东海湾—欧洲、北美东海岸港口航线

该航线的超级油轮都经莫桑比克海峡、好望角绕行。由于苏伊士运河的不断开拓，通过运河的油轮日益增多，目前25万吨级满载轮已能安全通过。

3. 远东—苏伊士运河航线

该航线多半仅为通过，联结远东与欧洲、地中海两大贸易区各港，航船密度大，尤以集装箱船运输繁忙。

4. 澳大利亚—苏伊士运河、中东海湾航线

该航线把澳大利亚、新西兰与西欧原有"宗主国"间传统贸易联结在一起，也把海湾的石油与澳新的农牧产品进行交换。

5. 南非—远东航线

该航线巴西、南非的矿产输往日本、韩国、还有中国，也把工业品回流。

6. 南非—澳新航线

该南印度洋横渡航线在印度洋中航船最少。

（四）北冰洋航线

由于北冰洋系欧、亚、北美三洲的顶点，为联系三大洲的捷径。鉴于地理位置的特殊性，目前，北冰洋已开辟有从摩尔曼斯克经巴伦支海、喀拉海、拉普捷夫海、东西伯利亚海、楚科奇海，白令海峡至俄国远东港口的季节性航海线；以及从摩尔曼斯克直达斯瓦尔巴群岛、冰岛的雷克雅未克和英国的伦敦等航线。随着航海技术的进一步发展和北冰洋地区经济的开发，北冰洋航线也将会有更大的发展。

（五）集装箱航线

目前，世界上规模最大的三条集装箱航线是远东—北美航线，远东—欧洲、地中海航线和北美—欧洲、地中海航线。这三条航线将当今全世界人口最稠密、经济最发达的三个板块—北美、欧洲和远东联系起来。这三大航线的集装箱运量占了世界集装箱水路运量的大半壁江山。

1. 远东—北美航线

远东—北美航线实际上又可分为两条航线，即远东—北美西岸航线和远东—北美东海岸、海湾航线。

远东—北美西海岸航线这条航线主要由远东—加利福尼亚航线和远东—西雅图、温哥华航线组成。它涉及的港口主要包括远东的高雄、釜山、上海、香港、东京、神户、横滨等和北美西海岸的长滩、洛杉矶、西雅图、塔科马、奥克兰和温哥华等。涉及的国家和地区包括亚洲的中国、韩国、日本和中国的香港、中国台湾地区以及北美的美国和加拿大西部地区。这两个区域经济总量巨大，人口特别稠密，相互贸易量很大。近年来，随着中国经济总量的稳定增长，在这条航线上的集装箱运量越来越大。目前，仅上海港在这条航线上往来于美国西海岸的班轮航线就多达四十几条。

远东—北美东海岸航线这条航线主要由远东—纽约航线等组成，涉及北美东海岸地区的纽约—新泽西港、查尔斯顿港和新奥尔良港等。这条航线将海湾地区也串了起来。在这条航线上，有的船公司开展的是"钟摆式"航运，即不断往返于远东与北美东海岸之间；有的则是经营环球航线，即从东亚开始出发，东行线为：太平洋→巴拿马运河→大西洋→地中海→苏伊士运河→印度洋→太平洋；西行线则反向而行，航次时间为80天。

2. 远东—欧洲、地中海航线

远东—欧洲、地中海航线也被称为欧洲航线，它又可分为远东—欧洲航线和远东—地中海航线两条。

远东—欧洲航线这条航线是世界上最古老的海运定期航线。这条航线在欧洲地区涉及的主要港口有荷兰的鹿特丹港，德国的汉堡港、不来梅港，比利时的安特卫普港，英国的费利克斯托港等。这条航线大量采用了大型高速集装箱船，组成了大型国际航运集团开展运输。这条航线将中国、日本、韩国和东南亚的许多国家与欧洲联系起来，贸易量与货运量十分庞大。与这条航线配合的，还有西伯利亚大陆桥、新欧亚大陆等欧亚之间的大陆桥集装箱多式联运。

远东—地中海航线这条航线由远东，经过地中海，到达欧洲。与这条航线相关的欧洲港口主要有西班牙南部的阿尔赫西拉斯港、意大利的焦亚陶罗港和地中海中央马耳他南端的马尔萨什洛克港。

3. 北美—欧洲、地中海航线

处于北美、欧洲、远东三大地域与经济板块另一极的，是北美—欧洲、地中海航线。北美—欧洲、地中海航线实际由三条航线组成，分别为北美东海岸、海湾—欧洲航线，北美东海岸、海湾—地中海航线和北美西海岸—欧洲、地中海航线。这一航线将世界上最发达与富庶的两个区域联系起来，船公司之间在集装箱水路运输方面的竞争最为激烈。

三、外贸物流海运港口

港口是具有水陆联运设备和条件，供船舶安全进出和停泊的运输枢纽，是工农业产品和外贸进出口物资的集散地，是船舶停泊、装卸货物、上下旅客、补充给养的场所。由于港口是联系内陆腹地和海洋运输的一个天然界面，因此，人们也把港口作为外贸物流的一个特殊节点。

（一）海运港口类型

1. 基本港（base port）

它是运价表现定班轮公司的船一般要定期挂靠的港口。大多数为位于中心的较大口岸，港口设备条件比较好，货载多而稳定。规定为基本港口就不再限制货量。运往基本港口的货物一般均为直达运输，无须中途转船。但有时也因货量太少，船方决定中途转运，由船方自行安排，承担转船费用。按基本港口运费率向货方收取运费，不得加收转船附加费或直航附加费。并应签发直达提单。

2. 非基本港（Non-base port）

凡基本港口以外的港口都称为非基本港口。非基本港口一般除按基本港口收费外，还需另外加收转船附加费。达到一定货量时则改为加收直航附加费。例如新几内亚航线的侯尼阿腊港（HONIARA），便是所罗门群岛的基本港口；而基埃塔港（KIETA），则是非基本港口。运往基埃塔港口的货物运费率要在侯尼阿腊运费率的基础上增加转船附加费 43.00 美元（USD）/FT。

3. 枢纽港

在局部地区起主要作用的港口。

4. 始发港

对于某个船只来说的首次出发的港口。

5. 中转港

对于某个船只来说的途经的港口。

6. 目的港

对于某个船只来说的最终到达的港口。

（二）海运港口组成

1. 水域

水域通常包括进港航道、锚泊地和港池。

进港航道要保证船舶安全方便地进出港口，必须有足够的深度和宽度、适当的位置、方向和弯道曲率半径，避免强烈的横风、横流和严重淤积，尽量降低航道的开辟和维护费用。当港口位于深水岸段，低潮或低水位时天然水深已足够船舶航行需要时，无须人工开挖航道，但要标志出船舶出入港口的最安全方便路线。如果不能满足上述条件并要求船舶随时都能进出港口，则须开挖人工航道。人工航道分单向航道和双向航道。大型船舶的航道宽度为 80～300 米，小型船舶的为 50～60 米。

锚泊地指有天然掩护或人工掩护条件能抵御强风浪的水域，船舶可在此锚泊、等待靠泊码头或离开港口。如果港口缺乏深水码头泊位，也可在此进行船转船的水上装卸作业。内河驳船船队还可在此进行编、解队和换拖（轮）作业。

港池指直接和港口陆域毗连，供船舶靠离码头、临时停泊和调头的水域。港池按构造形式分，有开敞式港池、封闭式港池和挖入式港池。港池尺度应根据船舶尺度、船舶靠离码头方式、水流和风向的影响及调头水域布置等确定。开敞式港池内不设闸门或船闸，水面随水位变化而升降。封闭式港池池内设有闸门或船闸，用以控制水位，适用于潮差较大的地区。挖入式港池在岸地上开挖而成，多用于岸线长度不足，地形条件适宜的地方。

2. 陆域

它指港口供货物装卸、堆存、转运和旅客集散之用的陆地面积。陆域上有进港陆上通道（铁路、道路、运输管道等）、码头前方装卸作业区和港口后方区。前方装卸作业区供分配货物，布置码头前沿铁路、道路、装卸机械设备和快速周转货物的仓库或堆场（前方库场）及候船大厅等之用。港口后方区供布置港内铁路、道路、较长时间堆存货物的仓库或堆场（后方库场）、港口附属设施（车库、停车场、机具修理车间、工具房、变电站、消防站等）以及行政、服务房屋等。为减少港口陆域面积，港内可不设后方库场。

（三）海运港口技术特征

1. 港口水深

港口的重要标志之一。表明港口条件和可供船舶使用的基本界限。增大水深可接纳吃水更大的船舶，但将增加挖泥量，增加港口水工建筑物的造价和维护费用。在保证船舶行驶和停泊安全的前提下，港口各处水深可根据使用要求分别确定，不必完全一致。对有潮港，当进港航道挖泥量过大时，可考虑船舶乘潮进出港。现代港口供大型干货海轮停靠的码头水深10～15米，大型油轮码头10～20米。

2. 码头泊位数

根据货种分别确定。除供装卸货物和上下旅客所需泊位外，在港内还要有辅助船舶和修船码头泊位。

3. 码头线长度

根据可能同时停靠码头的船长和船舶间的安全间距确定。

4. 港口陆域高程

根据设计高水位加超高值确定，要求在高水位时不淹没港区。为降低工程造价，确定港区陆域高程时，应尽量考虑港区挖、填方量的平衡。港区扩建或改建时，码头前沿高程应和原港区后方陆域高程相适应，以利于道路和铁路车辆运行。同一作业区的各个码头通常采用同一高程。

（四）世界主要海运港口

1. 中国香港（Hong Kong）

中国香港是全球最繁忙和效率最高的国际货柜港，也是全球供应链上的主要枢纽港。港口是中国香港特区的经济命脉之一，处理的货运量80%经由港口处理。2003年，中国香港特区处理的货柜达2 040万个标准箱（TEU），再次刷新货柜吞吐量纪录，再度成为全球最繁忙的港口。其中，葵涌货柜码头的吞吐量达1 210万个标准货柜箱，占全港口吞吐量的59%。余下41%的货柜则是在中流作业区、内河货运码头、公众货物起卸区、浮标和旋泊处及其他私人货仓码头处理。2004年香港货柜吞吐量为2 198万标准箱，2005年的港口货物装卸量为2 243万标准箱，成为世界第二大集装箱港口。

香港港口素以效率高著称，设施全部由私营公司投资、拥有和经营，各营办商积极引进新的货物管理技术，增强处理效率。政府的角色是负责制定长远的策略规划，提供所需的基建配套。

预计2010年香港货柜吞吐量达2 970万标准箱，到2020年，香港港口吞吐量将平均每年增长4%，2020年为4 050万标准箱。

2. 上海港（Shanghai）

上海港，地处中国内地东海岸的中部，是"黄金水道"长江与沿海运输通道构成的"T"字形水运网络的枢纽港，前通中国南、北沿海和世界各大洋，后贯长江流域及江、浙、皖内河、太湖流域，公路、铁路网纵横交错，可通达全国各地和世界各国港口。上海港过去长期位列新加坡港、鹿特丹港等世界名港之后，2004年全球港口排名第三位。

2005年上海港的货物吞吐量达4.43亿吨，首次超过新加坡港，成为世界第一大港。2005年上海港完成的集装箱吞吐量达到1 809万标准箱，比上年增长242%，继续稳居世界第三位。外贸吞吐量完成1.86亿吨，比上年增长17.2%。

3. 新加坡港 (Singapo)

新加坡港地处新加坡岛南端。该岛东西长42公里，南北宽22.5公里，既是新加坡的首都，也是天然良港。优越的地理位置是新加坡港迅速发展的重要条件。随着世界航运业的繁荣和马六甲海峡航运的繁忙，新加坡的作用和地位越来越重要。新加坡港内有34公里的码头群，能同时容纳30多艘巨轮停靠。从新加坡港起航，有250多条航线通往世界各主要港口。2005年，新加坡港的货物吞吐量为42亿吨，成为世界第二大港，以货物吞吐量计，2005年新加坡港集装箱货物装卸量为2 319万标准箱，较2004年的2 133万标准箱增长8.7%，成为世界上最繁忙的集装箱港口。这是自1999年后，其再次超越香港居世界第一位。新加坡港的管理非常现代化，采用的是最新的电子技术和机械。新加坡港还拥有40万吨级的巨型旱船坞和两个30万吨级的旱船坞，可以修理世界上最大的超级油轮，能够同时修理总吨位达210万吨级的船只是亚洲最大的修船基地。

4. 鹿特丹港 (Rotterdam)

鹿特丹港位于莱茵河与马斯河河口，西依北海，东溯莱茵河、多瑙河，可通至里海，有"欧洲门户"之称。港区面积约100平方公里，码头总长40公里，吃水最深处达22米，可停泊54.5万吨级的特大油轮。第二次世界大战后，随着欧洲经济复兴和共同市场的建立，鹿特丹港凭借优越的地理位置得到迅速发展，1961年吞吐量首次超过纽约港（1.8亿吨），成为世界第一大港。此后到2003年一直保持世界第一大港地位，2000年，吞吐量达3.2亿吨，创最高纪录。鹿特丹港现在是欧洲第一大港，世界第三大港，位列上海港和新加坡港之后。鹿特丹港有世界最先进的ECT集装箱码头（即无人操作装卸码头，俗称"鬼码头"），年运输量达640万标准箱，居世界第四位。它还是500多条航线的船籍港或停靠港，通往全球1 000余个港口，平均每天进出港货物达100多万吨。鹿特丹港目前每年约有3.5万艘海轮往返，13万艘内河船往来于鹿特丹港和其他欧陆港口之间。

鹿特丹港新建成的三大港区，第一是博特莱克港，包括港区及工业区在内占地面积为125平方公里。港区内建有各种专用码头和集装箱船、滚装船、载驳船作业区。第二是欧罗港区，占地面积为36平方公里。通过疏浚航道后，低潮时最大水深可达22米，可停靠加万吨级的油轮和8万吨级的散货船。第三是斯弗拉克特港区，占地33平方公里。它是利用沿岸浅滩，经过疏浚而建成的。港区在新水道入海口以南，伸入海域达5公里，低潮时，港内水深也能维持在19~23米。上述三大港区构成了鹿特丹港的主体。

鹿特丹港有着现代化的港口设施，同时，港口调度指挥也是依靠了先进的设备和科学的方法。在出海口的荷兰角上有个交通控制中心，建立于16世纪。当初的信号指挥调度已发展成为现在的无线电、雷达和先进的电子计算机系统控制。

鹿特丹港区服务最大的特点是储、运、销一条龙。通过一些保税仓库和货物分拨中心进行储运和再加工，提高货物的附加值，然后通过公路、铁路、河道、空运、海运等多种运输路线将货物送到荷兰和欧洲的目的地。

5. 纽约港 (New York)

美国的纽约港也叫新泽西港，是世界上最大的天然深水港之一，位于纽约州东南的赫德森河口，濒临大西洋。港区面积有3 800平方公里，有水深9~146米的深水泊位400多个，集装箱码头37个，是世界上港区面积最大的港口。整个港区有140多条货、客运输线通往世界各地，外贸进出口年货运量达6 000万吨。

纽约港港口宽深，天然条件好，潮差小，冬季不冻，自然条件非常优越。纽约港初建于1524年，最先是意大利人来到赫德森河口，1626年荷兰人从印第安人手中买下曼哈顿岛辟为贸易站，称之为"新阿姆斯特丹"，这也是当地开发的开始。1664年，这一地区又为英国人占领，改称纽约。1825年伊利河通航，大大促进了纽约港以的建设。

美国的世界级大港还有位于美国南部密西西比河畔的新奥尔良港（New orlean）和位于墨西哥湾的休斯敦港（Huston）。新奥尔良港是美国仅次于纽约港的全美第二大港，休斯敦港是美国进出口贸易第一大港，是美国对外贸易的一个重要门户，是世界第七大港。

6. 横滨港（Yokohama）

横滨港位于东京湾西北部，港内风平浪静，航道水深10米以上，是一个天然良港。横滨港原是一个不出名的渔村，没有什么港口建设，最初只修建了两座码头，仅供停靠小船，稍大的船只能离岸锚泊，货物只能用驳船搬运。随着日本外贸和渔业的迅速发展，来往横滨的船只越来越多。1889年年初，日本政府投入大量资金，对横滨港的设施进行改建和扩建，使得通过该港进行的外贸额大量增加，并成为日本通向世界的最大国际贸易港。进入20世纪以来，横滨港的建设有了更大的发展。通过填海造陆等工程，港区和市区不断扩大。然而，1923年日本关东大地震使横滨损失惨重，全部港口设施受到严重损坏。地震之后，横滨的重建工程发展很快，其间虽然由于太平洋战争等原因一度被迫停建，但第二次世界大战后恢复得相当迅速。1962年以后，横滨港开始按照现代化的要求建造码头设施。

横滨港是日本海港中距美国最近的一个，美日海上贸易多以此港为装卸港。近年来，横滨港的吞吐量大量增加，每天可以同时有70多艘大型船只进入。集装箱码头的发展也很快。日本政府一向重视横滨港的建设和发展，极力使之成为一个现代化的海港。

日本的世界级大港还有日本第一大港口——神户港。

7. 安特卫普港（Antwerp）

安特卫普位于比利时北部和斯海尔德河的下游，距北海89海里。安特卫普是比利时第二大工业中心，也是北欧北部的贸易中心，安特卫普港是欧洲第二大、世界第四大港口。2004年，安特卫普港货物吞吐量为152亿吨（55%进港、45%出港），杂货约占7 000万吨，使之成为欧洲最大的运输和物流中心。安特卫普港在2004年装卸了15 371条船，总吨数达到2.37亿吨。

安特卫普港是欧洲主要的管线枢纽，也是最大的化学工业群。它提供300多条定期班轮的服务，每年发送14 000个海运航班，到达800多个目的地，现正把集装箱的吞吐能力提高到每年700多万个标准箱，它将把港口现在的集装箱吞吐量几乎翻一倍，达到每年1 200万个标准箱，并拥有欧洲最大的有覆盖的仓储面积（1 186英亩或480万平方米）。

由于斯海尔德河和海口航道的改善，安特卫普港可容纳10万吨级的船舶泊靠装卸货物，吃水47英尺的船可自由进出。码头起重机的起卸能力为800吨。整个港区面积为1.78万公顷。其中各类型的码头面积共1 350公顷，码头全长99公里，集装箱码头泊位18个，储油仓1 200万立方米，还有339英亩（137.2万平方米）的冷藏仓库。

8. 马赛港（Marseille）

马赛位于法国南部的地中海岸边，是法国的第二大城市，也是法国最大的工业中心和港口城市。马赛港是法国的最大港口，其吞吐能力居欧洲第二位，世界第五位。马赛港迄今有2 600多年的历史。目前的马赛港区共有7个港池和2个外港，码头总长19公里。有93个码头泊位是专供远洋轮船使用的，所占码头长度达13.5公里，码头水深6~145米，还有4个等候泊位和2个修船泊位。马赛港区的码头主要用于处理杂货以及客货运输和修船业务。与城市经济有关的货运则通过专用转运码头处理，这一港区最多可处理600万吨货运量。马赛港还拥有10个旱船坞，其中一个可容纳载重量为54万吨的货船。马赛港的拉维拉—卡隆特—布克港区是1952年专为运输原油、石油产品、液化天然气和各种化学制品而建设的。该港水深达12.5米，有9个泊位，可容纳8万吨级的轮船。这些泊位有管道与法国炼油公司和英国石油公司的储油罐连接并与南欧管道衔接。此外，该港区还有7个泊位专门用于散装货物运输，另外还有2个修船湿坞。马赛港还有一些专门用途的港区与码头泊位。马赛港不仅为法国，而且也为欧洲的经济发展服务，其航运路网不断扩展。由于马赛港作为石油和天然气转运基地的作用日趋重要,许多管线从港区向外呈扇形伸展。马赛港把法国和欧洲紧密地联系起来了。

9. 伦敦港(London)

伦敦港是英国最大的海港。伦敦始建于公元前 43 年,历史上就是一个海运昌盛的地方,自 19 世纪以来成为世界上重要的国际贸易中心和金融中心。1909 年,英国伦敦市的一些私营码头和公司联合成立了伦敦港务局,统一管理泰晤士河和航道。首先从河床挖出了 5 亿吨泥沙,使这条河成为当时世界上最深的河运水道。此后,伦敦港的发展经历了曲折的历程。今天的伦敦港区主要在市中心以东 40 公里的提尔伯里和沿河下游。这里的港区水域面积达 63 公顷,码头岸线长 8.2 公里,有 4 个主要港池,水深 11~12 米,可以停泊 3 万吨级的货船。港池内有 4 个集装箱泊位,3 个滚装泊位和其他杂货泊位。其中集装箱泊位是欧洲最现代化的集装箱码头。

欧洲的世界级大港还有德国的汉堡港等。

(五)我国主要港口

除香港外,我国的主要港口还有:上海港、深圳港、大连港、天津港、秦皇岛港、青岛港、广州港、连云港、湛江港、宁波港、烟台港、南通港、温州港、福州港、厦门港、北海港、海口港等。其中,包括上海港在内,现在已经有深圳港、大连港、天津港、秦皇岛港、青岛港、广州港、宁波港八大港口位列世界级过亿吨的大港行列。

【重点名词与概念】

外贸物流海上运输　外贸物流海运组织　海运船舶　提单　海运航线　海运港口

【本章练习与思考题】

一、单选题

1. 在外贸物流海运船舶中,船舶吨级为 30 000DWT 的集装箱,其载箱量为(　　)。

   A. 201~350TEU　　　　B. 701~1 050TEU
   C. 1 901~3 500TEU　　D. 3 501~5 650TEU

2. 在外贸物流租船运输中,船东不提供船员,光一条船交租船人使用,由租船人自行配备船员,负责船舶的经营管理和航行各项事宜的租船方式是(　　)。

   A. 程租　　　　　　　B. 期租
   C. 光船租船　　　　　D. 包运合同

3. 以下关于海运散杂货运输条款中,舱内收货条款是指(　　)。

   A. F. I.　　　　　　　B. F. O.
   C. F. I. O　　　　　　D. F. I. O. S. T.

4. 在外贸物流海运航线中,从欧洲港口到南美东海岸港口的航线属于(　　)。

   A. 太平洋航线　　　　B. 印度洋航线
   C. 大西洋航线　　　　D. 北冰洋航线

5. 以下提单类型中,指根据托运人的要求,将同一船舶装运的同一装货港、同一卸货港、同一收货人的两批以上相同的货物合并签发一份提单的是指(　　)。

   A. 合并提单　　　　　B. 并装提单
   C. 分提单　　　　　　D. 转换提单

二、多选题

1. 外贸物流海上运输的特点包括(　　)。

   A. 天然航道　　　　　B. 载运量大
   C. 运输周期长　　　　D. 运输风险大

E. 国际性强

2. 以下外贸物流海运组织中，属于政府间的组织是（　　）。
   A. 国际海事组织　　　　　B. 国际油轮船东防污染联合会
   C. 国际海运联合会　　　　D. 国际航运公会
   E. 国际独立油轮船东协会

3. 在外贸物流海运业务中，与班轮运输相比，租船运输具有的特点包括（　　）。
   A. 不定期船　　　　　　　B. 没有固定的航线
   C. 没有固定的运价　　　　D. 没有固定装卸港及航期
   E. 主要是用来运输国际贸易中的大宗货

4. 以下外贸物流海运港口中，属于基本港的是（　　）。
   A. 侯尼阿腊港（Honiar）
   B. 基埃塔港（Kieta）
   C. 鹿特丹港（Rotterdam）
   D. 横滨港（Yokohama）
   E. 马赛港（Marseille）

三、判断题

（　）1. 租船运输中，船东向租船人之间提供的不是运输劳务，而是船舶的使用权。
（　）2. 以FOB价格条件成交的海运合同，按规定货物托运时，必须预付运费。
（　）3. 汉堡港是欧洲最大的港口。
（　）4.《海牙规则》中对于"货物运输"的定义规定为"包括自货物装上船舶开始至卸离船舶为止的一段时间"。
（　）5. 在航运实践中，只要合同中订立了班轮条款，则此种运输就完全应按照班轮运输的条件来进行。

四、简答与论述题

1. 简述外贸物流海运的特点和作用。
2. 简述班轮运输和租船运输的特点。
3. 简述海运提单的作用。
4. 简述海运港口的技术特征。
5. 试分析比较常用的散杂货海洋运输条款。

第八章 外贸物流陆路与航空运输基础知识

【本章培训要点】

本章培训的主要内容是关于外贸物流陆运与航空运输的基础知识。内容主要包括国际铁路货物运输基础知识，国际铁路联运基础知识，国际铁路货物运输单证，公路运输基本知识，外贸物流公路货物运输业务，外贸物流公路货物运输费用，外贸物流公路货物运单，外贸物流国际公路货物运输合同公约，外贸物流航空货运基础知识。

【本章应掌握的主要内容】

通过本章学习，应掌握外贸物流铁路货物运输的特点，铁路联运运单的作用与组成，外贸物流公路货物运输特点，外贸物流公路货物运单内容，外贸物流航空货运特点及其要素；了解我国主要国际铁路线路和国境站。

第一节 外贸物流铁路货物运输基础知识

一、国际铁路货物运输线路和国境站

（一）铁路线路

铁路线路（line haul）是机车车辆和列车运行的基础。铁路线路是由路基、桥隧建筑物和轨道组成的一个整体的工程结构。铁路线路应当经常保持完好状态，使列车能按规定的最高速度安全、平稳和不间断地运行，以保证铁路运输部门能够质量良好地完成客、货运输任务。

铁路线路涉及的工程技术问题比较复杂，这里仅就铁路等级、铁路轨距和铁路限界作简要说明。

1. 铁路等级

我国《铁路线路设计规范》规定，新建和改建铁路（或区段）的等级，应根据它们在铁路网中的作用、性质和远期的年客货运量确定。我国的铁路共划分为三个等级，即Ⅰ级、Ⅱ级、Ⅲ级。

2. 铁路轨距

铁路轨距（rail gauge）指线路上两股钢轨头部的内侧距离。由于轨距不同，列车在不同轨距交接的地方必须进行换装或更换轮对。欧、亚大陆铁路轨距按其大小不同，可分为宽轨、标准轨和窄轨三种。标准轨的轨距为 1 435 毫米；大于标准轨的为宽轨，其轨距大多为 1 524 毫米和 1 520 毫米；小于标准轨的为窄轨，其轨距多为 1 067 毫米和 1 000 毫米。我国大陆铁路主要采用标准轨

距，而我国台湾铁路则采用窄轨铁路，轨距为 1 067 毫米；俄罗斯、芬兰等国家则使用 1520 毫米的宽轨系统；目前各国现代化的高速铁路则都属标准轨。

3. 铁路限界

为了确保行车安全，铁路沿线的建筑物和设备，必须与线路保持一定的距离，以防止机车车辆（包括装载的货物）与邻近的建筑物或其他设备相互撞击而发生事故，因而对建筑物和设备必须规定一个不得侵入的轮廓尺寸线，而对机车车辆也必须规定一个不得超出的轮廓尺寸线，这种轮廓尺寸线统称为铁路限界（rail line demarcation）。

（二）我国通往邻国的铁路干线及国境车站

1. 滨洲线及相应边境口岸

滨洲线自哈尔滨起向西北至满洲里，全长 935 千米，我国的边境口岸满洲里和俄罗斯的后贝加尔与西伯利亚有铁路相连接。滨洲铁路在我国对外贸易运输中占有十分重要的地位。在集宁至二连铁路未建成前，我国与苏联、东欧国家之间的陆运进出口货物主要是通过这条铁路运输集散的。集二线通车后，虽分担了一部分货运量，但我国东北地区的进出口货物和关内地区部分进出口货物的运输仍由这条铁路来完成。目前，该铁路是我国通往邻国的几条铁路干线中最重要的铁路。

满洲里是我国联结欧亚铁路的交通枢纽，满洲里市分为市区和扎来诺尔矿区两部分，面积 696 平方公里，与俄罗斯接壤的国境线长 54 公里。全市有 20 个民族，人口近 16 万。满洲里车站是滨洲线的终点站，它位于满洲里市北端，距中俄国境有 9.8 公里。与满洲里车站相邻的是后贝加尔站，该站距中俄国境线 1.3 公里。由于两国铁路轨距不同，进出口货物需要在国境站换装后（我国出口在后贝加尔换装，进口在满洲里换装）才能运送。满洲里车站是哈尔滨铁路局海拉尔铁路分局管辖的客货一等站，其技术性质是编组站。目前，每昼夜可接宽轨车 12 列共 600 车，2002 年完成进口运量 851.5 万吨，出口运量 59.8 万吨。满洲里车站可以办理国际标准集装箱的换装。

后贝加尔位于俄罗斯赤塔州内，它也是欧亚铁路的重要枢纽。后贝加尔上行 85 公里即是博尔集亚，再北上即达卡雷姆斯科亚与西伯利亚大铁路相连接，由此东行可达符拉迪沃斯托克进入日本海，西行经赤塔、伊尔库茨克直入俄罗斯腹地。

2. 滨绥线及相应边境口岸

滨绥线自哈尔滨起，向东至绥芬河，全长 549 公里，该线通过俄罗斯的格罗迭科沃车站与俄罗斯远东地区的铁路相连。滨绥铁路在我国对外贸易运输中，也占有相当重要的地位。我国运往俄罗斯远东地区的货物，一般都经过绥芬河车站。

绥芬河市是黑龙江省东南部的一个陆路口岸，它与俄罗斯滨海地区城市波格拉尼奇内接壤，距俄罗斯远东最大港口城市符拉迪沃斯托克（海参崴）230 公里。绥芬河市面积 460 平方公里，国境线长 26 公里，人口 5 万。绥芬河车站是滨绥线的终点站，距中俄国境线有 5.9 公里，是一个重要的国境交换站和换装站。与它相邻的俄罗斯格罗迭科沃车站距中俄国境线为 20.6 公里。由于两国铁路轨距不同，进出口货物也需要在国境站（我国出口在格罗迭科沃车站，进口在绥芬河车站）换装才能进行运送。近几年，由于我国与俄罗斯经贸交往增加，绥芬河运量增长较快，2002 年完成进出口货运量达到 515 万吨。绥芬河车站可以办理国际标准集装箱的换装。

波格拉尼奇内相当于我国的县或县级市，隶属于俄罗斯的滨海地区。该区是以其中的中心城镇波格拉尼奇内（俄语为"沿边区的"）命名。因为该区离绥芬河最近的车站叫格罗迭科沃（以步兵中将伊普·格罗迭科沃命名），当地人常称波格拉尼奇内为"格城"。全区面积为 3.75 平方公里，人口 5 万，其中格城为 1 万人。格罗迭科沃车站隶属俄罗斯远东铁路局符拉迪沃斯托克分局，是二等站。

3. 集二线及相应边境口岸

集二线从内蒙古集宁市到二连浩特市，全长 333 公里。它是我国通往蒙古的重要铁路干线，也是我国通往俄罗斯的另一条运输径路。这条铁路不仅缓和了滨洲线的繁重运输任务,而且(在我国北疆铁路与哈萨克斯坦土西铁路接轨之前)也是我国关内地区通往苏联、欧洲地区最短的铁路径路。从北京经由二连浩特到莫斯科比经由满洲里要缩短 1 141 公里的路程。

二连浩特位于内蒙古自治区中部北边,是我国唯一与蒙古接壤的口岸城市,全市面积 450 平方公里,人口 1.6 万。二连站是集二线的终点站,也是我国铁路连接蒙古的国境交接、换装车站。它距中蒙国境线 4.8 公里,距蒙古国境站扎门乌德 9.3 公里。由于两国铁路轨距不同,进出口货物需要在国境站(我国出口在扎门乌德车站,进口在二连车站)换装才能运送。二连车站也是运量增长较快的口岸之一,2002 年进口达到 374.2 万吨,出口达到 33.5 万吨,二连站可以办理国际标准集装箱的换装。

4. 北疆线及相应边境口岸

北疆线从乌鲁木齐到阿拉山口,全长 460 公里。该铁路于 1990 年 10 月与哈萨克斯坦铁路接轨,1992 年 12 月正式营运(货运)。

阿拉山口位于新疆博尔塔拉蒙古自治州博乐县东北境内,距自治州首府博乐县约 55 公里,距乌鲁木齐公路约 570 公里。博尔塔拉蒙古自治州位于祖国西北边陲,总面积 2.7 万平方公里,有 35 个民族,40 万人口。阿拉山口口岸辖区 155 平方公里,它与边境另一侧的哈萨克斯坦土西铁路支线终点多斯特克站隔界相望,距哈萨克斯坦土西铁路最近车站阿克斗卡车站 104 公里。阿拉山口地处中哈界山阿拉套山东端,为断裂山谷,后经洪水冲刷,淤积为宽约 9.2 公里的平坦山口。由于处于著名的艾比风区,全年多风,年平均风速为 2.1 米/秒,8 级以上的大风多达 160 余天。但风期山口能见度良好,故该口岸全年均可通行。阿拉山口是我国对哈萨克斯坦及独联体等国家经济贸易的重要口岸,并成为联结太平洋西岸连云港等港口和大西洋东岸鹿特丹等港口新亚欧大陆桥的重要枢纽。阿拉山口车站是铁路口岸中运量增长最大的,1991 年临时开通货运,当年完成进出口货运量为 15.6 万吨,2002 年完成进口货运量 515.5 万吨,出口 65.7 万吨,进出口货运量在全国陆路口岸中为第二位。因中哈两国铁路轨距不同,进出口货物需要在国境站换装(出口在多斯特克车站,进口在阿拉山口车站)才能进行运送。阿拉山口车站可以办理国际标准集装箱的换装。

5. 沈丹线及相应边境口岸

沈丹线从沈阳到丹东,全长 274 公里。沈丹线越过鸭绿江与朝鲜铁路相连。丹东车站是沈丹线的终点站,是我国对朝鲜进出口货物的重要交接国境口岸,历史上年过货运量最高达到 500 多万吨。丹东市是辽宁省辖市,是中国最大的边境城市,位于辽东半岛东南部鸭绿江与黄海的汇合处,地区总面积 14 981 平方公里,总人口 240 万,其中市区面积 563 平方公里,人口 75 万。丹东车站距中朝国境线 14 公里,它与朝鲜铁路的新义州车站隔江相望,新义州车站距中朝国境线 1.7 公里,两国国境站间的距离 3.1 公里,是口岸站中距离最近的。由于中朝两国铁路轨距相同,车辆可以原车过轨,货物无须换装。丹东站可以办理国际标准集装箱的换装。

6. 长图线及相应边境口岸

长图线从长春到图们,全长 527 公里。该线横过图们江与朝鲜铁路相连。图们市位于吉林省东部偏南,总面积 1 142 平方公里,总人口 14 万,有 11 个民族。图们车站位于图们市,与朝鲜铁路南阳车站隔江相望。图们车站距中朝国境线 2.1 公里,南阳车站距朝中国境线 1.3 公里。中朝两国铁路轨距相同,车辆可以原车过轨,货物无须换装。图们车站可以办理国际标准集装箱的换装。

7. 梅集线及相应边境口岸

梅集线自梅河口至集安,全长 245 公里,越过鸭绿江通往朝鲜满浦车站。集安市位于吉林省南部,与朝鲜接壤的国境线长 203.5 公里,全市面积 3 217 平方公里,有 9 个民族,共 227 万人口。集安车站位于集安市,距中朝国境线 7.3 公里。满浦车站是朝鲜铁路的国境站,距朝中国境线 3.8 公里。中朝铁路轨距相同,车辆可以直接过轨,货物无须换装。

8. 湘桂线及相应边境口岸

湘桂线从湖南衡阳起，经广西柳州、南宁到达终点站凭祥，全长 1 013 公里。凭祥车站是我国铁路对越南货物运输的主要国境交接站，距中越边境线 13.2 公里。与凭祥相对的越南国境站是同登车站，距中越边境线 4.6 公里。由于两国铁路轨距不同，货物一般须换装才能运送（进出口货物暂时均在凭祥站换装）。越南连接我国凭祥的一段铁路，为准轨和米轨的混合轨，车辆可以直接过轨，所以部分货物无须换装即可运送。凭祥车站可以办理国际标准集装箱的换装。

9. 昆河线及相应边境口岸

昆河线从云南昆明经碧色寨到河口，为窄轨铁路，全长 177 公里。山腰站位于云南省红河哈尼族彝族自治州的河口瑶族自治县境内。河口县面积 1 313 平方公里，人口 7 万。山腰是我国铁路国境车站，距中越国境线 6.5 公里。老街为越南铁路国境车站，距越中国境线距离为 4.2 公里。由于相连的两国铁路轨距相同（均是米轨），货物可以原车过轨，无须换装。

10. 图珲线及相应边境口岸

图珲线从图们到珲春，全长 80.8 公里，是吉林省的地方铁路，与图们车站接轨。通过珲春国境站和俄罗斯的卡梅绍瓦亚国境站与金环铁路相连接。金环铁路是俄罗斯的地方铁路，全长 20.3 公里，与俄罗斯到朝鲜的铁路线上的马哈林诺车站接轨。由于两国铁路轨距不同，进出口货物需要在国境站换装后才能运送。珲春市位于吉林省东南部的图们江下游地区，隶属吉林省延边朝鲜自治州，地处中国、朝鲜、俄罗斯三国接壤地带。

珲春东南以珲春岭为界与俄罗斯滨海边疆区接壤，中俄国境线长 232.7 公里。珲春西南隔图们江与朝鲜相邻，中朝国境线长 139.5 公里。珲春市面积 5 145 平方公里，其中市区 125.9 平方公里，现有人口 25 万人。

二、外贸物流铁路联运概述

（一）外贸物流铁路联运的定义

外贸物流铁路货物联运，也就是国际铁路货物联运，在《国际铁路货物联运协定》（以下简称《国际货协》）中，在两个或两个以上国家铁路全程货物运送中，使用一份运送票据，只使用铁路运输一种运输方式，并以参加运送国家铁路连带责任办理的运输方式，称为国际铁路货物运输。

（二）外贸物流铁路货物联运的起源发展

外贸物流铁路货物联运（以下称国际货物铁路联运）是设计多个国家铁路运输的一种国际联合运输形式，由于在运送货物时要顾及各参加铁路的设备条件、运输组织方式和相关的法规制度，从而也决定了该项业务的复杂性，特别是有关国际联运的规章条款既繁多又复杂，在办理国际联运时，其运输票据、货物、车辆及有关单证都必须符合国际铁路联运规定和有关国家的政策、法规。

国际铁路货物联运开始于 19 世纪中叶，欧洲各国间的货物交流日益增多，当时欧洲具有发达并且相互连接的铁路网络，1890 年，欧洲各国在瑞士首都伯尔尼举行会议，制定了《国际铁路货物运送公约》，（又称《伯尔尼公约》，简称《国际货约》），参加国主要是欧洲各国铁路。

在 1951 年 11 月 1 日，苏联等社会主义国家召开会议，起草通过了《国际铁路货物联运协定》（简称《国际货协》）和《国际铁路旅客联运协定》（简称《国际客协》）。

我国于 1954 年 1 月 1 日正式参加《国际货协》。现在《国际货协》参与签字国家铁路有：阿塞拜疆共和国、阿尔巴尼亚共和国、白俄罗斯共和国、保加利亚共和国、匈牙利共和国、越南社会主义共和国、格鲁吉亚共和国、伊朗伊斯兰共和国、哈萨克斯坦共和国、中华人民共和国、朝鲜民主主义人民共和国、吉尔吉斯共和国、拉脱维亚共和国、立陶宛共和国、摩尔多瓦共和国、蒙古国、波兰共和国、俄罗斯联邦、塔吉克斯坦共和国、土库曼斯坦共和国、乌兹别克斯坦共和国、乌克兰共和国、爱沙尼亚共和国共23个国家铁路，称为"参加路"。并有斯洛伐克、罗马尼亚、捷克未参与签字但适用《国际货协》联运条款，称为"适用路"。

（三）外贸物流铁路联运的范围

1. 有统一规定铁路简称及路别编码

现在《国际货协》参与签字国共23个国家铁路和适用《国际货协》联运条款的三个适用国铁路，总货运里程26万余公里。各参加国铁路和适用国铁路都有统一规定的铁路简称和路别编码，以在运输衔接和运单缮制时使用。

在《国际货协》参加国铁路和适用国铁路，对国际铁路货物运输办理车站都有相应的规定：

（1）原独联体各国铁路，对可以办理国际联运货物运输的车站都编有相应6位数字的车站编码，没有车站编码的车站原则是不能接发国际铁路联运货物。这部分国家铁路有：阿塞拜疆、白俄罗斯、格鲁吉亚、哈萨克斯坦共和国、吉尔吉斯斯坦、拉脱维亚、立陶宛、摩尔多瓦、俄罗斯联邦、塔吉克斯坦、土库曼斯坦、乌兹别克斯坦、乌克兰、爱沙尼亚。

（2）越南国家铁路按规定，确认有7个车站可以接发国际铁路联运货物，即：安员、同登、甲八、岘港、老街、海防、双神。

（3）朝鲜铁路规定，朝铁可以办理国际联运货物运输的车站共343个，都带有相应车站编码。

（4）我国到2007年年底，全国铁路车站共计5 544个，其中办理货运业务的车站有2 955个。我国铁路规定：办理货运业务的货运站都可以办理"国际铁路货物联运"。

（5）其他《国际货协》参加国铁路和适用国铁路，原则上该国的货运办理站都可以办理"国际铁路货物联运"。

2. 通过国际铁路联运可运达的国家

（1）通过《国际货协》可直接运抵的接壤国家：俄罗斯、朝鲜、蒙古、哈萨克斯坦、越南。

（2）通过《国际货协》可过境运输运抵国家：吉尔吉斯斯坦、乌兹别克斯坦、土库曼、塔吉克、伊朗、阿富汗、阿塞拜疆、白俄罗斯、保加利亚、匈牙利、格鲁吉亚、拉脱维亚、立陶宛、摩尔多瓦共和国、波兰、乌克兰、爱沙尼亚。

（3）通过《国际货协》参加国铁路，委托代理公司转运可以运抵《国际货约》各国（即欧盟各国），包括通过《国际货约》国家，运抵阿尔巴尼亚等《国际货协》参加国但铁路并不连接国家。

（四）关于外贸物流铁路货物联运运输方式的特点和说明

1. 国际铁路货物联运运输方式

外贸物流铁路货物联运是涉及多个国家铁路运输的一种国际联合运输形式，由于货物在运送时要顾及各参加国铁路的设备条件、运输组织方式和相关的法规制度，增加了该项业务的复杂性，在办理国际联运时，其运输票据、货物、车辆及有关单证都必须符合国际铁路联运的规定和有关国家的政策、法规。

由于历史原因，《国际货协》对国际铁路运输的规定，如铁路连带责任、交货条款、铁路间的清算等主要条款，都是自成系统，与海运有差异。在目前我国与周边国家的经贸交往日益增长、通过国际铁路联运方式的运输量迅速增加的形势下，在国际铁路货物联运中屡屡出现商务纠纷，甚至上诉法院的事件在不断增多。如何使《国际货协》运输规则与国际贸易术语完全接轨，短时间内还不易解决。这就需要我国货运代理人加强对国际铁路联运规则的掌握，提高业务素质，适应国际铁路联运业务的需要。

2. 办理外贸物流铁路货物联运的特点和应注意的问题

(1) 铁路承担连带责任。由参加《国际货协》的国家铁路承担连带责任，把货物运送到另一国家的目的地（到达站）。

这样，《国际货协》参加国铁路行使连带责任，由纯粹的运输工具承运人到代为行使国际货运代理人的部分职能，包括内陆运输工具的海关监管职能、边境口岸的货物交接职能、不同轨距铁路车辆的换装职能、货物票据递送职能、过境第三国铁路的运输和票据递送职能、在到达站通知收货人（买方）提取货物和交付职能、在到达站保全货物的职能和将货物转发到未参加《国际货协》的国家的转运职能。按国际货协的运单承运货物的铁路，负责完成货物和随货单证的全程运送的运输合同，直到在到站交付货物时为止。

每一继续运送的铁路（《国际货协》的参加路和适用路）自接收附有运单的货物时起，即认为参加了这项运输合同，并承担由此而产生的义务。这样，使用国际铁路货物联运运输方式的货物，在发运车站办理完发运手续，物权即转让到运输工具承运人（《国际货协》的参加国家铁路）手中，在整个运输过程中直到货物交付，货主、发运人、货运代理人、收货人都没有控货权。

(2) 外贸物流铁路联运的货物交付方式。根据《国际货协》第三章"运输合同履行"第17条"货物的交付、货物的查询"第1项的规定："货物到达到站，收货人向铁路付清运单所载的一切应付的运送费用后，铁路必须将货物、运单正本和货物到达通知单（运单第1联和第5联）交付收货人；收货人必须支付运送费用并领取货物。"

根据到达路现行的国内规章，货物的交付可以在收货人付清运送费用之前进行。现行国际联运做法：在《国际货协运单》第5栏中，收货人必须是收货国家的法人或自然人。有的发货人为了控制货权，将《国际货协运单》中的收货人填写为国外运输代理人，以便货物到达后，凭发货人的指示决定是否放货。但有些国家（如俄、哈、中亚等国）的进口报关时，只能由运单上的收货人办理清关手续。如把货运代理人作为收货人，则无法办理海关手续。这样，货物在到达目的地车站后，国际货协运单的记载收货人在付清到达国铁路车站费用后，即可把货物提走。货主、发货人、运输代理人都无权对货物的交付做出指示和控制货权。

(3) 国际铁路货物联运的工作语是中文和俄文，运输文件和单证的填写必须使用本国文字和工作语的一种同时缮写。而国际商务和海关、商检的通用语是英文。这一点在缮写国际铁路联运单证时必须注意，并加以必要的说明。

(4) 运输过程中的货损及商务记录。在国际铁路货物联运中，运输途中货物发生的货丢、货损、单证丢失、包装损坏、货物变质等事故，在《国际货协》中明确由各国铁路负责。由发现事故车站添置的"商务记录"是具体分析事故原因、责任和请求赔偿的基本文件。有些货主和代理人往往不知道或忽视这一点，造成事故处理时的麻烦和被动。

(5) 货运保险问题。在国际铁路货物联运中，我国铁路当局明确所有的国际货物运输均需保险或保价运输，铁道部颁布了《铁路国际联运保价运输办法》，在货主或发运人未办理保险的情况下，要求按国际货物保价办法作保价运输，但铁道部的保价运输只到国境线止，不能对跨国或第三国的运输提供保险。

在国外收货人作 EXW，FCA，FOB，CIF，CPT，DDU 等条款时，往往在收货地（境外）自行投保。但我国铁路各发运车站对于不是中国铁路所确认的保险单证是不予承认的，还需发运人再次保险或保价运输。

(6) 货物运输责任问题在国际铁路货物联运中，明确各参加国铁路承担连带责任，负责货物和运输单证的运输、换装、单证交接直到在到达车站将货物交到收货人手中。在整个运输到交货的全过程中，发货人、国内外的运输代理人、收货人均无控货权。在铁道部《国际铁路货物联运办法》中规定，发货人在货物发出后，可以向发运车站申请对货物和运输单证做出更改或扣留，但只限于在到达国境站前。

三、国际铁路货物运输单证

(一) 铁路联运运单的作用

国际铁路联运运单通常可以作为参与国际铁路货物联运的铁路运输企业与托运人之间缔结的运输合同。联运运单规定了参加联运的各国铁路运输企业和发货人、收货人之间在货物运输上的权力、责任、义务和免责的情况，对铁路运输企业、发货人和收货人都具有法律效力。

(二) 联运运单的组成

为方便使用，国际铁路货物联运运单一般为一式五份：第一联：运单正本；第二联：运行报单；第三联：运单副本；第四联：货物交付单；第五联：货物到达通知单。此外，还有为发送路和过境路准备的补充运行运单。

(三) 联运运单的填写

表8~1为联运运单的范本，运单正面未画粗线的各栏由发货人填写，现将发货人填写的各栏说明如下：

第1栏，发货人及其通信地址。填写发货人的名称及其通信地址。发货人只能是一个自然人或法人。由中国、朝鲜、越南发货时，准许填写这些国家规定的发货人及其通信地址的代号。

第2栏，合同号码。填写出口单位和进口单位签订的供货合同号码。

第3栏，发站。填写运价规程中所载发站全称。

第4栏，发货人的特别声明。发货人可在该栏中填写自己的声明，例如关于对运单的修改及易腐货物的运送条件等。

第5栏，收货人及其通信地址。注明收货人的名称及其通信地址，收货人只能是一个自然人或法人。从国际货协参加路向未参加国际货协的铁路发货而由站长办理转发送时，则在该栏填写"站长"。

第6栏，对铁路无约束效力的记载。发货人可以对该批货物做出记载，该项记载仅作为对收货人的通知，铁路不承担任何义务和责任。

第7栏，通过的国境站。注明货物应通过的发送路和过境路的出口国境站。如有可能从一个出口国境站通过邻国的几个进口国境站办理货物运送，则还应注明运送所要通过的进口国境站。根据发货人注明的通过国境站确定路径。

第8栏，到达路和到站。在斜线之前，应注明到达路的简称，在斜线之后，应用印刷体字母(中文用正楷粗体字)注明运价规程上到站的全称。运往朝鲜的货物，还应注明到站的数字代号。运往非货协国的货物而由站长办理转发时，记载国际货协参加路最后过境路的出口国境站，并在该站站名后记载：由铁路继续办理转发送至—铁路—站。

第9~11栏的一般说明

填写第9~11栏事项时，可不受各栏间竖线的严格限制。但是，有关货物事项的填写顺序，应严格符合各栏的排列次序。

第9栏，记号、标记、号码。填写每件货物上的记号、标记和号码。货物如装在集装箱内，则还要填写集装箱号码。

第10栏，包装种类。填写包装的具体种类，如纸箱、木桶等，不能笼统地填"箱"、"桶"，如用集装箱运输，则记载集装箱。

第八章 外贸物流陆路与航空运输基础知识

表 8-1　　　　　　　　　　　　　国际铁路联运运单范本

运单正本（给收货人）		批号 25.（检查标签）			运输号码	
发送路简称	1. 发货人，通信地址				2. 合同号码	
		3. 发站				
中铁 1	5. 收货人，通信地址	4. 发货人的特别声明				
		26. 海关记载				
6. 对铁路无约束效力的记载		27. 车辆　28. 标记载重（吨）　29. 轴数				
7. 通过的国境站		30. 自重　31. 换装厚的货物重量				
		27.	28.	29.	30.	31.
8. 到达路和到站						
国际货物运单 慢运	9. 记号、标记、号码	10. 包装种类	11. 货物名称	50. 附件第2号□	12. 件数	13. 发货人确定的重量（公斤）	32. 铁路确定的重量（公斤）
14. 共计件数（大写）		15. 共计重量（大写）		16. 发货人签字		
17. 互换托盘　数量		集装箱/运送用具　18. 种类类型		19. 所属者及号码		
20. 发货人负担下列过境铁路的费用		21. 办理种别　整车　零担　大吨位集装箱　不需要的画掉		22. 由何方装车　发货人　铁路		33.　34.
23. 发货人添附的文件		24. 货物的声明价格				35.　36.
		45. 封印　个数　　　　　记号				37.　38.　39.　40.
46. 发站日期戳	47. 到站日期戳	48. 确定重量方法	49. 过磅站戳记签字			41.　42.　43.　44.

第11栏，货物名称。货物名称应按国际货协规定填写，或按发送路或发送路和到达路现行的国内运价规程品名表的规定填写，但需注明货物的状态和特征；两国间的货物运送，可按两国商定的直通运价规程品名表中的名称填写。

在"货物名称"字样下面专设的栏内填写通用货物品名表规定的六位数字代码。填写全部事项时，如篇幅不足，则应添附补充清单。

第12栏，件数。注明一批货物的件数。用敞车类货车运送不盖篷布或盖有篷布而未加封的货物，其总件数超过100件时，或运送仅按重量不按件数计的小型无包装制品时，注明"堆装"，不注件数。

第13栏，发货人确定的重量（公斤）。注明货物的总重量。

第14栏，共计件数（大写）。用大写填写第12栏中所记载的件数。

第15栏，共计重量（大写）。用大写填写第13栏中所记载的总重量。

第16栏，发货人签字。发货人应签字证明列入运单中的所有事项正确无误。发货人的签字也可用印刷的方法或加盖戳记处理。

第17栏，互换托盘。该栏内的记载事项，仅与互换托盘有关。注明托盘互换办法，并分别注明平式托盘和箱式托盘的数量。

第18栏，种类、类型。在发送集装箱货物时，应注明集装箱的种类和类型。

使用运送用具时，应注明该用具的种类。

第19栏，所属者及号码。运送集装箱时，应注明集装箱所属记号和号码。对不属于铁路的集装箱，应在集装箱号码之后注明大写字母"P"。

使用属于铁路的运送用具时，应注明运送用具所属记号和号码。使用不属于铁路的运送用具时，应注明大写字母"P"。

第20栏，发货人负担下列过境铁路的费用。如发货人负担过境铁路运送费用，填写所负担过境铁路名称的简称。如发货人不负担任何一个过境铁路的运送费用，填写"无"字。

第21栏，办理种别。办理种别分为：整车、零担、大吨位集装箱，并将不需要者划消。

第22栏，由何方装车。发货人应在运单该栏内注明由谁装车，将不需要者划消。

第23栏，发货人添附的文件。注明发货人在运单上添附的所有文件的名称和份数。

第24栏，货物的声明价格。用大写注明以瑞士法郎表示的货物价格。

第25栏，批号（检查标签）。在该栏上半部注明发送路和发站的数字编码。在该栏下半部按发送路的现行国内规章的规定，填写批号。

第26栏，海关记载。该栏供海关记载之用。

第27～30栏的一般说明。用于记载使用车辆的事项，只有在运送整车货物时填写。至于各栏是由发货人填写还是由铁路车站填写，则视由何方装车而定。

第31栏，换装后的货物重量。货物换装运送时，应注明换装后铁路确定的重量。将货物从一辆车换装数辆车时，换装后每辆车的货物重量应分别记载。

第32栏，铁路确定的重量（公斤）。注明铁路确定的货物重量。

第33～44栏数字编码栏。各该栏供铁路填记事项之用。各路只能在其留存的运单各张上或补充运行报单上填记数字编码。

第45栏，铅封个数和记号。填写车辆或集装箱上施加的封印个数和所有记号。至于铅封的个数和记号，视由何方施封而由发货人或铁路车站填写。

第46栏，发站日期戳。货物承运后，发站在运单的所有各张和补充运行报单上加盖发站日期戳，作为缔结运输合同的凭证。

第47栏，到站日用戳。货物到站后，到站在运单的第1、2、4和5张上加盖到站日期戳。

第48栏，确定重量方法。注明确定重量的方法，例如，"用轨道衡"、"按标准质量"、"按货件上标记重量"等。由发货人确定货物重量时，发货人应在该栏注明确定质量的方法。

第49栏，过磅站戳记，签字。在32栏中记载的重量以过磅站戳记和司磅员签字证明。

第二节 外贸物流公路货物运输基础知识

一、公路运输基本知识

自20世纪80年代中期以来，国家加大了对交通基础设施建设的投资力度。特别是自1998年以来，政府实行了积极的财政政策，我国的公路建设出现了翻天覆地的变化。在我国对外贸易中，国际公路运输也扮演了越来越重要的角色。

（一）我国的国际公路口岸

国际公路口岸是指在国际货物公路运输中，供人员、货物和运输工具出入境的国境车站。我国国土辽阔，有17个国家和地区与我国毗邻。除同俄罗斯、蒙古、哈萨克斯坦、朝鲜、越南和中国香港地区有铁路相通外，我国尤其是西南广大地区与周边其他国家和地区之间的货物运输，因暂无铁路相通，只能通过公路运输来实现。由于铁路线路不能涵盖所有地区，即使同有铁路相连的一些国家和地区，我们的进出口货物运输仍然难以离开公路和公路国境车站。目前我国通往周边国家的公路国境车站主要有：

1. 中俄之间

（1）满洲里—后贝加尔。满洲里口岸始建于1903年，位于内蒙古呼伦贝尔草原西部，为国家一类口岸，分为铁路口岸和公路口岸，口岸机构健全，设有海关、边检、检验检疫等机构，设备齐全。满洲里口岸是我国最大的铁路口岸，年进出口货运量达300多万吨，年过货能力为400万吨。由于中俄之间国境站铁路轨距不同，货车必须在国境站进行换装。1989年国务院批准建立满洲里公路口岸，与俄罗斯的后贝加尔公路口岸相连，货物年吞吐能力在20万吨以上。

（2）黑河—布拉戈维申斯克。黑河口岸位于黑龙江省黑河市，与俄罗斯阿穆尔州布拉戈维申斯克市相对，该口岸为国际客、货水运和公路运输口岸，明水期进行水运，冰冻期进行公路运输。

（3）绥芬河—波格拉尼奇内。绥芬河口岸位于黑龙江省东南部城市绥芬河市，该口岸有一条铁路和两条公路与俄罗斯相连接，绥芬河口岸为国家一类口岸，其铁路口岸与俄罗斯的格罗迭科沃口岸相对应，年进出口过境货物100多万吨。绥芬河公路口岸与俄罗斯波格拉尼奇内公路口岸相连。

（4）同江—下列宁斯阔耶。同江口岸位于黑龙江省同江市，与俄罗斯下列宁斯阔耶口岸相连，为水陆两用口岸，明水期进行水运，冰冻期进行公路运输。

（5）珲春—库拉斯基诺。珲春口岸位于吉林省延边朝鲜族自治州东南部的图们江下游地区，地处中国、俄罗斯、朝鲜三国接壤地带，中俄之间边境线长约232公里，中朝边境线长约165公里。珲春公路口岸于1991年正式开通，海关、联检机构及其辅助设施设置齐全，与之相对的俄罗斯库拉斯基诺公路口岸相距32公里，口岸年过货量达60万吨。

2. 中朝之间

（1）丹东—新义州。丹东口岸位于辽宁省，与朝鲜新义州口岸有铁路、公路和水路相通，是中朝之间重要的边境口岸。

（2）图们—南阳。图们口岸位于吉林省图们市，为国家一类口岸，与朝鲜咸镜北道的南阳市隔图们江相望，两口岸仅相距0.6公里。图们口岸有铁路和公路通往南阳口岸，是中朝间重要的边境口岸。

(3) 沙坨子—赛别尔。沙坨子公路口岸位于吉林省珲春市西南,与朝鲜咸镜北道的赛别尔郡仅相距 2 公里,该口岸为地方二类口岸,年过货能力达 20 万吨。

(4) 开山屯—三峰里。开山屯口岸位于吉林省龙井市开山屯镇内,为国家一类口岸。朝鲜的三峰里口岸与之相对,距离 1.5 公里,中间有公路桥相连。

(5) 三合—会宁。三合口岸位于吉林省龙井市三合镇,是国家一类口岸。朝鲜口岸是会宁口岸,两口岸相距 3 公里。

(6) 南坪—七星。南坪口岸位于吉林省和龙市德化乡,为国家一类口岸,与之相对的是朝鲜七星口岸。

(7) 临江—中江。临江口岸位于吉林省白山市临江市区,为国家一类口岸,与之相对的是朝鲜中江口岸,由中朝国境公路相连接。

(8) 古城里—三长里。古城里口岸位于吉林省和龙市崇善乡,为地方二类口岸,与之相对的是朝鲜三长里口岸。

(9) 长白—惠山。长白口岸位于吉林省长白县,为地方二类口岸,与之相对的是朝鲜惠山口岸,有中朝国境公路大桥相通。

(10) 老虎哨—渭源。老虎哨口岸位于吉林省集安市榆林镇,为地方二类口岸,隔鸭绿江与朝鲜渭源口岸相望,两口岸需摆渡拖船连接。

3. 中蒙之间

(1) 二连—扎门乌德。二连(又称二连浩特)口岸位于内蒙古自治区二连市,建于 1956 年,为国家一类口岸,设有海关、边检、商检等机构。该口岸分为铁路口岸和公路口岸。铁路口岸是中国通往蒙古的唯一口岸,年过货能力为 350 万吨,与之相对的是蒙古的扎门乌德口岸。由于中蒙铁路轨距不同,货车需在国境站换装。1990 年,二连公路口岸开通,年过货能力为 10 万吨。

(2) 阿日哈沙特—哈比日嘎。阿日哈沙特口岸位于内蒙古自治区,为国家一类公路口岸,年过货能力为 5 万吨,查验机构由满洲里口岸代管,与该口岸相对的是蒙古的哈比日嘎口岸。

(3) 珠恩嘎达布其—毕其格图。珠恩嘎达布其口岸位于内蒙古自治区,为国家一类公路口岸,年过货能力为 5 万吨,查验机构由二连口岸代管,与该口岸相对的是蒙古的毕其格图口岸。

(4) 甘其毛道—嘎顺苏海图。甘其毛道口岸位于内蒙古自治区,为国家一类公路口岸,年过货能力为 5 万吨,查验机构由呼和浩特口岸代管,与该口岸相对的是蒙古的嘎顺苏海图口岸。

(5) 策克—西伯库伦。策克口岸位于内蒙古自治区,为地方二类公路口岸,年过货能力为 2 万吨,查检机构由呼和浩特口岸代管,与该口岸相对是蒙古的西伯库伦口岸。

(6) 二卡—阿巴盖图。二卡口岸位于内蒙古自治区,为地方二类公路口岸,年过货能力为 1 万吨,查验机构由满洲里口岸代管,与该口岸相对的是俄罗斯的阿巴盖图口岸。

(7) 阿尔山—松贝尔。阿尔山口岸位于内蒙古自治区,为地方二类公路口岸,年过货能力为 2 万吨,查验机构由满洲里口岸代管,与该口岸相对的是蒙古的松贝尔口岸。

(8) 满都拉—哈登宝力格。满都拉口岸位于内蒙古自治区,为地方二类公路口岸,年过货能力为 2 万吨,查验机构由呼和浩特口岸代管,与该口岸相对的是蒙古的哈登宝力格口岸。

(9) 马鬃山—阿尔泰。马鬃山口岸位于甘肃河西走廊西北部的肃北蒙古族自治县的马鬃山区,距中蒙边界线 65 公里,有简易公路与蒙古的阿尔泰省相通。

(10) 塔克什肯—布尔干。塔克什肯口岸位于新疆阿勒泰地区青河县,距中蒙边界线 18 公里,1989 年 7 月开通,每月下旬开放,与之相对的是蒙古的布尔干口岸。

(11) 老爷庙—布尔嘎斯台。老爷庙口岸位于新疆哈密地区,是哈密地区的唯一口岸,距中蒙边境 83 公里,1991 年根据中蒙政府协议开通,该口岸每年 3 月、6 月、8 月、11 月开放,为季节性口岸,与之相对的是蒙古的布尔嘎斯台口岸。位于我国新疆的中蒙之间的口岸还有乌拉斯台、红山嘴等。

4. 中越之间

（1）山腰—老街。山腰口岸位于云南省红河哈尼族彝族自治州东南部河口瑶族自治县，距中越国境线 6.5 公里，分为铁路口岸和公路口岸。20 世纪 50 年代该铁路口岸曾是中越之间的重要口岸，1978 年 12 月至 1996 年 8 月关闭，关闭期间主要依靠公路运输，与该口岸相对的是越南老街口岸。

（2）友谊关—同登。友谊关公路口岸设于广西凭祥，与之相对的是越南同登口岸。位于我国广西的中越之间的口岸还有水口、东兴口岸等，位于我国云南的中越之间的口岸还有麻栗坡口岸等。

5. 中缅之间

中缅之间的国家一类口岸有畹町、瑞丽、景洪等，地方二类口岸有打洛、孟连、孟定、章风、盈江等。

6. 中老之间

磨憨口岸位于云南省西双版纳傣族自治州勐腊县，是云南中路勐腊口岸的重要组成部分，又是中老边境贸易的主要通道。

7. 中国与巴基斯坦之间

红其拉甫口岸位于新疆西部，是中国巴基斯坦之间的唯一口岸，每年 5 月 1 日至 10 月 30 日开放，属季节性口岸。自 1992 年起，红其拉甫口岸业务迁移至塔什库尔干塔吉克县办理，口岸海关、边检、商检等职能机构也一并迁至新址。与该口岸相对的是巴基斯坦的苏斯托口岸。

8. 中国与哈萨克斯坦之间

（1）霍尔果斯—霍尔果斯。霍尔果斯口岸位于新疆伊犁地区霍城县，为新疆西部最大公路口岸，年过货能力为 20 万吨。20 世纪 60 年代货运业务中断（但仍通邮），1993 年恢复。与该口岸相对的是哈萨克斯坦的同名口岸霍尔果斯。

（2）阿拉山口—德鲁日巴。阿拉山口口岸位于新疆博乐市境内，是我国西部地区唯一的铁路、公路并用口岸，其类别属国家一类。1990 年经国务院批准成立口岸，1992 年 12 月 1 日铁路口岸正式开放，年过货量为 300 多万吨，列全国第二。阿拉山口公路口岸开通于 1992 年 5 月，年过货量为 20 多万吨。与阿拉山口岸相对的是哈萨克斯坦的德鲁日巴口岸。

（3）巴克图—巴克特。巴克图口岸位于新疆塔城地区，在新疆各口岸中距城市最近，距边界线亦最近。自新中国成立至 1962 年，一直为新疆对原苏联的最大进出口口岸，1962 年停止过货（但仍通邮），1990 年恢复。与该口岸相对的是 4 公里以外的哈萨克斯坦的巴克特口岸。位于我国新疆的中哈之间的口岸还有吉木乃、木扎尔特、阿黑土别克等。

9. 中国与吉尔吉斯斯坦之间

吐尔尕特位于新疆克孜勒苏柯尔克孜自治州乌恰县，20 世纪 60 年代中期货运中断，1983 年恢复。与之相对的是吉尔吉斯斯坦的同名口岸吐尔尕特。位于我国新疆的中吉之间的口岸还有伊尔克什坦。

10. 中国与尼泊尔之间

（1）樟木口岸。樟木口岸位于西藏日喀则地区聂拉木县，距尼泊尔首都加德满都 120 公里。该口岸属国家一类口岸，过货量占中尼边境贸易过货量的 95% 以上，海关、商检等机构健全。

（2）普兰口岸。普兰口岸位于西藏西部，地处中国、印度尼西亚、尼伯尔三国交界处。普兰口岸的中尼边境贸易活跃。普兰口岸也是中印边境贸易口岸。位于我国西藏的中尼之间的口岸还有吉隆和日屋口岸。

11. 中国与锡金、不丹、印度之间

亚东口岸位于西藏南部，是我国西藏同锡金、不丹、印度之间开展边境贸易的重要口岸。

12. 中国内地与香港之间

在中国内地与香港之间，内地方面的口岸有文锦渡、沙头角、皇岗（落马洲）等，香港方面的口岸有罗湖、沙头角等。

13. 中国内地与澳门之间

在中国内地与澳门之间，内地方面的口岸有拱北，澳门方面的口岸有关闸。

（二）出入境汽车运输

出入境汽车运输主要是指我国同周边陆地毗邻的国家和地区之间进行的公路国际货物运输。我国与周边国家的公路货物运输，多以政府间的双边、多边汽车运输协定为依据。

1994年，中国和越南签署了《中华人民共和国政府和越南社会主义共和国政府汽车运输协定》，随后又于1997年签署了《中越两国政府汽车运输协定实施议定书》，后者规定中越两国间汽车客货运输，可通过以下六对已开放的口岸：东兴—芒街，水口—驮隆，河口—老街，友谊关—友谊关，天保—清水，金水河—马鹿塘。1999年10月，中越两国政府根据《中华人民共和国政府和越南社会主义共和国政府汽车运输协定》及实施议定书达成协议，于2000年1月18日将上述路线开通并实现汽车直达运输，为双方经济贸易交流与合作提供了交通运输上的保障。

1992年12月18日，中俄两国政府签署了《中华人民共和国和俄罗斯联邦汽车运输协定》；1994年2月28日，两国交通主管部门签署了上述协定的实施细则；1998年12月10日，签署了中俄两国间汽车客货运输程序。1999年11月，中俄双方就汽车运输线路延伸，开展过境汽车运输，提高中方运输车辆通过俄方口岸速度和确定2000年许可证交换数量等问题基本达成一致意见。汽车运输新线路的开通和运输线路的延伸工作出现了进展。新开通线路为黑龙江鹤岗市至俄罗斯比罗比詹市。新延伸的线路为新疆乌鲁木齐经阿拉山口口岸直达哈萨克斯坦乌斯季卡缅诺戈尔斯克和塞米巴拉金斯克。

1993年12月13日，中国和乌兹别克斯坦签署了《中华人民共和国政府和乌兹别克斯坦共和国政府汽车运输协定》及该协定的实施细则和国际汽车运输行车许可证制度协议。

1994年6月4日，中国和吉尔吉斯斯坦签署了《中华人民共和国政府和吉尔吉斯斯坦共和国政府汽车运输协定》及该协定的实施细则和国际汽车运输行车许可证制度协议。

1998年2月19日，中国、吉尔吉斯斯坦、乌兹别克斯坦三国签署了《中华人民共和国政府、吉尔吉斯斯坦共和国政府、乌兹别克斯坦共和国政府汽车运输协定》。该协定是在1993年和1994年中乌、中吉双边汽车运输协定的基础上，为进一步发展三国间的汽车过境运输而签订的。根据协定规定，三方将开通从中国南疆的喀什市，至中吉边境的伊尔克什坦口岸，至吉尔吉斯斯坦的奥什市，至乌兹别克斯坦的安集延市，最后至乌兹别克斯坦首都塔什干的汽车运输线路。

1995年3月9日，中国、哈萨克斯坦、吉尔吉斯斯坦、巴基斯坦四国在巴基斯坦首都伊斯兰堡正式签署了《中华人民共和国政府、哈萨克斯坦共和国政府、吉尔吉斯斯坦共和国政府、巴基斯坦伊斯兰共和国政府过境运输协定》。为了贯彻执行上述协定精神，1996年5月22日至23日，四国代表在吉尔吉斯斯坦首都比什凯克召开了第一次工作小组会议，并形成会议纪要。该纪要确定从1996年10月5日开始，各方分别组织不超过20辆汽车的车队开展过境运输试运行。根据这一规定，新疆交通厅组织中方试运行车队分别从以下两条线路开展试运行：

（1）由14辆满载货物的集装箱货车和3辆工作车，于1996年12月16日从乌鲁木齐出发，途经霍尔果斯、阿拉木图、库尔塔伊、阿克卓尔，抵比什凯克，于12月29日从原路返回乌鲁木齐，往返行程2 760公里，历时14天。

（2）由6辆装载水泥的货车和2辆工作车，于1996年11月23日从喀什出发，途经红旗拉甫、苏斯特，抵吉尔吉特，于12月4日从原路返回喀什，往返行程1 080公里，历时12天。1996年10

月 12 日，中、哈、吉、巴四国交通部门代表在中国乌鲁木齐草签了上述四国协定实施细则。该实施细则规定过境往返运输线路为：卡拉奇港—伊斯兰堡—白沙瓦—哈森纳布—吉尔吉特—苏斯特—红其拉甫—喀什—吐尔尕特—吐鲁噶尔特—比什凯克—阿克卓尔—库尔塔伊—阿拉木图—霍尔果斯（哈）—霍尔果斯（中）。该实施细则又规定，缔约各方可于上述过境运输线路作全程运输或区段运输。

1998 年 11 月，中国、哈萨克斯坦、吉尔吉斯斯坦和巴基斯坦四国，又在巴基斯坦首都伊斯兰堡签署了四国政府边境运输协定实施细则和许可证制度。四方还商定开通四国过境运输线路为：霍尔果斯（中）—阿拉木图—比什凯克—吐尔尕特—喀什—红其拉甫—苏斯特—卡拉奇港。

1999 年 8 月 13 日，中国和塔吉克斯坦在大连签署了《中华人民共和国政府和塔吉克斯坦共和国政府汽车运输协定》。该协定为发展中国新疆同塔吉克斯坦的汽车运输合作奠定了基础。截至 2004 年年底，我国与俄罗斯、蒙古、哈萨克斯坦、吉尔吉斯斯坦、塔吉克斯坦、巴基斯坦、乌兹别克斯坦、老挝、越南、尼泊尔签署了 10 个政府间双边汽车运输协定，与有关国家分别签署了 3 个政府间多边汽车运输协定。这些协定的签署执行，对促进中国和周边地区国家之间的经济贸易往来、人员和文化交流，促进中国边境地区的经济发展起到了良好作用。

中国内地与中国香港之间的货运，昔日以铁路为主。但近年来，主要由于内地对外贸易不断扩展，加之香港很多工厂不断向深圳和珠江三角洲一带转移，中国内地同中国香港的汽车货运量持续上升。随着澳门的回归，内地同澳门地区的汽车货运量也在增加，内地同港澳地区的公路运输已日渐成为重要的交通运输方式。深圳与香港地区的出入境运输的车辆，必须在深圳和香港两地注册，同时挂深圳车牌和香港车牌。按车辆的不同注册地，可分为入境车辆（指车籍注册地在境外，在首次经过口岸入境，国内车牌颜色为黑色的车辆）和出境车辆（指车籍注册地在内地，在首次经过口岸出境，国内车牌颜色为红色的车辆）。这两类车辆的运营路线及区域也不相同。出入境车辆经由的口岸需经指定。1988 年以后经批准出入境的车辆只从皇岗口岸通行。出入境车辆的数量，由广东省政府和香港当局根据口岸的通过能力加以协商解决。出境车辆，在内地的经营范围不受限制，即可从内地任何一地到香港。入境车辆，在内地的经营范围受限制，即境外注册的企业只有与内地企业成立中外合资或合作的货运企业，其车辆才能办理入境手续。入境车辆的行驶路线及区域一般只限于香港到内地的中外合资或合作货运企业的注册地，车辆仍挂深圳牌照。个别确需延长路线的，也严格限于广东省的范围内。

二、外贸物流公路货物运输业务

（一）公路货物运输生产过程

货物运输是指人们利用运输基础设施和运输工具使货物发生空间位移的活动。货物的这种位移所产生的效用，只能在运输过程中被消费，不能在过程终了以后以实物形态独立存在。货物运输服务有其数量和质量。货物运输的数量用货运量和货物周转量的大小衡量。货物运输的质量一般从安全性、及时性、经济性和方便性等方面来衡量。

1. 公路货物运输生产过程的构成

公路货物运输生产过程是一个多环节、多工种的联合作业系统，是社会物流和商流必不可缺少的、重要的服务过程。公路货物运输生产过程是公路货运业的劳动者运用运输车辆、装卸设备、承载器具、站场设施等，通过各种作业环节，将货物从始发地运输到目的地的全过程。其由三个相互关联、相互作用的部分组成，即运输准备过程、运输基本生产过程和运输结束过程。

运输准备过程是指开始进行运输以前落实货源、办理承运手续、检查和维修车辆、供应燃料、整理车站和辅助设施、将货物装车等过程。运输基本生产过程是指从车辆承载后运行开始，直到货物到达目的地的全部重载运行过程。这一过程构成了货运生产过程的主要内容，也是货运企业形成运输工作量并取得收入的过程。

运输结束过程是指货车到达目的地后，卸货、办理交货验货等商务手续以及清洗车辆的过程。这一过程同运输生产准备过程一样，都是保证运输基本生产过程正常进行不可缺少的过程。在一个运输过程结束后，便开始下一个周期的运输过程，其间或连续或存在一个时间间断期。

在整个运输过程中，如果能够压缩准备过程和结束过程的时间，就能减少总和时间并增加运输基本生产过程时间的比重；如果能加快投入下一周期生产活动过程的进程，就能缩短间断时间。

2. 公路货物运输生产过程的合理组织

运输过程的合理组织是指通过对各种生产要素和生产过程的不同阶段、环节、工序的合理安排，使其在时间上、空间上均衡衔接，紧密配合，组成一个协调的系统，以保证运输生产低耗、高效。

货物运输生产过程合理组织的基本要求包括以下几个方面。

（1）运输生产过程的连续性。连续性是指在货物运输过程的各个生产环节、各项作业之间，在时间上能够紧密衔接和连续进行，不发生各种不合理的中断现象。或者说，货物在运输过程中，始终处于运动状态，没有或很少出现不必要的停顿、等待现象。运输生产过程的连续性是获得较高运输劳动生产率和运输服务质量的重要因素。因此，要尽可能减少无效停车时间、加速车辆周转，以提高车辆、站场等利用效率，保证运输生产效率的提高。

为了提高货物运输过程的连续性，应当重视以下几方面：第一，运输车辆、运输设施及装卸设备、承载器具等的标准化、系列化和通用化。

加强"三化"工作可以大大提高物流过程中包装、装卸、运输、储存、分送等各项作业环节中的连续性。第一，实现设施与设备的标准化、系列化、通用化，不仅可以提高货物公路运输过程的连续性，还能提高汽车与其他运输方式的衔接性，避免了功能性的换装等作业所引起的停滞。第二，尽可能采用先进的工艺方案，加强货物运输过程中的组织与控制手段，以优越的技术条件与先进的经营管理方法相结合，提高货物公路运输过程的连续性。第三，采用先进的科学技术，提高生产过程的机械化、自动化水平，如现代化通信、机械化装卸设备等，对保证生产过程的连续性有重要的意义。第四，要提高经营管理水平。

（2）运输生产过程的协调性。协调性是指货物运输过程中的各个生产环节、工序之间以及业务发展与站场、仓储、服务设施等方面，都要在数量上保持适当的比例。运输过程的协调性是现代化大生产的客观要求，是劳动分工与协作的必然结果，是运输生产系统运行的必然要求。运输过程的各个环节、各项作业在安排生产能力上保持协调性，既可以大大提高货物的运送速度，又可以提高车辆、设备、站场等设施设备、工具的利用率和劳动生产率，进一步提高运输过程的连续性。同时，它对于合理利用运输资源、提高运输活动的经济效益也会起到重要的作用。

在公路货物运输生产活动中，由于货流情况的变化、技术组织条件的改变、劳动者技术水平的提高等原因，都会使各个生产环节、各项作业间生产能力和作业安排发生较大改变。因此，为了适应协调性作业要求，必须及时根据变化了的客观情况，积极采取有效的措施加以调整以实现新的协调，从而保证运输生产的顺利进行。

（3）运输生产过程的均衡性。均衡性又叫节奏性，是指运输生产过程的各个环节、各项作业之间在相同时间内完成大致相等的工作量，避免出现时松时紧，前松后紧，你松我紧的现象。保持运输过程的均衡性，一是有利于充分利用车辆、站场、设备、仓库的生产能力，保持正常的生产秩序；二是能避免由于突击造成的行车事故和商务差错，保证运输服务质量；三是能避免车辆等运输工具的不合理使用，造成经济损失。影响均衡生产的因素很多，从运输企业外部看，由于货物运输需求在时间和空间分布上有不均衡性，会对运输生产的均衡性带来不利的影响，为此，可以运用现代市场营销观念，采用合同运输等方式，与货主建立长期、稳定的运输服务合作关系。从运输企业内部看，运输生产组织安排的不当也会直接影响运输生产的均衡性，因此，要通过加强运输组织管理工作，采取灵活的运输组织方式等，较好地保持运输生产的均衡性。

（4）运输生产过程的经济性。经济性就是要在运输全过程中，在确保安全的前提下，讲求经济效益，即以尽可能少的生产消耗取得尽可能大的产出。这是有效利用运输生产资源的根本要求。

（二）国际公路货物运输的组织

公路货物运输的服务形式较多，它们不仅构成了公路货物运输的不同业务类别，而且也具有各自的市场范围。不同的公路货物运输业务在运输组织方式和技术要求上既具有共同点，也具有各自的特殊之处，因此，根据不同的运输业务采取不同的技术、管理措施，对组织运输生产服务工作是十分重要的。而在对外贸易中，集装箱货物运输是现在最为重要的运输组织方式之一，在国际公路货物运输中也是如此。此外，联合运输也经常在国际公路运输中被使用。

1. 零担货物运输的组织

（1）零担货物运输的特点。零担货物运输是相对整车货物运输而言的，由于零担货物具有零散、流向不一、品类繁杂、包装各不相同、收货单位不同等特点，决定了零担货物运输的组织工作比整车货物的运输工作更为细致复杂。从零担货物运输的特点看，主要有以下几个方面：

①计划性较差。汽车运输的零担货物在货物总量中占的比例较小，但其大多是与人们的日常生产和生活活动关系密切的货物，不仅重要而且有稳定的市场需求，同时由于其本身的特点使货物运输企业很难将其纳入计划管理的范围，因此运输部门必须加强对零担货物流量、流向的经常性调查，充分把握其变化规律，以便更好地组织好零担货物运输工作。

②组织工作复杂。零担货物运输从办理托运手续、验货、入库保管到组织装运等，环节多，作业程序复杂，比整车货物运输要求更为细致，这一切对零担货物运输组织工作提出了更高的要求。

③单位运输成本高。由于零担货物运输需要配备一定的仓库、货棚、专用车辆、装卸和搬运机械等货运设施，同时承运、保管、组织方面的手续复杂，占用人力、物力和财力较多，因而其单位运输成本比整车货物运输的高。

（2）零担货物运输的运送方式。零担货物运输的运送方式比较多，大体上有：

①零担货运班车运输。零担货运班车运输即以厢式专用车辆为主要运载工具，采取"三固定"即定期、定线、定车运行的一种运输组织方式。一般是根据营运地区内零担货物流量、流向、流时的调查资料，结合历史统计资料和货主实际情况，在某些线路上开行直达或沿途零担货运班车。由于采取了"三固定"，对货运需求者来说，运输企业能够及时方便地交运货物，有利于其合理地安排生产和生活；对运输企业来说，将零担货物运输纳入计划范围创造条件，也有利于货物的安全迅速运送。

②非固定式零担货运车运输。非固定式零担货运车运输即根据零担货物的具体情况，适时地开行的一种零担货运车辆的运输组织方式。这种运送形式不受线路、时间的限制，具有一定的灵活性，一般在新开辟的线路上运行。

除此，还有货车加挂、客车捎带等不同的运送方式。比如，近年来客车捎带这一形式在许多经济发达地区十分普遍。

（3）零担货物运输的作业程序。零担货物运输的作业程序如下：

①办理托运。由托运人填写托运单，经承运人检验货物内容、包装、标志符合规定后，按到站货物分批过磅计重，填开磅码单。

②开票收费。应先凭磅码单填开零担货票，再计收运费，按票号、件数填发拴挂标签并逐件拴挂妥当。

③验货进库。由仓库保管人员查验货物、核对拴挂标签上的到达站,件数无误后,指定仓位逐票点件,分线堆码。

④编配货单。零担货物集中后,按分线装配、先收先运、先近后远、上轻下重、轻重搭配的原则编配货单,然后调车承运;装车和卸车均应逐件核对,会同驾驶员点件交货,双方签字以明确责任。

2. 集装箱货物运输的组织

集装箱货物运输是成组运输的一种形式。成组运输就是把需要运送的货物,组成具有一定标准重量或具有一定体积的集装单元,在整个运输过程中,保证不致分散,便于机械化装卸、中转和运送的一种货运方式。

(1) 集装箱运输的优点:

①以机械装卸代替人力,可以节约劳动力。

②可以减少装卸作业,缩短装卸时间,提高运输效率,并且加快运输工具的周转速度和运送速度。

③保证货物完好,提高货运质量,减少货损、货差。

④节约包装材料和费用,降低运输成本。

⑤可以露天堆放,节约仓库,提高仓位的利用率。

⑥可以更有效地在各种运输方式间开展联运。

(2) 集装箱运输的基本条件:

①要有集中、稳定、流量大的适箱货源,这是保证集装箱有效利用,防止运力浪费的重要条件。

②集装箱的标准化、系列化是开展集装箱多式联运的必要条件,是发挥集装箱运输优势的基本前提。

③运输车辆、搬运装卸设备配套,是组织集装箱运输的基本条件,同时,还必须有相应的场地、仓库和配套的作业机械,这是提高集装箱运输组织效率的基础。

④要建立集装箱货运站场体系。

(3) 集装箱货物运输的营运工作。集装箱运输的营运工作主要有两大类:

一类是货运组织工作,包括货源组织、业务管理、装卸作业、运费结算、集装箱的保管与交付,以及与其他部门的衔接配合工作;另一类是车辆运行管理工作,包括集装箱业务量的分配,制订合理的车辆运行计划,集装箱车辆在线路上的运行管理工作等。在车辆运行组织方面,应根据不同车型、线路、集装箱类型、集装箱运量、运距以及现场装卸条件确定合理的运行方法。

3. 联合运输的组织

联合运输是指两个或两个以上的运输方式协同工作,共同完成一个完整的"门到门"运输。联合运输根据联运的区域分为国内联运和国际联运。

(1) 联运的基本特征。联运的基本特征表现在以下几个方面:

①具有组织运输的全程性。一般运输只考虑在某种单一运输方式所经营的线路范围内,组织从承运起到交付为止的运输生产活动,只完成一程运输任务;联运是在两种或两种以上的运输方式所经营的线路范围内组织运输生产活动,实现"门到门"运输。

②具有商务及规章上的通用性。一般运输是按某种单一运输方式的运输规章办理运输业务;联运涉及两种以上的运输方式,因此,联运的运输规章具有两种以上运输方式共同遵守的通用性,不管经过几程运输,都能一票通全程。

③具有托运手续的简便性。联运与一般运输相比,托运、乘车手续简便,一次托运,全程服务,节约时间,方便了顾客。

(2) 联运的作用。联运的作用表现在以下几个方面：

①沟通了不同运输方式之间的横向联系。我国现行交通运输体制仍属于纵向型，各运输方式自成体系，彼此分割，缺乏横向的有机联系。组织联运，可以在一定程度上弥补现行运输体制方面的缺陷，从运输组织工作规律上更好地满足运输经济规律的自身要求。

②可挖掘运输潜力，提高运输效率。通过组织联运，使各种运输工具紧密地结合起来，减少了运输工具的浪费，使运输工具的使用效率得以充分地提高。

③节约流通费用和运输时间。通过组织联运，可以提高运送速度，加快货物的周转，减少货物的在途时间，从而节约了流通费用，运输的时间效益得以进一步提高。

(3) 联运的组织。联运的组织形式有：

①一般货物联运。一般货物联运可分为两个层次：一是干线联运，它适用于批量大、运距长、流量和流向稳定的货物，其联运工具、中转港站，都按联运协议统一开展作业，并实行一次托运，一票到底，一次收费，全程负责。二是干线及支线联运，它以铁路干线、沿海、沿江各中转枢纽为依托，向腹地及城乡延伸。

②集装箱货物联运。集装箱货物联运的出现，得益于集装箱这种装载容器的发明和使用。它是运输技术的一场革命。由于集装箱运输有装卸方便、损耗少及能实现"门到门"取送货物等优点，为各种运输方式的联运提供了良好的技术基础。

三、外贸物流公路货物运输费用

外贸物流公路货物运输费用与一般公路货物运输费用计算相似，也包括运费和其他费用。运费是指公路承运人在运输货物时依照所运货物的种类、重量、距离而收取的费用，它是公路货物运输费用中的重要组成部分。其他费用也称杂费，主要是指包括装卸费在内的公路货物运输中产生的相关费用。

（一）计费重量

在计算公路货物运输费用时，需要考虑货物的计费重量。货物运输计费重量规定如下：

(1) 一般货物：无论整批、零担，计费重量均按毛重计算。整批货物运输以吨为单位，吨以下计至100千克，尾数不足100千克的，四舍五入；零担货物运输以千克为单位，起码计费重量为1千克，重量在1千克以上，尾数不足1千克的，四舍五入。

(2) 轻泡货物：每立方米重量不足333千克的货物为轻泡货物。

整批轻泡货物的高度、长度、宽度以不超过有关公路交通安全规定为限，按车辆标记吨位计算重量。零担轻泡货物以货物包装最长、最宽、最高部位尺寸计算体积，按每立方米折合为333千克计算重量。

(3) 包车运输按车辆的标记吨位计算重量。

(4) 散装货物，如砂、矿石、木材等，按体积或按有关单位统一规定的重量换算计费重量。

(5) 集装箱运输以箱作为计量单位，不按箱内货物实际重量计算。

（二）计费里程

公路货物运输计费里程以千米为单位，尾数不足1 000米的，进整为1 000米，按货物的装货地点至卸货地点的实际运输里程计算。

出入境汽车货物运输的境内计费里程以交通主管部门核定的里程为准，境外里程按毗邻国（地区）交通主管部门或有权认定部门核定的里程为准；未核定里程的，由承、托双方协商或按车辆实际运行里程计算。

(三) 计价单位

境内公路货物运输计价以元为单价，运费尾数不足1元时，四舍五入。

整批货物运输的计价单位为元/吨·千米。零担货物运输的计价单位为元/千克·千米。集装箱运输的计价单位为元/箱·千米。包车运输的计价单位为元/吨位·小时。

出入境货物运输，涉及其他国家货币时，在无法按统一汇率折算的情况下，可使用其他自由货币作为运价单位。

(四) 公路货物运输运价的分类

1. 基本运价

基本运价分为整车货物基本运价、零担货物基本运价和集装箱基本运价三种。

(1) 整车货物基本运价指一批普通货物在等级公路上运输的每吨千米运价。
(2) 零担货物基本运价指零担普通货物在等级公路上运输的每千克千米运价。
(3) 集装箱基本运价指各类标准集装箱重箱在等级公路上运输的每箱千米运价。

2. 普通货物运价

普通货物分为一等货物、二等货物和三等货物三个等级，并实行分等计价；以一等货物为计价基础，二等货物加成15%，三等货物加成30%。

3. 特种货物运价

特种货物运价分为长大笨重货物运价、危险货物运价和贵重、鲜活货物运价三种。

(1) 长大笨重货物运价：一级长大笨重货物运价在整批货物基本运价的基础上，加成40%～60%。二级长大笨重货物运价在整批货物基本运价的基础上，加成60%～80%。
(2) 危险货物运价：一级危险货物运价在整批（零担）货物基本运价的基础上，加成60%～80%，二级危险货物运价在整批（零担）货物基本运价的基础上，加成40%～60%。
(3) 贵重、鲜活货物运价：贵重、鲜活货物运价在整批（零担）货物基本运价的基础上，加成40%～60%。

4. 特种车辆运价

特种车辆运价按车辆的不同用途，在基本运价的基础上，加成计算；但如同时用特种车辆运价和特种货物运价两个价目时，不得同时加成计算。

5. 快运货物运价

快运货物运价按计价类别在相应运价的基础上加成计算。

6. 集装箱运价

(1) 标准集装箱运价。标准集装箱运价按照不同规格箱型的基本运价执行。标准集装箱空箱运价在标准集装箱重箱运价的基础上减成计算。
(2) 非标准集装箱运价。非标准集装箱重箱运价按照不同规格的箱型，在标准集装箱重箱基本运价的基础上加成计算；非标准集装箱空。

四、外贸物流公路货物运单

在每车次或短途每日多次货物运输中，公路货物运单被视为运输合同。

(一) 公路货物运单的内容

公路货物运单主要包括以下一些内容：

(1) 托运人、收货人的名称（姓名）、地址（住所）、电话及邮编。

(2) 货物名称、性质、件数、重量、体积以及包装方式。
(3) 装、卸货地点。
(4) 运日期。
(5) 卸责任。
(6) 质量。
(7) 价值及是否保价、保险。
(8) 费用的结算方式。
(9) 违约责任。
(10) 争议解决方式。

（二）公路货物运单的性质和作用

1. 公路货物运单

公路货物运单是运输合同成立、承运人收到货物的初步证据，又是记录车辆运行和进行行业统计的原始凭证。

2. 解决之间纠纷

公路货物运单是承运人与发货人、收货人之间解决纠纷的依据，但公路货物运单不是物权凭证，不能转让。

3. 公路货物运单的分类

公路运输按照运输范围是否超越国境，分为国内公路运输和国际公路运输。因此，公路货物运单也按是否超越国境，分为国内公路货物运单和国际公路货物运单。

（1）国内公路货物运单。国内公路货物运单分为甲、乙、丙三种。甲种运单适用于普通货物整车运输，以及大件货物、危险货物的运输；乙种运单适用于集装箱汽车运输；丙种运单适用于零担货物运输。

（2）国际公路货物运单。国际公路货物运输合同以签发运单来确认，但无运单、运单不正规或运单丢失并不影响运输合同的成立或有效性。

国际公路货物运单一般为一式三份正本，在由发货人和承运人共同签字以后（也可以盖章代替签字），将第一份交发货人，作为货交承运人的收据；第二份跟随货物至目的地，随同货物一起交给收货人；第三份运单由承运人留存。国际公路货物运单内容主要包括：①发货人、收货人、承运人的名称及地址；②货物接管的地点、日期及指定的交货地点；③货物的名称、件数、重量、尺码、包装及唛头；④运输费用；⑤是否允许转运的说明；⑥货物价值及保险；⑦运输期限；⑧运单签发的日期及地点等。

第三节　外贸物流航空货物运输基础知识

一、国际航空运输组织

（一）国际民用航空组织（ICAO）

国际民用航空组织是政府间的国际航空机构，它是根据1944年近50名国家代表于芝加哥签署的《国际民用航空公约》（又称《芝加哥公约》）设立的，是联合国所属专门机构之一。国际民用航空组织正式成立于1947年4月4日，总部设在加拿大的蒙特利尔。我国是该组织成员，也是理事国。该组织的宗旨为：发展国际航行的原则和技术，并促进国际航空运输的规划和发展，以保证全世界国际民用航空的安全和有秩序的增长；鼓励为和平用途的航空器的设计和操作技术；鼓励发展国际民用航空应用的航路、机场和航行设施；满足世界人民对安全、正常、有效和经济的航空运输的需要；防止因不合理的竞争造成经济上的浪费；保证缔约各国的权利充分受到尊重，每缔约国均有经营国际空运企业的公平机会；避免缔约各国之间的差别待遇；促进国际航行的飞行安全；普遍促进国际民用航空在各方面的发展。

（二）国际航空运输协会（IATA）

国际航空运输协会是各国航空运输企业之间的联合组织，其会员包括全世界一百多个国家中经营国际、国内定期航班的航空公司。我国的国际航空公司、东方航空公司等多家航空公司已是该协会的正式会员。国际航空运输协会于1945年4月16日在古巴哈瓦那成立，目前下设法律、技术、运输、财务等事务部。其主要宗旨是：促进安全、正常和经济的航空运输以造福于世界各族人民，扶植航空商业并研究与之相关的问题；为直接或间接从事国际航空运输服务的各航空运输企业提供协作的途径；与国际民航组织及其他国际组织合作。长期以来，国际航空运输协会充分利用航空公司的专门知识在多个方面作出了重大贡献，包括：推动地空通信、导航、航空器安全飞行等新技术；制定机场噪声、油料排放等环境政策；协助航空公司处理有关法律纠纷；筹建国际航空清算组织；推进行业自动化，促进交流；对发展中国家航空运输企业提供从技术咨询到人员培训的各种帮助；在航空货运方面制定空运集装箱技术说明及航空货运服务有关规章；培训国际航协代理人等。

（三）国际货运代理人协会（FIATA）

国际货运代理人协会简称"FIATA"（菲亚塔），是国际货运代理人的行业组织，于1926年5月31日在奥地利维也纳成立，总部设在瑞士苏黎世，创立的目的是为了解决由于日益发展的国际货运代理业务所产生的问题，保障和提高国际货运代理在全球的利益，提高货运代理服务的质量。国际货运代理人协会的一般会员由国家货运代理协会或有关行业组织或在这个国家中独立注册登记的且为唯一的国际货运代理公司组成，另有为数众多的国际货运代理公司或其他私营企业作为其联系会员。它是公认的国际货运代理的代表，是世界范围内运输领域中最大的非政府和非营利性组织。FIATA 的名称来自法语"Federa-tion Internat ionaledes As sociations deTransi taireset Assimiles"，名称中"Assimiles"一词表示 FIATA 的成员不仅局限于国际货运代理行业，而且包括报关行、船舶代理、仓储、包装、卡车集中托运等运输企业。菲亚塔下设多个委员会，如海运委员会、铁路运输委员会、公路运输委员会、航空运输委员会、海关委员会等。

二、航空货物运输特点

航空货物运输具有其他运输方式所不能比拟的优越性。概括起来，航空货物运输的主要特征有：

（一）运送速度快

到目前为止，飞机仍然是最快捷的交通工具，常见的喷气式飞机的经济巡航速度大都在每小时850～900公里。快捷的交通工具大大缩短了货物在途时间，对于那些易腐烂、变质的鲜活商品，时效性、季节性强的报刊、节令性商品，及抢险、救急品的运输，这一特点显得尤为重要。运送速度快，在途时间短，也使得货物在途风险降低，因此许多贵重物品、精密仪器也往往采用航空运输的形式。当今国际市场竞争激烈，航空运输所提供的快速服务也使得供货商可以对国外市场瞬息万变的行情即刻作出反应，迅速推出适销产品占领市场，获得较好的经济效益。

（二）不受地面条件影响

可深入内陆地区航空运输利用天空这一自然通道，不受地理条件的限制。对于地面条件恶劣、交通不便的内陆地区非常合适，有利于当地资源的出口，促进当地经济的发展。航空运输使本地与世界相连，对外的辐射面广，而且与公路运输与铁路运输相比，航空运输占用土地少，对寸土寸金、地域狭小的地区发展对外交通无疑是十分适合的。

（三）节约包装、保险等费用

由于采用航空运输方式，货物在途时间短，周转速度快，企业存货可以相应减少，一方面有利于资金的回收，减少利息支出；另一方面也可以降低企业仓储费用。又由于航空货物运输安全、准确，货损、货差少，保险费用相对较低。与其他运输方式相比，航空运输的包装简单，包装成本减少。这些都可以使企业隐性成本下降，企业收益增加。

当然，航空货物运输也具有一定的局限性，主要表现在：航空货运的运输费用较其他运输方式更高，不适合低价值货物的运输；航空运载工具———飞机的舱容有限，对大件货物或大批量货物的运输有一定的限制；飞机飞行安全容易受恶劣气候影响等。

三、航空货物运输基本要素

（一）航线

民航从事运输飞行，必须按照规定的线路进行，这种路线称为航空交通线，简称航线。航线不仅确定了航行的具体方向、经停地点，还根据空中管理的需要规定了航路的宽度和飞行的高度层，以维护空中交通秩序，保证飞行安全。航线按飞机飞行的路线分为国内航线和国际航线。飞机飞行的线路起讫点、经停点均在国内的称为国内航线；飞机飞行的线路跨越本国国境，通达其他国家的航线称为国际航线。

世界上最繁忙的航空线有：

(1) 西欧—北美间的北大西洋航空线。该航线主要连接巴黎、伦敦、法兰克福、纽约、芝加哥、蒙特利尔等航空枢纽。

(2) 西欧—中东—远东航空线。该航线连接西欧各主要机场至中国香港、北京、东京等机场，并途经雅典、开罗、德黑兰、卡拉奇、新德里、曼谷、新加坡等重要航空站。

(3) 远东—北美间的北太平洋航线。这是北京、中国香港、东京等机场经北太平洋上空至北美西海岸的温哥华、西雅图、旧金山、洛杉矶等机场的航空线，并可延伸至北美东海岸的机场。太平洋中部的火奴鲁鲁是该航线的主要中继加油站。

此外，还有北美—南美、西欧—南美、西欧—非洲、西欧—东南亚—澳新、远东—澳新、北美—澳新等重要国际航空线。

（二）航班

飞机由始发站起飞按照规定的航线经过经停站至终点站作运输飞行称为航班。航班分为去程航班和回程航班。

（三）航空港

航空港为航空运输的经停点，又称"航空站或机场"，是供飞机起飞、降落和停放及组织、保障飞机活动的场所。近年来随着航空港功能的多样化，港内除了配有装卸客货的设施外，一般还配有商务、娱乐中心、货物集散中心,满足往来旅客的需要,同时促进周边地区的生产和消费。航空港按照所处的位置分为干线航空港和支线航空港。按照业务范围分为国际航空港和国内航空港。其中国际航空港需经政府核准,可以用来供国际航线的航空器起降营运,空港内配有海关、移民、检疫和卫生机构。而国内航空港仅供国内航线的航空器使用,除特殊情况外不对外国航空器开放。

通常,航空港内配有以下设施:

(1) 跑道与滑行道:前者供航空器起降,后者是航空器在跑道与停机坪之间出入的通道。

(2) 停机坪:供飞机停留的场所。

(3) 指挥塔或管制塔:为航空器进出航空港的指挥中心。其位置应有利于指挥与航空管制,维护飞行安全。

(4) 助航系统:为辅助安全飞行的设施。包括通信、气象、雷达、电子及目视助航设备。

(5) 输油系统:为航空器补充油料。

(6) 维护修理基地:航空器归航以后或起飞以前做例行检查、维护、保养和修理的场所。

(7) 货栈。

(8) 其他各种公共设施:包括给水、电、通信、交通、消防系统等。

(四) 航空器

航空器主要是指飞机。常见的飞机有螺旋桨式飞机、喷气式飞机和超音速飞机。

1. 飞机的种类

民用飞机按机身的宽窄可以分为宽体飞机和窄体飞机。

(1) 窄体飞机 (Narrow-body aircraft):窄体飞机的机身宽约3米,旅客座位之间有一个走廊,这类飞机往往只在其下货舱装运散货。

(2) 宽体飞机 (Wide-body aircraft):宽体飞机的机身较宽,客舱内有两条走廊,三排座椅,机身宽一般在4.72米以上,这类飞机可以装运集装货物和散货。

民用飞机按飞机使用用途可以分为三种:

①全货机:主舱及下舱全部载货。全货机运量大,可以弥补客机的不足,但经营成本高,只限在某些货源充足的航线使用。

②全客机:只在下舱载货。全客机主要运送旅客,但由于目前航空运输仍以客运为主,客运航班密度高、收益大,所以大多数航空公司都采用全客机运送货物。不足的是,由于舱位少,每次运送的货物数量有限。

③客货混用机:在主舱前部设有旅客座椅,后部可装载货物,下舱内也可装载货物。客货混合机可以同时在主甲板运送旅客和货物,并可根据需要调整运输安排,是最具灵活性的一种机型。

2. 飞机舱位结构

一般飞机主要分为两种舱位:主舱 (main deck)、下舱 (lower deck)。

(五) 航空运输区域划分

与其他各种运输方式不同的是,国际航空货物运输中与运费有关的各项规章制度、运费水平都是由国际航协统一协调、制定的。在充分考虑了世界上各个不同国家、地区的社会经济、贸易发展水平后,国际航协将全球分成三个区域,简称为航协区,每个航协区内又分成几个亚区。由于航协区的划分主要从航空运输业务的角度考虑,依据的是不同地区不同的经济、社会以及商业条件,因此和我们熟悉的世界行政区划有所不同。

(1) 一区 (TC1) 包括北美、中美、南美、格陵兰、百慕大和夏威夷群岛。

(2) 二区 (TC2) 由整个欧洲大陆(包括俄罗斯的欧洲部分)及毗邻岛屿,冰岛、亚速尔群岛，非洲大陆和毗邻岛屿，亚洲的伊朗及伊朗以西地区组成。本区也是和我们所熟知的政治地理区划差异最大的一个区，它主要由三个亚区组成：①非洲区：含非洲大多数国家及地区，但非洲北部的摩洛哥、阿尔及利亚、突尼斯、埃及和苏丹不包括在内。②欧洲区：包括欧洲国家和摩洛哥、阿尔及利亚、突尼斯三个非洲国家和土耳其（既包括欧洲部分，也包括亚洲部分）。俄罗斯仅包括其欧洲部分。③中东区：包括巴林、塞浦路斯、埃及、伊朗、伊拉克、以色列、约旦、科威特、黎巴嫩、阿曼、卡塔尔、沙特阿拉伯、苏丹、叙利亚、阿拉伯联合酋长国、也门等。

（3）三区（TC3）由整个亚洲大陆及毗邻岛屿（已包括在二区的部分除外），澳大利亚、新西兰及毗邻岛屿，太平洋岛屿（已包括在一区的部分除外）组成。它主要由四个次区组成：①南亚次大陆区：包括阿富汗、印度、巴基斯坦、斯里兰卡等南亚国家。②东南亚区：包括中国（含港、澳、台地区）、东南亚诸国、蒙古、俄罗斯亚洲部分及土库曼斯坦等独联体国家、密克罗尼西亚等群岛地区。③西南太平洋区：包括澳大利亚、新西兰、所罗门群岛等。④日本、朝鲜区：仅含日本和朝鲜。

四、航空运输方式

（一）班机运输

班机运输是指在固定航线上定期航行的航班的运输方式。班机运输一般有固定的始发站、到达站和经停站。

按照业务的对象不同班机运输可分为客运航班和货运航班。后者只承揽货物运输，大多使用全货机。但由于到目前为止国际贸易中经由航空运输所承运的货量有限，所以货运航班只是由某些规模较大的专门的航空货运公司或一些业务范围较广的综合性航空公司在货运量较为集中的航线开辟。对于前者，一般航空公司通常采用客货混合型飞机，在搭乘旅客的同时也承揽小批量货物的运输。

一方面，由于班机运输有固定的航线、挂靠港和航期，并在一定时间内有相对固定的收费标准，对进出口商来讲可以在贸易合同签署之前预期货物的起运和到达时间，核算运费成本，合同的履行也较有保障，因此成为多数贸易商的首选航空货运形式。特别是近年来货运业竞争加剧，航空公司为体现航空货运的快速、准确的特点，不断加强航班的准班率（航班按时到达的比率），强调快捷的地面服务，在吸引传统的鲜活、易腐货物、贵重货物、急需货物的基础上，又提出为企业特别是跨国企业提供后勤服务的观点，正努力成为跨国公司分拨产品、半成品的得力助手。

另一方面，由于班机运输多采用客货混合机型，航班以客运服务为主，货物舱位有限，不能满足大批量货物及时出运的要求，所以往往只能分批运输。不同季节同一航线客运量的变化也会直接影响货物装载的数量，使得班机运输在货物运输方面存在很大的局限性。

（二）包机运输

由于班机运输形式下货物舱位常常有限，所以当货物批量较大时，包机运输就成为重要的运输方式。分段包机运输通常可分为整机包机和部分包机。

整机包机是指航空公司或包机代理公司按照合同中双方事先约定整理的条件和运价将整架飞机租给租机人，从一个或几个航空港装运货物至指定目的地的运输方式。部分包机则是指由几家航空货运代理公司或发货人联合包租一架飞机，或者是由包机公司把一架飞机的舱位分别卖给几家航空货运代理公司的货物运输形式。相对而言，部分包机适合于运送一吨以上但货量不足整机的货物，在这种形式下货物运费较班机运费低，但由于需要等待其他货主备妥货物，因此运送时间要长。包机运输满足了大批量货物进出口运输的需要，同时包机运输的运费比班机运输形式下的运费低，且随国际市场供需情况的变化而变化，给包机人带来了潜在的利益。但包机运输是按往返路程计收费用，存在着回程空放的风险。

与班机运输相比，包机运输可以由承租飞机的双方议定航程的起止点和中途停靠的空港，因此更具灵活性，但由于各国政府出于安全的需要，也为了维护本国航空公司的利益，对他国航空公司的飞机通过本国领空或降落本国领土往往大加限制，复杂烦琐的审批手续大大增加了包机运输的营运成本，因此目前使用包机业务的地区并不多。

（三）集中托运

集中托运是指集中托运人（consolidator）将若干批单独发运的货物组成一整批，向航空公司办理托运，采用一份航空总运单集中发运到同一目的站，由集中托运人在目的地指定的代理收货，再根据集中托运人签发的航空分运单分拨给各实际收货人的运输方式。它是航空货物运输中开展最为普遍的一种运输方式，是航空货运代理的主要业务之一。

与货运代理人不同，集中托运人的地位类似于多式联运中的多式联运经营人。他承担的责任不仅仅是在始发地将货物交给航空公司，在目的地提取货物并转交给不同的收货人，而且承担货物的全程运输责任，在运输中具有双重角色。他对各个发货人负货物运输责任，地位相当于承运人；而在与航空公司的关系中，他又作为被视为集中托运的整理一整批货物的托运人。

集中托运作为最主要的一种航空货运方式有着鲜明的特征，同时也给托运人带来了极大的便利，主要表现在：①由于航空运费的费率随托运货物数量增加而降低，所以当集中托运人将若干个小批量货物组成一大批出运时，能够争取到更为低廉的费率。②因为航空公司的主运单与集中托运人的分运单效力相同，集中托运形式下托运人结汇的时间提前，资金的周转加快。

但是，集中托运也有它的局限性，主要表现在：①对于等级运价的货物如贵重物品等不得采用集中托运的形式。②由于在集中托运的情况下货物的出运时间不能确定，所以不适合易腐烂变质的货物、紧急货物或其他对时间要求高的货物的运输。③对书籍等可以享受航空公司优惠运价的货物的托运人来讲，使用集中托运的形式可能不仅不能享受到运费的节约，反而使托运人运费负担加重。

（四）航空快递

航空快递（air express）业务是指由快递公司与航空公司合作向货主提供快递服务，由快递公司派专人从发货人处提取货物后以最快航班将货物出运，飞抵目的地后，由专人接机提货，办妥进关手续后直接送达收货人的运输方式。这是一种最为快捷的运输方式，特别适合于各种急需物品和文件资料的运输。外贸企业办理航空运输，需要委托航空公司作为代理人，负责办理出口货物的提货、制单、报关和托运工作。委托人应填妥国际货物托运单，并将有关报关文件交付航空货运代理，航空空运代理向航空公司办理托运后，取得航空公司签发的航空运单，承运即告开始。航空公司需对货物在运输途中的完好负责。货到目的地后，收货人凭航空公司发出的到货通知书提货。

（五）送交业务

在国际贸易往来中，出口商为了推销其产品，往往要向客户赠送样品、宣传资料等。

（六）货到付款

货到付款（cash on delivery）是承运人在货物到达目的地交给收货人时，根据其与发货人之间的协议，代向收货人收取航空运单上所记载的货款，并汇寄给发货人的一项业务。

【重点名词与概念】
外贸物流铁路联运　国际铁路线路　公路承运人　零担运输　班机运输　航空快递业务

【本章练习与思考题】

一、单选题
1. 具有交货迅速、货运质量高特点的运输方式是（　　）。
   A. 海洋运输　　　B. 铁路运输　　　C. 公路运输　　　D. 航空运输
2. 航空货运中，运价类别中"C"表示的意思是（　　）。
   A. 附加运价　　　B. 指定商品运价　　C. 最低重量　　　D. 45千克以下普通货物运价
3. 铁路承运国际联运货物时出具的凭证是（　　）。
   A. 运输发票　　　B. 国际铁路运单　　C. 装货单　　　　D. 承运货物收据

二、多选题
1. 国际航空运输方式分为（　　）。
   A. 班机运输　　　B. 包机运输　　　C. 集中托运　　　D. 航空急件
   E. 航次运输
2. 下列四个城市中，属于国际航协IATA三个航空运输业务划区中TC3区的有（　　）。
   A. Toronto，Canada　B. Amman，Jordan　C. Osaka，Japan　D. Sydney，Australia
3. 铁路运输的优点是（　　）。
   A. 运行速度快　　B. 载运量较大　　C. 运输途中风险较小
   D. 一般能保持终年正常运行　　E. 具有高度的连续性

三、判断题
（　）1. 在我国的国际铁路货物运输只遵守我国的铁路运输规章。
（　）2. 由于朝鲜铁路轨距与我国相同，所有按中国铁路运输规定运输的货物都可以运到朝鲜。
（　）3. 道路运单不能转让，只能做成记名抬头，货物到达目的地后承运人通知运单抬头人提货。

四、简答题
1. 简述铁路联运运单的作用。
2. 简述外贸物流公路货物运输的特点。
3. 简述航空货物运输特点。

第九章　外贸物流货物运输保险

【本章培训要点】

本章培训的主要内容是关于外贸物流货物运输保险。内容主要包括风险与保险，保险合同，我国海上货物运输保险的保障范围，我国陆、空货物运输保险，以及海上货物运输保险条款。

【本章应掌握的主要内容】

通过本章学习，应掌握风险的概念与特征，保险的基本原则，海洋货物运输保障的风险与损失，中国海洋运输货物保险险别、保险责任范围与保险期限；理解保险合同的概念及法律特征，海运货物保险中被保险人的义务；了解保险合同的要素、形式及法律效力，我国陆、空货物运输保险，海洋运输货物保险保障的费用，海运货物保险基本险的除外责任与索赔期限，伦敦保险协会海运货物保险条款。

在外贸活动过程中，一笔交易的货物从卖方交到买方手中，要经过长途运输、装卸和存储等环节，遭遇到自然灾害和意外事故的可能性很大。这种风险所造成的损失不是交易双方自身力量所能控制的，而一旦发生损失，将会影响贸易的正常进行。为了在货物遭受损失时能得到经济补偿，就需办理货物的运输保险。在外贸活动中，货物运输保险已经成为交易中不可缺少的组成部分。

第一节　风险与保险

在保险业务中，风险、损失和险别三者之间有着紧密地联系：风险是造成损失的起因，险别则是保险公司对风险和损失的承保责任范围。

不同的货运方式有不同的运输保险，海洋货物运输保险是货运保险中最主要的一种。货物在海洋运输中可能遭遇到的风险和损失很多，但可从保险得到保障的范围只限于保险合同约定的风险与损失，并不是对所有风险进行承保，也不是对一切损失都予以补偿。为明确责任，各保险公司将其承保的各类风险及对风险所造成的各种损失的赔偿责任都有明确规定。

一、风险

（一）风险的概念

风险（risk）的基本含义是损失的不确定性。风险是指损失发生的不确定性。这种不确定性包括损失发生与否的不确定和损失程度的不确定。

(二)风险的特征

1. 客观性

风险的客观性是指风险是客观存在着的某种自然现象、生理现象和社会现象,是独立与人的意识之外的客观事实,而不是人们头脑中主观想象或主观估计的抽象概念。

2. 损失性

只要风险存在,就一定有发生损失的可能,所以凡是风险都可能会给人们的利益造成损失。经济上的损失可以用货币衡量,但一般都表现为所得的减少,或支出的增加,或者两者兼而有之,终究还是经济上的损失。

3. 不确定性

风险的不确定性通常包括以下几个方面:一是损失是否发生不确定;二是损失发生时间不确定;三是损失发生空间不确定;四是损失程度不确定。

4. 可测性

风险的不确定性说明风险是一种随机现象,是不可预知的。

5. 可变性

随着人类社会的发展,科学技术的进步,有些风险在一定空间和时间范围内被消除,如天花。但有些风险却被人们创造出来,如向太空发射卫星,向外层空间发送太空飞船等,带来了航空航天风险。建立核电站带来了核污染、核泄漏和核爆炸的风险。

(三)风险的分类

风险多种多样,不同的风险有着不同的性质和特点,它们发生的条件、形成的过程和对人类造成的损害是大不相同的。为了便于对各种风险进行识别、测定和管理,对种类繁多的风险按照一定的方法进行科学分类是十分必要的。

1. 按风险产生的形态分类

(1)静态风险(static risk)是指在社会经济正常情况下,由于自然力的不规则运动或人们行为过失或错误判断等导致的风险。例如,雷电、暴风、地震、霜害等自然原因的风险;火灾、经营不善等人为疏忽发生的风险;盗窃、纵火、欺诈等不道德行为的风险。静态风险一般与社会经济和政治变动无关,在任何社会经济条件下都是不可避免的。

(2)动态风险(dynamic risk)是指由于社会经济结构变动或政治变动而产生的风险。例如生产方式和生产技术的变动,消费者偏好的变动,政治经济体制的改革等引起的风险。

2. 按风险的性质分类

(1)纯粹风险(pure risk)是指只有损失可能而无获利机会的风险。例如航行中的海轮发生触礁、货物遭受火灾的风险,船东和货主只会遭受经济损失,而决不会有利益可得。

(2)投机风险(speculative risk)是指既可能造成损失,也可能产生收益的风险。例如投资有价证券。

3. 按风险危及的对象分类

(1)财产风险(property risk)是指个人、家庭、企业或团体组织所有、使用或保管的财产发生损害、灭失或贬值的风险。如船舶沉没,货物被窃,新技术设备的出现引起旧技术设备贬值等的风险。

(2)人身风险(personal risk)是指由于疾病、意外伤害造成死亡、伤残等原因而遭受损失的风险。

(3)责任风险(liability risk),又称"第三者责任风险",是指由于个人或团体的过失或侵权行为导致他人的财产损失和人身伤亡,在道义上、法律上负有经济赔偿责任的风险。此外,由于专业技术人员的疏忽、公共场所存在的内在缺陷、产品质量低劣都可导致损失。这种种可能导致损失的风险,均属责任风险范畴。

(4) 信用风险（credit risk）是指人们在经济往来中,当事人之间,由于对方违反约定而导致一方经济损失的风险。例如在国际贸易中,卖方不知在交货后买方是否一定会按期支付货款,导致卖方面临信用风险。

4. 按风险发生的原因分类

(1) 自然风险（natural risk）是指由于自然现象或物理现象所导致的风险。例如洪水、地震、暴风、海啸、泥石流等。

(2) 社会风险（social risk）是指由于个人或团体的行为,包括过失行为、不当行为及故意行为对社会生产及人们生活造成损失的可能性,例如盗窃、抢劫、玩忽职守以及故意破坏等行为对他人的财产或人身造成损失或损害的可能性。

(3) 政治风险（political risk）又称"国家风险",它是指在对外投资和贸易过程中,因政治原因或订约双方所不能控制的原因,使债权人可能遭受损失的风险。例如因输入国家发生战争、革命、内乱而中止货物进口；或因输入国家实施进口或外汇管制,对输入货物加以限制或禁止输入；或因本国变更外贸法令,使输出货物无法送达输入国,造成合同无法履行而形成的损失等。

(4) 经济风险（economic risk）是指在生产和销售等经营活动中由于受各种市场供求关系、经济贸易条件等因素变化的影响,或经营者决策失误,对前景预期出现偏差等,导致经济上遭受损失的风险。例如生产的增减、价格的涨落、经营的盈亏等方面的风险。

5. 按风险是否可保分类

(1) 可保风险（insurable risk）是指可以通过保险的方式加以管理和分散的风险。

(2) 不可保风险（Non-insurable risk）是指无法通过保险方式来管理与分散的风险。

(四) 风险管理

风险管理（risk management）是指人们对各种风险的识别、衡量和控制的主动行为。它要求人们研究风险发生和变化规律,估算风险对社会经济生活可能造成损害的程度,并选择有效的手段,有计划、有目的地处理风险,以最小的成本获得最大的安全保障。

风险管理的方法有很多,但最常用的有回避、自留、预防、抑制和转移。

二、保险

保险（insurance）是被保险人（投保人）对一批或若干批货物向保险人（保险公司）按照一定的险别并缴纳保险费,保险人承保后,如果所保货物在运输过程中发生约定范围内的损失,应按照它所出立的保险单的规定,给予被保险人经济上的补偿。

保险一般可以分为财产保险、责任保险、保证保险和人寿保险四个大类。外贸物流货物运输保险属于财产保险一类。

(一) 保险的职能与作用

保险的职能是指保险固有的特性,即结合多数人共同分摊风险,补偿少数人的经济损失。

1. 保险的基本职能

保险是依靠多数成员的分摊保险基金,用来补偿少数成员因灾害事故所造成的经济损失和因死亡或丧失劳动能力所带来的经济困难的一种方法。

(1) 分摊职能：分摊职能就是把参加保险的少数成员因自然灾害或意外事故所造成的损失,分摊给多数成员来承担。保险的主要特征就是分散风险。

（2）补偿职能：补偿职能就是把参加保险的全体成员建立起来的保险基金用于少数成员因遭遇自然灾害或意外事故所受损失的经济补偿。

2. 保险的派生职能

保险的派生职能是在不同经济体制下，由基本职能派生出来的。保险的派生职能主要有：融资职能、分配职能和防灾防损职能。

（二）保险的原则

1. 可保利益原则（insurable interest）

可保利益原则指投保人对保险标的具有法律上承认的利益。就货物保险而言，反映在运输货物上的利益，主要是货物本身的价值，但也包括与此相关联的费用（运费、保险费、关税、预期利润等）。但它不像其他保险那样在投保时就要求对保险标的具备可保利益，它只要求在保险标的发生损失时必须具有保险利益即可。

2. 最大诚信原则（utmost good faith）

最大诚信原则指投保人和保险公司在签订保险合同时以及在合同有效期内，必须保持最大限度地诚意，恪守信用，互不欺瞒。保险公司应当向投保人说明保险合同条款的内容，并可以就保险标的或者被保险人的有关情况提出询问，投保人应当如实告知。

对被保险人来说包括两方面的要求：一是重要事实的申报；二是保证。保证是指被保险人在保险合同中所作的保证要做或不做某种事情，保证根据法律或惯例规定应履行的义务。

3. 代位追偿原则

代位追偿原则指保险人（即保险公司）履行了赔偿责任后而获得的一项权利，而当被保险人在取得了保险赔偿后则有义务将根据法律或合同所享有的向责任方要求损害赔偿的权利转让给保险人。

第二节　保险合同

一、保险合同的概念及法律特征

（一）保险合同的概念

保险合同又称保险契约，是指保险关系双方当事人之间订立、变更、终止保险法律关系的协议。《中华人民共和国保险法》中定义为"保险合同是投保人与保险人约定保险权利义务关系的协议。"根据保险双方当事人的约定，投保人负有支付保险费的义务；保险人在保险标的发生约定事故时，承担经济损失补偿责任，或者当约定事件发生时，承担履行给付保险金义务。保险合同定义明确了合同的性质是协商产生的协议；明确了当事人主体是投保人和保险人；明确了合同内容是保险权利义务关系。

（二）保险合同的特征

保险合同是民事合同的一种，因而具有一般合同共有的法律特征，同时又因为保险关系的特殊性而使保险合同具有区别于其他民事合同的法律特征。

1. 保险合同的一般法律特征

（1）保险合同当事人必须具有民事法律行为能力。保险合同的投保人必须是具有相应民事行为能力的自然人、法人或其他合法的社会组织；保险人必须是依法设立的保险经营机构，合同的订立必须符合其经营范围。

（2）保险合同是双方当事人意思表示一致的法律行为。保险合同的当事人必须是对立的双方，即投保方和保险方。保险合同是当事人协商一致的产物，是两个或两个以上当事人的意思表示一致的协议；合同当事人的法律地位平等，任何一方不能强迫另一方接受自己的意志。

（3）保险合同属于合法行为。国家有关法律、法规对保险合同的主体、内容及合同的订立和履行等方面都作了相应的规定，只有符合这些规定的保险合同才受法律保护。

2. 保险合同自身的法律特征

（1）保险合同是射幸性合同（aleatory contract）

射幸合同是指当事人在签订合同时不能确定各自的利益或结果的协议。保险合同在订立时，投保方交付保险费是确定的，而保险人是否履行赔偿或给付保险金的责任取决于偶然的、不确定的自然灾害、意外事故的发生。

（2）保险合同是附合性合同（adhesion contract）

保险合同是附合性合同，其基本条款通常是由保险人事先拟定。投保人对于此类条款，或同意接受，或不同意接受，一般没有修改某项条款的权利。如果有必要修改或变更合同的某项内容，通常也只能采用保险人事先准备的附加条款或附属保单。

（3）保险合同是双务有偿合同（bilateral contract）

保险合同成立后，投保人负有按合同约定缴纳保险费的义务，保险人则负有于保险事故发生时支付保险赔偿金的义务。双方既然互有给付义务，理应属于双务有偿合同。

（4）保险合同是最大诚信合同（utmost good faith contract）

缔结任何合同都必须遵守诚实信用原则。我国《合同法》第六条规定，"当事人行使权利、履行义务应当遵循诚实信用原则。"保险合同对当事人的诚信要求更为严格，所以称保险合同为最大诚信合同。

二、保险合同的要素

（一）保险合同的主体

保险合同的主体是指所有参与保险合同订立和履行的人，主要包括：保险合同的当事人（投保人和保险人）、保险合同的利害关系人（被保险人和受益人）、保险合同的辅助人（保险代理人、保险经纪人、保险公证人等）。

1. 保险合同当事人

（1）保险人（insurer or underwriter）。保险人也称"承保人"，是指与投保人订立保险合同并承担保险标的风险的当事人。《保险法》第九条第二款规定："保险人是指与投保人订立保险合同，并承担赔偿或者给付保险金责任的保险公司。"

（2）投保人（applicant）。投保人是指就自己或他人的生命、身体或归其所有的（包括国家授予其经营管理的）财产向保险人投保，并订立保险合同的当事人，有时也被称作要保人。投保人有缴纳保险费的义务。如果是为自己的利益投保，便享有赔偿请求权或受领保险金的权利。

2. 保险合同利害关系人

保险合同利害关系人是指在保险合同中虽然不直接参与订立保险合同事宜，但是，保险合同的成立与履行都对其有着重要利害关系的人。这就是被保险人和受益人。

（1）被保险人（insured）。按《保险法》第二十一条规定，指在保险事故发生而使其财产或身体受损时，有权向保险人要求偿付的人。被保险人在财产保险中必须是财产所有人或其他权利人，因为保险合同可以是为他人的利益而订立，因而确切地说是被保险人而不说是要保人享有赔偿请求权。

(2) 受益人（beneficiary）。受益人是指根据保险合同的约定，享有赔偿请求权的人，即取得保险利益、受领保险金的人。受益人必须是在保险合同中明确载明的。当然，在保险合同执行过程中，受益人也可以由投保人随时向保险人声明更换。如果在保险合同中没有指明受益人，应由被保险人的法定继承人作为受益人。如果被保险人与投保人不是同一人，投保人欲变更受益人时，需要得到被保险人的同意。

3. 保险合同的辅助人

保险合同的辅助人是指协助保险合同当事人或利害关系人办理保险合同有关事项的人。保险合同的辅助人是指保险代理人、保险经纪人和保险公证人。

（二）保险合同的客体

保险合同的客体就是指保险利益。我国《保险法》第十一条规定："保险利益是指投保人对保险标的具有的法律上承认的利益。保险标的是指作为保险对象的财产及其有关利益或者人的寿命和身体。"保险利益应具备合法性，被法律所承认和受法律保护。保险利益的范围一般由保险法规规定或由保险条款约定。

（三）保险合同的内容

保险合同的内容，是指投保人或被保险人与保险人通过协议而达成的有关对于保险标的及与之相关联的利益予以保障事项的条款，并由此来确定其权利和义务。

1. 保险合同的主要内容

（1）当事人的姓名和住所。

（2）保险标的（subject matter）。保险标的是保险利益的载体，是保险人承保的对象。明确保险标的可以明确保险人承担保险责任的对象范围，可以确定投保人对保险标的是否具有保险利益，对于保险价值的确定以及明确核损的对象都至关重要。在财产保险合同中，应载明标的物的详细名称、型号、清单、编号、坐落地点以及与投保人的利益关系。

（3）保险价值（insured value）。保险价值是指保险标的在保险合同中的价值。

（4）保险金额（insured amount）。保险金额是由保险合同的当事人确定的保险人赔偿或给付的最高限额。保险金额涉及保险人和投保人之间的权利义务关系。对于保险人来说，它既是收取保险费的计算依据，也是补偿或给付的最高限额。

（5）保险费（premium）。保险费是投保人或被保险人为请求保险人对其保险标的及其利益承担风险保障，而支付的与保险责任大小相适应的金额，它是按照保险人对保险利益保障的程度即保险金额的一定比率（保险费率）而向保险人缴付的费用。

（6）保险责任（scope of cover）。保险人所承担的风险项目，在保险合同中称作保险责任或责任条款。保险责任就是当在其责任范围内的保险事故或保险事件发生时，根据保险标的的损失程度或达到的保险条件，保险人在保险金额限度内应负的经济赔偿或给付保险金的责任。各类保险有不同的保险责任。保险合同中载明的责任条款，通常是保险人所制定，由投保人或被保险人选择决定的。例如海洋运输货物保险条款，分别列出：平安险、水渍险和一切险三种主要险别与一些专门或附加险别供投保人选择。

（7）保险期限（insurance period）。亦称"保险期间"，我国保险条款称为责任起讫，是指保险人承担保险责任的起讫时间即保险合同的有效期限，保险人只对在保险期限内发生的保险事故才承担赔偿或给付的责任。国际运输货物保险的保险期间一般按"仓至仓"原则划分。

2. 保险合同的形式

保险合同依照其订立的程序，大致可以分为四种书面形式：

图 9-1　　　　　　　　　　　　　保险单样例

中保财产保险有限公司
The People Insurance（Property）Company of China，Ltd.

发票号码　　　　　　　　　　　　　　　　　　　保险单号次
Invoice No.　　　　　　　　　　　　　　　　　　Policy No.

海洋货物运输保险单
MARINE CARGO TRANSPORTATION INSURANCE POLITY

被保险人：
Insured：

中保财产保险有限公司（以下简称"本公司"）根据被保险人的要求，及其所交付约定的保险费，按照本保险单承担险别和背面所载条款与下列特别条款承保下列货物运输保险，特签发本保险单。

This policy of insurance witnesses that the people insurance（property）company of China，Ltd.（hereinafter called "The Company"），at the request of the insured and in consideration of the agreed premium paid by the insured. Undertakes to insure the undermentioned goods in transportation subject to the conditions of the Policy as per the Clauses printed overleaf and other special clauses attached hereon.

保险货物项目 Descriptions of Goods	包装 Packing	单位 Unit	数量 Quantity	保险金额 Amount Insured

承保险别　　　　　　　　　　　　　　　　　　　　　　　　　　货物标记
Conditions　　　　　　　　　　　　　　　　　　　　　　　　　Marks of Goods

总保险金额：
Total Amount insured：_____

保费　　　　　　载运输工具　　　　　　　　　　　　　开航日期
Premium _____ Per conveyance S. S _____ Sig. on or abt _____

起运港　　　　　　　　　　　　目的港
From _____ To _____

所保货物，如发生本保险单项下可能引起索赔的损失或损坏，应立即通知本公司下述代理人查勘。如有索赔，应向本公司提交保险单正本（本保险单共有____份正本）及有关文件。如一份正本已用于索赔，其余正本则自动失效。

In the event of loss or damage which may result in a claim under this Policy, immediate notice must be given to the company agent as mentioned hereunder. Claims, if any, one of the Original Policy which has been issued in _____ original（s）together with the relevant documents shall be surrendered to the company. If one of the Original Policy has been accomplished, the others to be void.

赔款偿付地点
Claim payable at _____

日期　　　　　　　　　　　　　在
Date _____ at _____

地址：
Address：

(1) 投保单（application）。投保单是投保人向保险人申请订立保险合同的书面要约。投保单由保险人准备，通常有统一的格式。投保人依照保险人所列项目逐一填写。

(2) 暂保单（binders）。暂保单又称临时保单。它是正式保单发出前的临时合同。有时在保险代理人收到第一期保费后，即发给投保人作为具有暂保单效力的收据。暂保单的法律效力与正式保单完全相同，但有效期较短，大多由保险人具体规定。当正式保单交付后，暂保单即自动失效。

(3) 保险单（policy）。保险单简称"保单"，它是投保人与保险人之间保险合同行为的一种正式书面形式。保险单必须明确、完整地记载有关保险双方的权利和义务；它所记载的内容是双方履约的依据。图9-1是一份保险单样例。

(4) 保险凭证（insurance certification）。保险凭证，俗称"小保单"，也是保险合同的一种书面证明。但只是在少数几种保险业务中使用，如货物运输保险和机动车第三者责任保险等。它实际上是一种简化了的保险单，只包括保险单的正面内容，背面没有载明保险条款的详细内容，凡保险凭证上没有列明的内容，均以同类保险单上所载内容为准，与保险单具有同样的效力。这种简化凭证可节省人力，由于与国际习惯做法不符，已停止使用。

三、保险合同的条款

保险条款是货物买卖合同中不可或缺的一部分。保险条款应包括投保金额、保险险别、保险费、保险单以及保险适用条款等内容。保险条款根据贸易条件不同而有所不同，在我国进出口贸易中，一般按CIF和CIP条件出口；而按FOB或CFR条件进口，以便自己办理保险业务。

（一）CIF和CIP贸易条件下的保险条款

在实际业务中，如果货物按CIF或CIP条件签订合同，货物在运输途中的风险损失由买方负责，但由卖方承担保险费用，并由卖方向保险公司进行投保。卖方应该根据出口合同或信用证的规定，在准备好货物并确定装运日期和船只后，按规定要求填制保险单，送保险公司投保，并向保险公司领取保险单证。具体保险条款包括：投保责任、保险金额、投保险别、适用条款等。

在出口业务中，保险金额一般由买卖双方共同磋商决定。投保金额是保险公司所承担的最高赔偿金额，也是保险费的计算基础。

根据国际惯例，保险金额通常按照CIF或CIP总值加成10%计算。如果买方要求以较高的加成率计算投保金额投保，在保险公司同意承保的前提下卖方可以接受，但超出部分的保险费由买方负担。

按CIF或CIP条件出口的货物的保险金额和保险费计算有如下公式：

$$保险金额 = CIF 或 CIP 价 \times (1 + 加成率)$$

$$保险费 = 保险金额 \times 保险费率$$

在核算CIF或CIP价重的保险费时，应注意根据一定时期货物的赔付率情况，以及不同货物、不同险别、不同目的地分别确定，不同情况下保险费会有所不同。

（二）FOB、FCA、CFR或CPT贸易条件下的保险条款

如果按照FOB、FCA、CFR或CPT条件下签订合同，卖方在装运港完成交货后，货物运输途中的风险损失均由买方承担，并且由买方投保货运保险，并缴纳保险费。

以FOB或CFR条件进口，在投保时，均按CIF价作为保险金额不必加成，其中的运费率和保险费率均采用平均值计算。一般按以下方法计算：

$$FOB 进口保险金额 = FOB 货价 \times (1 + 平均运费率) / (1 - 平均保险费率)$$

CFR 进口保险金额＝CFR 货价/（1－平均保险费率）

保险费＝保险金额×平均保险费率

第三节　我国海上货物运输保险的保障范围

海运货物保险所承保的广义的海上风险泛指船舶或货物在海上航行中所发生的一切风险，根据英国《1906年海上保险法》第三条第二款的规定："海上风险是指因航海所发生的一切风险。例如，海滩、火灾、战争、海盗、抢劫、盗窃、捕获、拘留、限制以及君王人民之扣押、抛弃、船长船员的故意行为，或其他类似性质的，或在保险合同中所注明的风险。"由此可见，广义上的海上风险除了包括海滩之外，还包括其他各类风险，比如火灾、战争等并非海上固有的风险。

一、海洋货物运输保障的风险

（一）海上风险（perils of sea）

海上风险是指海上偶然发生的自然灾害或意外事故，但对于经常发生的事件或必然性事件，例如海上的一般风浪作用，并不包括在内。海上风险有其特定的含义和范围，一方面它并不包括所有发生在海上的风险，另一方面它又不并局限于航海中所发生的风险，现代海上保险中都将与海运相连的包括陆上、内河、船舶运输过程中的风险包含在海上风险之内予以承保。

1. 自然灾害（natural calamity）

自然灾害是指包括恶劣气候、雷电、海啸、地震、洪水和火山爆发等客观自然现象所引起的灾害，它一般是人力所无法抗拒的，会造成物质毁损和人身伤害。

（1）恶劣气候（heavy weather）。恶劣气候通常是指船舶在海上航行时因遭遇海上暴风、暴雨、飓风和大浪等自然现象而发生的事故，包括船舶因颠簸、倾斜造成船体破裂、船上机器设备损坏，以及船上所载货物碰损破碎、混杂、被水浸湿、冲走等。恶劣气候是货物在海运途中最容易遇到的风险。

（2）雷电（lighting）。雷电是指船舶、货物因被雷电击中所直接造成的损失和由此引起火灾而导致的损失，也包括船舶被雷电击中而破损致使海水进入船舱造成货物的损失等。

（3）海啸（tsunami）。海啸是指海底地震、火山活动、海岸地壳变异或特大海洋风暴等引起的海水强烈震动而产生巨大浪潮，因此导致船舶、货物被淹没、冲击或损毁。海啸发生时，海面水位剧烈涨落，具有极大的破坏作用，它能使船舶倾覆、沉没，从而导致船货完全灭失。

（4）地震（earthquake）。地震是指因地壳发生剧烈的自然变异，使地面发生震动而导致船货的直接损失或由此引起的火灾、爆炸、淹没等损失。地震发生在海底会引起海啸，使在海上航行的船舶及所载货物受损。

（5）洪水（flood）。洪水是指偶然的、意外的大量降水在短时间内汇集河槽而形成的特大径流造成的船货损失，包括山洪暴发、江河泛滥、潮水上岸或暴雨积水成灾而造成航行的船舶及货物被淹没、浸泡、冲散及冲毁的损失。

（6）火山爆发（volcanic eruption）。火山爆发是指由于强烈的火山活动，喷发固体、液体以及有毒气体造成的船货损失，海底的火山爆发也会引起海啸，从而导致航行中的船舶及所载货物受损。

2. 意外事故（accident）

意外事故是指海运途中由于外来的、偶然的、突然的、非意料中的原因所导致的事故。如火灾、爆炸、沉没、碰撞、触礁、搁浅、擦浅、倾覆、陆上运输工具倾覆等。

（1）火灾（fire）。火灾是指在航海中，因意外起火失去控制并造成经济损失的燃烧。船舶或其所载货物被火焚烧、烧焦、烟熏、烧裂等的经济损失，以及救火时由于搬移货物、消防灌水等造成水渍或其他损失，都属于火灾的范畴。在海上货物运输中，火灾是最严重的风险之一。

（2）爆炸（explosion）。爆炸一般是指物体内部发生急剧的分解或燃烧，迸发出大量气体和热力，致使物体本身及其周围的其他物体遭受猛烈破坏的现象。在海上运输过程中，船上的设备，例如锅炉有可能发生爆炸，造成船货损失。船上所载的货物，例如装在密封容器中的气体会用因周围过高的温度而膨胀爆炸，造成货物本身及周围物体，甚至船舶的损坏。

（3）沉没（sunk）。沉没是指船舶的船体全部或大部分沉入水中（船底并不一定接触海底），而且已丧失继续航行能力的状态。如果船体只有一部分沉入水中或海水虽不断浸入，但船舶仍具有航行能力，则不能视为沉没。

（4）碰撞（collision）。碰撞是指载货船舶在水上同除水以外的其他外界物体撞击或突然猛烈地接触，因此造成船上货物的损失。其他外界物体包括别的船舶、驳船、码头、浮吊、河堤、桥梁、冰山、礁石等。若发生碰撞的是两艘船舶，则碰撞不仅会带来船体及货物的损失，还会产生碰撞的责任损失，碰撞是船舶在海上航行中的一项主要风险。

（5）触礁（stranding）。触礁是指船舶在航行过程中触及海中的岩礁或其他障碍物如木桩、渔栅、海底的沉船等造成的一种意外事故。

（6）搁浅（stranding）。搁浅是指船舶在航行中，由于意外或异常的原因，船底与水下障碍物紧密接触牢牢地被搁住，并且持续一定时间失去进退自由的状态。

（7）擦浅（grounding）。擦浅是指船舶在航行中与水底意外接触，但并未因此而停留一段时间，只是一擦而过。搁浅同样会造成船底损坏，也属于海上保险可保的风险。

（8）倾覆（capsized）。倾覆是指船舶在航行中因遭受自然灾害或意外事故而导致船体严重倾斜或倒翻，非经救助不能继续航行的状态。随着船舶的倾覆，货物可能混杂、相互碰撞或掉落水中而导致损失。

（9）陆上运输工具倾覆（overturning of land conveyance）。陆上运输工具倾覆是指在陆地上行驶的汽车、卡车等运输工具因发生意外而翻倒、倾斜所导致的车货损失事故。

（二）外来风险（extraneous risks）

外来风险是指海上风险以外的其他外来原因所造成的风险。这一风险必须是意外的、事先难以预料的，而不是必然发生的意外因素，如货物在运输过程中可能发生的沾污、串味而造成的损失。类似货物的自然损耗和本质缺陷等属于必然发生的损失，不包括在外来风险之内。

在国际海运货物保险业务中，保险人除了承保上节所述的各种海上风险外，还承保外来风险所造成的损失。外来风险可分为一般外来风险和特殊外来风险两类。

1. 一般外来风险

一般外来风险是指货物在运输途中遭遇意外的外来因素导致的事故。通常包括以下风险：

（1）偷窃（theft, pilferage）。偷窃是指货物整件被偷走或货物中的一部分被窃取，但不包括使用暴力手段的公开劫夺。

（2）提货不着（non-delivery）。提货不着是指货物在运输途中由于不明原因而被遗失，造成整件货物未能运抵目的地，无法交付给收货人。

（3）淡水雨淋（fresh water and rain damage）。淡水雨淋是指直接由于淡水、雨水以及冰雪融化造成货物的水渍。

（4）短量（short delivery）。短量是指货物在运输途中或抵达目的地后发现包装内货物部分短少或散装货物重量短缺。

(5) 渗漏 (leakage)。渗漏是指流质或半流质的货物在运输途中由于容器损坏而引起的损失。例如酱菜因液体而引起的货物的变质、霉烂等损失。

(6) 玷污 (contamination)。玷污是指货物在运输途中因被其他货物污染而导致的损失。如布匹、纸张、食物、服装等被油类或带色的货物的污染。

(7) 碰损 (clash)。碰损是指金属和金属制品等货物在运输途中因受震动、颠簸、碰撞、挤压等而造成的凹瘪、变形损失。

(8) 破碎 (breakage)。破碎是指易碎品在运输途中因受震动、颠簸、碰撞、受压等而造成的破碎、破裂的损失。

(9) 混杂 (intermixture)。混杂是指货物在运输途中因与其他货物混杂在一起，难以辨认和分开而导致的损失。例如大豆中混入砂石等杂质。

(10) 串味 (taint of odour)。串味是指货物因受到其他带异味的物质的影响，引起串味而使价值受损。例如食品、饮料、中药材、化妆品原料等在运输途中与樟脑丸放在一起，樟脑丸味串上上述货物造成损失。

(11) 受潮受热 (sweating and heating)。受潮受热是指由于气温变化或船上通风设备失灵而使船舱内水汽凝结，造成舱内货物发潮发热甚至霉烂等损失。

(12) 钩损 (hook damage)。钩损是指袋装或捆装货物在装卸、搬运过程中，因使用手钩或吊钩操作而遭受的损失。

(13) 锈损 (rust)。锈损是指金属或金属制品在运输过程中因氧化而生锈所造成的损失。

(14) 船长船员的恶意损害 (barratry of the master and mariners)。船长船员的恶意损害是指船长、船员违背被保险人利益而采取的各种蓄意破坏的行为，包括船长船员凿船、丢弃船舶、纵火焚烧、非法出售船舶或货物、违法走私等。

(15) 抛弃 (jettison)。抛弃是指在船舶遭遇海难的危急时刻，为了船货的共同安全，人为地将船上的货物或船上的部分设备抛入海中，使其摆脱危险而致的货物损失，还包括根据政府当局的命令而将危险品抛入海中的损失，但不包括抛弃已经失去价值的货物，例如腐烂的水果、鱼类等。

2. 特殊外来风险

特殊外来风险是指除一般外来风险以外的其他外来原因导致的风险，往往是与政治、军事、社会动荡以及国家行政措施、政策法令等有关的风险。常见的特殊外来风险主要有战争风险、罢工风险、进口国有关当局拒绝进口的风险或没收风险等。

(1) 战争风险 (war risks)。战争风险是指由于战争行为、敌对行为以及由此引起的捕获、拘留、扣留、禁止及各种战争武器所引起的货物损失。

(2) 罢工风险 (strike risks)。罢工风险是指由于罢工者、被迫停工工人或参加工潮、暴动、民众斗争的人员的行动所造成的货物损失。

(3) 拒收风险 (rejection risks)。拒收风险是指由于在进口港被进口国的政府或有关当局拒绝进口或没收的损失。

二、海洋运输货物保险保障的损失

在海运货物保险中，保险人承保的由于上节所述的海上风险和外来风险造成的损失，按照损失程度划分，可分为全部损失和部分损失。

(一) 全部损失 (total loss)

全部损失简称"全损"，是指被保险货物由于承保风险造成的全部灭失或可视同全部灭失的损害。在海上保险业务中全部损失可分为实际全损和推定全损两种。

1. 实际全损（actual total loss，ATL）

实际全损也称绝对全损（absolute total loss），我国《海商法》第245条规定：保险标的发生保险事故后灭失，或者受到严重的损坏完全失去原有形体、效用，或者不能再归被保险人所拥有的，为实际全损。由此可见，保险货物的实际全损有以下四种情况：

（1）保险标的完全毁损和灭失。这是指保险标的实体已经完全毁损和不复存在。例如，船舶沉入深海无法打捞；船货被大火全部焚烧；船舱进水，食盐、糖等易溶货物全部被海水溶解。

（2）保险标的失去原有的性质和用途。这是指保险标的受损后，实体虽仍然存在，但已不再具有投保时的属性，已丧失原有的商业价值和使用价值。例如，水泥被海水浸泡后已变成硬块，不再具有水泥的特性，无法使用；茶叶被海水浸泡，虽外表形体还在，但已既不能饮用也不能销售；大米在运输过程中因受潮受热或串味变质，不能食用。

（3）保险标的不能再归被保险人所有。这是指保险标的实体仍存在且维持原有属性和用途，但被保险人已丧失了对它的所有权，而且无法挽回。例如，战时货物被敌对国捕获并作为战利品分发殆尽；船舶或货物在航海途中被劫夺等。

（4）船舶失踪，到一定时期（我国海商法规定为两个月）仍无音讯。

根据我国《海商法》第45条和英国《1906年海上保险法》第58条规定，船舶失踪视为实际全损。船舶在合理时期内未能到达目的地，且在一段时间后仍然没有音讯的，即为船舶失踪。如果船舶失踪而导致全损，则船载货物也构成实际全损。关于船舶失踪的时间，各国的法律有不同的规定，按现行国际惯例，一般为半年，我国规定为两个月。

2. 推定全损（constructive total loss，CTL）

推定全损是指货物在海运中遭遇承保风险后，虽然尚未达到完全灭失的程度，但进行施救整理和修理的费用及加上续运至目的地的费用，将超过货物抵运目的地实际完好状态的价值。推定全损和实际全损的区别在于：实际全损是一种物质上的消失，推定全损是一种经济上的消失。

当发生推定全损时，被保险人也可要求按部分损失赔偿，如果要求按全部损失赔偿，被保险人必须及时向保险人办理"委付"手续。所谓"委付"（abandonment），即"委残索付"，是指被保险人表示愿意将被保货物的一切权利和义务转移给保险人，并要求保险人按全部损失赔偿的一种行为。委付必须经保险人同意后才能生效。

实际全损与推定全损是有区别的。其主要区别有两点：第一，实际全损强调的是保险标的遭受保险事故后，确实已经完全毁损，或失去原有的性质和用途，并且不能再恢复原样或收回，推定全损则是指保险标的已经受损，但并未完全灭失，可以修复或收回，不过因此而需要支出的费用将超过该保险标的复原或获救或收回后的价值。可见，实际全损是一种物质上的灭失，而推定全损是一种经济上的损失；第二，发生实际全损后，被保险人无须办理任何手续即可向保险人要求赔偿全部损失，但在推定全损的条件下，被保险人可以按部分损失向保险人索赔，也可以按全部损失要求保险人赔偿。如果采取后一种方式，即要求按全损赔偿，被保险人还必须向保险人办理"委付"手续。我国《海商法》第249条规定："保险标的发生推定全损，被保险人要求保险人按全部损失赔偿，应当向保险人委付保险标的。"因此推定全损就实质而言，只是保险人和被保险人双方达成协议后解决保险赔偿问题的办法。

（二）部分损失（partial loss）

部分损失是指保险货物的损失没有达到全部损失的程度。任何损失如果不属于全部损失，即为部分损失。

按照损失的性质，部分损失可分为单独海损和共同海损。

1. 单独海损（particular average，PA）

根据英国《1906年海上保险法》第64条第1款规定："单独海损是保险标的因承保的海上风险所造成的部分损失，但不是共同海损"。因此我们可以将单独海损定义为在海上运输中，由于保单承保风险直接导致的船舶或货物本身的部分损失。例如，载货船舶在海上航行中遭遇到暴风巨浪，海水进入船舱致使部分货物受损，此项由承保保险造成的货物的部分损失即为货方的单独海损。

构成单独海损必须具备以下两个条件：一是单独海损必须是故意的、偶然的海上风险直接导致的损失；二是单独海损由受损货物的货主或船方自行承担，并不影响他人利益。例如，一艘船舶满载袋装砂糖驶往某地，途中因气候恶劣，海水涌进舱内，致使部分糖包浸水，此项货物损失属于货物的单独海损，货主因投保了水渍险，便可得到保险人的赔偿；由于货主委托船东承运这些砂糖，双方协定是采用到付运费的条件，现货物受损，承运人即船东因此不能获得全部运费，此项运费损失则属于运费的单独海损，船东投保了船舶保险中的附加运费保险，亦可得到保险人的赔偿。

在现行伦敦协会货物保险条款中，已经不再使用"单独海损"这个术语，但在海上保险实际业务中，它仍被用来表示除共同海损以外的部分损失。

2. 共同海损（general average，GA）

载货航行的船舶在途中可能会遭受到各种自然灾害、意外事故和其他风险，如果风险危及到船货的共同安全，不及时采取措施会导致船货严重损坏，直至倾覆或沉没，使船货全部损失。在这种情况下所采取的避免船货共同危险的行为即为共同海损行为。根据我国《海商法》第193条的规定，共同海损是指在同一海上航程中，船舶、货物和其他财产遭遇共同危险，为了共同安全，有意的采取合理措施所直接造成的特殊牺牲、支付的费用。例如，船舶在海上航行时遇到特大风浪，船长不得不抛弃甲板上的部分货物，以确保船货的安全，所抛弃的货物成为共同海损牺牲。又如，因驾驶员的疏忽保险船舶发生碰撞，船漏水严重，面临沉船危险，为了船货和其他利益方的共同安全，该船被拖入附近港内抢修，由此而发生的拖带费、港口使用费等为共同海损费用，而船舶的碰撞损失属于单独海损。

共同海损是指载货船舶在海上遭遇灾害、事故或特殊情况，威胁到船、货等各方的共同安全，船方为了解除威胁，有意采取合理措施所做出的某种特殊牺牲或支出的特殊费用。共同海损的牺牲和费用支出是为了维护船、货或其他财产方的共同安全，因此应该由船方、货方、运费方根据最后获救价值比例进行分摊。

构成共同海损，主要具备以下条件：

（1）危险是真实存在的，并且是危及船、货共同安全的，而非主观臆断的。例如货舱起火而采取灭火措施，致使被烧货物以外的货物因救火而造成的水湿损失，这种损失是为了船货共同安全而采取的紧急措施而造成，属于共同海损。但是如果船方误认为舱外烟雾是因为起火造成而采取的灭火措施，导致货物受潮，此项货物受潮措施不属于共同海损。

（2）船方所采取的措施是有意的、合理的。所谓有意的，船方采取的措施必须是为共同安全采取主动的有意识行为的结果，而非一种意外损失。所谓合理的，船方采取的措施是必须符合当时实际情况的。例如面临抛货，船方应该选择量重价低的，如果选择量轻质高的就不合理，不能计入共同海损。

（3）构成共同海损的牺牲和费用必须是最终有效的。也就是说经过采取某种措施后。船货全部或部分最后安全获救。

3. 单独海损和共同海损的区别与联系

（1）造成损失的原因不同。在造成损失的原因上，单独海损是由承保风险所直接造成的船、货的损失，而共同海损是为了解除或减轻承保风险人为造成的一种损失。

(2) 损失承担的方式不同。在损失的承担上,共同海损的损失是由各受益方按获救财产价值的大小比例分摊,而单独海损的损失由受损方自己承担。

单独海损和共同海损之间有密切的内在联系。一般地说,单独海损发生进而引起共同海损,在采取共同海损措施之前的部分损失,一般可列为单独海损。

三、海洋运输货物保险保障的费用

海上风险除了会造成被保险货物的损失,还会带来大量的费用支出。在海运货物保险中,保险人负责赔偿的费用主要有施救费用、救助费用、续运费用和额外费用

(一) 施救费用 (sue and labor charges)

施救是海上保险中所特有的概念,它是指被保险人为了避免损失的发生或减低损失而采取的适当行动。施救费用是指被保险人为了避免损失的发生或减低损失而采取的适当行动而支出的,并且能够从保险人处获得补偿的这种费用。例如船舱在航行途中因意外触礁,致使海上从船底进入船舶,舱内所载服装部分被浸湿,船长下令将服装搬离该舱,并对已浸湿的服装进行整理和烘干,因此而支出的费用就是施救费用。

(二) 救助费用 (salvage charges)

当船舶遇到海难时,由与遇难船舶或其载货无关的第三方根据契约或海商法对遇难船舶或其他财产进行抢救的行为属于海上救助行为。在海上保险中,被保险人因被救助而支付给救助人的报酬称为救助费用。

(三) 续运费用 (forwarding charges)

续运费用是指运输工具遭遇海难后,在中途港或避难港由于卸货、存仓以及运送货物而产生的费用,其目的是为防止或减轻货物的损害。如果货物遭受的风险属于保险责任,因此而支付的费用保险人也予以负责。保险人对续运费用的赔偿和对货物单独海损的赔偿总和以保险金额为限。

(四) 额外费用 (extra charges)

额外费用是指为了证明损失索赔的成立而支付的费用,包括保险标的受损后,对其进行检验、查勘、公证、理算或拍卖受损货物等支付的费用。一般只有在索赔成立时,保险人才对额外费用负赔偿责任,但如果公证、查勘等是由保险人授权进行的,不论索赔是否成立,保险人仍需承担该项额外费用。

第四节 我国陆运、空运与邮包货物运输保险

国际贸易的运输方式除了海洋运输以外,还包括陆上、航空、邮包及多式联运等多种运输方式,这些运输方式下的货物均要办理保险。由于其他运输方式下的货物招致损失的风险种类不同,所以陆、空、邮货运保险也与海运保险的险别及其承保责任范围不同。

一、陆运货物保险

根据我国《陆上运输货物保险条款》的规定,陆上运输货物保险的基本险别分为陆运险和陆运一切险两种。此外,还有适用于陆运冷藏货物的专门险——陆上运输冷藏货物险,以及附加险陆上

运输货物战争险（火车）等。

（一）陆运险（overland transportation risks）

陆运险的承保范围类似于海运保险中的"水渍险"。保险人负责赔偿被保险货物在运输途中遭受自然灾害或由于陆上运输工具遭受碰撞、倾覆或出现出轨以及驳船在驳运过程因遭受搁浅、触礁、沉没、碰撞，或由于遭受隧道坍塌、失火、爆炸等意外事故所造成的全部或部分损失。陆运险的承保范围不包括附加险。

（二）陆运一切险（overland transportation all risks）

陆运一切险的承保范围类似于海运保险中的"一切险"。保险人除承担陆运险的赔偿责任外，还负责货物在运输途中由于外来原因造成全部或部分损失，即包括了一般附加险。陆运险和陆运一切险的责任范围仅以火车和汽车运输为限。两者的责任起讫都采用"仓至仓"条款。若被保险货物在运抵最后卸载的车站满60天后，仍未进入收货人的最后仓库，则保险责任即告终止。

（三）陆上运输冷藏货物险（overland transportation insurance frozen products risks）

陆上运输冷藏货物险是货物险中的一项专门保险，同时也具备基本险的性质，即责任范围除包括陆运险的责任外，还负责赔偿由于冷藏设备在运输途中损坏而导致货物变质的损失。该险的责任起讫是从启运地冷藏库装入运输工具开始运输时生效，直到货物达到目的地收货人仓库为止，但最长保险责任的有效期限以被保险货物达到目的地车站后10天为限。

（四）陆上运输货物战争险（overland transportation cargo war risks）

陆上运输货物战争险是陆上运输货物保险特殊附加险，目前仅限于火车运输可以加保。该险的责任起讫与海运战争险相似，即自被保险货物装上保险单所载起运地火车站时开始，到卸离保险单所载目的地火车时为止。若被保险货物不卸离火车，则以火车到达目的地的当日午夜起算，满48小时为止。

二、空运货物保险

根据我国《航空运输货物保险条款》规定，航空运输货物保险的基本险别分为航空运输险和航空一切险以及附加险即航空运输货物战争险。

（一）航空运输险（air transportation on risks）

航空运输险的承保责任范围与海运货物"水渍险"大体相同。

（二）航空运输一切险（air transportation all risks）

航空运输一切险的承保责任范围除包括航空运输险的全部责任外，对保险货物在运输途中由于一般外来原因造成的全部或部分损失负赔偿责任。

航空运输险和航空运输责任险的责任起讫也采用"仓至仓"条款。若货物运达目的地而未运抵收货人仓库或储存处，则以被保险货物在最后卸载地即卸离飞机后满30天，保险责任即告终止。

（三）航空运输货物战争险（air transportation cargo war risks）

航空运输货物战争险是航空运输货物的一种附加险，其承保范围与海运战争险相似。该险的责任起讫是从被保险货物在启运地装上飞机时开始，直到到达目的地卸离飞机时为止。若货物不卸离飞机，则以飞机抵达目的地当日午夜起算满15天为止。

三、邮包运输保险

根据我国的《邮包保险条款》的规定，邮包运输保险的基本险别为邮包险和邮包一切险两种，其承保范围也分别类似于海运保险中的"水渍险"和"一切险"。此外,还有一种附加险即邮包战争险。由于邮包运输可能通过海、陆、空三种运输方式,因此保险责任兼顾了海、陆、空三种运输工具特征。

邮包险和邮包一切险的保险责任起讫是:自被保险邮包离开保险单说载明的启运地点、寄件人的处所运往邮局时开始生效,直至该项邮包运达保险单所载明的目的地邮局,自邮局发出通知书给收货人当日午夜起算满 15 天为止。但在此期限内邮包一经递交至收件人的处所起,保险责任即告终止。

邮包战争险的保险责任起讫是:自被保险邮包经邮局收讫后自储存处所开始运送时生效,直至该项邮包运达保险单说载明的目的地邮局送交收件人为止。

第五节　海上货物运输保险条款

一、中国海洋运输货物保险险别与保险责任范围

保险险别是指保险人对风险和损失的承保责任范围。中国人民保险公司根据我国保险业务的实际需要并参照国际保险市场的习惯做法,分别制定了各种不同运输方式的货物运输条款以及适用于不同运输方式各种附加险条款,总称"中国保险条款"(China Insurance Clause,简称 CIC)。我国海运货物保险险别有基本险和附加险。基本险可以单独投保,附属险则只有在投保某一基本险的基础上才能投保。

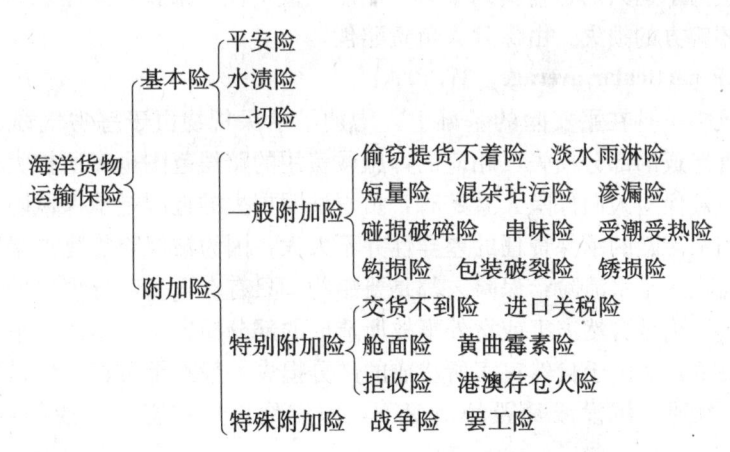

```
                    ┌ 平安险
            基本险 ─┤ 水渍险
            │       └ 一切险
海洋货物 ─┤
运输保险   │       ┌ 一般附加险 ─ 偷窃提货不着险  淡水雨淋险
            │       │              短量险  混杂玷污险  渗漏险
            │       │              碰损破碎险  串味险  受潮受热险
            │       │              钩损险  包装破裂险  锈损险
            └ 附加险┤
                    │ 特别附加险 ─ 交货不到险  进口关税险
                    │              舱面险  黄曲霉素险
                    │              拒收险  港澳存仓火险
                    └ 特殊附加险 ─ 战争险  罢工险
```

(一) 基本险险别与保险责任范围

基本险,亦称"主险",是可以独立投保,不必依附于其他险别项下的险别。按照我国《海洋运输货物保险条款》规定,海洋运输保险的基本险可分为平安险、水渍险和一切险三种。

1. 平安险 (free from particular average, F. P. A)

平安险原意是"单独海损不赔",即仅对共同海损和全部损失予以负责。但今天平安险的责任范围远远超过了全损险的责任范围。平安险只不过成为一种习惯叫法。根据中国海运货物保险条款,平安险规定的责任范围包括以下八条内容:

(1) 被保险货物在运输途中由于恶劣气候、雷电、海啸、地震、洪水等自然灾害造成整批货物的全部损失或推定全损。这一款所列举的风险均属于自然灾害,除这五种之外的其他自然灾害如霜冻等,造成被保险货物的损失,保险人概不赔偿。

(2) 由于运输工具遭受搁浅、触礁、沉没、互撞、与流冰或其他物碰撞以及火灾、爆炸造成的货物损失。本项规定中列明的风险造成的"货物损失",包括货物的全部损失和部分损失。

(3) 在运输工具已经发生搁浅、触礁、沉没或焚烧这四种意外事故的情况下，货物在此前后又在海上遭受恶劣气候、雷电、海啸等自然灾害所造成的部分损失。根据本规定，保险人对于自然灾害所造成的保险货物部分损失予以赔偿的前提条件是运输工具曾经发生上述规定的搁浅、触礁、沉没或焚烧四种意外事故。

(4) 在装卸或转运时，由于一件或数件整件货物落海所造成的全部或部分损失。本项承保风险又称吊索损害（sling loss），限于货物装卸或转运过程中发生的意外，如吊钩脱落、吊绳断裂或吊杆折断等导致整件货物掉落海中所造成的货损。

(5) 被保险人对遭受承保风险的货物采取抢救、防止或减少货损的措施而支付的合理费用，但以不超过该批被救货物的保险金额为限。本条承保的是施救费用，施救费用限于被保险人或其雇佣人、代理人为避免或减少保险责任范围内的损失而采取措施所发生的合理和必要的费用。保险人对施救费用的最高赔偿额以被保险货物的保险金额为限。

(6) 运输工具遭遇海难后，在避难港由于卸货引起的损失以及在中途港、避难港由于卸货、存仓以及运送货物所产生的特别费用。不同的规定是针对在运输工具遭遇海难后，因避难而产生的特别费用，其中包括两部分，一是对货物在非预定卸货港而引起的损失，保险人予以负责；二是对运输中止后需要续运货物至原定目的地时所发生的特别费用，保险人不予以负责。

(7) 共同海损的牺牲、分摊和救助费用。本条的规定也包括两部分，一是对共同海损的牺牲和分摊均予以负责；二是对救助费用予以负责。

(8) 运输契约订有"船舶互撞责任"条款时，根据该条款规定应由货方偿还船方的损失。本条规定，如果由于货主与承运人的运输契约中有"船舶互撞责任"条款，当船舶发生碰撞事故后，对货主根据该条款偿还船方的损失，由保险人负责赔偿。

2. 水渍险（with particular average, W. P. A）

水渍险的责任范围，是在平安险的基础上，增加了承保货物由于恶劣气候、雷电、海啸、地震、洪水等自然灾害造成的部分损失。相应的，施救费用的赔偿范围也有所扩大。水渍险承保的风险仍属于列明风险，被保险人向保险人索赔时，负责证明损失的近因是承保风险。

可见，平安险和水渍险的承保责任的差异性并不太大，因为被保险货物如果因承保风险造成全部损失，无论是平安险还是水渍险，保险人都是要赔的。只有在发生部分损失的情况下，两者才有所不同：水渍险对于不论是自然灾害或意外事故所造成的部分损失均予赔偿；平安险对于由意外事故造成的部分损失负责，对由于自然灾害所造成的部分损失一般不予负责，但是在运输过程中如运输工具发生了搁浅、触礁、沉没或焚毁的情况下，即使是自然灾害所造成的部分损失也不予以负责。

3. 一切险（all risks）

一切险是三个基本险中责任范围最大的险种，除包括平安险和水渍险的各项责任外，还包括货物在运输途中由于外来原因所致的全部或部分损失。需要指出的是，在实际业务中，一切险责任范围中所谓的"外来原因"，并非运输途中的一切外来风险，而是指一般外来风险，并不负责由于特别外来风险造成的损失。总的说来，一切险的责任范围是平安险、水渍险和一般附加险责任范围的总和，也就是说，一切险包括一般附加险，但不包括特别附加险和特殊附加险。因此，一切险的责任范围也不是"一切（all）"风险损失。由于一切险提供了充分的保险保障，各类货物都能适用，特别是一些粮油食品、纺织纤维类商品以及新的机械设备投保一切险更有必要。我国大多数的进口货物皆选择投保保障最大的一切险。

（二）附加险（additional risks）险别与保险责任范围

附加险不能单独投保，必须依附于基本险项下，并另外支付保险费。根据性质和费用不同，附加险包括一般附加险、特别附加险和特殊附加险。

1. 一般附加险（general additional risks）

一般附加险所承保的是由于一般外来风险所造成的全部或部分损失。一般附加险不能作为一个单独的项目投保，而只能在投保平安险或水渍险的基础上，根据货物的特性和需要加保一种或若干种一般附加险。我国《海运货物保险条款》规定的一般附加险有 11 种，其条款内容非常简单，一般只规定承保的责任范围。由于一般附加险已包括在一切险中，所以若已经投保一切险，则无须加保。

（1）偷窃提货不着险（theft, pilferage and non-delivery clause, TPND）。保险有效期内，保险货物被偷走或窃走，以及货物运抵目的地以后，整件未交的损失，由保险公司负责赔偿。"偷"是指货物整件被偷走，"窃"是指货物中的一部分被窃取，偷窃不包括使用暴力手段的公开劫夺，"提货不着"是指货物的全部或整体未能在目的地交付收货人。这一险别下，为了便于确定责任，对于偷窃的损失，被保险人必须在及时提货后 10 天内申请检验，对于整件提货不着，被保险人必须向责任方、海关或有关当局取得证明。保险公司有权收回被保险人向船东或其他责任方追偿到的货损赔偿款，但其金额不超过保险人支付的赔款为限。

（2）淡水雨淋险（fresh water and/or rain damage clause, FWRD）。运输中，由于淡水、雨水以及雪溶所造成的损失，保险公司都应负责赔偿。淡水包括船上淡水舱、水管漏水以及舱汗等。淡水是与海水相对而言的。由于平安险和水渍险所造成的各种损失负责赔偿，因此，淡水雨淋险扩展了平安险和水渍险的承保责任。

（3）短量险（shortage clause）。短量险负责保险货物数量短少和重量损失，通常包括货物的短少，保险公司必须要查清外包装是否发现异常现象，如破口、破袋、扯缝等。如属散装货物，往往将装船和卸船重量之间的差额作为计算短量的依据，但不包括正常的途耗。对某些大量的不合理的短少现象，被保险人必须提供本保险货物装船前的重量证明。

（4）混杂、玷污险（intermixture and contannmination）。本险别承保两类损失。一是保险货物在运输过程中，混进了杂质所造成的损失。二是承保货物在运输途中受其他货物玷污所致的损失。

（5）渗漏险（lealage clause）。本险别承保两类损失。一是承保流质、半流质的液体物质和油类物质，在运输过程中因为容器损坏而引起的渗漏损失。二是承保用液体储存的货物因液体渗漏而引起货物腐败变质等损失。

（6）碰损、破碎险（clash and breakage clause）。承保货物在运输途中因震动、碰撞、受压或搬运不慎引起的破碎、折裂、裂损和发生弯曲、凹瘪、变形等损失。易发生碰损的主要是一些金属制品、漆木制品，如机器、仪器、仪表、搪瓷器皿、漆木器用具和家具等，而破碎损失最集中在那些易碎物品上，如玻璃和玻璃制品、陶瓷制品、大理石板，以及玉、石、牙、木、竹器雕刻和贝壳制品等观赏性工艺品。由于这类货物在保险期内因海上自然灾害或运输工具发生意外事故所造成的碰损、破碎损失，已被平安险和水渍险这两种主险列入其承保责任范围，所以作为一种一般附加险，碰损、破碎险主要是对一切外来因素所致碰损、破碎损失承担赔偿责任。

（7）串味险（risk of odour）。串味险，又叫"变味险"（risk of flavour），承保货物因受其他物品的影响而引起串味、变味的损失。易发生串味、变味的多为食品、饮料、茶叶、中药材、香料等，它们在运输途中若与皮革、樟脑和有腥味或有异味物品存放在同一货舱内，就极有可能被串味而使本身品质受损。保险人对加保此附加险的货物所发生的串味损失负责赔偿，不过，如果造成这种串味损失的原因在于船方的配载不当，那么保险人有权向负有责任的船方追偿。

（8）受热、受潮险（damage caused by sweating and heating）。本保险承保货物在运输过程中因气温突然变化或由于船上通风设备失灵致使船舱水汽凝结，引起货物发潮或发热所造成的霉烂、变质等损失。

（9）钩损险（hook damage clause）。承保货物在装卸过程中因为使用手钩、吊钩等工具所造成的损失。此外，本险别还对必要的包装修补或调换所支付的费用负责赔偿。袋装水泥、粮食及捆装布、纸张等货物均可能遭遇此类损失，一般应加保钩损险。

（10）包装破裂险（risk of packing Breakage）。承保货物在运输途中因装卸或搬运不慎，使外包装破裂而造成的货物损失。对于为继续运输而支付的必要的外包装修补和调换费用，本险别也予以负责。包装破裂险与钩损险的承保内容有所重叠，但侧重点不同，首先，它仅适用于包装货物，其次它不限于货物在装卸过程中使用吊钩或手钩所致的损失。

（11）锈损险（rust clause）。承保货物在运输过程中因为生锈而造成的损失。会生锈的货物当然是指金属或金属制品。凡在原装时未存在，确实是在保险期限内发生的绣损，保险人都予以负责。

2. 特别附加险（special additional risks）

特别附加险所承保的风险大多与国家的行政措施、政策法令、航海贸易习惯有关，它并不包括在基本险中，必须另行加保才能获得保障。特别附加险的险别有以下六种。

（1）进口关税险（import duty clause）。承保货物由于遭受保险事故损失，但被保险人仍须按完好货物价值缴纳进口关税所造成的损失。各国政府对在运输途中受到损失的进口货物在征收进口税时的政策并不相同。有的国家规定受损货物可按货物受损后的实际价值减免关税，有的国家规定要区别货损发生在进口前还是进口后，前者可以减免关税，后者则不能；还有的国家规定不论货物抵达目的港时是否完好，一律按发票上载明的货物价值或海关估价征收关税。进口关税险承保货物不论是进口前或进口后发生损失，按进口国法律规定，仍须按完好货物价值纳税而致的关税损失，但该保险货物在运输途中所遭遇的损失必须是属于保险责任范围内的。

进口关税险的保险金额应为货主缴纳的关税，和货物本身保险的金额并不相同，因此须根据进口国的关税税率确定，一般是按货物发票金额的若干成投保，并在保险单上注明，以免和主险的保险金额相混淆。当被保险人索赔关税损失时，必须提交关税证明。

（2）交货不到险（failure to deliver clause）。承保货物装上船后，不论任何原因，如果在规定抵达目的地日期起满6个月仍未运到目的地交货的损失。交货不到险所承保的风险与提货不着险承保的风险并不相同，提货不着险承保的是因运输上的原因导致整件货物提货不着的损失，对此类损失交货不到险不予承保；此外，交货不到险对战争险项下应予负责的交货不到损失也不负责。

交货不到险所承保的损失往往是政治风险所致，例如运输途中货物被中途国政府当局禁运而被迫卸货，导致货主收不到货而产生的损失即属于交货不到的责任范围。此时，被保险货物并没有实际全损，因此保险人按全损赔付时都特别要求被保险人将货物的权益转让给自己。

保险人负责赔偿交货不到的损失已被保险人获得一切进口所需许可证为条件，如果被保险人由于未能获得许可证而致货物不能如期交到目的地，保险人不予负责。

（3）舱面险（on deck clause）。海上运输的货物通常都是装于船舱内，保险费率也是以此为基础厘定的，故对非习惯性甲板货的损失，保险人不负责损失赔偿。但是，如果因体积大，有毒性，有污染或者易燃易爆等特点，根据航运习惯必须装在甲板上，就有必要加保舱面货物特别附加险，由保险人承担货物被抛弃或被风浪冲击落水的风险。

由于货物装载舱面极易受损，遭受水湿雨淋更是司空见惯，保险人为了避免承保责任过大，通常只接受在平安险基础上加保舱面险，而不愿意接受在一切险的基础上加保本险。

随着现代航运技术的发展，海运货物越来越多地使用集装箱和集装箱船装运。由于专用集装箱船舶一般都设备优良，抗击海浪袭击地能力强，集装箱货物装于舱面与舱内的区别不大，因而定有"货物可能装于舱面"地集装箱货物提单已在目前国际贸易中被普遍接受。银行在办理结汇时，已把这种提单视为清洁提单予以接受。在目前保险业务中，保险人也已把集装箱舱面货物视同舱内货物承保。

(4) 拒收险（rejection risk）。拒收险承保货物在进口时，不论何种原因而被进口国政府或有关当局拒绝进口或没收所造成的损失。保险人一般按货物的保险价值赔偿，如果货物在发运后尚未抵达进口港，进口国在此期间宣布禁运或禁止，保险人只负责赔偿将货物运回出口国或转口到其他目的地而增加的运费，但所赔金额不能超过这批货物的保险价值。如果在货物发运前，进口国即已宣布禁运或禁止，保险人则不承担赔偿责任。

加保拒收险的货物主要是与人体健康有关的食品、饮料和药品等。加保时，被保险人必须持有进口所需的特许证和进口限额。由于世界大多数国家对这类货物的进口基本上都规定有卫生检验标准，一旦违反了进口国规定的标准，就会被拒绝进口乃至被销毁。因此这种风险比较大，一般情况下保险人都不愿意承保。

(5) 黄曲霉素险（aflatoxin clause）。黄曲霉素是一种致癌霉素，发霉的花生、油菜子、大米等通常含有此霉素，当其含量超过一定限度时，会对人体造成很大的危害，所以很多国家都对这种霉素的含量有严格的限制标准，如果超过限制标准，货物就会被拒绝进口、没收或强制改变用途。黄曲霉素险就是承保此种损失的险别。但是，保险责任开始前已存在的黄曲霉素超标，不在保险人的责任范围之内。

对于被拒绝进口的或强制改变用途的货物，被保险人同意在保险人需要时应尽力协助处理货物，或申请仲裁。

(6) 出口货物到香港（包括九龙）或澳门存仓火险责任扩展条款（Fire Risks Extension Clause-For Storage of Cargo at Destination Hongkong, including Kowloon or Macao）。这一条款专门适用于出口到港澳地区且在港澳的银行办理进口押汇的出口运输货物。它承保货物抵达香港或澳门卸离运输工具后，直接存放于保单载明的过户银行指定的仓库时发生火险造成的损失。

我国出口到港澳地区的货物，如果进口人向我在港澳的银行办理进口押汇，在进口人未向银行偿还贷款之前，货物的权益属于银行，在保险单上必须注明货物过户给放款银行。如果货到目的地货主仍未还款，货物往往就存放在过户银行指定的仓库里，此时运输险的责任已经终止，未避免在此期间货物发生损失而损害银行及货主的利益，就需要加保本保险。本险别的责任自运输险责任终止时开始，责任的终止则有两种情形，一是银行收回押款解除对货物的权益为止，二是自运输险责任终止时起计满30天为止，两者以先发生为准。

3. 特殊附加险

特殊附加险主要包括战争险和罢工险，是当前国际海上货物运输保险中普遍适用的。罢工险与战争险的关系密切，按国际海上保险市场的习惯，保了战争险，再加保罢工险时一般不再加收保险费；所以一般被保险人在投保战争险的同时加保罢工险。

(1) 海上货物运输战争险（ocean marine cargo war risks clause）。海上货物运输战争险是保险人承保战争或类似战争行为导致的货物损失的特殊附加险。被保险人必须投保货运基本险之后，才能经特别约定投保战争险。

(2) 海上货物运输罢工险（cargo strike clause）。海上货物运输罢工险是保险人承保被保险货物因罢工等人为活动造成损失的特殊附加险。

二、除外责任

所谓除外保险责任是指保险公司明确规定不予承保的损失和费用。保险公司对于下列损失不负责赔偿。

（一）被保险人的故意行为或过失所造成的损失

所谓"故意行为"是指明知自己的行为可能造成损害结果，而仍希望其结果发生或放任这种结果的发生。例如,被保险人参与海运欺诈,故意装运走私货物等。"过失"是指应当预见自己的行为可能发生损害结果,却因为疏忽大意而没有预见或者已经预见但轻信能够避免,以致发生这种损害结果。例如,被保险人未能及时提货而造成的货损或损失扩大,被保险人租用不适航的船舶或者是租用信用不佳的承运人的船舶导致货物损坏等。

(二) 属于发货人的责任所引起的损失

属于发货人责任要求的损失是多方面的,主要包括发货人准备货物时包装不足或不当,不能经受航程中的通常风险,使货物在运输途中因此而损坏;由于标志错误,使货物运到非原定目的地,发货人发错货物引起的损失等。对于上述损失,保险人均不负责。

(三) 在保险责任开始前,被保险货物已存在的品质不良或数量短差所造成的损失

对必须责任开始前便存在的货物损失,保险人并不负责,例如易生锈的钢材、二手机械设备、露天堆放的豆饼等货物,在装运前就已经存在严重的原残,货主如果提出索赔,保险人就有权拒赔。为避免对损失时间的确定引起争议,保险人往往规定装船前须进行检验。另外,提单上有关货物状况、数量的记载也是保险人据以判断货物损失时间的证明。

(四) 被保险货物的自然损耗、本质缺陷或特性以及市价跌落、运输延迟所引起的损失和费用

货物的自然损耗是指因货物自身特性而导致的在运输途中必然会发生的损失。一般保险人在保险单中规定一定的免赔比例,只要损耗在正常额度内,保险人不予赔偿。

对于货物本质缺陷或特性所致货物本身损失和支出的费用,保险人不予负责。

对于货物因市价跌落引起的损失保险人不予赔偿。市价跌落属于商业风险,是保险人无法控制的一项风险,故而属于除外责任。

运输延迟所引起的损失保险人也不予负责。由于运输延迟造成的损失,常见的有季节性货物市价大幅度下跌;新鲜水果、蔬菜类货物发生腐烂变质等。对于这类货物损失保险人一概不予赔偿责任,即使引起延迟的原因是承保风险。

(五) 属于海运运输货物战争险和货物运输罢工险条款所规定的责任范围和除外责任

战争险和罢工险属于特殊附加险,不在基本险的责任范围之内,需另行附加投保。战争险条款和罢工险条款规定的除外责任,当然亦不应在基本险的责任范围之内。

三、保险期限

保险期限(duration of insurance)亦称保险期间或保险期限,是指保险人对运输货物承担保险责任的责任期间,保险人对发生在保险期限内的保险事故造成的货物损失负责。我国海运货物保险基本险的责任期限以运输过程为限,在保险实务中通常被称为"仓至仓"条款(warehouse to warehouse clause;W/W clause),它给的保险人对保险货物的责任自被保险货物运离保险单所载明的起运地仓库或储存处所开始运输时生效,包括正常运输过程中的海上、陆上、内河和驳船运输在内,直到该项货物运抵保险单载明的目的地收货人的最后仓库或储存处所或被保险人用作分配、分派或非正常运输的其他储存处所为止。

(一) 责任开始

按基本险的条款规定,自被保险货物运离保险单所载明的起运地仓库或储存处所开始运输时,海运保险责任开始生效。由此可见,只有当货物进行航程所需的运输时,保险责任才开始,如果货物在仓库装车而未运离,保险责任并未开始,如果在此期间发生损失,保险人不负责任。

至于集装箱货,在货物从起运地运往集装箱货运站及在货运站集装箱过程中发生的损失,均属于保险期内的损失,保险人应予负责。

（二）正常运输情况下的责任持续

正常情况是指将货物从保单载明起运地至目的地的整个航程所需要的正常的运输，包括用正常的运输工具、按正常的航线行驶并停靠港口以及途中正常的延迟和转道，包括为完成海运所需的，与之相关的陆上、内河或驳船运输在内。对于正常运输途中所发生的货物保险事故损失，保险人应予赔偿。例如一批保险货物自发货人仓库起运，由卡车运至码头，然后装于海轮进行运输，由于该航线没有直达船，事先安排经香港中转运至目的港，在香港等待转船时，由于岸上临时仓库发生火灾而将货物焚烧，保险人对此损失将负赔偿责任，因为货物损失发生在正常运输过程中。

（三）正常情况下的责任终止

按照"仓至仓"条款，在正常运输情况下，海运货物险的保险责任至保险货物运达保险单所载明的目的地收货人最后仓库或储存处所时为止。一旦货物运到收货人的最后仓库，或被保险人用作分配、分派或非正常运输的其他储存输送，保险责任即行终止。在实际业务中，由于保险货物所运往的目的港或目的地的情况往往不一样，货物经过非常运输，到保险单中载明的目的港卸下海轮后，其责任终止有以下几种情况：

以卸货港为目的地，被保险人提货后，将货物运到其在卸货港仓库时，保险责任即行终止；以内陆为目的地，被保险人提货后将货物运到其在内陆的仓库时，保险责任即终止。此后如果被保险人将货物出售或分配，保险人不再承担责任。

以卸货港为目的地，被保险人提货后并不将货物运往自己的仓库，而是将货物进行分配、分派或分散转运，保险责任从开始分配、分派或转运时终止。

以内陆为目的地，被保险人提货后没有将货物直接运往自己在内陆目的地的仓库，而是先行存入另一仓库，然后在该仓库对货物进行分配、分派或分散转运，保险人的赔偿责任自货物到达此仓库时全部终止，而不管其中是否有部分货物最终运到了保险单所载明的内陆目的地仓库。

上述行为都必须在货物卸离海轮后 60 天内完成，否则，自货物卸离海轮满 60 天保险责任即终止。

（四）非正常运输期间的责任持续

非正常持续是指在运输过程中出现的被保险人无法控制的运输延迟、船舶绕道、航线变更、运输合同终止等异常情况以及由此引起的货物在途中被迫卸下、重新装载或转载、货物运到非保险单所载明的地点等非正常情况。

出现上述被保险人无法控制的海轮绕航、被迫卸货、重新装载或装载等的非正常运输情形，如果被保险人及时将具体情况通知保险人，并在必要时加缴一定的保险费，在此期间，保险合同继续有效。

（五）非正常情况下的责任终止

出现非正常运输，货物可能继续运往目的地，也可能在途中被处理或将其运往其他地方，保险责任的终止应视具体情况而定。

承运人运用运输合同赋予的权限，做出航海上的变更或在中途终止运输合同后，保险货物如果在中途被出售，保险责任至交货时终止。

发生非正常运输后，保险货物如果继续被运往原定目的地，则保险责任的终止与正常运输情况下相同。

发生非正常运输后，保险货物如果运往其他目的地，则保险责任自转运时终止。

上述行为应在货物卸离海轮后 60 天内完成，否则，自货物卸下海轮后满 60 天保险责任即终止。

四、海运货物保险中被保险人的义务

海运货物保险合同时保险人与投保人或被保险人共同签订的合同，在享有权利的同时，双方均需按合同的规定履行各自的义务。保险人在收取保险费以后，应承担货物因发生保险事故而遭受的损失的赔偿责任。与此相对应，被保险人为获得保险赔偿，必须履行保险合同中规定的有关义务和支付保险费，否则，保险事故发生时，保险人可以拒赔损失。

投保人在投保时，应如实告知保险货物的情况及相关事实，不得隐瞒或虚报。合同订立后，投保人或被保险人如果发现实际航程有所变动或保险单所载明的货物数量、船舶名称等有错误，应立即通知保险人，并在必要时加缴保险费。如果在订立合同时，投保人或被保险人做了保证，就应自始至终遵循该项保证。

保险货物抵达保险单载明的目的港或目的地，被保险人应及时提货。因为货物抵达目的港后，被保险人如果不及时提取货物，货物存放时间越长，发生损失的可能性越大。按照"仓至仓"条款的规定，此时货物尚未抵达收货人的最后仓库，仍属于保险人的责任期限以内，一旦发生保险事故损失，保险人应该承担赔偿责任。由此可见，保险人的责任期限长短取决于被保险人是否能及时提货，保险人为能早日终止自己的保险责任，有权要求被保险人尽快提货。

如果在提货时发现保险货物已遭受损失，被保险人应立即向保险人或保险单上载明的检验、理赔代理人申请检验，如果发现被保险货物整件短少或有明显残损痕迹应立即向保险人、委托人或有关当局索取货损货差证明。如果货损货差是由于承运人、委托人或其他有关方面的责任所造成，应以书面方式向他们提出索赔所需的各项单据，供保险人理赔时确定损失原因和损失金额。

对遭受承保责任内危险事故的货物，被保险人应迅速采取合理的强制措施，防止或减少货物的损失。

此外，被保险人在制定有关运输契约中"船舶互撞责任"条款的实际责任后，应及时通知保险人。

五、海运货物保险基本险的索赔期限

保险索赔期限（the time of validity of a claim）又称为"保险索赔时效"，是指保险货物发生保险事故损失时，被保险人根据保险合同向保险人要求保险赔偿的有效期间。我国条款规定海运货物保险的索赔时效为两年，自被保险货物全部卸离海轮起算。一旦过了索赔时效，被保险人就丧失了向保险人请求赔偿的权利。

六、伦敦保险协会海运货物保险条款

英国自 17 世纪以来就一直是海上保险的中心，在国际海上贸易、航运和保险业中占有重要的地位。许多国家的海上保险业经营都与英国海上保险市场有着密切的往来联系。劳合社的 S.G. 保险单被英国的《1906 年海上保险法》列为附件以后，逐渐成为国际海上保险单的范本，其保险条款长期为世界各国奉为经典。

为适应现代国际海上贸易航运业发展的需要，以及补充 S.G. 保险单提供保障的不足，伦敦保险协会的"技术与条款委员会"（Technical and Clause Committee）于 1912 年制定"协会货物条款"（即 I.C.C），将其作为 S.G 保险单的附加条款。英国保险业于 20 世纪 80 年代初制定了新的保险单及相应的保险条款。新的《协会货物条款》自 1982 年 1 月 1 日起在英国保险市场开始使用，并采用新的劳合社保险单格式。

新的《协会货物条款》以英文字母 A、B、C 命名，有效地避免了被保险人因不确切的险别名称而对内容产生误解，而且称号非常方便。新条款在结构上也有很多改变，A 条款、B 条款、C 条款均包括承保风险（risks covered）、除外责任（exclusions）、保险期限（duration）、索赔（claims）、保险利益（benefit of insurance）、减少损失（minimizing losses）、防止延迟（avoidance of delay）与法律和惯例（law and practice）八部分，结构清晰完整，而且承保范围在条款中一目了然，极大地方便了被保险人的选择。

（一）I.C.C.（A）险的责任范围及除外责任

1. I.C.C.（A）险的责任范围

根据伦敦保险协会对新条款的规定，I.C.C.（A）采用"一切风险减除外责任"的办法，即除了"除外责任"项下所列风险保险人不予负责外，其他风险均予负责。

2. I.C.C.（A）险的除外责任

（1）一般除外责任。如归因于被保险人故意的不法行为造成的损失或费用；自然渗漏、自然损耗、自然磨损、包装不足或不当所造成的损失或费用；直接由于延迟所引起的损失或费用；由于船舶所有人、租船人经营破产或不履行债务所造成的损失或费用；由于使用任何原子或核武器所造成的损失或费用。

（2）不适航、不适货除外责任。指保险标的在装船时，如被保险人或其受雇人已经知道船舶不适航，以及船舶、装运工具、集装箱等不适货，保险人不负赔偿责任。

（3）战争除外责任。如由于战争、内战、敌对行为等造成的损失或费用；由于捕获、拘留、扣留等（海盗除外）所造成的损失或费用；由于漂流水雷、鱼雷等造成的损失或费用。

（4）罢工除外责任。罢工者、被迫停工工人造成的损失或费用以及由于罢工、被迫停工所造成的损失或费用等。

（二）I.C.C.（B）险的责任范围和除外责任

1. I.C.C.（B）险的责任范围

（B）和（C）险规采用"列明风险"的方法，即在条款中把保险人所承保的风险一一列出。

I.C.C.（B）险承保的风险是：

(1) 火灾或爆炸；
(2) 船舶或驳船搁浅、触礁、沉没或倾覆；
(3) 陆上运输工具的倾覆或出轨；
(4) 船舶、驳船或运输工具同除水以外的任何外界物体碰撞；
(5) 在避难港卸货；
(6) 地震、火山爆发、雷电；
(7) 共同海损牺牲；
(8) 抛货或浪击落海；
(9) 海水、湖水或河水进入船舶、驳船、运输工具、集装箱、大型海运箱或储存处所；
(10) 货物在装卸时落海或摔落造成整件的全损。

2. I.C.C.（B）险的除外责任

I.C.C.（B）与 I.C.C.（A）险的除外责任基本相同，但有下列两点区别：

（1）I.C.C.（A）险只对被保险人的故意不法行为造成的损失、费用不负赔偿责任外，对于被保险人之外的任何个人或数人故意损害和破坏标的物或其他任何部分的损害要负赔偿责任。但在 I.C.C.（B）险下，保险人对此也不负赔偿责任。

(2) I.C.C.（A）险对海盗行为列入保险范围，而I.C.C.（B）险对海盗行为不负保险责任。

（三）I.C.C.（C）险的责任范围和除外责任

1. I.C.C.（C）险的责任范围

(1) 火灾、爆炸；
(2) 船舶或驳船触礁、搁浅、沉没或倾覆；
(3) 陆上运输工具倾覆或出轨；
(4) 在避难港卸货；
(5) 共同海损牺牲；
(6) 抛货。

2. I.C.C.（C）险的除外责任

I.C.C.（C）险的除外责任与I.C.C.（B）险完全相同。

在协会条款中，除（A）、（B）、（C）险三种险外，还有战争险、罢工险和恶意损害三种。

此外，"协会货物条款"三种基本险别（A）、（B）、（C）的保险责任起讫，仍然采用"仓至仓"条款。战争险的保险期间仍采用"水上危险"原则，同时，罢工险的保险期间也采用"仓至仓"原则。

【重点名词与概念】

风险　保险　保险单　海上风险　外来风险　推定全损　实际全损　单独海损　平安险　水渍险　一切险　"仓至仓"条款

【本章练习与思考题】

一、单选题

1. 根据我国"海洋货物运输保险条款规定，一切险包括（　　）。
   A. 平安险加11种附加险　　　B. 一切险加11种附加险
   C. 水渍险加11种附加险　　　D. 11种一般附加险加特殊附加险

2. 某公司出口货物一批，按CIF价值的110%投保了水渍险，在此基础上，还可以加投（　　）。
   A. 平安险和渗漏险　　　　　B. 破碎险和战争险
   C. 一切险和战争险　　　　　D. 破碎险和渗漏险

3. 在伦敦保险协会货物保险条款的三种主要险别中，保险人责任最低的险别是（　　）。
   A. A险　　　　　　　　　　　B. B险
   C. C险　　　　　　　　　　　D. 罢工险

4. 我方按CIF条件成交出口一批罐头食品，应按（　　）投保。
   A. 平安险＋水渍险　　　　　B. 一切险＋偷窃、提货不着险
   C. 水渍险＋偷窃、提货不着险　D. 平安险＋一切险

二、多选题

1. 在我国海洋货物运输保险业务中，下列（　　）均可适用"仓至仓"条款。
   A. AR　　　　　　　　　　　B. WA or WPA　　　C. FPA
   D. WAR RISKS　　　　　　　E. ICC（A）

2. 以下属于一切险所承保的责任范围的是（　　）。
   A. 淡水雨淋险　　　　　B. 钩损险　　　C. 短量险
   D. 渗漏险　　　　　　　E. 黄曲霉素险

3. 根据我国海洋货物运输保险条款的规定，基本险有（　　）。

A. 水渍险 B. 战争险 C. C 险
D. 罢工险 E. 一切险

三、判断题

（　　）1. ICC 条款有 6 种险别，其中 ICC（A），ICC（B），ICC（C）3 种险别能单独投保，另外 3 种不能单独投保。

（　　）2. 按照我国海运货物保险条款，如已投保了一切险，就无须另行投保任何附加险别了。

（　　）3. 按照国际保险市场惯例，保险单与保险凭证具有同等法律效力。

四、计算题

某商品的 FOB 价格为 7 296 美元，海运费用为 1 350 美元，要投保一切险（保险费率 0.8%）和战争险（保险费率 0.08%），试计算进口商应付给保险公司的保险费用。

五、简答与论述题

1. 保险的基本原则有哪些？
2. 构成实际全损有哪几种情况？
3. 共同海损的内容包括什么？
4. 在选择险别时，应考虑哪些因素？

第十章 外贸物流货物报关

【本章培训要点】

本章培训的主要内容是外贸物流货物报关的基础知识，主要包括海关的性质、工作任务与职权，进出口关税税率的设置和适用，关税完税价格的确定，通关的含义，海关监管货物含义与分类，一般进出口货物、转关运输货物、保税货物的通关制度。

【本章应掌握的主要内容】

通过本章学习，应掌握我国关税制度的体系，进出口关税税率的设置和适用，关税完税价格的确定方法，海关监管货物分类，一般进出口货物、转关运输货物、保税货物的通关制度；了解海关的性质，工作任务与职权，通关的含义，海关监管货物含义等。

第一节 海关的性质、工作任务与职权

"海关"一词从词源上分析有海和关两重含义，最初的海关即是指设在沿海口岸的关口。因而，设置在陆地边境的关口则称为"陆关"。此外，还有设置在内地的陆地关口，如国际航空站、国际铁路联运火车站等，称为内陆关口。虽然上述关口的设置地不同，但其职能相同，都是对进出境的运输工具、货物、物品的合法出入境进行监督管理。因此，自1980年以后，我国统称这类依法执行进出口监督管理职权的国家行政机关为海关。

《海关法》第二条规定"中华人民共和国海关是国家的进出境监督管理机关。海关依照本法和其他有关法律、行政法规，监管进出境的运输工具、货物、行李物品、邮递物品和其他物品，征收关税和其他税、费，查缉走私，并编制海关统计和办理其他海关业务。"

一、海关的性质

（一）海关是国家行政机关

我国海关不是立法机关，也不是司法机关，而是国家的行政机关之一。海关隶属于国务院，是国务院的直属机构，从属于国家行政管理体制。海关代表国家依法独立行使行政管理权。

（二）海关是国家进出境监督管理机关

《海关法》第八条规定"进出境运输工具、货物、物品，必须通过设立海关的地点进境或者出境"。海关履行国家行政制度的监督职能，是国家宏观管理的一个重要组成部分。海关依照有关法律、行政法规并通过法律赋予的权力，制定具体的行政规章和行政措施，对特定领域的活动开展监

督管理，以保证其按国家的法律规范进行。海关实施监督管理的范围是进出境及与之有关的活动，监督管理的对象是所有进出关境的运输工具、货物、物品。

（三）海关的监督管理是国家行政执法活动

海关通过法律赋予的权力，对特定范围内的社会经济活动进行监督管理，并对违法行为依法实施行政处罚，以保证这些社会活动按照国家的法律规范进行。因此，海关的监督管理是保证国家有关法律、法规实施的行政执法活动。海关执法的依据是《海关法》和其他有关法律、行政法规。海关事务属于中央立法事权，立法者为全国人大及其常务委员会和国务院。海关总署也可以根据法律和国务院的法规、决定、命令，制定规章，作为执法依据的补充。省、自治区、直辖市人民代表大会和人民政府不得制定海关法律规范，地方法规、地方规章不是海关执法的依据。

二、海关的工作任务

《海关法》明确规定海关有四项基本任务，即监管进出境的运输工具、货物、行李物品、邮递物品和其他物品，征收关税和其他税费，查缉走私和编制海关统计。

（一）监管

监管是海关基本职能任务中的第一项。它是指海关对进出境运输工具、货物、物品及相关的进出境行为，实施的专门监督管理。海关对进出境活动进行监管是保证国家有关运输工具、货物和物品依法出入境的有关法令得到遵守的重要环节和必要措施。海关监管的目的是保证海关监管的有关进出境活动符合国家政策和法律规范，维护国家的主权和利益。

根据监管对象的不同海关监管分为对运输工具的监管、对货物的监管和对进出境物品的监管三个方面。不同的监管对象有不同的管理程序与方法。根据海关监管阶段的不同，海关监管又可以分为出入境前期管理、出入境环节的管理和后续管理几个阶段。其中进出境环节的监管是海关监管的基本阶段，是所有进出境运输工具、货物和物品都需要经过的监管阶段。

海关监管既是完成海关其他职能任务的基础，同时又是海关执行或监督国家各项对外贸易管理制度实施的重要环节，海关需要将与进出境活动有关的专业管理部门（如商检、动植物检验、检疫、外汇等）的审批、许可、鉴定等与实际进出境活动联系起来。通过海关的监管活动，对与进出境货物有关的进出境文件进行检查、查验和核对，以确定有关实际进出境活动是否合法、有效。

（二）征税

海关征税的任务包括由海关代表国家依法征收进出口关税和在进出口环节代征税。其中关税是海关依据国家公布实施的税收法律法规及进出口税则，针对货物、物品的进出口行为征收的，以增加国家财政收入、执行国家经济政策和调节、保护和发展本国经济和生产为目的税种。海关征税任务中的"代征税"，是指除了征收关税外，海关对用于国内消费的进口货物，代国内税务部门征收的国内税，具体指对进口货物征收的消费税和增值税，以及对停靠我国港口的外籍船舶征收船舶吨税等。

关税是国家中央财政收入的重要来源，是国家宏观经济调控的重要工具，也是世界贸易组织允许各缔约方保护其境内经济的一种手段。关税的征收主体是国家，《海关法》明确将征收关税的权力授予海关，由海关代表国家行使征收关税的职能。因此，未经法律授权，其他任何单位和个人均不得行使征收关税的权力。

（三）缉私

查缉走私是海关为保证顺利完成监管和征税等任务而采取的保障措施。查缉走私是指海关依照法律赋予的权力,在海关监管场所和海关附近的沿海沿边规定地区,为发现、制止、打击、综合治理走私活动而进行的一种调查和惩处活动。

走私是指进出境活动的当事人或相关人违反《海关法》及有关法律、行政法规,逃避海关监管,偷逃应纳税款、逃避国家有关进出境的禁止性或者限制性管理,非法运输、携带、邮寄国家禁止、限制进出境或者依法应当缴纳税款的货物、物品进出境,或者未经海关许可并且未缴应纳税款、交验有关许可证件,擅自将保税货物、特定减免税货物以及其他海关监管货物、物品、进境的境外运输工具在境内销售的行为。它以逃避监管、偷逃税款、牟取暴利为目的,扰乱经济秩序,冲击民族工业,对国家危害性极大,必须予以严厉打击。

具有查私职能的国家行政机关除海关外,还有公安、工商、烟草专卖和税务等多个部门。根据《海关法》的规定:"国家实行联合缉私、统一处理、综合治理的缉私体制。海关负责组织、协调、管理查缉走私工作。"国家通过法律赋予海关在国家的联合缉私体制中的主导地位。

(四)统计

海关统计是以实际进出口货物作为统计和分析的对象,通过收集、整理、加工处理进出口货物报关单或经海关核准的其他申报单证,对进出口货物的不同指标分别进行统计和分析,全面准确地反映对外贸易的运行态势,及时提供统计信息和咨询,反映国家对外贸易方针、政策施行的实际情况,以便实施有效的统计监督,促进对外贸易的发展。海关统计实际上就是国家进出口贸易统计,是国家制定对外贸易政策,进行国民经济宏观调控的重要依据。

三、海关的职权

海关是国家的进出关境的监督管理机关,为了保证海关充分发挥自身的职能,有效地维护国家主权和利益,国家通过立法授予海关进行监督管理所必需的权力。

根据《海关法》及有关法律、行政法规,海关的权力主要包括以下内容。

(一)行政审批权

包括海关对进出口货物收发货人提出的转关运输申请的审核、减免税审批、对参加报关员资格全国统一考试报名资格的审核等。

(二)税费征收权

包括代表国家依法对进出口货物、物品征收关税及其他税费;根据法律、行政法规及有关规定,对特定的进出口货物、物品减征或免征关税,以及对经海关放行后的有关进出口货物、物品,发现少征或者漏征税款的,依法补征、追征税款的权力等。

(三)行政检查权

行政检查权是海关保证其行政管理职能得以履行的基本权力,主要包括以下内容。

1. 检查权

海关有权检查进出境运输工具;检查有走私嫌疑的运输工具和有藏匿走私货物、物品的场所;检查走私嫌疑人的身体。

海关对进出境运输工具的检查不受海关监管区域的限制;对走私嫌疑人身体的检查,应在海关监管区和海关附近沿海沿边规定地区内进行;对于有走私嫌疑的运输工具和有藏匿走私货物、物品嫌疑的场所,在海关监管区和海关附近沿海沿边规定地区内,海关人员可直接检查,超出这个范围,在调查走私案件时,须经直属海关关长或者其授权的隶属海关关长批准,才能进行检查,但不能检查公民住处。

2. 查验权

海关有权查验进出境货物、物品。海关查验货物认为必要时，可以径行提取货样。

3. 施加封志权

根据《海关法》的规定，海关对所有未办结海关手续、处于海关监管状态的进出境货物、物品、运输工具，有权施加封志。

4. 查阅、复制权

此项权力包括查阅进出境人员的证件，查阅、复制与进出境运输工具、货物、物品有关的合同、发票、账册、单据、记录、文件、业务函电、录音录像制品和其他有关资料。

5. 查问权

海关有权对违反《海关法》或者其他有关法律、行政法规的嫌疑人进行查问，调查其违法行为。

6. 查询权

海关在调查走私案件时，经直属海关关长或者其授权的隶属海关关长批准，可以查询案件涉嫌单位和涉嫌人员在金融机构、邮政企业的存款、汇款。

7. 稽查权

自进出口货物放行之日起3年内或者在保税货物、减免税进口货物的海关监管期限内及其后的3年内，海关可以对与进出口货物直接有关的企业、单位的会计账簿、会计凭证、报关单证以及其他有关资料和有关进出口货物实施稽查。根据《稽查条例》的规定，海关进行稽查时，可以行使下列职权：询问被稽查人的法定代表人、主要负责人和其他有关人员与进出口活动有关的情况和问题；检查被稽查人的生产经营场所；查询被稽查人在商业银行或者其他金融机构的存款账户；封存有可能被转移、隐匿、篡改、毁弃的账簿、单证等有关资料；封存被稽查人有违法嫌疑的进出口货物等。

（四）行政强制权

海关行政强制权是《海关法》及相关法律、行政法规得以贯彻实施的重要保障。具体包括以下内容。

1. 扣留权

海关在下列情况下可以行使扣留权：

对违反《海关法》或者其他有关法律、行政法规的进出境运输工具、货物和物品以及与之有关的合同、发票、账册、单据、记录、文件、业务函电、录音录像制品和其他资料，可以扣留。

在海关监管区和海关附近沿海沿边规定地区，对有走私嫌疑的运输工具、货物、物品和走私犯罪嫌疑人，经直属海关关长或者其授权的隶属海关关长批准，可以扣留；对走私犯罪嫌疑人，扣留时间不得超过24小时，在特殊情况下可以延长至48小时。

在海关监管区和海关附近沿海沿边规定地区以外，对其中有证据证明有走私嫌疑的运输工具、货物、物品，可以扣留。

海关对查获的走私犯罪嫌疑案件，应扣留走私犯罪嫌疑人，移送海关侦查走私犯罪公安机构。

2. 提取货物变卖、先行变卖权

进口货物超过3个月未向海关申报，海关可以提取依法变卖处理；进口货物收货人或其所有人声明放弃的货物，海关有权提取依法变卖处理；海关依法扣留的货物、物品，不宜长期保留的，经直属海关关长或其授权的隶属海关关长批准，可以先行依法变卖；在规定期限内未向海关申报的以及误卸或溢卸的不宜长期保留的货物，海关可以按照实际情况提前变卖处理。

3. 强制扣缴和变价抵缴关税权

进出口货物的纳税义务人、担保人超过规定期限未缴纳税款的，经直属海关关长或者其授权的隶属海关关长批准，海关可以：书面通知其开户银行或者其他金融机构从其存款内扣缴税款；将应税货物依法变卖，以变卖所得抵缴税款；扣留并依法变卖其价值相当于应纳税款的货物或者其他财产，以变卖所得抵缴税款。

4. 抵缴、变价抵缴罚款权

根据《海关法》的规定，当事人逾期不履行海关处罚决定又不申请复议或者向人民法院提起诉讼的，海关可以将其保证金抵缴罚款，或者将其被扣留的货物、物品、运输工具依法变价抵缴罚款。

5. 其他特殊行政强制权

（1）滞报金、滞纳金征收。海关对超期申报货物征收滞报金；对于逾期缴纳进出口税费的，征收滞纳金。

（2）处罚担保。根据《海关法》及有关行政法规的规定，对于有违法嫌疑的货物、物品、运输工具无法或不便扣留的，或者有违法嫌疑但依法不应予以没收的货物、物品、运输工具，当事人申请先予放行或解除扣留的，海关可要求当事人或者运输工具负责人提供等值担保。未提供等值担保的，海关可以扣留当事人等值的其他财产；受海关处罚的当事人在离境前未缴纳罚款，或未缴清依法被没收的违法所得和依法被追缴的货物、物品、走私运输工具的等值价款的，应当提供相当于上述款项的担保。

（3）税收担保。经海关批准的暂准进出境货物、保税货物，其收发货人须缴纳相当于税款的保证金或者提供其他形式的担保后，才可准予暂时免纳关税。

（4）税收保全。进出口货物纳税义务人在规定的纳税期限内有明显的转移、藏匿其应税货物以及其他财产迹象的，海关可以责令其提供担保，纳税义务人不能提供纳税担保的，经直属海关关长或者其授权的隶属海关关长批准，海关可以采取下列税收保全措施：

①书面通知纳税义务人开户银行或者其他金融机构暂停支付纳税义务人相当于应纳税款的存款；

②扣留纳税义务人价值相当于应纳税款的货物或者其他财产。

（五）行政处罚权

海关有权对尚未构成走私罪的违法当事人处以行政处罚，包括对走私货物、物品及违法所得处以没收，对有走私行为和违反海关监管规定行为的当事人处以罚款，对有违法情节的报关企业和报关员处以暂停或取消报关资格的处罚等。

此外，海关还有行政裁定权（例如对进出口商品归类、原产地的确定、许可证的适用等进行裁定）、行政奖励权等。

第二节 关税制度

一、我国关税制度概述

为了贯彻对外开放政策，促进对外经济贸易和国民经济的发展，根据《中华人民共和国海关法》的有关规定，我国制定了《中华人民共和国进出口关税条例》。中华人民共和国准许进出口的货物、进境物品，除法律、行政法规另有规定外，海关依照该条例规定征收进出口关税。

进口货物的收货人、出口货物的发货人、进境物品的所有人，是关税的纳税义务人。

国务院制定《中华人民共和国进出口税则》(以下简称《税则》)、《中华人民共和国进境物品进口税税率表》(以下简称《进境物品进口税税率表》),规定关税的税目、税则号列和税率,作为《中华人民共和国进出口关税条例》的组成部分。

国务院设立关税税则委员会,负责《税则》和《进境物品进口税税率表》的税目、税则号列和税率的调整和解释,报国务院批准后执行;决定实行暂定税率的货物、税率和期限;决定关税配额税率;决定征收反倾销税、反补贴税、保障措施关税、报复性关税以及决定实施其他关税措施;决定特殊情况下税率的适用,以及履行国务院规定的其他职责。

二、进出口货物关税税率的设置和适用

进口关税设置最惠国税率、协定税率、特惠税率、普通税率、关税配额税率等税率,对进口货物在一定期限内可以实行暂定税率。出口关税设置出口税率,对出口货物在一定期限内可以实行暂定税率。

原产于共同适用最惠国待遇条款的世界贸易组织成员的进口货物,原产于与中华人民共和国签订含有相互给予最惠国待遇条款的双边贸易协定的国家或者地区的进口货物,以及原产于中华人民共和国境内的进口货物,适用最惠国税率。

原产于与中华人民共和国签订含有关税优惠条款的区域性贸易协定的国家或者地区的进口货物、适用协定税率。

原产于与中华人民共和国签订含有特殊关税优惠条款的贸易协定的国家或者地区的进口货物,适用特惠税率。

原产于除以上情况之外的国家或者地区的进口货物,以及原产地不明的进口货物,适用普通税率。

适用最惠国税率的进口货物有暂定税率的,应当适用暂定税率;适用协定税率、特惠税率的进口货物有暂定税率的,应当从低适用税率;适用普通税率的进口货物,不适用暂定税率。适用出口税率的出口货物有暂定税率的,应当适用暂定税率。

三、进出口货物完税价格的确定

(一) 进口货物完税价格的确定

进口货物的完税价格由海关以符合条件的成交价格以及该货物运抵中华人民共和国境内输入地点起卸前的运输及其相关费用、保险费为基础审查确定。

进口货物的成交价格,是指卖方向中华人民共和国境内销售该货物时买方为进口该货物向卖方实付、应付的,并按照规定调整后的价款总额,包括直接支付的价款和间接支付的价款。

进口货物的成交价格应当符合下列条件:

(1) 对买方处置或者使用该货物不予限制,但法律、行政法规规定实施的限制、对货物转售地域的限制和对货物价格无实质性影响的限制除外;

(2) 该货物的成交价格没有因搭售或者其他因素的影响而无法确定;

(3) 卖方不得从买方直接或者间接获得因该货物进口后转售、处置或者使用而产生的任何收益,或者虽有收益但能够按照规定进行调整;

(4) 买卖双方没有特殊关系,或者虽有特殊关系但未对成交价格产生影响。

进口货物的下列费用应当计入完税价格:由买方负担的购货佣金以外的佣金和经纪费;由买方负担的在审查确定完税价格时与该货物视为一体的容器的费用;由买方负担的包装材料费用和包装劳务费用;与该货物的生产和向中华人民共和国境内销售有关的,由买方以免费或者以低于成本的方式提

供并可以按适当比例分摊的料件、工具、模具、消耗材料及类似货物的价款,以及在境外开发、设计等相关服务的费用;作为该货物向中华人民共和国境内销售的条件,买方必须支付的、与该货物有关的特许权使用费;卖方直接或者间接从买方获得的该货物进口后转售、处置或者使用的收益。

进口时在货物的价款中列明的下列税收、费用,不计入该货物的完税价格:厂房、机械、设备等货物进口后进行建设、安装、装配、维修和技术服务的费用;进口货物运抵境内输入地点起卸后的运输及其相关费用、保险费;进口关税及国内税收。

进口货物的成交价格不符合规定条件的,或者成交价格不能确定的,海关经了解有关情况,并与纳税义务人进行价格磋商后,依次以下列价格估定该货物的完税价格:

(1) 与该货物同时或者大约同时向中华人民共和国境内销售的相同货物的成交价格;

(2) 与该货物同时或者大约同时向中华人民共和国境内销售的类似货物的成交价格;

(3) 与该货物进口的同时或者大约同时,将该进口货物、相同或者类似进口货物在第一级销售环节销售给无特殊关系买方最大销售总量的单位价格,但应当扣除在境内产生的费用和正常利润等规定的项目;

(4) 按照下列各项总和计算的价格:生产该货物所使用的料件成本和加工费用,向中华人民共和国境内销售同等级或者同种类货物通常的利润和一般费用,该货物运抵境内输入地点起卸前的运输及其相关费用、保险费;

(5) 以合理方法估定的价格。

纳税义务人向海关提供有关资料后,可以提出申请,颠倒前款第3项和第4项的适用次序。

(二) 出口货物完税价格的确定

出口货物的完税价格由海关以该货物的成交价格以及该货物运至中华人民共和国境内输出地点装载前的运输及其相关费用、保险费为基础审查确定。

出口货物的成交价格,是指该货物出口时卖方为出口该货物应当向买方直接收取和间接收取的价款总额,出口关税不计入完税价格。

出口货物的成交价格不能确定的,海关经了解有关情况,并与纳税义务人进行价格磋商后,依次以下列价格估定该货物的完税价格:

(1) 与该货物同时或者大约同时向同一国家或者地区出口的相同货物的成交价格;

(2) 与该货物同时或者大约同时向同一国家或者地区出口的类似货物的成交价格;

(3) 按照下列各项总和计算的价格:境内生产相同或者类似货物的料件成本、加工费用,通常的利润和一般费用,境内发生的运输及其相关费用、保险费;

(4) 以合理方法估定的价格。

四、进出口货物关税的征收

进口货物的纳税义务人应当自运输工具申报进境之日起14日内,出口货物的纳税义务人除海关特准的外,应当在货物运抵海关监管区后、装货的24小时以前,向货物的进出境地海关申报。进出口货物转关运输的,按照海关总署的规定执行。

纳税义务人应当依法如实向海关申报,并按照海关的规定提供有关确定完税价格、进行商品归类、确定原产地以及采取反倾销、反补贴或者保障措施等所需的资料;必要时,海关可以要求纳税义务人补充申报。

纳税义务人应当按照《税则》规定的目录条文和归类总规则、类注、章注、子目注释以及其他归类注释,对其申报的进出口货物进行商品归类,并归入相应的税则号列;海关应当依法审核确定该货物的商品归类。

海关可以要求纳税义务人提供确定商品归类所需的有关资料；必要时，海关可以组织化验、检验，并将海关认定的化验、检验结果作为商品归类的依据。

海关为审查申报价格的真实性和准确性，可以查阅、复制与进出口货物有关的合同、发票、账册、结付汇凭证、单据、业务函电、录音录像制品和其他反映买卖双方关系及交易活动的资料。海关对纳税义务人申报的价格有怀疑并且所涉关税数额较大的，经直属海关关长或者其授权的隶属海关关长批准，凭海关总署统一格式的协助查询账户通知书及有关工作人员的工作证件，可以查询纳税义务人在银行或者其他金融机构开立的单位账户的资金往来情况，并向银行业监督管理机构通报有关情况。

海关对纳税义务人申报的价格有怀疑的，应当将怀疑的理由书面告知纳税义务人，要求其在规定的期限内书面做出说明、提供有关资料。纳税义务人在规定的期限内未做说明、未提供有关资料的，或者海关仍有理由怀疑申报价格的真实性和准确性的，海关可以不接受纳税义务人申报的价格，并按照规定估定完税价格。

海关审查确定进出口货物的完税价格后，纳税义务人可以以书面形式要求海关就如何确定其进出口货物的完税价格做出书面说明，海关应当向纳税义务人做出书面说明。

纳税义务人应当自海关填发税款缴款书之日起15日内向指定银行缴纳税款。纳税义务人未按期缴纳税款的，从滞纳税款之日起，按日加收滞纳税款万分之五的滞纳金。海关可以对纳税义务人欠缴税款的情况予以公告。海关征收关税、滞纳金等，应当制发缴款凭证，缴款凭证格式由海关总署规定。

经海关批准暂时进境或者暂时出境的下列货物，在进境或者出境时纳税义务人向海关缴纳相当于应纳税款的保证金或者提供其他担保的，可以暂不缴纳关税，并应当自进境或者出境之日起6个月内复运出境或者复运进境；经纳税义务人申请，海关可以根据海关总署的规定延长复运出境或者复运进境的期限：

（1）在展览会、交易会、会议及类似活动中展示或者使用的货物；
（2）文化、体育交流活动中使用的表演、比赛用品；
（3）进行新闻报道或者摄制电影、电视节目使用的仪器、设备及用品；
（4）开展科研、教学、医疗活动使用的仪器、设备及用品；
（5）在本款第（1）项至第（4）项所列活动中使用的交通工具及特种车辆；
（6）货样；
（7）供安装、调试、检测设备时使用的仪器、工具；
（8）盛装货物的容器；
（9）其他用于非商业目的的货物。

五、进出口税费减免

进出口税费减免是指海关按照国家政策、《海关法》和其他有关法律、行政法规的规定，对进出口货物的关税和进口环节海关代征税给予减征或免征。税费减免可分为三大类，即法定减免税、特定减免税和临时减免税。

（一）法定减免税

法定减免税是指按照《海关法》、《关税条例》和其他法律、行政法规的规定，进出口货物可以享受的减免关税优惠。海关对法定减免税货物一般不进行后续管理。

《中华人民共和国进出口关税条例》明确规定下列进出口货物，免征关税：
（1）关税税额在人民币50元以下的一票货物；

(2) 无商业价值的广告品和货样；
(3) 外国政府、国际组织无偿赠送的物资；
(4) 在海关放行前损失的货物；
(5) 进出境运输工具装载的途中必需的燃料、物料和饮食用品。

在海关放行前遭受损坏的货物，可以根据海关认定的受损程度减征关税。法律规定的其他免征或者减征关税的货物，海关根据规定予以免征或者减征。

（二）特定减免税

特定减免税是指海关根据国家规定，对特定地区、特定用途和特定企业给予的减免关税和进口环节海关代征税的优惠，也称政策性减免税。特定减税或者免税的范围和办法由国务院规定，海关根据国务院的规定单独或会同国务院其他主管部门制定具体实施办法并加以贯彻执行。

（三）临时减免税

临时减免税是指法定减免税和特定减免税以外的其他减免税，国务院根据某个单位、某类商品、某个时期或某批货物的特殊情况和需要，给予特别的临时性减免税优惠。

第三节 海关通关制度

一、海关通关制度

（一）通关的含义

所谓通关是指出入境运输工具的负责人、进出口货物的收、发货人及其代理人以及出入境物品的所有人依法接受海关监管，海关对其申报的单证、运输工具、货物及物品进行审核、查验、征缴税费，决定予以放行的全过程。货物在通关期间，不论是进口、出口或转运，都是处在海关监管之下，不准自由流通。

（二）海关监管货物

1. 含义

海关监管货物是指自进境起到办结海关手续止的进口货物，自向海关申报起到出境止的出口货物，以及自进境起到出境止的过境、转运和通运货物等应当接受海关监管的货物，包括一般进出口货物、保税货物、特定减免税货物、暂准进出境货物，以及过境、转运、通运货物和其他尚未办结海关手续的货物。

2. 分类

海关按照对各种监管货物的不同要求，分别建立了相应的海关监管制度。根据货物进出境的不同目的，海关监管货物可以分成五大类：

(1) 一般进出口货物，包括一般进口货物和一般出口货物，一般进口货物是指办结海关手续进入国内生产、消费领域流通的进口货物；一般出口货物是指办结海关手续到境外生产、消费领域流通的出口货物。

(2) 保税货物，是指经海关批准未办理纳税手续进境，在境内储存、加工、装配后复运出境的货物。保税货物又分为保税加工货物和保税物流货物两大类。

(3) 特定减免税货物，是指经海关依法准予免税进口的用于特定地区、特定企业，有特定用途的货物。

（4）暂准进出境货物，包括暂准进境货物和暂准出境货物，暂准进境货物是指经海关批准凭担保进境在境内使用后原状复运出境的货物；暂准出境货物是指经海关批准凭担保出境在境外使用后原状复运进境的货物。

（5）其他进出境货物，是指由境外起运，通过中国境内继续运往境外的货物，以及其他尚未办结海关手续的进出境货物。

货物进出境过程中，第一个步骤是收发货人或者其代理人首先要向海关申报，海关对其申报进行审核；第二个步骤是海关一般会对进出境货物进行查验，此时进出口货物收发货人或者其代理人应该配合查验；第三个步骤就是海关对进出口货物征税，此时收发货人或者其代理人应该按规定缴纳税费；第四个步骤就是海关对合法进出境并且已经缴纳税费的货物放行，此时进出口货物收发货人或者其代理人可以提取或者装运货物。以上这四个步骤就是一般进出口货物通关的程序，但是这个程序并不能适应所有的情况，比如对于加工贸易原材料进口，在申报之前还得先备案，最后还得办理核销结案的手续。下面将叙述一般进出口货物、转关运输货物、保税货物等的通关制度。

二、一般进出口货物的通关

一般进出口货物是指进出口环节缴纳了应征的进出口税费并办结了所有必要的海关手续，海关放行后不再进行监管，可以直接进入生产和消费领域流通的进出口货物。一般进出口货物报关程序没有前期阶段和后续阶段，只有进出口阶段，由进出口申报、配合查验、缴纳税费、提取或装运货物四个环节构成。

三、转关运输货物的通关

（一）转关货物概述

转关货物系指由进境地入境，向海关申请转关、运往另一设关地点办理进口海关手续的货物；或者是在启运地已办理出口海关手续运往出境地，由出境地海关监管放行的货物；或者是从境内一个设关地点运往另一个设关地点，需经海关监管的货物。

转关货物是海关监管货物，除限制转关的商品外，进出口货物均可办理转关手续。海关对进出口转关货物施加海关封志。

下列货物不得申请转关：

（1）进口固体废物（废纸除外）；

（2）进口易制毒化学品、监控化学品、消耗臭氧层物质；

（3）进口汽车整车，包括成套散件和二类底盘；

（4）国家检验检疫部门规定必须在口岸检验检疫的商品。

转关货物应由已在海关注册登记的承运人承运。海关对转关限定路线范围，限定途中运输时间，承运人应当按海关要求将货物运抵指定的场所。海关根据工作需要，可以派员押运转关货物，货物收发货人或其代理人、承运人应当按规定向海关缴纳规费，并提供方便。

转关货物的指运地或启运地应当设有经海关批准的监管场所。转关货物的存放、装卸、查验应在海关监管场所内进行。特殊情况需要在海关监管场所以外存放、装卸、查验货物的，应向海关事先提出申请，海关按规定监管。

海关对转关货物的查验，由指运地或启运地海关实施。进、出境地海关认为必要时也可查验或者复验。

转关货物未经海关许可，不得开拆、提取、交付、发运、调换、改装、抵押、质押、留置、转让、更换标记、移作他用或者进行其他处置。

(二) 转关货物的报关

转关货物的收发货人或代理人，可采取以下三种方式办理转关手续：
(1) 在指运地或启运地海关以提前报关方式办理；
(2) 在进境地或启运地海关以直接填报转关货物申报单的直转方式办理；
(3) 以由境内承运人或其代理人统一向进境地或启运地海关申报的中转方式办理。

转关货物申报的电子数据与书面单证具有同等的法律效力。对确因填报或传输错误的数据，有正当理由并经海关同意，可作修改或者撤销。对海关已决定查验的转关货物，不再允许修改或撤销申报内容。

广东省内公路运输的《进境汽车载货清单》（见图10-1）或《出境汽车载货清单》（见图10-2）视同转关申报书面单证，具有法律效力。

提前报关的转关货物，进境地海关因故无法调阅进口转关数据时，可以按直转货物的规定办理转关手续。

从一个设关地运往另一个设关地的海关监管货物，除另有规定外，应按进口转关方式监管。

转关货物运输途中因交通意外等原因需更换运输工具或驾驶员的，承运人或驾驶员应通知附近海关；附近海关核实同意后，监管换装并书面通知进境地、指运地海关或出境地、启运地海关。

转关货物在国内储运中发生损坏、短少、灭失情况时，除不可抗力外，承运人、货物所有人、存放场所负责人应承担税赋责任。

(三) 进口转关货物的监管

转关货物应当自运输工具申报进境之日起14天内向进境地海关办理转关手续，在海关限定期限内运抵指运地海关之日起14天内，向指运地海关办理报关手续。逾期按规定征收滞报金。

进口转关货物，按货物到达指运地海关之日的税率和汇率征税。提前报关的，其适用的税率和汇率是指运地海关接收到进境地海关传输的转关放行信息之日的税率和汇率。如货物运输途中税率和汇率发生重大调整的，以转关货物运抵指运地海关之日的税率和汇率计算。

提前报关的转关货物，进口货物收货人或其代理人在进境地海关办理进口货物转关手续前，向指运地海关录入《进口货物报关单》电子数据，指运地海关提前受理电子申报，货物运抵指运抵海关监管场所后，办理转关核销和接单验放等手续。

提前报关的转关货物，其收货人或代理人向指运地海关填报录入《进口货物报关单》后，计算机自动生成《进口转关货物申报单》（见图10-3）并传输至进境地海关。

提前报关的转关货物收货人或代理人，应向进境地海关提供《进口转关货物申报单》编号，并提交下列单证办理转关手续：
(1)《进口转关货物核放单》（见图10-4）；广东省内公路运输的，交验《进境汽车载货清单》；
(2)《中华人民共和国海关境内汽车载运海关监管货物载货登记簿》（以下简称《汽车载货登记簿》）或《船舶监管簿》；
(3) 提货单。提前报关的进口转关货物应在电子数据申报之日起的5日内，向进境地海关办理转关手续。超过期限仍未到进境地海关办理转关手续的，指运地海关撤销提前报关的电子数据。

直转的转关货物，货物收货人或代理人在进境地录入转关申报数据，直接办理转关手续。直转的转关货物，货物收货人或代理人应持以下单证向进境地海关办理转关手续：
(1)《进口转关货物申报单》；广东省内公路运输的，交验《进境汽车载货清单》；
(2)《汽车载货登记簿》或《船舶监管簿》。

具有全程提运单、需换装境内运输工具的中转转关货物，收货人或其代理人向指运地海关办理进口报关手续后，由境内承运人或其代理人，批量办理货物转关手续。

中转的转关货物，运输工具代理人应持以下单证向进境地海关办理转关手续：

(1)《进口转关货物申报单》；

(2)《进口货物中转通知书》（见图10-5）；

(3)进口中转货物的按指运地目的港分列的纸质舱单。

以空运方式进境的中转货物，提交联程运单。

（四）出口转关货物的监管

出口提前报关的转关货物，由货物发货人或其代理人在货物未运抵启运地海关监管场所前，向启运地海关填报录入《出口货物报关单》电子数据，启运地海关提前受理电子申报。货物应于电子数据申报之日起5日内，运抵启运地海关监管场所，办理转关和验放等手续。超过期限的，启运地海关撤销提前报关的电子数据。

出口直转的转关货物，由货物发货人或其代理人在货物运抵启运地海关监管场所后，向启运地海关填报录入《出口货物报关单》电子数据，启运地海关受理电子申报，办理转关和验放等手续。

提前报关和直转的出口转关货物，其发货人或代理人应在启运地填报录入《出口货物报关单》，在启运地海关办理出口通关手续后，计算机自动生成《出口转关货物申报单》（见图10-6）数据，传送至出境地海关。

提前报关和直转的出口转关货物发货人或代理人应持以下单证在启运地海关办理出口转关手续：

(1)《出口货物报关单》；

(2)《汽车载货登记簿》或《船舶监管簿》；

(3)广东省内公路运输的，还应递交《出境汽车载货清单》。

提前报关和直转的出口转关货物到达出境地后，发货人或代理人应持《汽车载货登记簿》或《船舶监管簿》和启运地海关签发的《出口货物报关单》和《出口转关货物申报单》或《出境汽车载货清单》（广东省内公路运输），向出境地海关办理转关货物的出境手续。

具有全程提运单、需换装境内运输工具的出口中转货物，发货人向启运地海关办理出口报关手续后，由承运人或其代理人按出境运输工具分列舱单，批量办理货物转关手续。

出口中转货物，其发货人或代理人向启运地海关办理出口通关手续后，运输工具代理人向启运地海关录入并提交下列单证：

(1)《出口转关货物申报单》；

(2)按出境运输工具分列的电子或纸质舱单；

(3)《汽车载货登记簿》或《船舶监管簿》。

经启运地海关核准后，签发《出口货物中转通知书》（见图10-7）。出境地海关验核上述单证，办理中转货物的出境手续。

（五）核销

进口转关货物在运抵指运地海关监管场所后，指运地海关方可办理转关核销。

对于进口大宗散装转关货物分批运输的，在第一批货物运抵指运地海关监管场所后，指运地海关办理整批货物的转关核销手续，发货人或代理人同时办理整批货物的进口报关手续。指运地海关按规定办理余下货物的验放。最后一批货物到齐后，指运地海关完成整批货物核销。

出口转关货物在运抵出境地海关监管场所后，出境地海关方可办理转关核销。货物实际离境后，出境地海关核销清洁舱单并反馈启运地海关，启运地海关凭以签发有关报关单证明联。

转关工具未办结转关核销的，不得再次承运转关货物。

四、保税货物的通关

保税货物是指经海关批准未办理纳税手续进境，在境内储存、加工、装配后复运出境的货物。保税货物又分为保税加工货物和保税物流货物两大类，保税加工货物通常被称为加工贸易保税货物。保税货物的通关分为保税加工货物的通关和保税物流货物的通关。

（一）保税加工货物的通关

1. 保税加工货物的含义与特征

保税加工货物是指经海关批准未办理纳税手续进境，在境内加工、装配后复运出境的货物。保税加工货物有以下特征：

（1）料件进口时暂缓缴纳进口关税及进口环节海关代征税，成品出口时除另有规定外无须缴纳关税；

（2）料件进口时除国家另有规定外免予交验进口许可证件，成品出口时凡属许可证件管理的，必须交验出口许可证件；

（3）进出境海关现场放行并未结关。

2. 海关对保税加工货物的监管模式

海关对保税加工货物的监管模式有两大类：一类是物理围网的监管模式，采用海关特殊监管区域进行监管；另一类是非物理围网的监管模式，采用纸质手册管理或计算机联网监管。

所谓物理围网监管，是指在关境内或关境线上，经国家批准设立海关特殊监管区域，企业在物理围网的封闭区域内从事保税加工业务，海关在卡口进行监管的监管方式。

非物理围网的监管模式主要有纸质手册管理和联网监管两种。纸质手册管理是一种传统的监管方式，主要是用加工贸易纸质手册进行合同内容的备案，凭以进出口，并记录进口料件及出口成品的实际情况，最终凭以办理核销结案手续。这种监管方式在海关对保税加工货物监管中曾经起过相当重要的作用，但随着对外贸易和现代科技的发展，逐渐被联网监管所替代。

联网监管主要是应用计算机手段实现海关对加工贸易企业实施监管，建立电子账册或电子化手册，合同备案、料件进口、产品出口、手册核销，全部通过计算机进行。海关管理科学严密，企业通关便捷高效，成为海关对保税加工货物监管的主要模式。这种监管方式又分为两种：一种是针对大型企业的，以建立电子账册为主要标志，以企业为单元进行管理；另一种是针对中小企业的，以建立电子化手册为主要标志，以合同为单元进行管理。

（二）保税物流货物的通关

1. 保税物流货物的含义与特征

保税物流货物是指经海关批准未办理纳税手续进境，在境内进行分拨、配送或储存后复运出境的货物，也称作保税仓储货物。

保税物流货物有以下特征：

（1）进境时暂缓缴纳进口关税及进口环节海关代征税，复运出境免税，内销应当缴纳进口关税和进口环节海关代征税，不征收缓税利息。

（2）进出境时除国家另有规定外，免予交验进出口许可证件。

（3）进境海关现场放行不是结关，进境后必须进入海关保税监管场所或特殊监管区域，运离这些场所或区域必须办理结关手续。

国内经营保税物流的海关特殊监管区域有保税仓库、保税物流中心、保税物流园区、保税区、保税港区等，下面主要讲述以上区域的通关规定。

2. 保税仓库货物的通关

保税仓库是指经海关批准设立的专门存放保税货物及其他未办结海关手续货物的仓库。保税仓库的功能单一，就是仓储，而且只能存放进境货物。保税仓库的报关可以分为进仓报关、出仓报关和流转报关三类。

3. 保税物流中心货物通关

保税物流中心（A型），是指经海关批准，由中国境内企业法人经营、专门从事保税仓储物流业务的海关监管场所。保税物流中心（B型）是指经海关批准，由中国境内一家企业法人经营，多家企业进入并从事保税仓储物流业务的海关集中监管场所。保税物流中心的功能是保税仓库和出口监管仓库功能的叠加，既可以存放进口货物，也可以存放出口货物，还可以开展多项增值服务。

保税物流中心货物通关可以分为保税物流中心与境外之间的进出货物报关、保税物流中心与境内之间的进出货物报关两类。

4. 保税物流园区货物通关

保税物流园区（以下简称"园区"）是指经国务院批准，在保税区规划面积或者毗邻保税区的特定港区内设立的、专门发展现代国际物流业的海关特殊监管区域。园区与中华人民共和国境内的其他地区（以下简称区外）之间，应当设置符合海关监管要求的卡口、围网隔离设施、视频监控系统及其他海关监管所需的设施。

保税物流园区货物通关可以分为园区与境外之间进出货物的通关、园区与境内区外之间进出货物的通关两类。

5. 保税区货物的通关

保税区是指经国务院批准在中华人民共和国境内设立的由海关进行监管的特定区域。保税区具有出口加工、转口贸易、商品展示、仓储运输等功能，也就是说既有保税加工的功能，又有保税物流的功能。

保税区与中华人民共和国境内的其他地区（以下简称"非保税区"）之间，应当设置符合海关监管要求的隔离设施。保税区内仅设置保税区行政管理机构和企业，除安全保卫人员外，其他人员不得在保税区内居住。

保税区货物的通关可以分为保税区与境外之间进出货物的通关、保税区与境内非保税区之间进出货物的通关两类。

6. 保税港区货物的通关

保税港区是指经国务院批准，设立在国家对外开放的口岸港区和与之相连的特定区域内，具有口岸、物流、加工等功能的海关特殊监管区域。保税港区实行封闭式管理，保税港区与中华人民共和国关境内的其他地区（以下称"区外"）之间，应当设置符合海关监管要求的卡口、围网、视频监控系统以及海关监管所需的其他设施。除保障保税港区内人员正常工作、生活需要的非营利性设施外，保税港区内不得建立商业性生活消费设施和开展商业零售业务。

保税港区货物的通关可以分为保税港区与境外之间进出货物的通关、保税港区与境内区外之间进出货物的通关两类。

【重点名词与概念】

进出口税率　完税价格　一般进出口货物　转关运输货物　保税货物　通关程序

【本章练习与思考题】

一、单选题

1. 依法对特定的进出口货物、物品减征或免征关税是海关的权力之一，这种权利属于（　　）。
A. 行政许可权　　　　　B. 税费征收权
C. 行政裁定权　　　　　C. 行政强制权

2. 经海关批准设立的保税仓库可以存放的货物是（　　）。
A. 进口货物　　　　　　B. 进口货物和出口货物
C. 出口货物　　　　　　D. 加工贸易进出口货物

3. 下列关于中转转关表述错误的是（　　）。
A. 具有全程提运单需换装境内运输工具的进出口货物适用中转方式的转关
B. 中转转关必定是提前报关方式
C. 中转方式是由承运人办理转关
D. 由境内承运人持《进口转关货物申报单》、《进口货物中转通知书》等单证到海关办理货物转关手续

二、多选题

1. 进出口货物纳税义务人在海关依法责令其提供纳税担保，而纳税义务人不能提供纳税担保的，经直属海关关长或其授权的隶属海关关长批准，海关可以采取的税收保全措施是（　　）。
A. 书面通知纳税义务人开户银行或者其他金融机构暂停支付纳税义务人相当于应纳税款的存款
B. 书面通知其开户银行或者其他金融机构从其存款内扣缴税款
C. 扣留纳税义务人价值相当于应纳税款的货物或者其他财产
D. 扣留并依法变卖其价值相当于应纳税款的货物或者其他财产
E. 依法变卖其财产，抵扣税款后多余部分退还给纳税义务人

2. 以下选项中通常属于一般进出口货物通关的步骤的是（　　）。
A. 申报　　　　　　　　B. 配合查验
C. 缴纳税款　　　　　　D. 提取或者装运货物
E. 商品检验

3. 以下合法进出口货物免征关税的是（　　）。
A. 关税税额在人民币50元以下的一票货物
B. 无商业价值的广告品和货样
C. 外国政府、国际组织无偿赠送的物资
D. 在海关放行前损失的货物
E. 进出境运输工具装载的途中必需的燃料、物料和饮食用品

三、判断题

（　）1. 进出境货物的海关现场放行就是结关。
（　）2. 申报、纳税、查验、放行是一般进出口货物报关的程序。
（　）3. 海关一般按照发票价格来计征关税。

四、简答与论述题

1. 简述海关的任务。
2. 简述不同情况下进出口税率的适用。
3. 简述关税完税价格的确定方法。
4. 试述一般进出口货物的通关程序。
5. 试述保税加工货物的通关程序。

图 10-1　　　　中华人民共和国海关进境汽车载货清单

发货人：（盖章）	贸易性质：
收货人：	贸易国别（地区）：
合同（协议）号：	原产国别（地区）：

货名及规格	件数	重量	成交价格		进境地/指运地
^	^	^	单价	价值	^

车辆牌号	境内：	海关关锁号（条形码）No.：
^	境外：	^

货柜箱体号 No.：

上列货物总计＿＿＿＿＿件＿＿＿＿＿公斤，由＿＿＿＿＿公司委托我公司承运，保证无讹。 此致 ＿＿＿＿＿海关 运输公司（盖章） 驾驶员：　　海关编号＿＿＿＿＿	海关批注： 关员签名： 海关签章： 　　　年　月　日

第一联　指运地海关存

说明：1. 此表"车辆牌号"以上项目由货主填写，以下部分由运输公司填写；
　　　2. 此表不够填写，可附货物清单；
　　　3. 此表为一式二份向海关申报。

图 10-2　　　　　中华人民共和国海关出境汽车载货清单

发货人：（盖章）	贸易性质：
收货人：	贸易国别（地区）：
合同（协议）号：	原产国别（地区）：

货名及规格	件数	重量	成交价格		启动地/出境地
^	^	^	单价	价值	^

车辆牌号	境内：	海关关锁号（条形码）No.：
^	境外：	^

货柜箱体号 No.：			
上列货物总计＿＿＿＿件＿＿＿＿公斤，由＿＿＿＿公司委托我公司承运，保证无讹。 此致 ＿＿＿＿海关 运输公司（盖章） 驾驶员：　海关编号＿＿＿＿			海关批注： 关员签名： 海关签章： 　　年　　月　　日

第二联　启运地海关存

图 10-3　　　　　中华人民共和国海关进口转关货物申报单

预录入号：　　　　　　　　　　　　　　　　　　　　　　　　海关编号：

进境运输工具名称：　　　　　　　　　航次（航班）号： 转关方式：　　　　　　　　　　　　境内运输方式：							
提运单总数：　　　　货物总件数：　　　货物总重量：　　　　　　集装箱总数：							
境内运输 工具名称	提（运）单号	集装箱号	货名	件数	重量	起始关锁号/个数	
以上申报属实，并承担法律责任，保证在　　日内将上述货物完整运抵海关。 （盖章） 申报人： 　　年　月　日	进境地海关批注： （盖章） 经办关员： 　　年　月　日			指运地海关批注： （盖章） 经办关员： 　　年　月　日			

图 10-4　　　　　　　　　进口转关货物核放单

转关申报单编号：

申请人：	
进境运输工具名称：	航次（航班）：
提运单号（分/总）：	
进境日期：	件数：　　　　重量：
集装箱规格及数量：	
指运地：	预计运抵时间：
承运人：	
境内运输工具名称及编号：	
备注：	
以上申报属实，并承担法律责任。 （申请人盖章） 　　　　　　　报关员： 　　　　　　　　年　月　日	进境地海关： 　　　　　　　经办关员： 　　　　　　　　年　月　日

图 10-5　　　　　中华人民共和国海关进口货物中转通知书

至：　　　　码头

境内运输工具名称及编号	停靠地点	离港日期	集装箱货物总重量		标箱总数	

干线船船名及航次	指运港	装货港	提单号	件数	重量	集装箱箱号	箱型	港区	备注

代理单位 （盖章） 经办人： 　　年　月　日	未经海关同意，以上内容不得更改。 海关放行 （盖章） 经办关员： 　　年　月　日

图 10-6　　　　中华人民共和国海关出口转关货物申报单

预录入号：					海关编号：	
出境运输工具名称：　　　　　航次（航班）号：						
转关方式：　　　　　　　　　境内运输方式：						
提运单总数：　　　货物总件数：　　　货物总重量：　　　　　　　集装箱总数：						
境内运输工具名称	提（运）单号	集装箱号	货名	件数	重量	起始关锁号/个数
以上申报属实，并承担法律责任，保证在　日内将上述货物完整运抵　海关。 （盖章） 申报人： 　年　月　日	启运地海关批注： （盖章） 经办关员： 　年　月　日			出境地海关批注： （盖章） 经办关员： 　年　月　日		

第十章 外贸物流货物报关 231

图 10-7　　　　　中华人民共和国海关出口货物中转通知书

至：　　　　码头

干线船船名及航次	停靠地点	离港日期	集装箱货物总重量		标箱总数	

境内运输工具名称	启运港	卸货港	提单号	件数	重量	集装箱箱号	箱型	港区	备注

预录入单位 （盖章）	代理单位 （盖章）	未经海关同意，以上内容不得更改。 海关放行
录入人： 　　年　月　日	经办人： 　　年　月　日	（盖章）经办关员： 　　　　　　　　年　月　日

附件一

加工贸易企业合同备案审批表

企业编码：　　　　　　　　　　　合同号：

企业名称									
企业管理类别			企业人数			电　话			
投产日期			已进口设备总值			币别		联系人	

申请生产计划合同备案情况	进口料件总值		出口成品价值	
	内外销比例		计划（合同）执行期	
	主要进口料件名称、数量、重量		出口成品名称、数量、重量	

合同执行情况

序号	合同号	手册号	进口金额			出口金额			有效期
			备案金额	实际进口金额	比例	备案金额	实际出口金额	比例	
1									
2									
3									
4									
5									
6									
7									
8									
9									
10									
11									
12									

企业现有主要生产设备(名称、台数)		企业现有租赁设备(名称、台数)	
不同加工品种每月加工估量		签名：　　　年　月　日　（企业盖章）	

以上情况由企业填写

主管海关意见	经办关员意见： 签名　年　月　日	科长意见： 签名　年　月　日	关长意见： 签名　年　月　日

附件二

加工贸易出口成品单耗申报表

出口成品基本情况						
规范名称		其他俗称					
规格型号		商品编码			计量单位	
单位成品耗料情况						
原材料				耗　料		
序号	名称	单位	商品编码	规格型号	净耗	工艺损耗	单耗

附件三

加工贸易货物内销申请表（样表）

深圳海关现场业务关（处）　　　　　　　　　　　　　　　　内销〔2010〕　1号

经营企业名称	深圳市＊＊实业公司			加工企业名称		深圳市＊＊加工厂		加工贸易手册号		
序号	商品编码	货物名称	规格型号	原产地	单位	数量	单价 币制：	海关审价 币制：	总价	料件进口日期	备注

办理内销业务类别：
　　料件或成品内销（　）　边角料内销（　）　残次品内销（　）　副产品内销（　）
　　加工设备内销（　）　后续补税（　）　其他补税（　）
　　　　　　　　　　　　　　　　　　　　经营企业签名：深圳市＊＊实业公司　　（盖章）

征税统计部门审核意见：

　　　　　　　　　　　　　　　　　　　　　　　　　初审：　　　年　　月　　日
　　　　　　　　　　　　　　　　　　　　　　　　　复核：　　　年　　月　　日

核销部门审核意见：

　　　　　　　　　　　　　　　　　　　　　　　　　初审：　　　年　　月　　日
　　　　　　　　　　　　　　　　　　　　　　　　　复核：　　　年　　月　　日

下厂验核处理意见：

　　　　　　　　　　　　　　　　　　　　　　　　　签名：　　　年　　月　　日

填表说明：

1. "加工贸易货物内销申请表编号"、"海关审价"、"审核意见"、"下厂验核处理意见"、由海关负责填写，其余部分由经营企业负责如实填写；

2. "料件进口日期"栏应填写料件进口日期或成品、残次品对应料件首次进口的日期，边角料、副产品内销的无须填写此栏；

3. 此表可由企业自行印制，如货物内销数量多而不够填写可随附申请表（内容格式应参照此表），并加盖企业骑缝章一并交海关审核。

附件四

结转货物收发货单

收发货单编号：　　　　　　　　　　　　　　　　　　　　　　　　　对应结转申请表号：

转出企业名称		转入企业名称								
发货日期	商品名称	规格型号	数量	单位	发货人签名	发货人盖章	收货日期	收货人签名	收货人盖章

购销合同号、订单号或发票号：		运输工具类别及编号：	

（企业根据各自需要自行设计的栏目和内容）

第十一章 外贸物流商品检验与检疫

【本章培训要点】

本章培训的主要内容是关于外贸物流商品检验与检疫的基础知识。内容主要包括外贸物流商品检验与检疫的定义与作用，外贸物流商品检验与检疫的单证和证书，商检机构及其基本任务，外贸物流商品检验与检疫的种类，外贸物流商品检验与检疫的内容、范围、时间与地点以及检验的标准与方法。入境货物与出境货物检验检疫的一般程序。

【本章应掌握的主要内容】

通过本章学习，应掌握外贸物流商品检验与检疫的种类，外贸物流商品检验与检疫的内容、范围、时间与地点以及检验的标准与方法等基本知识；深刻理解入境货物与出境货物检验检疫的一般程序，了解外贸物流商品检验与检疫的定义与作用。

第一节 外贸物流商品检验与检疫概述

18世纪末，欧洲一些国家先后发生了工业革命，生产力迅速发展，社会产品大大丰富，由于现代化大生产需要广阔的市场，因此国际贸易得到不断地发展。这种国家与国家或国家与地区之间的远距离经济往来越来越多，由于交易双方身处异地，空间距离遥远，货物又需要经过长途运输和多次装卸，最后到达目的地的商品不可避免地会出现数量缺少、品质降低、包装残损甚至完全灭失等现象。尤其是在凭单证交接货物的象征性交货条件下，买卖双方对所交货物的品质、数量等问题更易产生争议。在这种情况下更需要一个公正的机构对货物进行检验。由此，商品检验也就成为货物买卖特别是国际货物买卖中一个不可或缺的重要环节。

我国《商检法》规定：商检机构和国家商检部门、商检机构指定的检验机构，依法对进出口商品实施检验，进口商品未经检验的，不准销售、使用；出口商品未经检验合格的，不准出口。

一、商品检验与外贸物流商品检验与检疫的定义

（一）商品检验的定义

商品检验是指商品的买方、卖方或第三方在一定条件下，借助某种手段和方法，对商品的质量、数量、重量及包装等方面进行检查，将检查结果与所对应的合同、标准或相关法律、法规对照，并以此得出结论。在对商品的各项检验中，最关键、最重要的是对商品质量的检验，因此，狭义的商品检验是指商品的质量检验。

(二) 外贸物流商品检验与检疫的定义

外贸物流商品检验与检疫是相对于内销商品的检验而言的。根据被检验商品的流向，商品检验可分为内销商品检验与进出口商品检验。内销商品检验是指国内的商品经营者依据国家法律法规、校准或合同对内销商品所进行的检验活动。《中华人民共和国产品质量法》第21条规定：销售者应当执行检查验收制度，验明产品合格证明和其他标识。《消费者权益保护法》第50条规定：经营者销售的商品应当检验、检疫。

外贸物流商品检验检疫是指导由商检机构依照有关法律、法规、合同、标准、贸易管理和国际公约等，对进出口商品进行的检验与检疫活动。《中华人民共和国进出口商品检验法》第5条规定：列入《商检机构实施检验的进出口商品种类表》的进出口商品和其他法律、行政法规规定须经商检机构检验的进出口商品，必须经过商检机构或者国家商检部门、商检机构指定的检验部门检验。

二、外贸物流商品检验与检疫的作用

商品检验与检疫工作是使国际贸易活动能够顺利进行的重要环节，即商品检验是进出口货物交接过程中不可缺少的一个重要环节。它是一个国家为保障国家安全、维护国民健康、保护动物、植物和环境而采取的技术法规和行政措施。为了加强对进出口商品的检验工作，我国颁布了《中华人民共和国进出口商品检验法》。该法规定，我国商检机构和国家商检部门应对进出口商品实施检验；凡未经检验的进口商品，不准销售、使用；凡未经检验合格的商品不准出口。

在国际贸易中，需要有一个权威、公证的进出口商品检验检疫机构从事检验检疫工作，外贸物流商品检验检疫的作用主要体现在以下几个方面：

(一) 维护买卖双方的利益，保障贸易活动的顺利进行

现代化的国际贸易活动早已摒弃了买卖双方当场交易，取而代之为凭样品和单据成交的方式。由于货物的品种、数量繁多，质量规格复杂，必须由一个权威、公正、具备复杂的实验室设备的专业检验检疫机构，对双方成交商品的数量、重量、质量、包装等内容进行公正的检验检疫，以维护买卖双方的利益，保障贸易活动的顺利进行。

(二) 维护国家利益、保障人民健康、保护生态环境的需要

由检验检疫机构对涉及国计民生的重要进出口商品，对危险货物的包装和使用性能，对食品卫生、动植物检疫等依法进行检验，这是国家赋予检验检疫机构的一项重要工作。

1999年11月15日，江苏省江阴商品检验局对来自日本的印度籍修理船舶"UITAR KHSHI"轮实施动植物可检疫时，发现该船上有来自印度的精白面粉数公斤，取样后室内镜检发现带有大量可疑冬袍子，经复核鉴定，确定为印度矮腥黑穗病菌，随即，检验检疫人员将该船上所收的面粉全部销毁，并对被污染的场所进行了彻底消毒。

自1992年4月《中华人民共和国进出境动植物检疫法》（以下简称《进出境动植物检疫法》）实施以来，截至2002年年底，我国各级出入境检验检疫机构严格执法把关，十年共检疫进出境动植物及其产品约1 520万批，货值约2 500亿美元。其中截获地中海实蝇、小麦矮腥黑穗病、松材线虫等各类动植物疫情近400种，有效地防止了国外重大动植物疫情的传入。

随着国际农产品贸易日趋频繁，以及检测方式不断增加，中国口岸经检疫截获有害生物数量呈上升趋势。2003年1月到10月，中国共截获进口吸害生物1 755种、3 500次，分别比2002年全年增加了477种、1 300次。

截至2001年年底，中国进出口商品检验机构共检验进出口商品3 240万批，货值13 300多亿

美元，约占中国进出口总额的 40%，其中共查出不合格进出口商品 27.03 万批，为国家避免和挽回损失 268.8 亿美元。

（三）中国履行加入组织承诺的需要

乌拉圭回谈判的成果之一是达成了《实施动植物卫生检疫措施的协议》（Agreement on the Application of Sanitary and Phytosanitary Measures，以下简称《SPS 协议》），目前世界各国推行的非关税措施多达 2 500 种以上。《SPS 协议》的主要内容有：一是"必需的检疫措施"含义只限于保护动、植物生命范围，应以科学原理为依据，不应对条件相同或相似缔约国构成歧视和不应构成国际贸易的变相限制；二是确立国际标准、准则或建议是国际间检疫的协调基础；三是建立有害生物风险性分析制度（PRA）；四是对非疫区与低度流行区加以区分；五是增加检疫措施的透明度；六是遵照等同对待原则。

乌拉圭回合的另一成果是最终形成了新的《技术性贸易壁垒协议》（Agreement on Technical Barrier to Trade，以下简称《TBT 协议》）。该协议明确规定了技术标准、法规的制定、采用和实施不得对国际贸易造成不必要的障碍，限于国家安全需要、防止欺诈行为、保护人类生命或健康以及保护环境；应遵守国民待遇和最惠国民遇原则，尽可能采用国际统计标准；国家安全需要限于裂变材料或提炼裂变材料的原料、武器、弹药和军火的贸易或直接或间接提供军事机构用的其他物品或原料的贸易等。

履行上述协议是中国政府加入世贸组织后应当承担的义务。

（四）国际贸易关系人的需要

国际贸易活动中各有关部门对检验检疫业务的需要表现在：银行结算货款时，需要依据检验检疫机构检验货物的品质、等级、数量及重量结果进行付款；货物发生残损及海事时，保险公司要依据检验检疫的验残证书进行理赔；船运及仓储部门需按照货载衡量中得到的货物重量和体积计算运费；海关凭检验检疫的数量、重量证书计算关税，凭产地证书确定关税待遇等。

三、外贸物流商品检验与检疫的单证和证书

（一）商品检验检疫的单证

商品出境时，应填制《出境货物报检单》，并提供的单证有：外贸合同或销售确认书或订单；生产单位出具的厂检结果单原件；检验检疫机构签发的《出境货物运输包装性能检验结果单》正本；出口的商业发票；出口的装箱单（重量单）；报检委托书；报关单（必要时）；信用证或有关函电（必要时）；检验检疫机构认为需要提供的其他资料或单证（如产品说明书）。

下列情况报检时应按要求提供相关物品和材料：

(1) 凭样品成交的；

(2) 经预检的商品，在向检验检疫机构办理换证放行手续时，应提供该检验检疫机构签发的《出境货物换证凭单》正本。

（二）检验检疫证书的定义及作用

检验检疫证书（Inspection Certificate）是由政府机构或公证机构对检验结果或鉴定项目出具并且签署的书面声明。

在国际贸易中，检验检疫证书起着重要作用：

(1) 证明履约情况，便利交接货物；

(2) 按质（量）论价的依据；
(3) 结算货价不可缺少的依据；
(4) 银行议付和结汇的单证；
(5) 准许通关和放行的证明文件；
(6) 核定关税或减免关税的依据；
(7) 解决商品质量问题的依据；
(8) 计算有关贸易费用的依据；
(9) 对外索赔的依据。检验检疫证书的种类。

根据进出境货物不同的检验检疫要求、鉴定项目和不同作用，我国检验检疫机构签发不同的检验检疫证书、凭单、监管类证单、报告单和记录报告，共有八十五种以上。常见的有：出入境检验检疫品质证书（Quality Certificate）、出入境检验检疫数量检验证书（Quantity Certificate）、出入境检验检疫植物检疫证书（Phytosanitary Certificate）、出入境检验检疫动物检疫证书（Animal-Health Certificate）、出入境检验检疫卫生证书（Sanitary Certificate）、熏蒸/消毒证书（Fumigation/Disinfection Certificate）、出境货物运输包装性能检验结果单、残损鉴定证书（Inspection Certificate on Damaged Cargo）、包装检验证书（Inspection Certificate of Packing）等。

就目前签发检验检疫单证的签发机构（人）而言，主要包括国家法定的检验检疫机构、第三方检验检疫机构和客户自检三种。我国商检局的出证的主要形式：

(1) 出境货物换证凭条。产地商检局是以电子数据的形式，传输至出口口岸的商检局，由出口口岸的商检局办理通关证明，供出口企业在报关时使用。出境货物换证凭条实行"一票一单"的原则。

(2) 出境货物通关单。产地商检局检验合格后，由产地商检局签发的纸质商检单，它可以"分批使用"。

四、商检机构及其基本任务

（一）商品检验机构

1. 国家质量监督检验检疫总局（正部级）

国家质量监督检验检疫总局是国务院主管全国质量、计量、出入境商品检验、出入境卫生检疫、出入境动植物检疫和认证认可、标准化等工作，并行使行政执法职能的直属机构。

国家质量监督检验检疫总局在主管全国进出口商品检验检疫工作方面的主要职责是：组织起草有关进出口商品检验方面的法律、法规草案；研究实施与商检工作相关的法律法规；组织实施进出口商品法定检验和监督管理；监督管理进出口商品鉴定和外商投资财产价值鉴定；管理国家实施进出口许可制度的民用商品的入境验证工作；审批法定检验商品免检，组织办理复检；组织和管理进出口商品检验鉴定业务的机构（含中外合资、中外合作的检验鉴定机构），垂直管理出入境检验检疫机构；管理国家认证认可监督管理委员会和国家标准化管理委员会等。

2. 各地出入境检验检疫机构

国家质检总局垂直管理各地的出入境检验检疫机构。国家质检总局在各省、自治区、直辖市和海、陆、空口岸设立了594个出入境检验检疫机构（即商检机构），其中直属出入境检验检疫局35个，分支机构282个，办事处277个，是负责所辖区域出入境卫生检疫、动植物检疫和进出口商品检验的行政执法机构。

3. 中国国家认证认可监督管理委员会（简称"国家认监委"，"副部级"）

2001年，为加强对全国认证认可工作的统一领导和监督管理，国务院决定组建中国国家认证认可监督管理委员会（中华人民共和国国家认证认可监督管理局），为国家质量监督检验检疫总局（以下简称"质检总局"）管理的事业单位。国家认证认可监督管理委员会是国务院授权的履行行政管理职能，统一管理、监督和综合协调全国认证认可工作的主管机构。

原国家出入境检验检疫局承担的管理并组织实施进出口认证认可、进出口安全质量许可以及出入境检验检疫实验室注册认证，进出口食品卫生注册登记，涉外检验检疫、鉴定和认证机构（含中外合资、合作机构）技术能力的审核，监督管理负责进出口食品和化妆品生产，加工单位的卫生注册登记的评审和注册等工作，办理注册通报和向国外推荐事宜。

4. 中国国家标准化管理委员会（简称"国家标准委"，"副部级"）

2001年10月11日成立的中国国家标准化管理委员会暨中华人民共和国国家标准化管理局，为国家质量监督检验检疫总局管理的事业单位。国家标准化管理委员会是国务院授权的履行行政管理职能，统一管理，监督和综合协调全国标准化工作的主管机构。

国家标准委主要职能是参与起草、修订与实施国家标准化法律、法规、规章及相关制度等工作，并在国家质检总局统一安排和协调下，做好世界贸易组织技术性贸易壁垒协议（WTO/TBT协议）执行中有关标准的通报和咨询工作。

（二）商品检验的基本任务

对进出口商品进行检验、鉴定和监督管理，加强进出口商品检验工作，规范进出口商品检验行为，维护社会公共利益和进出口贸易有关各方的合法权益，促进对外贸易的顺利发展。

对出入境动植物及其产品，包括其运输工具、包装材料的检疫和监督管理，防止危害动植物的病菌、害虫、杂草种子及其他有害生物由国外传入或由国内传出，保护我国农、林、渔、牧业生产和国际生态环境与人类的健康。

对出入境人员、交通工具、运输设备，以及可能传播检疫传染病的行李、货物、邮包等物品实施国境卫生检疫和口岸卫生监督，防止传染病由国外传入或由国内传出，保护人类健康。

检验检疫机构按照SPS/TBT协议建立有关制度，在保护我国人民的健康和安全及我国动植物生命和健康的同时采取有效措施，打破国外技术壁垒。

世界贸易组织的《实施卫生与植物卫生措施协定》（SPS）中明确规定"各成员国有权采取为保护人类、动物或植物的生命或健康所必需的卫生与植物卫生措施，只要此类措施与本协定的规定不相抵触"。检验检疫机构作为我国的出入境货物、动植物及其产品的检验检疫机关，承担着"严把国门，为国民经济的发展保驾护航"的重任。检验检疫机构在认真研究WTO有关协定和规则的基础上，合理利用WTO规则，采取有力措施，制定了切实可行的政策，在保护我国人民的健康和安全，动植物的生命和健康等方面做出了巨大的贡献。目前，贸易保护主义日益严重，而关税壁垒的作用正在逐渐削弱，许多国家，特别是部分国家利用WTO有关规定制定了很多技术壁垒，使我国许多产品，特别是农副产品的出口面临严峻形势。出入境检验检疫机构承担着打破国外技术壁垒的重任，各级出入境检验检疫机构在有关部门和广大进出口企业配合之下，在突破国外技术壁垒方面取得了巨大的成绩，促进了我国产品的出口。

第二节 外贸物流商品检验与检疫项目

一、外贸物流商品检验与检疫的种类

外贸物流商品检验检疫是指导由商检机构依照有关法律、法规、合同、标准、贸易管理和国际公约等，对进出口商品进行的检验与检疫活动。《中华人民共和国进出口商品检验法》第5条规定：

列入《商检机构实施检验的进出口商品种类表》的进出口商品和其他法律、行政法规规定须经商检机构检验的进出口商品，必须经过商检机构或者国前商检部门、商检机构指定的检验部门检验。

根据检验的性质和作用不同，可分为法定检验、鉴定检验和监督管理检验。

1. 法定检验

根据国家有关法令规定，由商检局对大宗的、关系国计民生的重点进出口商品、容易发生质量问题的商品、涉及安全卫生的商品以及国家指定由商检局统一执行检验的商品等实施强制性检验，以维护国家的信誉和利益。

法定检验的范围包括：

（1）列入《商检机构实施检验的商品种类表》内的进出口商品。此表由国家商品检验检疫局根据对外贸易的实际情况和需要制定，并且不定期的进行调整。

（2）根据《中华人民共和国食品卫生法（试行）》和《中华人民共和国出口食品卫生管理办法（试行）》规定应实施卫生检验和检疫的出口食品。

（3）根据《中华人民共和国进出口动植物检疫条例》的规定应实施检疫的出口动物产品。

（4）装运出口粮油食品、冷冻品等易腐食品的船舶的船舱和集装箱的装运技术条件。

（5）《海运出口危险货物包装检验办法》规定的海运出口危险货物的包装容器。

（6）根据有关国家政府的要求和其他有关规定，必须由商品检验机构统一执行的出口商品。

2. 鉴定检验

鉴定检验与法定检验的性质不同，不是强制性检验。鉴定检验是我国《商检法》中的一项内容："商检机构以及国家商检部门批准的其他检验机构，可以接受对外贸易关系人或者外国检验机构的委托，办理进出口商品的鉴定业务。"包括进出口商品的质量、数量、重量、包装鉴定、海损鉴定、集装箱检验、进出口商品的残损鉴定、出口商品的装运技术条件鉴定、货载衡量、产地证明、价值证明以及其他业务。

3. 监督管理检验

监督管理检验是通过行政管理手段，对出口商品的生产、加工、经营单位和进口商品的收用货部门、仓储运输部门以及商检机构认可的检验部门的检验组织、检验设备、检验制度、检验人员、检验标准与检验方法，乃至检验的结果等予以监督检查，督促有关部门做好进出口商品的检验工作，贯彻专职机构检验与有关部门的检验相结合、管理与促进相结合的原则，充分组织社会力量发挥检验把关的作用，以达到确保进出口商品质量的目的。

二、外贸物流商品检验与检疫的项目

（一）外贸物流商品检验与检疫的内容

1. 品质检验

它主要是对货物的外观、化学成分、物理性能等进行检验。

2. 数量和重（质）量检验

按合同规定的计量单位和计量方法对商品的数量和重（质）量进行检验。

3. 包装检验

它指对包装的牢固度、完整性进行检验。

4. 卫生检验

它指对肉类罐头、奶制品、禽蛋及蛋制品、水果等货物进行检验。

5. 残损鉴定

它指对受损货物的残损部分予以鉴定，分析致残原因及其对商品使用价值的影响，估计损失程度，出具证明等。

（二）外贸物流商品检验与检疫的范围

我国对外贸易中的商品检验，主要是对进出口的品质、规格、重量、数量、包装等实施检验，对某些商品通过检验以确定其是否符合安全、卫生的要求，对于动植物及其产品实施病虫害检疫；对进口商品的残损状况和盛装某些商品的运输工具等进行检验。

我国进出口商品检验的范围主要有以下几个方面。

（1）现行《商品机构实施检验的进出口商品种类表》规定的商品。

《种类表》采用了目前国际上正在推广应用的《商品分类和编码协调制度》，并按照商品的不同类别加列了检验顺序号，以利查看。基本上与国际上通用的商品分类标准取得一致，还可以编成计算机软件，从而为逐步实现现代化管理奠定基础。

（2）根据《中华人民共和国食品卫生法》和《进出境动植物检疫法》规定的商品。

根据上述法律规定，对出口食品需要实施卫生检验；对出口的动植物产品需要实施品质、等级、有害物质含量的检验和对病虫害检疫等。

（3）船舱和集装箱检验。根据《商检法》规定，对于装运出口易腐烂变质食品，应实施强制性检验。从事货物运输的承运人和集装箱部门于装货前需向商检机构申请检验，经检验符合装运技术要求，发给合格证书后方可装运。

（4）海运出口危险品的包装检验。按照我国《商检法》的规定，参照《国际海上危险货物运输规则》，对海运出口危险货物的包装容器实施性能鉴定和使用鉴定。

（5）对外贸易合同规定由商检机构实施检验的进出口商品。按照对外贸易合同约定检验的进出口商品，是《商检法》规定的一项内容。商检机构依法或者根据有关当事人的申请，对合同货物实施检验并出具检验证书。

（三）外贸物流商品检验的时间和地点

国际上一般承认买方在接受货物之前，有权检验货物。但是，买方在何时、何地检验货物，各国法律并无统一的规定。检验货物的时间等往往与合同所使用的贸易术语、商品及其包装的性能、行业惯例、国家的法令等有着密切的关系。

1. 检验时间、地点和贸易术语的关系

检验货物的时间和地点，一般应在卖方交货、买方接货时进行检验，经检验符合合同规定，买方受领货物，物权及风险随即由卖方转移给买方。但是，对于目前在国际上被广泛使用的贸易术语不同，货物应在何时、何地检验应酌情考虑。

2. 检验时间、地点与货物及其包装的关系

进入国际贸易领域的商品种类繁多，性质各异，其所用包装的类型、方法也不尽一致，因而其检验时间和地点的规定也难以划一。

3. 检验时间、地点与各国的立法或规章制度的关系

当前，有些国家通过立法的形式对某些商品的检验时间和地点作出规定，或规定检验制度。因此，在规定检验时间和地点时，对于这些情况应认真对待，并作出恰当的处理。

4. 我国关于检验时间、地点的规定

根据当前国际上习惯做法和我国的对外贸易实践，关于买卖合同中检验时间与地点的规定主要有以下几种：

（1）在出口国检验。包括：

①产地（或工厂）检验。由出口国的产地检验人员，或按照合约规定会同买方检验人员于货物

在产地或工厂发运前进行检验,卖方承担货物离厂前的责任。在运输途中出现的品质、重量、数量等方面的风险,概由买方负责。这是国际贸易中普遍采用的习惯做法。

在我国,按《商检法》规定,在进口重要的商品和大型成套设备时,收货人应按合同约定,在出口国装运前进行检验、监造或监装,主管部门应当加强监督;商检机构根据需要可以派出检验人员参加。

②装船前或装船时在装运港检验。出口货物在装运港装船前,以双方约定的装运港商检机构验货后出具的品质、重量、数量和包装等检验证明,作为决定商品品质、重量和数量的最后依据。这称为离岸品质和离岸重量。

最后依据是指卖方取得商检机构出具的各项检验证书时,就意味着所交货物的品质和重量与合同的规定相符,买方无权对此提出任何异议,从而否定了他对货物的复验权。除非买方能证明货到目的地时的变质或短量是由于卖方未能履行合同的品质、数量、包装等条款,或因货物固有的瑕疵,买方可提出复验。

(2) 在进口国检验。包括:

①在目的港(地)卸货后检验;

②在目的地买方营业所所在地或最终用户所在地检验。

这是指在进口国目的港(地)检验。货到目的港(地)卸离运输工具后,由双方约定的目的港(地)商检机构验货并出具品质、重量、数量检验证明作为最后依据。称为到岸品质、到岸重量。

如果发现货物的品质或重量与合同规定的不符而责任属于卖方时,买方可向其提出索赔或按双方事先的约定处理。

(3) 出口国装运港(地)检验重量,进口国目的港(地)检验品质。出口国装运港商检机构验货后出具的检验证明,作为卖方向银行议付或托收货款的单据之一,而不作为最后依据。货到目的港(地)后允许买方以双方约定的检验机构在规定时间内复验,如发现货物的品质、重量或数量与合同规定的不符而责任属于卖方时,买方可以根据检验机构出具的复验证明,向卖方提出异议,并作为索赔的依据。

这种检验办法对买卖双方都有好处,且比较公平合理,符合国际贸易的习惯和法律规则,因而在国际贸易中应用广泛,在我国进出口业务中较为常用。

(4) 装运港(地)检验,目的港(地)复验。这种做法是以装运港检验机构验货后出具的重量证书为最后依据;以目的港检验机构出具的品质证书为最后依据。这称为离岸重量、到岸品质。这种做法多用于大宗商品交易的检验中,以调和买卖双方在检验问题上存在的矛盾。

(四) 外贸物流商品检验的方法与标准

出口方面。一般按我国有关标准规定的方法进行检验。

进口方面。一般按下列原则办:按生产国的标准进行检验;按买卖双方协商同意的标准和方法进行检验;按国际标准或国际习惯进行检验。

【重点名词与概念】

商品检验与检疫 商检机构 法定检验 单证与证书 入境程序 出境程序

【本章练习与思考题】

一、多选题

1. 我国商检局的出证的主要形式( )。

  A. 包装检验证书   B. 出境货物换证凭条

  C. 残损鉴定证书   D. 出境货物通关单

2. 我国的商品检验机构主包括( )。

A. 国家质量监督检验检疫总局　　　B. 各地出入境检验检疫机构
C. 中国国家认证认可监督管理委员会　D. 中国国家标准化管理委员会

3. 根据检验的性质和作用不同，商品检验检疫可分为（　　）。
　A. 法定检验　　　　　　　　　　B. 鉴定检验
　C. 全数检验　　　　　　　　　　D. 监督管理检验
　E. 抽样检验

4. 商品检验检疫的标准，在进口方面，一般按下列原则办理（　　）。
　A. 按生产国的标准　　　　　　　B. 按进口国标准
　C. 按买卖双方协商同意的标准和方法　D. 按国际标准或国际习惯

二、判断题

（　）1. 外贸物流商品检验与检疫是相对于内销商品的检验而言的。根据被检验商品的流向，商品检验可分为内销商品检验与进出口商品检验。

（　）2. 实施进出口商品检验与检疫是国际贸易关系人的需要。

（　）3. 鉴定检验与法定检验的性质一样，是强制性检验。

（　）4. 国际上一般承认买方在接受货物之后，有权检验货物。检验货物的时间等往往与合同所使用的贸易术语、商品及其包装的性能、行业惯例、国家的法令等有着密切的关系。

三、简答与论述题

1. 简述商品检验民检疫的基体任务。
2. 简述检验检疫证书的定义及作用。
3. 简述外贸物流检验的内容与标准。

第十二章　外贸物流仓储、包装与配送

【本章培训要点】

本章培训的主要内容是关于外贸物流仓储、包装与配送知识。内容主要包括外贸物流仓储的意义，外贸物流仓库的分类与合理布局，保税仓库的概念、类型及其存放的货物范围，设立保税仓库的条件、程序，保税区的概念，外贸商品包装材料、包装种类、包装费用与包装标志，配送的含义、特点与要素，外贸物流配送中心的含义和基本功能，外贸物流配送中心类型，配送中心的运作管理等。

【本章应掌握的主要内容】

通过本章学习，掌握保税仓库和保税区、集合包装和包装标志、保税仓库的类型及其存放的货物范围，配送的含义、特点与要素，外贸物流配送中心的含义和基本功能，外贸物流配送中心类型；深刻理解外贸物流货物仓储的意义，保税仓库设立的条件与程序，包装标志的种类；了解外贸物流货物仓库的合理布局要素，包装材料与包装容器的各种类型，配送中心的运作管理等。

第一节　外贸物流仓储概述

商品的储存、保管使得商品在其流通过程中处于一种或长或短的相对停留状态，这种停留是完全必要的。因为，商品流通是一个由分散到集中，再由集中到分散的源源不断的流通过程。对外贸易和跨国经营中的商品从生产厂或供应部门被集中运送到装运港口，有时须临时存放一段时间，再装运出口，这是一个集和散的过程。这个过程主要是在各国的保税区和保税仓库进行的，这又涉及各国保税制度和保税仓库建设等方面的内容。

一、外贸物流货物仓储的意义

外贸物流货物仓储工作同外贸物流货物运输一样，都是对外贸易及外贸物流不可缺少的环节。为了保持不间断的商品往来，满足外贸出口需要，就必然有一定量的周转储存；有些出口商品需要在流通领域内进行对外贸易前的整理、组装、再加工、再包装或换装等，形成一定量的贸易前的准备储存；有时，由于某些出口商品在产销时间上的背离，例如季节性生产但常年消费，常年生产淡季节性消费的商品，则必须留有一定数量的季节储备。由此可见，外贸货物运输是克服了外贸商品使用价值在空间上的距离，创造物流空间效益，使商品实体位置由卖方转移到买方；而储存保管是克服外贸商品使用价值在时间上的差异，物流部门依靠储存保管创造商品的时间价值。

外贸物流货物仓储的意义主要有以下几种。

(一) 调整商品在生产和消费之间的时间错位

由于许多商品在生产和消费之间都存在着时间间隔与地域差异,因此,为了更好地促进外贸商品的流通,必须设置仓库将这些商品储存于其中,使其发挥时间效应的作用。

(二) 保证进入国际市场的商品质量

商品从生产领域进入流通领域的过程中,通过仓储环节,对即将进入市场的商品在仓库进行检验,可以防止质量不合格的伪劣商品进入市场。通过仓储来保证商品的质量主要有两个关键环节:一是商品入库保管期间的质量检查;二是商品出库前的检验检查。对于前者,待入库商品应满足仓储要求,在仓库保管期间,商品处于相对静止状态使其不发生物理、化学变化,保证储存商品的质量。对于后者,保证出口商品符合国家出口标准和国际贸易合同对出口商品质量的约定,维护外贸企业的国际商业信誉。

(三) 延伸生产特性的加工业务

随着仓储业的发展,仓储本身已不仅具有储存货物的功能,而且越来越多地承担着具有生产特性的加工业务,例如,分拣、挑选、整理、加工、简单地装配、包装、加标签、备货等活动,使仓储过程与生产过程更有机地结合在一起,从而增加了商品的价值。随着物流业的发展,仓储业在货物储存过程中,为物流活动提供更多的服务项目,为商品进入市场缩短后续环节的作业过程和时间,加快商品的销售,将发挥更多的功能和作用。

(四) 调节国际市场上商品的价格

外贸商品的仓储业务可以克服国与国之间巨大的供求矛盾,并以储存调节供求关系,调整由于供求矛盾而造成的价格差异。所以,仓储还具有调节商品价格的作用。

(五) 调节内外运输工具载运能力的不平衡

在各种运输工具中,由于其运载能力差别很大,容易出现极其不平衡的状态,外贸货物无论在出口或进口仓储皆可以减少压船、压港,弥补内陆运输工具运载量的不足,在船舶运输与内陆运输之间起着缓冲调节作用,保证外贸货物运输顺利畅通。

(六) 减少外贸物流中的货损货差

在货物进出口过程中,无论是港口还是机场的库场在接收承运、保管时,需要检查货物及其包装,并根据货物性质、包装进行配载、成组装盘(板),有的货物还须在库场灌包、捆绑。进口货物入库后还须进行分票、点数、分拨。一旦发生因海关、检验检疫手续的延误,或因气象原因延误装船、交付、疏运等,货物可暂存在库场,避免货损发生。在货物装卸过程中,若发现货物标志不清、混装等则可入库整理,这时库场又可提供暂时堆存、分票、包装等方面的业务。

二、外贸物流仓库的分类

(一) 按仓库在外贸物流中的用途分类

按仓库在外贸物流中的用途分类,外贸物流仓库可分为口岸仓库、中转仓库、加工仓库和储存仓库。

1. 口岸仓库

口岸仓库的特点是商品储存期短,商品周转快。仓库大都设在商品集中的发运出口货物的沿海港口城市,仓库规模大。主要储存口岸和内地对外贸易业务部门收购的出口待运商品和进口待分拨的商品。因此,这类仓库又称为周转仓库。

2. 中转仓库

中转仓库也称转运仓库。其特点是大都设在商品生产集中的地区和出运港口之间。如铁路、公路车站,江河水运港口码头附近,商品生产集中的大中城市和商品集中分运的交通枢纽地带。其主要职能是按照商品的合理流向,收储、转运经过口岸出口的商品。大型中转仓库,一般都设有铁路专用线,将商品的储存、转运业务紧密结合起来。

3. 加工仓库

加工仓库的特点是将出口商品的储存和加工结合在一起。除商品储存外,还兼营对某些商品的挑选、整理、分级、包装、改装等简单的加工业务,以适应国际市场的需要。

4. 储存仓库

储存仓库的商品储存期较长,主要用于储存待销的出口商品、援外的储备物资、进口待分拨、出口业务需要的储备商品等。这类仓库所储存的商品要定期检查,加强商品养护。

(二)按仓库管理体制分类

按仓库管理体制分类,外贸物流仓库可分为自有仓库、租赁公共仓库和合同仓库。

1. 自有仓库

相对于公共仓库来说,企业利用自有仓库进行仓储活动具有以下优势:

(1) 可以更大程度地控制仓储。由于企业对自有仓库拥有所有权,所以企业作为货主能够对仓储实施更大程度的控制。在产成品移交给客户之前,企业对产成品负有直接责任并可直接控制。这种控制使企业易于将仓储的功能与企业的整个分销系统进行协调。

(2) 管理更具灵活性。这里的灵活性并不是指能迅速增加或减少仓储空间,而是指由于企业是仓库的所有者,所以可以按照企业要求和产品的特点对仓库进行合理的设计与布局。高度专业化的产品往往需要专业的保管和搬运技术,而公共仓储难以满足这种要求。因此,这样的企业必须拥有自有仓库或直接将货物送至客户。

(3) 长期仓储时,自有仓储的成本低于公共仓储。如果自有仓库得到长期的充分利用,自有仓储的成本将低于公共仓储的成本。这是由于长期使用自有仓库保管大量货物会降低单位货物的仓储成本,在某种程度上说这也是一种规模经济。如果企业自有仓库的利用率较低,说明自有仓储产品的规模经济不足以补偿自有仓储的成本,则应转向公共仓库。当然,降低自有仓储成本的前提是有效的管理与控制,否则将影响整个物流系统的运转。

(4) 可为外贸企业树立良好形象。当企业将产品储存在自有仓库时,会给客户一种企业长期持续经营的良好印象,客户会认为企业经营十分稳定、可靠,是产品的持续供应者,这将有助于提高企业的竞争优势。

并不是任何企业都适合拥有自己的仓库,因为自有仓库也存在以下缺点:

(1) 自有仓库固定的容量和成本使得企业的一部分资金被长期占用。不管企业对仓储空间的需求如何,自有仓库的容量是固定的,不能随着需求的增加或减少而扩大或减小。当企业对仓储空间的需求减少时,仍需承担自有仓库中未利用部分的成本;而当企业对仓储空间有额外需求时,自有仓库却无法满足。另外,自有仓库还存在位置和结构的局限性。如果企业只能使用自有仓库,则会由于数量限制而失去战略性优化选址的灵活性;市场的大小、市场的位置和客户的偏好经常变化,如果企业在仓库结构和服务上不能适应这种变化,企业将失去许多商业机会。

(2) 由于自有仓库的成本高,所以许多企业因资金问题而难以修建自有仓库。自有仓库是一项长期、有风险的投资,并且因其专业性强而难以出售。而企业将资金投资于其他项目可能会得到更高的回报。因此,投资建造自有仓库的决策要非常慎重。

2. 租赁公共仓库

利用公共仓库进行仓储活动的优点:

(1) 从财务角度上看,最重要的原因是企业不需要资本投资。任何一项资本投资都要在详细的可行性研究基础上才能实施,但利用公共仓库,企业可以避免资本投资和财务风险。公共仓储不要求企业对其设施和设备作任何投资,企业只需支付相对较少的租金即可得到仓储服务。

(2) 可以满足企业在库存高峰时大量额外的库存需求。如果企业销售具有季节性,那么公共仓储将满足企业在销售旺季所需要的仓储空间。而自有仓储则会受到仓库容量的限制,并且在某些时期仓库可能闲置。大多数企业由于产品的季节性、促销活动或其他原因而导致存货水平变化,利用公共仓储,则没有仓库容量的限制,从而能满足企业在不同时期对仓储空间的需求,尤其是库存高峰时大量额外的库存需求。同时,使用公共仓储的成本将直接随着储存货物数量的变化而变动,从而便于管理者掌握成本。

(3) 使用公共仓储可以避免管理上的困难。工人的培训和管理是任何一类仓库所面临的一个重要问题。尤其是对于产品需要特殊搬运或具有季节性的企业来说,很难维持一个有经验的仓库员工队伍,而使用公共仓储则可以避免这一困难。

(4) 公共仓储的规模经济可以降低货主的仓储成本。公共仓储会产生自有仓储难以达到的规模经济。首先,由于公共仓储为众多企业保管大量库存,与自有仓储相比,大大提高了仓库的利用率,降低了存货的单位储存成本;其次,规模经济还促使公共仓储采用更加有效的物料搬运设备,从而提供更好的服务;最后,公共仓储的规模经济还有利于拼箱作业和大批量运输,降低货主的运输成本。

(5) 使用公共仓储时企业的经营活动更加灵活。如果自己拥有或长期租赁仓库,那么当需要设立仓库的位置发生变化时,原来的仓库就变成了企业的负担。由于公共仓储的合同是短期的,当市场、运输方式、产品销售或企业财务发生变化时,企业能灵活的改变仓库的位置;另外,企业不必因仓库业务量的变化而增减员工;再有,企业还可以根据仓库对整个分销系统的贡献以及成本和服务质量等因素,临时签订或终止租赁合同。

(6) 便于企业掌握保管和搬运成本。当企业使用公共仓储时,由于每月可以得到仓储费用单据,可以清楚掌握保管和搬运的成本,有助于企业预测和控制不同仓储水平的成本。而企业自己拥有仓库时,很难确定其可变成本和固定成本的变化情况。

使用公共仓库进行仓储活动的缺点:

(1) 增加了企业的包装成本。公共仓库中储存了各种不同种类的货物,而各种不同性质的货物有可能互相影响,因此,企业使用公共仓库时必须对货物进行保护性包装,从而增加包装成本。

(2) 增加了企业控制库存的难度。企业与仓库经营者都有履行合同的义务,但盗窃等对货物的损坏给货主造成的损失将远大于得到的赔偿。因此在控制库存方面,使用公共仓库将比使用自有仓库承担更大的风险。另外,企业还有可能由此泄露有关商业机密。

3. 合同仓库

在物流发达的国家,越来越多的企业转向利用合同仓库或称"第三方仓储"。所谓合同仓库是指企业将物流活动转包给外部公司,由外部公司为企业提供综合物流服务。

合同仓库不同于一般公共仓库。合同仓储公司能够提供专业化的高效、经济和准确的分销服务。企业若想得到高水平的质量与服务,则可利用合同仓库,因为合同仓库的设计水平更高,并且符合特殊商品的高标准、专业化的搬运要求。如果企业只需要一般水平的搬运服务,则应利用公共仓储。从本质上说,合同仓库是生产企业和仓储企业之间建立的伙伴关系。正是由于这种伙伴关系,合同仓储公司与传统仓储公司相比,能为货主提供特殊要求的空间、人力、设备和特殊服务。

合同仓库的优势有:

(1) 有利于企业有效利用资源。合同仓库比自有仓储更能有效处理季节性产业普遍存在的产品的淡旺季存储问题。例如,合同仓储企业能够同时为销售旺季分别在冬季和夏季的企业进行合同仓库,如羽绒服与空调器。这种高峰需求交替出现的模式使得合同仓库比只处理一季产品的自有仓储能更有效地利用设备与空间。另外,由于合同仓库的管理具有专业性,管理专家更具创新性的分销理念和降低成本的方法,因此有利于物流系统发挥功能,从而提高效率。

(2) 有利于企业扩大市场。合同仓库能通过设施齐全的网络系统扩大企业的市场覆盖范围。由于合同仓储企业具有战略性选址的设施与服务,因此,货主在不同位置的仓库得到的仓储管理和一系列物流服务都是相同的。

(3) 有利于企业进行新市场的测试。合同仓库的灵活性能加强客户服务。企业在促销现有产品或推出新产品时,可以利用短期合同仓库来考察产品的市场需求。当企业试图进入一个新的市场区域时,要花很长时间建立一套分销设施。然而通过合同仓库网络,企业可利用这一地区的现有设施为客户服务。

(4) 有利于企业降低运输成本。由于合同仓库处理不同货主的大量产品,因此经过拼箱作业后可大规模运输,这样大大降低了运输成本。

4. 自建仓库、租赁公共仓库、合同仓库的比较

自建仓库、租赁公共仓库和合同仓库各有优势,企业决策的依据是物流的总成本最低。

租赁公共仓库和合同仓库的成本只包含可变成本,随着存储总量的增加,租赁的空间就会增加。由于公共仓库一般按所占用空间来收费,这样成本就与总周转量成正比,其成本函数是线性的。而自有仓储的成本结构中存在固定成本。由于公共仓库的经营具有营利性质,因此自有仓储的可变成本的增长速率通常低于公共仓库成本的增长速率。当总周转量达到一定规模时,两条成本线相交,即成本相等。这表明在周转量较低时公共仓储是最佳选择。随着周转量的增加,由于可以把固定成本均摊到大量存货中,因而使用自有仓库更经济。自建仓库与租赁公共仓库的成本比较如图12-1所示。

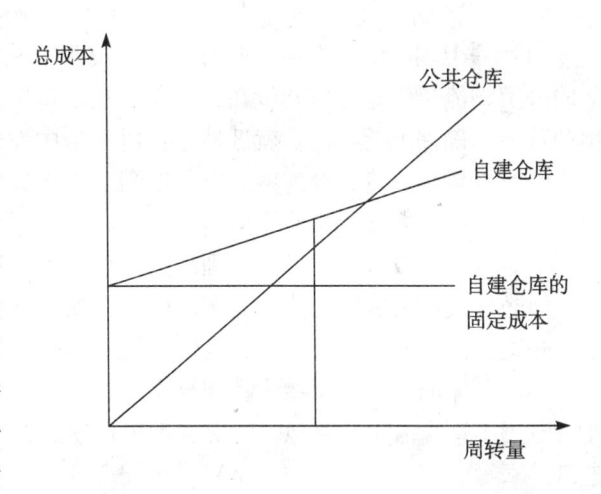

图12-1 自建仓库与租赁公共仓库的成本比较

(三) 按存储商品的性能及技术设备分类

按存储商品的性能及技术设备分类,外贸物流仓库可分为通用仓库、专用仓库和特种仓库。

1. 通用仓库

它是用于储存一般没有特殊要求的工业品或农用品的仓库。在各类对外贸易仓库中占比重最大。

2. 专用仓库

它是专门用于储存某一类商品的仓库。在保养技术设备方面相应地增加了密封、防虫、防霉、防火以及监测等设施,以确保特殊商品的质量安全。

3. 特种仓库

它是用于储存具有特殊性质,要求使用特别保管设备的商品的仓库,一般指化学危险品、易腐蚀品、石油及部分医药商品等。这类仓库配备有专门的设备,如冷藏库、保温库、危险品仓库等。

除了以上类别，还有保税仓库。保税仓库是根据有关法律和进出口贸易的规定，专门保管国外进口而暂未缴纳进口税的商品的仓库，由海关统一进行监督和管理。保税仓库有关内容将在下一节专门介绍。

三、外贸物流货物仓库的合理布局

外贸物流货物仓库的合理布局要考虑货物仓库网点的比例要求以及影响外贸物流货物仓库分布的制约因素。

（一）按外贸物流货物仓库网点的比例要求

根据工农业生产发展与外贸商品流通规模之间的比例关系，预测掌握好相应期间的外贸商品流通量（出口商品收购量和进口量）。

处理好商品储存与商品收购、销售、调拨运输之间的比例关系，扣除直运、直拨等不经仓库环节的商品量，弄清计划期外贸商品的储存量或中转量。

要掌握好外贸商品储存量与仓库建筑面积和实际使用面积之间的比例关系，掌握实际需要的仓库容积数据。

了解计划期库存商品预计的周转次数。

（二）影响外贸物流货物仓库分布的制约因素

（1）一个国家的工农业生产布局。工农业生产发展了才会有大量商品出口，而储存这些出口商品的外贸物流货物仓库应建设在大中城市及出口工业品生产较集中的地区，如外贸部门的专用出口生产基地，确保就近收购、就近储存，以利集中发运出口。

（2）外贸物流货物仓库网点布局应满足进出口购销业务发展需要，确定外贸物流货物仓库建设的规模、类型、分布及发展方向。

（3）考虑经济区划和商品合理流向，做好外贸物流货物仓库网点布局，降低物流费用。

（4）外贸物流货物仓库网点布局应考虑铁路、公路、航运等交通运输条件。只有交通运输通畅了，外贸商品的流通才能近运、近储，快速将外贸商品发送出去，实现进出口商品的快速流转。

（5）具体的一个外贸物流货物仓库的选址应要求尽量靠近：①出口商品生产厂、供货单位以及外贸专用出口商品生产基地；②交通运输枢纽；③中心城市；④口岸、车站、机场；⑤消费地，即进口厂家等。

（三）建立外贸仓库还必须考虑的附加因素

提供"六供"条件：供电、煤、气、水、油、热；

排出废气、废水、废渣的条件；

消除烟尘、噪声、震动等自然条件；

地质条件差、震区等地不能建立外贸仓库；

特殊外贸专用仓库的建立应有特殊的条件要求；

要求具有防火、防污和环境安全卫生等条件。

第二节　保税仓库、保税区与保税物流中心

保税仓库是保税制度中应用最为广泛的一种形式，具有较强的服务功能和较大的灵活性，对于

促进国际贸易和加工贸易的开展起到了重要作用。因此，它是外贸物流货物仓储中一个非常重要的部分。我国海关对保税仓库管理的基本依据是海关总署颁布的《中华人民共和国海关对保税仓库及所存货物的管理办法》。

一、保税仓库的概念

保税仓库（bonded warehouse）是经海关批准设立的专门存放保税货物及其他未办结海关手续货物的仓库。随着国际贸易的不断发展，贸易方式日益多样化，如进口原材料、配件进行加工装配后复出口、补偿贸易、转口贸易、期货贸易等。如果进口时要征收关税，复出时再申请退税，手续过于烦琐，必然会加大货物的成本，增加国际贸易的风险，不利于发展对外贸易。建立保税仓库后，可大大降低进口货物的风险，有利于鼓励进口，鼓励外国企业在本国投资，是非常重要的投资环境之一。

保税仓库的设立需要专门批准，外国货物的保税期一般最长为两年，在这个时期中可存放在保税仓库中。这期间，经营者可以找到最适当的销售时机，一旦实现销售，再办理关税等通关手续。如果两年之内未能销售完毕，则可再运往其他国家，保税库所在国则不收取关税。

二、保税仓库允许存放的货物范围

我国海关监管制度中，主要是保税仓库制度，保税仓库也是由海关批准并由海关监管的。我国规定，保税仓库制度允许存放的货物范围如下。

（一）缓办纳税手续的进口货物

这主要包括进口国工程、生产等需要，由于种种原因而造成的预进口货物，储存在保税仓库内，随需随提的办理通关手续，剩余的货物免税退运。也包括进口国情况变化、市场变化，而暂时无法决定去向的货物，或是无法做出最后处理的进口货物，这些都需要将货物存放一段时间。如果条件变化，需要实际进口，再缴纳关税和其他税费，这就使进口商将纳税时间推迟到货物实际内销的时间。

（二）需做进口技术处置的货物

有些货物到库后，由于不适于在进口国销售，需换包装装潢，改包装尺寸或做其他加工处理，则可进入保税仓库后进行技术处置，待到符合进口国的要求再内销完税，不符合的则免税退返。

（三）来料加工后复出的货物

为鼓励"两头在外"的国际贸易战略的实施，对有些来料加工，又是在保税区或保税仓库完成的，加工后，该货物复出口，则可存放于保税仓库。

（四）不内销而过境转口的货物

有些货物因内销无望而转口，或在该区域存放有利于转口，或无法向第三国直接进口而需转口，货物则可存放于保税仓库中。

保税仓库在外贸物流中，不仅适于进口货物，也可用于出口货物。

三、保税仓库的类型

保税仓库的类型有专业性保税仓库、公共保税仓库、保税工厂和海关监管仓库。

（一）专业性保税仓库
这是由有外贸经营权的企业，经海关批准而建立的自管自用的保税仓库。

（二）公共保税仓库
这是具有法人资格的经济实体，是经海关批准建立的综合性保税仓库。这类保税仓库一般不经营进出口商品，只为国内外保税货物持有者服务。

（三）保税工厂
这是整个工厂或专用车间在海关监督管理下，专门生产进料加工、进件装配复出口产品的工厂。

（四）海关监管仓库
主要存放已进境而所有人未来提取的货物或行李物品，或者无证到货、单证不齐、手续不完备以及违反海关规程，海关不予放行，需要暂存海关监管仓库等海关处理的货物。海关监管仓库的另一种类型是出口监管仓库，专门存储已对外成交，并已结汇，但海关批准暂不出境的货物。

四、保税仓库的设立

（一）设立保税仓库的条件
在我国，设立保税仓库应具备以下条件：
(1) 保税仓库应设有与非保税区域之间的安全隔离设施，并且配备保证货物存储和保管安全的设施。
(2) 必须健全符合海关要求的仓储管理制度，建立详细的仓库账册。
(3) 保税仓库应配备经海关培训认可的专职人员。
(4) 保税仓库的经营人须具有向海关缴纳有关税款的能力。

（二）设立保税仓库的申请文件
仓库经营人申请设立保税仓库，应向主管海关提供下列文件：
(1) 经营单位的工商营业执照，如果是租赁仓库的，还应提供仓储人的营业执照。
(2) 经营单位填写的"保税仓库申请书"，应填明仓库名称、地址、负责人、管理人员、储存面积及存放何类保税货物等内容。
(3) 对外贸易主管部门批准开展有关业务的批件，如仓储、寄售、维修等。
(4) 其他有关资料，如租赁仓库的租赁协议、仓库管理制度等。

（三）设立保税仓库海关的审批
主管海关在审核上述申请文件后，派员到仓库实地验库，检查仓储设施，核定仓储面积，对符合海关监管条件的，区别不同类型的保税仓库，分别办理审批手续。

对设立公共保税仓库的，由直属海关审核同意后报海关总署审批；对设立加工贸易备料保税仓库的，由直属海关负责审批，并报海关总署备案。

经批准设立的保税仓库，由海关颁发"保税仓库登记证书"。

(四) 我国申请设立保税仓库的程序

1. 项目立项

保税仓库项目立项时，要申报保税仓储项目建议书并具备带文号的申报项目函、投资企业营业执照、投资企业章程、开户银行资信证明、法人代表身份证明、可行性报告、工商名称等级核准通知书等；并办理申领土地使用证、建设用地规划许可证、工程规划许可证等。

2. 工商注册

保税仓库投资企业在收到项目建议书批复后，可到工商行政管理部门办理名称登记，申请开业登记，在企业提供材料齐全的情况下，工商行政管理部门在规定的期限内核发营业执照。

3. 海关登记

保税仓库投资企业持上述有关部门的批文和工商行政管理部门颁发的营业执照，向当地海关办理登记注册和报关登记备案手续。

4. 商品检验检疫登记

如果保税仓储的货物属于"商检机构实施检验的进出口商品种类表"内所列范围，或其他法律、法规规定须经商检部门检验的进口商品，应向商品检验检疫部门注册登记。

5. 税务登记

经工商行政管理部门批准开业的投资企业，应在领取营业执照后的期限内向税务机构申报办理税务登记。税务机构审核有关文件后予以登记，并在限期内核发税务登记证。

6. 外汇登记和银行开户

保税仓储企业在领取工商营业执照之日起的一定期限内，应向当地国家外汇管理部门办理登记手续；并持有关文件到银行办理开户手续，分别设立人民币账户和外汇账户。

五、保税区

保税区（Bonded Area/Exempt-Zone）亦称作"保税仓库区"，是一国海关在一个特定区域设置的或经海关批准注册、受海关监督和管理的可以较长时间存储商品、出口加工、转口贸易的功能区域，是在境内的港口或邻近港口、国际机场等地区建立的在区内进行加工、贸易、仓储和展览由海关监管的特殊区域。

保税区功能定位为保税仓储、出口加工、转口贸易三大功能，具有进出口加工贸易、保税仓储、物流配送、国际服务贸易及保税商品展示等功能，便利于转口贸易，能增加有关费用的收入。在海关监管下，运入保税区的货物可以进行储存、改装、分类、混合、展览，以及加工制造。

保税区享有免税、保税、免证等特殊优惠政策，实施"一线放开、二线管住、区内自由"等监管方式，实行境内关外运作方式，即实行境外与保税区之间的货物进出自由、外汇进出自由、人员进出自由，是中国政策优惠的开放区域。海关对保税区实行封闭管理，境外货物进入保税区不必缴纳进口关税，可自由出口，只需交纳存储费和少量费用，但如果要进入关境则需缴纳关税；境内其他地区货物进入保税区视同出境。外经贸、外汇管理等部门对保税区也实行较区外相对优惠的政策。

1990 年 6 月，经国务院批准，我国借鉴国际通行做法，按照自由贸易区模式在上海创办了中国第一保税区——上海外高桥保税区。1992 年以来，国务院又陆续批准设立了 14 个保税区和一个享有保税区优惠政策的经济开发区，即天津港、大连、张家港、深圳沙头角、深圳福田、福州、海口、厦门象屿、广州、青岛、宁波、汕头、深圳盐田港、珠海保税区以及海南洋浦经济开发区。

建立保税区是我国 20 世纪 90 年代实行全方位开放战略的新产物，其设立的目的是为了改善投资环境和吸引外资。保税区是我国目前开放度最大的地区，对所在地区和全国经济发展都起着重要的作用。它是我国发展外向型经济和对外开放纵深发展的必然产物，是对我国 20 世纪 80 年代建立的"经济特区"、"经济技术开发区"等开放形式的补充和发展。保税区在发挥招商引资、出口加工、国际贸易、转口贸易和仓储等功能，带动区域经济发展等方面显示出独特的优势。

我国保税区从其性质、功能以及运作方式上看，基本上类似于国外的自由贸易区这一自由经济区形式。我国现有的保税区英文名都译为"Free Trade Zone"。这表明，我国保税区与国际上通行的促进对外贸易发展的自由贸易区具有本质上的共性，是借鉴于国际通行惯例，利用特殊关税政策促进外贸发展的自由经济区形式之一。

六、保税物流中心

（一）保税物流中心 A 型

依《中华人民共和国海关对保税物流中心（A 型）的暂行管理办法》（海关总署于 2005 年 6 月 23 日发布）的有关规定：保税物流中心 A 型，经海关批准，由中国境内企业法人经营、专门从事保税仓储物流业务的海关监管场所。

1. 地点选择

物流中心应当设在国际物流需求量较大，交通便利且便于海关监管的地方。

2. 物流中心经营企业条件

（1）经工商行政管理部门注册登记，具有独立的企业法人资格。

（2）注册资本不低于 3 000 万元人民币。

（3）具备向海关缴纳税款和履行其他法律义务的能力。

（4）具有专门存储货物的营业场所，拥有营业场所的土地使用权。租赁他人土地、场所经营的，租期不得少于 3 年。

（5）经营特殊许可商品存储的，应当持有规定的特殊经营许可批件。

（6）经营自用型物流中心的企业，年进出口金额（含深加工结转）东部地区不低于 2 亿美元，中西部地区不低于 5 000 万美元。

（7）具有符合海关监管要求的管理制度和符合会计法规定的会计制度。

3. 物流中心条件

（1）符合海关对物流中心的监管规划建设要求。

（2）公用型物流中心的仓储面积，东部地区不低于 20 000 平方米，中西部地区不低于 5 000 平方米。

（二）保税物流中心 B 型

依《中华人民共和国海关对保税物流中心（B 型）的暂行管理办法》（海关总署于 2005 年 6 月 23 日发布）的有关规定。保税物流中心 B 型，经海关批准，由中国境内一家企业法人经营，多家企业进入并从事保税仓储物流业务的海关集中监管场所。

1. 设立物流中心的条件

（1）物流中心仓储面积，东部地区不低于 10 万平方米，中西部地区不低于 5 万平方米。

（2）符合海关对物流中心的监管规划建设要求。

（3）选址在靠近海港、空港、陆路交通枢纽及内陆国际物流需求量较大，交通便利，设有海关机构便于海关集中监管的地方。

（4）经省级人民政府确认，符合地方经济发展总体布局，满足加工贸易发展对保税物流的需求。

(5) 建立符合海关监管要求的计算机管理系统，提供海关查阅数据的终端设备，并按照海关规定的认证方式和数据标准，通过"电子口岸"平台与海关联网，以便海关在统一平台上与国税、外汇管理等部门实现数据交换及信息共享。

(6) 设置符合海关监管要求的安全隔离设施、视频监控系统等监管、办公设施。

2. 物流中心经营企业资格

(1) 经工商行政管理部门注册登记，具有独立企业法人资格。

(2) 注册资本不低于5 000万元人民币。

(3) 具备对中心内企业进行日常管理的能力。

(4) 具备协助海关对进出物流中心的货物和中心内企业的经营行为实施监管的能力。

3. 物流中心内企业条件

(1) 具有独立的法人资格或者特殊情况下的中外企业的分支机构。

(2) 具有独立法人资格的企业注册资本最低限额为500万元人民币；属企业分支机构的，该企业注册资本不低于1 000万元人民币。

(3) 具有向海关缴纳税款和履行其他法律义务的能力。

(4) 建立符合海关监管要求的计算机管理系统并与海关联网。

(5) 在物流中心内有专门存储海关监管货物的场所。

4. 物流中心内企业可开展的业务

(1) 保税存储进出口货物及其他未办结海关手续货物。

(2) 对所存货物开展流通性简单加工和增值服务。

(3) 全球采购和国际分拨、配送。

(4) 转口贸易和国际中转。

(5) 经海关批准的其他国际物流义务。

第三节　外贸物流包装概述

包装是为在流通过程中保护产品、方便储运、促进销售，按一定技术方法而采用的容器、材料及辅助物等的总体名称。也指为了达到上述目的而采用容器、材料和辅助物的过程中施加一定技术方法等的操作活动。简言之，包装就是包装物和包装操作的总称。

进入国际流通领域的货物一般都要经过长途运输，有许多货物要经过多次转装和储存，对出口货物包装的要求也比国内贸易严格；不同国家对包装有不同的要求，有的国家还通过法律的形式，对包装的用料、尺寸、重量作出具体规定；不同市场、不同销售地区，对商品的销售包装也可能有不同的要求，因此，交易双方在签订合同时，一般要对包装问题进行洽商并作出具体规定。

合同中的包装条款主要包括包装材料与容器、包装种类、包装费用和包装标志。

一、包装材料与容器

（一）包装材料

按不同用途，包装材料可分为以下几类：①容器材料，用于制作箱子、瓶子、罐子，可有纸制品、塑料、木材、玻璃、陶瓷、各类金属等；②内包装材料，用于隔断物品和防震，可有纸制品、泡沫塑料、防震用毛等；③包装用辅助材料，如各类黏合剂、捆绑用的细绳（带）等。以下就对运输包装材料作简单的介绍。

1. 纸质包装材料

在包装材料中，纸的应用最为广泛，它的品种最多，耗量也最大。由于纸具有价格低、质地细腻均匀、耐摩擦、耐冲击、容易黏合、不受温度影响、无毒、无味、适于包装生产的机械化等优点，所以目前在世界范围内，纸质包装占包装材料的比重比其他包装材料都大，这一类的包装占整个包装材料使用量的40%。

纸作为包装材料有纸袋、纸箱和瓦楞纸箱等，其中瓦楞纸箱是颇受欢迎的纸质包装材料，瓦楞纸具有成本低、重量轻、容易进行机械加工、容易回收等优点。用瓦楞纸做的纸箱具有一定的刚性，因此有较强的抗压、抗冲击能力，这为产品安全、完好地从生产者送到消费者所经历的储存、运输、装卸等活动提供了方便和可靠性。纸的防潮、防湿性能较差，这是纸质包装材料的最大弱点。

2. 合成树脂包装材料

它是指利用塑料薄膜、塑料袋以及塑料容器进行产品的包装。主要的塑料包装材料有聚乙烯、聚氯乙烯、聚丙烯和聚苯乙烯等。因为塑料种类繁多，所以，塑料包装的综合性能比较好。

3. 木制容器包装材料

它是指使用普通木箱、花栏木箱、木条复合板箱、金属网木箱以及木桶等木制包装容器对商品进行包装。木制容器一般用在重物包装以及出口物品的包装等方面，现在有很大一部分已经被瓦楞纸箱所代替。

4. 金属容器包装材料

把金属压制成薄片，用于物品包装的材料，通常有金属圆桶、白铁内罐、储气瓶、金属丝、网等。目前，在世界金属包装材料中，用量最大的是马口铁（镀锡薄钢板）和金属箔两大品种。

5. 玻璃陶瓷容器包装材料

主要是指利用耐酸玻璃瓶和耐酸陶瓷瓶等对商品进行包装。这种包装耐腐蚀性较好且比较稳定，耐酸玻璃瓶包装还能直接看到内容物。

6. 纤维容器包装材料

它是指利用麻袋和维尼纶袋对商品进行包装。

7. 复合材料包装材料

主要是指利用两种以上的材料复合制成的包装。主要有纸与塑料、纸与铝箔等合成材料包装。其他材料包装是以竹、藤、苇等制成的包装。主要有各种筐、篓和草包等。

（二）包装容器

包装容器主要包括包装袋、包装盒、包装箱和瓶、罐等。

1. 包装袋

包装袋是一种管状结构的挠性容器。一般由挠性材料制成，可以是单层的，也可以是多层同种材料或不同种材料复合而成。

包装袋按其盛装的重量不同可分为集装袋、一般运输包装袋和小型包装袋等。集装袋大多数都是由聚丙烯或聚乙烯等聚酯纤维编织而成的一种大容积的运输包装袋，盛装重量一般在一吨以上。集装袋的顶部一般装有金属吊架或吊环等，以便于普通铲车或起重机的吊装或搬运。卸货时可直接打开袋底的卸货孔进行卸货。一般运输包装袋大部分都是由植物纤维和树脂纤维编织而成的，或由一种、几种挠性材料制成，其盛装重量一般在50~100公斤，小型包装袋也称普通包装袋，这类包装袋一般按盛装重量的不同，通常用单层材料或多层材料制成。

包装袋按其所用材料划分，一般有单层材料包装袋、多层材料包装袋和编织袋等。单层材料包装袋主要是用一层挠性材料制成的，如纸袋、塑料袋和棉布袋等；多层材料包装袋主要用两层以下的挠性材料制成，可以是一种材料，也可以根据实际需要，采用不同的材料，例如多层牛皮纸袋等；编织袋是用植物纤维、化学纤维编织而成的包装袋，例如麻袋、棉织袋等。

2. 包装盒

包装盒是一种刚性或半刚性容器，呈规则几何形状，一般多为长方体，也有尖角或其他形状，容量一般较小，大约在10升以下，有关闭装置。大部分由纸板、金属、硬质塑料以及复合材料制成。

包装盒一般可分为固定包装盒和折叠包装盒两种。固定包装盒外形固定，在使用过程中不能折叠变形，通常由盒体和盒盖两个主要部分组成，此外，还包括其他附件。折叠包装盒可以折叠变形，外形以长方体最为普遍，一般是由纸板或以纸板为基材的复合材料制成，是一种成本较低的包装容器。

3. 包装箱

包装箱是一种刚性或半刚性容器，一般为长方体，内部容量通常大于10升，大多用纸板、木材、金属、硬质塑料以及复合材料制成。

包装箱的种类很多，常用的有瓦楞纸箱和木箱等。木箱主要有木板箱、框板箱和框架箱三种。木板箱一般用作小型运输包装容器，能装载多种性质不同的货物，其优点是能抗拒碰裂、溃散和戳穿，有较大的耐压强度，能承受较大负荷，制作方便。不足之处是箱体较重、体积较大、没有防水功能。框板箱是由条木与人造板材制成的箱框板，经过钉合而成的包装箱。框架箱是由一定截面的条木构成箱体的骨架。一般有敞开式框架箱和覆盖式框架箱两种形式。框架箱因其有坚固的骨架结构，所以具有极佳的抗震和抗扭力，有较大的耐压能力，而且装载量大。

4. 瓶

包装瓶通常有玻璃瓶和塑料瓶等。选用包装瓶的原则是便于装填包装的货物，便于搬运，适于在货架下陈列，能引起消费者喜爱，并方便使用者从瓶内取出内装货物等。

5. 罐

罐是一种小型包装容器，各处的横截面一般为相同图形，通常带有可密封的罐盖。罐按照制罐材料的不同可以分为金属罐和非金属罐两类。

二、包装种类

（一）按照包装在流通中的作用分类

按照包装在流通中的作用分类，可将包装分为运输包装和销售包装。

1. 运输包装

运输包装又称"大包装"、"外包装"或"工业包装"，它的作用主要是保护商品的品质和数量，便于运输、储存、检验、计数、分拨，有利于节省运输成本。运输包装的方式主要有两种：单件包装和集合包装。

（1）单件包装。单件包装是根据商品的形态或特性将一件或数件商品装入一个较小容器内的包装方式。制作单件包装时，要注意选用适当的材料，并要求结构造型科学合理，同时还应考虑不同国家和地区的气温、湿度、港口设施和不同商品的性能、特点、形状等因素。单件包装的种类很多：

①按照包装外形来分，习惯上常用的有包、箱、桶、袋等。

②按照包装的质地来分，有软性包装、半硬性包装和硬性包装。

③按照制作包装所采用的材料来分，一般常用的有纸质包装，金属包装，木制品包装，塑料包装，棉麻制品包装，竹、柳、草制品包装，玻璃制品包装和陶瓷包装。

(2) 集合包装。集合包装是将一定数量的单件商品组合成一件大的包装或装入一个大的包装容器内。集合包装的种类有：

①集装箱（container）。集装箱是具有足够强度，可长期反复使用的适于多种运输工具而且容积在 $1m^3$ 以上（含 $1m^3$）的集装单元器具。集装箱一般由钢板、铝板等金属制成，可以反复使用周转，它既是货物的运输包装，又是运输工具的组成部分。目前国际上最常用的海运集装箱规格为 8ft×8ft×20ft 和 8ft×8ft×40ft 两种。

②集装袋（flexible freight bags）。集装袋是以柔性材料制成可折叠的袋式集装单元器具。集装袋是用合成纤维或复合材料编织成抽口式的包，适于装载已经包装好的桶装和袋装的多件商品。每包一般可容纳 1～1.5 吨重的货物。

③托盘（pallet）。托盘是在运输、搬运和存储过程中，将物品规整为货物单元时，作为承载面并包括承载面上辅助结构件的装置。托盘是在一件或一组货物下面所附加的一块垫板。为防止货物散落，需要用厚箱板纸、收缩薄膜、拉伸薄膜等将货物牢固包扎在托盘上，组合成一件"托盘包装"。每一托盘的装载量一般为 1～1.5 吨。此外还有一种两面插入式托盘。

2. 销售包装

销售包装又称"小包装"或"内包装"。它是随着商品进入零售环节和消费者直接见面的包装，实际是一种零售包装。

在销售包装上，除附有装潢画面和文字说明外，有的还印有条码的标志。由于许多国家的超市多使用条码技术，进行自动扫描结算，如果商品包装上没有条码，即使是名优产品也不能进入超市。有的国家甚至规定商品包装上无条形码标志的即不予进口。

为了适应国际市场的需要和扩大出口，1991 年 4 月，我国正式加入了国际物品编码协会，该会分配给我国的国别号为"690"、"691"、"692"。凡标有"690"、"691"、"692"条码的商品，即表示为中国产品。

（二）按包装的层次分类

按包装的层次分类，包装可以分为个包装、内包装（中包装）和外包装。

1. 个包装

个包装一般有机械性保护包装、防护剂保护包装、抗水包装、防水和防水汽包装、可剥除的化合物保护包装五种方法。

2. 内包装

内包装是将个包装后的货物，置入内包装容器内，并适当加以衬垫的包装，进行衬垫包装的目的是为了吸收震动、防止货物在容器内发生移动和摩擦、避免货物与包装容器相撞。对于一些体积小的内包装件，还要进行中包装，以方便搬运及装箱，增加保护作用。

3. 外包装

外包装的主要目的是方便储运，使产品获得足够的保护。一般来说，外包装容器需具有足够的强度，可以在储运中抗拒一切外力所带来的损害，同时，外包装容器的形状和尺寸必须方便储运作业。

（三）按包装的针对性分类

按包装的针对性分类，包装可分为专用包装和通用包装两种。

1. 专用包装

专用包装是根据被包装物特点进行专门设计、专门制造，只适用于某种专门产品的包装，如水泥袋、蛋糕盒、可口可乐瓶等。

2. 通用包装

通用包装是不进行专门设计制造，而根据标准系列尺寸制造的包装，用以包装各种无特殊要求的或标准尺寸的产品。

三、包装费用

包装费用一般包括在货价之中，不单独计收。而如果买方要求特殊的包装，导致包装费用超出正常的范围，使成本增加，其超出的费用应由买方负担，并应在包装条款中具体规定负担的费用及支付办法。在有些交易中，经双方协商由买方提供包装，则应在合同中订明买方寄送包装的方法、包装送达日期、送交包装延迟的责任及包装费用的负担等。包装费用一般由以下几方面构成。

（一）包装材料费用

它是指各类物资在实施包装过程中耗费在材料费用支出上的费用。常用的包装材料种类繁多，功能亦各不相同，企业必须根据各种物资的特性，选择适合的包装材料，既要达到包装效果，又要合理节约包装材料费用。

（二）包装机械费用

包装过程中使用机械作业可以极大地提高包装作业的劳动生产率，同时可以大幅度提高包装水平。使用包装机械（或工具）就会发生购置费用支出，日常维护保养费支出以及每个会计期间终了计提折旧费用。

（三）包装技术费用

为了使包装的功能能够充分发挥作用，达到最佳的包装效果，因而包装时，也需采用一定的技术措施。比如，实施缓冲包装、防潮包装、防霉包装等。这些技术的设计、实施所支出的费用，合称包装技术费用。

（四）包装人工费用

在实施包装过程中，必须由工人或专业作业人员进行操作。对这些人员发放的计时工资、计件工资、奖金、津贴和补贴等各项费用支出，构成了包装人工费用支出。但是不包括这些人员的劳动保护费支出。

（五）其他辅助费用

除了上述主要费用以外，物流企业有时还会发生一些其他包装辅助费用，如包装标记、包装标志的印刷、拴挂物费用的支出等。

四、包装标志

包装标志是为了便于货物交接、防止错发错运，便于识别，便于运输、仓储和海关等有关部门进行查验等工作，也便于收货人提取货物，在进出口货物的外包装上标明的记号，包装标志有运输标志（唛头）、指示性标志和警告性标志三类。

（一）运输标志（shipping mark）

运输标志习惯上称为"唛头"，它通常是由一个简单的几何图形和一些字母、数字和简单的文字组成，其作用主要是便于识别货物，便于收货人收货，也有利于运输、仓储、检验和海关等有关部门顺利地进行工作。标准化的运输标志由标准运输标志和信息标志组成（见 GB/T18131—2000）。

1. 标准运输标志和信息标志

（1）标准运输标志。标准运输标志由收货人（买方）、参考号、目的地、件数编号 4 个数据元依次组成。

这些运输标志一般都应在货物和相关单证上标示出来。

①收货人（买方）。收货人名称的首字母缩略名或简称。除铁路、公路运输外，其他各种运输方式均不应使用全称。出口商和进口商可以商定一套首字母缩略名或简称，用于他们之间的货物运输。

②参考号。参考号应尽可能简单明了，只可使用托运单号、合同号、订单号或发票号中的一个编号，并应避免在编号后跟随日期信息。

③目的地。货物最终抵达的港口或地点（卸货港、交货地点、续运承运人交货地点）的名称。在转运的情况下，可在"VTA"（经由）之后指明货物转运的港口或地点的名称。如"NEW DELHI VIA BOMBY"，表示货物经由孟买到达新德里。在多式联运情况下，只需标明货物的最终抵达地点，允许运输经营人选择最理想的运输路线，并避免在转运地中断运输。

④件数编号。指出件数的连续编号和已知的总件数。例如"1/25、2/25……25/25"表示包装物的总件数为 25 件，每件包装物的编号从 1 到 25。

现举例说明标准运输标志的构成。

ABCD　　　　　　　（收货人的代号）
543210　　　　　　 （参考号）
SINGAPORE　　　　 （目的地）
1/30　　　　　　　　（件数代号）

（2）信息标志。货物运输的包装物上可提供必要的附加信息标志，这些信息可以包括：

①当集装箱或拖挂车装有危险品时，必须将危险品的标志标在外部，同时标出其他必备型数据，如正确的技术名称、适当的运输内容等。

②在运输包装物上，除标准运输标志以外的不是货物运输所需要的其他信息标志，一般不应在包装物上标示。如有特殊要求，则应将其他必要的附加信息用较小字符或不同颜色使其与标准运输标志明显区分，而且这些信息不能复制在单证上运输标志的部位。

③为便于全装卸（如空运）或正确存储，可以标出包装物的总重，但必须以"kg"为单位而不应使用其他重量单位标示。重量标志应直接标在运输标志的下方并与其明显分开。例如，直接标示"462kg"，不应附加"GROSS/BRUTTO WEIGHT"（总重量）之类信息。

④像原产国或进口许可证号码这类信息应视政府法律或简化海关结关手续要求而定。如果买方要求，此类信息可包括在内。但不应在包装物上给出发货人的详细名称或地址。例如，用"ILGG22455170672"代替"IMPORT LICENCE NUMBER G/G22455—17067—2"。

⑤通常不必在包装物上标示净重和尺码（罐装化学物品或特大的包装物除外）。一般情况下，国内和国际法规对此不作强制性规定。需要标示时，应对它们进行缩略，例如，"N401 kg 105cm×90cm×62cm"。

⑥货物空运时，根据国际航空运输协会（International Air Transport Association，简称IATA）606 号决议的规定，可以在运输标志下面给出总重量，并且至少在一个包装物上给出托运人的详细地址。

2. 不同运输方式运输标志的简化

在实际运输实务中，由 4 个数据元组成的标准运输标志可以根据实际情况进行简化，具体情况如下：

（1）在某些运输方式中，标准的运输标志可进一步简化。收货人（买方）、参考号、目的地、件数编号 4 个数据元中的任意一个被认为对运输无意义时均可省略。

（2）在各种运输方式中，未经捆扎的一般散件杂货应使用标准运输标志，不能简化。

（3）在集装箱或国际公路运输的拖车中的编组货物，应在每一单件货物上使用标准运输标志，不能简化。由一个托运人托运的整票货载（集装箱或拖车）在转运期间为了分批交货而需要将货物拆箱时，应在每一单件货物上使用标准运输标志，不能简化。

（4）整票货载（整集装箱、整拖车、整车厢、整航空箱）从一个托运人发送给一个收货人时，标准运输标志可作如下简化：①如果整票货载只用一套单证运抵目的地，且包装及其所标的内容（大小、类型和等级）各方面都相同时，则每个包装物上的运输标志可省略。例如全部是 25 kg 一袋的精制砂糖。②如果整票货载涉及多套单证（例如有两套发票），或者每件货物内所装内容不一样时，标准运输标志可简化，仅使用第 2 项和第 4 项（参考号和件数编号），以便海关和收货人对照货物和单证核对并标识货物。

例如：

1234　　　　（参考号）

1/25　　　　（件数编号）

（5）货物空运时，根据 IATA 606 号决议可将航空货运单的号码代替标准标志的第 1 项，第 2 项（收货人和参考号），第 3 项目的地应使用国际航空运输协会（IATA）的三个字母地名代码，第 4 项件数编号不变。

例如：

015－12345675　（参考号）

DEL　　　　　（目的地）

1/25　　　　　（件数编号）

对于拼装的货物，航空集装箱号（AWB 号）应在标志的末端给出。

（6）货物装卸标志不能简化。

（7）危险品标志必须全部给出。当集装箱或拖车装有危险品时，必须将危险品的标志标示在外部，同时标出其他必备型数据，如正确的技术名称、适当的运输内容等。

3. 标准运输标志的应用示例

（1）标准运输标志在单证上的填写示例。标准运输标志在单证上的填写示例如表 12-1 所示。

表 12-1　　　　　　　　　标准运输标志在单证上的填写示例

Transport details 运输事项	Terms of delivery 交付条款
Shipping Marks：Container NO. 运输标志：集装箱号	Number & Kind of packages： Goods description 件数、包装类型、货物名称
ABC　×××××××× 1234　×××××××× BOMBAY　×××××××× 1/25　××××××××	

（2）海运时的标准运输标志示例。海运时的标准运输标志示例见图 12-2。

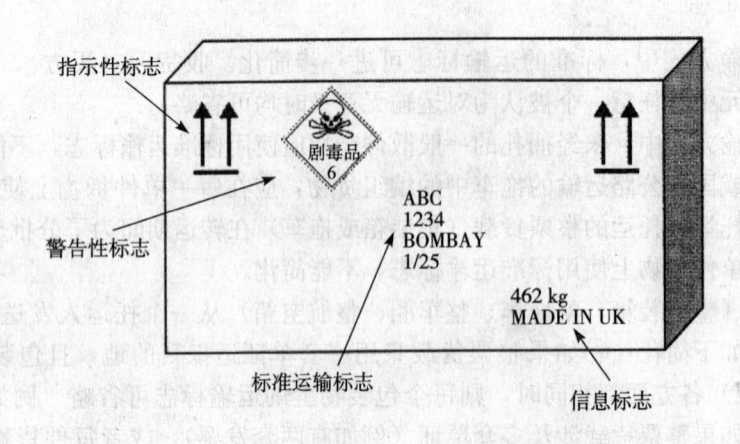

图 12-2 海运时的标准运输标志示例

（3）空运时的标准运输标志示例。空运时的标准运输标志示例见图 12-3。

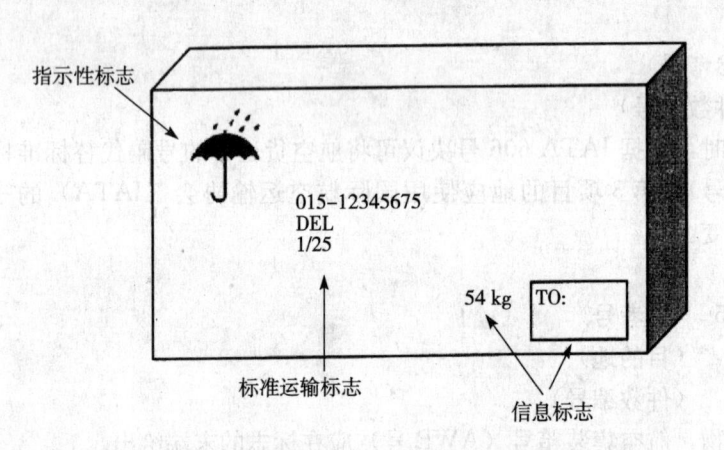

图 12-3 空运时的标准运输标志示例

（二）指示性标志（indicative mark）

指示性标志又称"包装储运图示标志"、"安全标志"、"保护性标志或注意标志"。它是针对商品的特性提出的在运输和保管过程中应注意的事项，一般都是以简单、醒目的图形或文字在包装上标出。在使用文字时，最好是使用进口国和出口国的文字，但一般是使用英文，例如，This Side 或 This End Up（此端向上）、Handle With Care（小心搬运）、Use No Hooks（请勿用钩）等。我国常用的指示性标志共 17 个，图形如表 12-2 所示（见 GB 191-2000）。

表 12-2　　　　　　　　　我国运输与仓储常用的指示性标志

序号	标志名称	标志图形	含义	备注/示例
1	易碎物品	🍷	运输包装件内装易碎品，因此搬运时应小心轻放	
2	禁用手钩		搬运运输包装时禁用手钩	

第十二章 外贸物流仓储、包装与配送

续 表

序号	标志名称	标志图形	含义	备注/示例
3	向上	↑↑	表明运输包装件的正确位置是竖直向上	
4	怕晒		表明运输包装件不能直接照晒	
5	怕辐射		包装物品一旦受辐射便会完全变质或损坏	
6	怕雨		包装件怕雨淋	
7	重心		表明一个单元货物的重心（本标志应标在实际的重心位置上）	
8	禁止翻滚		不能翻滚运输包装	
9	此面禁用手推车		搬运货物时此面禁放手推车	
10	禁用叉车		不能用升降叉车搬运的包装件	
11	由此夹起		表明装运货物时夹钳放置的位置	
12	此处不能卡夹		表明装卸货物时此处不能用夹钳夹持	
13	堆码重量极限	-kg max	表明该运输包装件所能承受的最大重量极限	
14	堆码层数极限	N	相同包装的最大堆码层数，N 表示层数极限	
15	禁止堆码		该包装件不能堆码并且其上也不能放置其他负载	

续表

序号	标志名称	标志图形	含义	备注/示例
16	由此吊起		起吊货物时挂链条的位置（本标志应标在实际的起吊位置上）	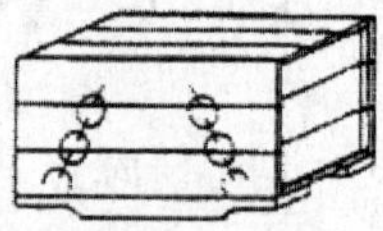
17	温度极限		表明运输包装件应该保持的温度极限	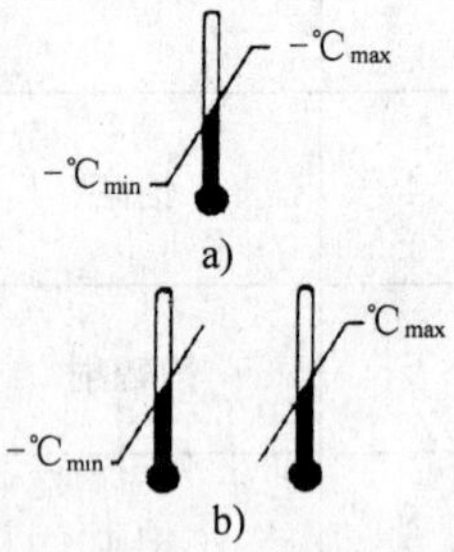 a) b)

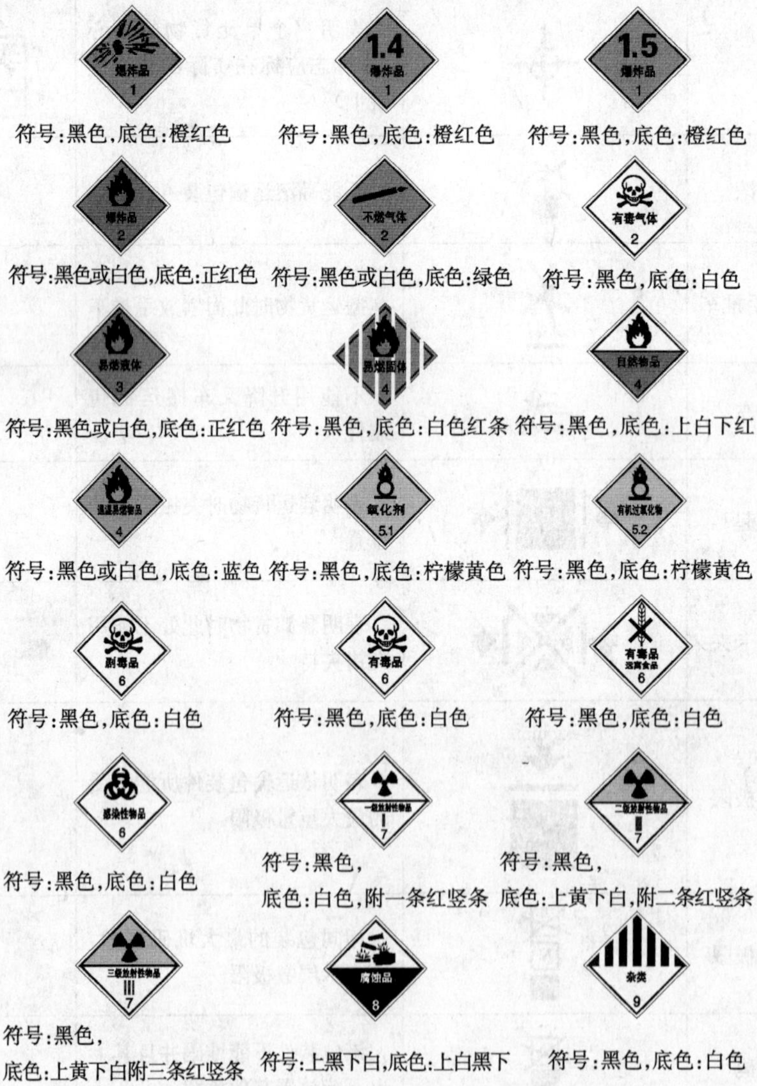

符号:黑色,底色:橙红色　　符号:黑色,底色:橙红色　　符号:黑色,底色:橙红色

符号:黑色或白色,底色:正红色　符号:黑色或白色,底色:绿色　符号:黑色,底色:白色

符号:黑色或白色,底色:正红色　符号:黑色,底色:白色红条　符号:黑色,底色:上白下红

符号:黑色或白色,底色:蓝色　符号:黑色,底色:柠檬黄色　符号:黑色,底色:柠檬黄色

符号:黑色,底色:白色　　符号:黑色,底色:白色　　符号:黑色,底色:白色

符号:黑色,底色:白色　　符号:黑色,底色:白色,附一条红竖条　符号:黑色,底色:上黄下白,附二条红竖条

符号:黑色,底色:上黄下白附三条红竖条　符号:上黑下白,底色:上白黑下　符号:黑色,底色:白色

图 12-4　我国常用警告性的标志

(三) 警告性标志 (warning mark)

警告性标志又称"危险货物包装标志",是针对危险货物为了在运输、保管和装卸过程中,使有关人员加强防护措施,以保护物资和人身的安全而加在外包装上的标志。凡包装内装有爆炸物品、易燃物品、自燃物品、遇水燃烧物品、有毒物品、腐蚀性物品、氧化剂和放射性物品等危险品,应在运输包装上刷写清楚明显的危险品警告性标志。我国常用警告性标志共 21 个,图形如图 12-4 所示(见 GB 190-90)。

五、中性包装和定牌

(一) 中性包装

中性包装 (neutral packing) 是指商品和内外包装上均无生产国别、地名和生产厂名,也不注明原有商标和牌号,甚至没有任何文字,其目的主要是为了适应国外市场的特殊要求,如转口销售,有可能你的买家不是最终的买家,只是一个中间商,所以要使用中性包装;或者为了打破某些进口国家的关税和非关税壁垒。这种中性包装的做法是国际贸易中常见的方式,在买方的要求下,可酌情采用。对于我国和其他国家订有出口配额协定的商品,则应从严掌握,因为万一发生进口商将商品转口至有关配额国,将对我国产生不利影响。出口商千万不能因图一己之利而损害国家的声誉和利益。

常用的中性包装有两种:一是无牌中性包装,这种包装既无生产国别、地名、厂名、也无商标牌号;二是定牌中性包装,这种包装不注明商品生产国别、地名、厂名,但要注明买方指定商标或牌号。

(二) 定牌

定牌是指在国际贸易中,买方要求卖方在出售的商品或包装上标明买方指定的商标或牌名的做法。通常在商品或包装上卖方采用买方指定的商标或牌号,一般对于国外大量的长期的稳定的订货,可以接受买方指定的商标。

六、绿色包装

绿色包装 (green package) 又可以称为"无公害包装和环境之友包装"(environmental friendly package),指对生态环境和人类健康无害,能重复使用和再生,符合可持续发展的包装。绿色包装之所以为整个国际社会所关注,这是因为环境问题与污染的特殊复杂性,环境的破坏不分国界,一国污染,邻国受损,不仅危害到普通人的生存、社会的健康、企业的生产、市场的繁荣,还通过种种途径引发有关自然资源的国际争端。一些国家出于对环保事业的支持,也出于对自己本国经济利益的保护,将包装材料也列入限制进口的非关税壁垒之一。从技术角度讲,绿色包装是指以天然植物和有关矿物质为原料研制成对生态环境和人类健康无害,有利于回收利用,易于降解、可持续发展的一种环保型包装,也就是说,其包装产品从原料选择、产品的制造到使用和废弃的整个生命周期,均应符合生态环境保护的要求,应从绿色包装材料、包装设计和大力发展绿色包装产业三方面入手实现绿色包装。

具体言之,绿色包装应具有以下的含义:

(1) 实行包装减量化 (reduce)。绿色包装在满足保护、方便、销售等功能的条件下,应是用量最少的适度包装。欧美等国将包装减量化列为发展无害包装的首选措施。

(2) 包装应易于重复利用 (reuse) 或易于回收再生 (recycle)。通过多次重复使用,或通过回收废弃物，生产再生制品、焚烧利用热能、堆肥化改善土壤等措施，达到再利用的目的。既不污染环境，又可充分利用资源。

（3）包装废弃物可以降解腐化（degradable）。为了不形成永久的垃圾，不可回收利用的包装废弃物要能分解腐化，进而达到改善土壤的目的。世界各工业国家均重视发展利用生物或光降解的包装材料。reduce、reuse、recycle 和 degradable 即是现今 21 世纪世界公认的发展绿色包装的 3R 和 1D 原则。

（4）包装材料对人体和生物应无毒无害。包装材料中不应含有有毒物质或有毒物质的含量应控制在有关标准以下。

（5）在包装产品的整个生命周期中，均不应对环境产生污染或造成公害。即包装制品从原材料采集、材料加工、制造产品、产品使用、废弃物回收再生，直至最终处理的生命全过程均不应对人体及环境造成公害。

第四节　配送与配送中心

一、配送的含义、特点与要素

（一）配送的概念

按照中华人民共和国国家标准"物流术语"，配送（distribution）是指在经济合理区域内，根据用户的要求，对物品进行拣选、加工、包装、分割、组配等作业，并按时送达指定地点的物流活动。一般来说，配送一定是根据用户的要求，在物流据点内进行分拣、配货等工作。它将商流和物流紧密结合起来，既包含了商流活动，也包含了物流活动中若干功能要素。

（二）配送的特点

配送需要依靠信息网络技术来实现，它包括以下特点。

1. 配送不仅仅是送货

配送业务中，除了送货，在活动内容中还有"拣选"、"分货"、"包装"、"分割"、"组配"、"配货"等工作，这些工作难度很大，必须具有发达的商品经济和现代的经营水平才能做好。在商品经济不发达的国家及历史阶段，很难按用户要求实现配货，要实现广泛的高效率的配货就更加困难。因此，一般意义的送货和配货存在着时代的差别。

2. 配送是送货、分货、配货等活动的有机结合体

配送是许多业务活动有机结合的整体，同时还与订货系统紧密联系。要实现这一点，就必须依靠现代情报信息，建立和完善整个大系统，使其成为一种现代化的作业系统。这也是以往的送货形式无法比拟的。

3. 配送的全过程有现代化技术和装备的保证

由于现代化技术和装备的采用，使配送在规模、水平、效率、速度、质量等方面远远超过以往的送货形式。在活动中，由于大量采用各种传输设备及识码、拣选等机电装备，使得整个配送作业像工业生产中广泛应用的流水线，实现了流通工作的一部分工厂化。因此，可以说，配送也是科学技术进步的一个产物。

4. 配送是一种专业化的分工方式

以往的送货形式只是作为推销的一种手段，目的仅仅在于多销售一些商品，而配送则是一种专业化的分工方式，是大生产、专业化分工在流通领域的体现。因此，如果说一般的送货是一种服务方式的话，配送则可以说是一种体制形式。

（三）配送功能要素

配送功能要素包括：备货、储存、分拣及配货、配装、配送运输、送达服务和配送加工等。

1. 备货

备货是配送的准备工作或基础工作，备货工作包括筹集货源、订货或购货、集货、进货及有关的质量检查、结算、交接等。配送的优势之一，就是可以集中客户的需求进行一定规模的备货。备货是决定配送成败的初期工作，如果备货成本太高，会大大降低配送的效益。

2. 储存

配送中的储存有储备及暂存两种形态。

配送储备是按一定时期的配送经营要求，形成的对配送的资源保证。这种类型的储备数量较大，储备结构也较完善，视货源及到货情况，可以有计划地确定周转储备及保险储备结构及数量。

另一种储存形态是暂存，是具体执行日配送时，按分拣配货要求，在理货场地所做的少量储存准备。由于总体储存效益取决于储存总量，所以，这部分暂存数量只会对工作方便与否形成影响，而不会影响储存的总效益，因而在数量上控制并不严格。

还有另一种形式的暂存，即是分拣、配货之后，形成的发送货载的暂存，这个暂存主要是调节配货与送货的节奏，暂存时间不长。

3. 分拣及配货

分拣及配货是完善送货、支持送货准备性工作，是不同配送企业在送货时进行竞争和提高自身经济效益的必然延伸，也是配送成败的一项重要支持性工作。有了分拣及配货就会大大提高送货服务水平，所以，分拣及配货是决定整个配送系统水平的关键要素。

4. 配装

在单个客户配送数量不能达到车辆的有效载运负荷时，就存在如何集中不同客户的配送货物，进行搭配装载以充分利用运能、运力的问题，这就需要配装；和一般送货不同之处在于，通过配装送货可以大大提高送货水平及降低送货成本，所以，配装也是配送系统中有现代特点的功能要素，也是现代配送不同于以往送货的重要区别之处。

5. 配送运输

配送运输属于运输中的末端运输、支线运输，和一般运输形态主要区别在于：配送运输是较短距离、较小规模、额度较高的运输形式，一般使用汽车做运输工具。与干线运输的另一个区别是，配送运输的路线选择问题是一般干线运输所没有的，干线运输的干线一般是固定的运输线，而配送运输由于配送客户多，一般城市交通路线又较复杂，如何组合成最佳路线，如何使配装和路线有效搭配等，是配送运输的特点，也是难度较大的工作。

6. 送达服务

配好的货运输到客户还不算配送工作的完结，要圆满地实现运到之货的移交，并有效地、方便地处理相关手续并完成结算，还应讲究卸货地点、卸货方式等。送达服务也是配送独具的特殊性。

7. 配送加工

在配送中，配送加工这一功能要素不具有普遍性，但是往往是有重要作用的功能要素。主要原因是通过配送加工，可以大大提高客户的满意程度。

配送加工是流通加工的一种，但配送加工有它不同于一般流通加工的特点，即配送加工一般只取决于客户要求，其加工的目的较为单一。

二、配送的作用

(一) 完善了输送及整个物流系统
配送环节处于支线运输,灵活性、适应性、服务性都较强,能将支线运输与小搬运统一起来,使运输过程得以优化和完善。

(二) 提高了末端物流的经济效益
采取配送方式,通过增大经济批量来达到经济地进货。它采取将各种商品配齐集中起来向用户发货和将多个用户小批量商品集中在一起进行发货等方式,以提高末端物流经济效益。

(三) 通过集中型库存,可使企业实现低库存或零库存
实现了高水平配送之后,尤其是采取准时制配送方式之后,生产企业可以完全依靠配送中心的准时制配送而不需要保持自己的库存。或者,生产企业只需保持少量保险储备而不必留有经常储备,这就可以实现生产企业多年追求的"零库存",将企业从库存的包袱中解脱出来,同时解放出大量储备资金,从而改善企业的财务状况。实行集中库存,集中库存的总量远低于不实行集中库存时各企业分散库存之总量。

(四) 简化手续、方便用户
采取配送方式,用户只需要向配送中心一处订购,就能达到向多处采购的目的,只需组织对一个配送单位的接货便可代替现有的高频率接货,因而大大减轻了用户工作量和负担,也节省了订货、接货等一系列费用开支。

(五) 提高了供应保证程度
生产企业自己保持库存,维持生产,供应保证程度很难提高(受库存费用的制约)。采取配送方式,配送中心可以比任何企业的储备量更大,因而对每个企业而言,中断供应、影响生产的风险便相对缩小,使用户免去短缺之忧。

三、外贸物流配送中心的含义和基本功能

(一) 配送中心定义
配送中心是接受生产厂家等供货商多品种大量的货物,按照多家需求者的订货要求,迅速、准确、低成本、高效率地将商品配送到需求者手中的物流结点。

根据国家标准《物流术语》,配送中心(distribution center)是指从事配送业务的物流场所或组织,作为从事配送业务的物流场所或组织,应基本符合下列要求:①主要为特定的用户服务;②配送功能健全;③完善的信息网络;④辐射范围小;⑤多品种、小批量;⑥以配送为主,储存为辅。

我们将外贸物流配送中心定义为:配送中心是为达到有效的商品配送使生产运作与海、陆、空运输,储存及客户运作一体化的场所。通过这种一体化的管理来消除生产与流通瓶颈,减少商品流通时间,降低生产成本,提供及时的商品流通信息,保持有效的商品流通。

(二) 外贸物流配送中心的基本功能
配送中心与传统的仓库、运输是不一样的,一般的仓库只重视商品的储存保管,一般传统的运

输只是提供商品运输配送而已，而配送中心是重视商品流通的全方位功能，同时具有商品储存保管、流通行销、分拣配送、流通加工及信息提供的功能。

1. 流通行销的功能

流通行销是配送中心的一个重要功能，尤其是现代化的工业时代，各项信息媒体的发达，再加上商品品质的稳定及信用，因此有许多的直销业者利用配送中心，通过有线电视、或互联网等配合进行商品行销。此种的商品行销方式可以大大降低购买成本，因此广受消费者喜爱。例如在国外有许多物流公司的名称就是以行销公司命名。而批发商型的配送中心、制造商型的配送中心与进口商型的配送中心也都是拥有行销（商流）的功能。

2. 仓储保管功能

商品的交易买卖达成之后，除了采用直配直送的批发商之外，均将商品经实际入库、保管、流通加工包装而后出库，因此配送中心具有储存保管的功能。在配送中心一般都有库存保管的储放区，因为任何的商品为了防止缺货，或多或少都有一定的安全库存商品的特性及生产前置时间的不同，则安全库存的数量也不同。一般国内制造的商品库存较少，而国外制造的商品因船期的原因库存较多，约为2~3个月；另外生鲜产品的保存期限较短，因此保管的库存量出较少；冷冻食品因其保存期限较长，因此保管的库存量出比较多。

3. 分拣配送功能

在配送中心里另一个重点就是分拣配送的功能，因为配送中心就是为了满足多品种小批量的客户需求而发展起来的，因此配送中心必须根据客户的要求进行分拣配货作业，并以最快的速度送达客户手中或者是指定时间内配送到客户。配送中心的分拣配送效率是物流质量的集中体现，是配送中心最重要的功能。

4. 流通加工功能

配送中心的流通加工作业包含分类、磅秤、大包装拆箱改包装、产品组合包装、商标、标签粘贴作业等。这些作业是提升配送中心服务品质的重要手段。

5. 信息提供功能

配送中心除了具有行销、配送、流通加工、储存保管等功能外，更能为配送中心本身及上下游企业提供各式各样的信息情报，以供配送中心营运管理政策制定、商品路线开发、商品销售推广政策制定的参考。

（三）外贸物流配送中心作用

发展外贸物流配送中心具有重大的战略意义，主要表现为：

（1）发展外贸物流配送中心，将有力地带动我国的出口。例如，WALMART已经提出申请，在深圳建立其采购中心，每年将在中国采购100多亿美元的商品。一旦大型跨国公司在华建立采购与物流中心，将使我国出口产品直接进入发达国家的商业零售系统和跨国公司的生产配送体系，有力地拉动我国的出口。

（2）发展外贸物流配送中心，可以大大提高对外贸易的增值率，特别是加工贸易的增值率。一般而言，国际贸易中流通领域的增值远远超过生产环节，对加工贸易更是如此。以往，我国政策体系注重生产环节，虽然认识到仅从事生产环节得利不多，但苦于无门进入国际流通领域。现在，随着中国国际制造地位的提高、经济衰退带来的竞争压力增大，迫使大型跨国公司愿意来华建立采购与配送中心，这是一个难得的机遇，一定要及时调整政策与监管体制，尽快发展国际物流配送中心业务。

（3）外贸物流配送中心的建立，将大大提高我国产品的国际竞争力。目前到未来相当一段时期，价格优势仍将是我国出口竞争力的主要优势。我国的竞争对手主要是发展中国家，这些国家出口优势均表现为价格低廉，因此，谁能够降低成本，谁就能够不断扩大国际市场。跨国公司在中国建立采购与配送中心，在提高其在华增值率的同时，将整体上降低中国产品的最终成本（即到达消费者手中的成本），大大增强我国产品的竞争力。

四、外贸物流配送中心类型

按配送中心的主要业务划分，目前在中国建立的外贸物流配送中心主要有以下几类：

第一类：在华采购零部件，在配送中心分类、打包，运到海外进行装配。例如，索尼（SONY）公司在香港有索尼国际香港有限公司，负责在香港及华南的业务。索尼公司不仅已经将低端电子产品的生产交给华南地区企业代为加工生产，而且将一部分高端电子产品零部件生产也交给了华南地区的生产企业加工。广东省共有24家企业为其生产电子产品成品，为其生产零部件的企业超过150家。目前，此类零部件交货到索尼在香港的仓库（ATL—亚洲货运中心），并在仓库做拼箱出口到日本的工厂再合成高端产品。索尼在日本有12家生产企业，分别生产不同类别的电子产品，他们独立在全球采购原材料、半成品及零部件，而很多零部件的采购越来越集中在华南地区。

面对日益激烈的竞争，为了降低成本，提高竞争力，索尼公司2001年整合在日本的12家生产企业，成立了索尼EMCS公司，新公司将发挥统一的物料采购、金融财务、市场战略等优势。鉴于华南地区已经发展成为世界主要的电子产品生产加工中心，索尼公司决定以EMCS的整体力量在华南建立国际采购中心，以发挥集中采购的优势，避免中间环节，降低生产成本。目前索尼已经在深圳成立了"国际采购中心"，并于2001年8月举办了采购招商大会。同时，为了节约物流成本，索尼公司计划在华南地区（深圳盐田保税区）建立物流配送中心，将在境外成本较高的物流配送业务转移到中国境内，既可以充分发挥靠近货物产地的成本优势，又可以做到境外生产的"零库存"。在盐田保税区的物流配送中心的一项基本的职能，就是将在华南地区采购到的零部件运送到区内，再根据日本生产企业的需要，及时拼箱付运。

第二类：将在中国采购的成品，在配送中心进行简单的加工、处理、包装等，再发送到海外市场。案例：飞利浦（Philips）公司利用华南地区的出口加工企业为其生产小家电、电脑显示器、组合音响等产品。一直以来，它在中国采购的产品均采取直接出口到目的地市场，然后再重新分拣、包装上货架的做法。近年来，由于世界经济不景气，飞利浦公司开始重视降低流通环节的成本。2001年开始，飞利浦开始尝试在盐田保税区进行增值服务。飞利浦的组合音响分别由广东的两家企业生产，一家为其生产DVD机，另一家生产功放机及音箱。飞利浦将两家企业的产品运至盐田保税区的仓库，将生产功放机/音箱的包装箱打开（已经预留了DVD机的空间），然后将DVD机连同其包装放到其中，组合成一套家庭影院，这样可以将产品直接运送到目的地市场销售，减少了在目的地分拣时间及劳动成本。

第三类：在华采购成品，在配送中心进行仓储、加印条形码、拼箱等，然后按销售进度发往境外销售点。美泰（Mattel）玩具公司是全球最大的美国玩具生产商，其最著名的产品是风靡世界的芭比娃娃，同时还有其他品种的玩具。为了保证其主打产品芭比娃娃的质量，美泰公司在20世纪80年代将其在香港的生产基地移到广东，目前分别由其直接投资的东莞长安美泰玩具二厂及南海官窑中美玩具厂生产。另外，美泰公司在香港设有两家公司，负责采购和销售其他种类的玩具，生产均外包给了华南地区约20家出口加工企业。美泰公司的玩具80%产于中国，其中70%产于广东。2000年美泰公司在华南地区共出口了24 040个40英尺的货柜。美泰公司在美国有20万平方米的配送中心。以往，美泰公司将在华企业生产的玩具直接运到美国的配送中心，再分送到零售商。随着美国经济步入衰退期，美泰公司开始重视降低仓储与流通成本，它发现，其在美国仓库的许多玩具要存放一个多月，等待销售季节的来临。为了降低成本，美泰公司考虑利用盐田保税区便宜的保税仓库，将其在华南采购的玩具存储在此，到销售季节来临时再运往美国，另外，美泰公司还将其外包生产的玩具在保税区仓库完成拼箱，按客户要求运往世界各地市场。

第四类：海外统一采购，在配送中心分类，发送到在华的数家加工企业。很多跨国公司在华投资建有自己的工作，同时，还有很多跨国公司委托中国的工厂进行OEM生产，其中不少采取来料加工的方式。上述两种情形下，跨国公司均负责原料、零部件的采购与配送。为了节约成本，发挥统一采购与配送的优势，一些跨国公司已经开始尝试将统一采购的原材料、零部件运送到国内保税区的仓库中，在此进行开箱、分装，再运到有关工厂。例如，索尼公司计划在华南开展此类业务。

第五类：在华采购成品，在配送中心处理后，返销国内市场。中国加入世界贸易组织以前，外资投资企业大多受到出口比例的要求，其产品难以在中国国内市场销售。中国加入WTO后，按照WTO的《与贸易相关的投资措施协定》及有关承诺，修改了有关外商投资的三大法律，明确取消了对外商投资企业在华销售产品的限制。因此，外商投资企业开始考虑在继续扩大出口的同时，增加对国内市场的销售。主要办法有两种，一是将原来的来料加工工厂改变注册，成为外商投资企业，将来料加工改为进料加工；另一种则是利用中国的保税区来解决其来料加工工厂没有内销权的问题，将产品先出口到保税区，再进口到中国国内市场。美泰公司（Mattel）就计划利用盐田港保税区作为其产品进入中国市场的跳板。

第六类：建立多国货物的国际拼箱业务。将在华采购的物品与在海外采购的物品运至配送中心，进行仓储、拼箱、加印条形码等，然后运送到海外分销商。这种方式是真正将中国建成国际物流配送中心的较高级阶段。随着跨国公司在华采购量不断扩大，以及我国国际航运基础设施和管理效率的提高，我国建立多国货物配送中心的潜力是巨大的，前景是光明的。目前，索尼公司、美泰公司等均有此项计划。

五、配送中心的运作管理

（一）配送中心的结构

配送中心虽然是在一般中转仓库基础上演化和发展起来的，但配送中心内部结构和布局和一般仓库有较大的不同。一般配送中心的内部工作区域结构配置如下。

1. 接货区

在这个区域里完成接货及入库前的工作，如接货、卸货、清点、检验、分类入库准备等。接货区的主要设施是：进货铁路和公路；靠卸货站台；暂存验收检查区域。

2. 储存区

在这个区域里储存或分类储存所进的物资。由于这是个静态区域，进货要在这个区域中有一定时间的放置。所以和不断进出的接货区比较，这个区域所占的面积较大。在许多配送中心，这个区域往往占总面积一半左右。对某些特殊配送中心（如水泥、煤炭配送中心），这一部分在中心总面积中占一半以上。

3. 理货、备货区

在这个区域里进行分货、拣货、配货作业，以为送货做准备。这个区域面积随不同的配货中心而有较大的变化。例如，对多用户的多品种、少批量、多批次配送（如中、小件杂货）的配送中心，需要进行复杂的分货、拣货、配货等工作，所以，这部分占配送中心很大一部分面积。也有一些配送中心这部分面积不大。

4. 分放、配装区

在这个区域里，按用户需要，将配好的货暂放暂存等待外运，或根据每个用户货堆状况决定配车方式、配装方式，然后直接装车或运到发货站台装车。这一个区域对货物进行暂存，暂存时间短、周转快，所以所占面积相对较小。

5. 外运发货区

在这个区域将准备好的货装入外运车辆发出。外运发货区结构和接货区类似，有站台、外运线路等设施。有时候，外运发货区和分放配装区还是一体，所分好之货直接通过传送装置进入装货场地。

6. 加工区

有许多类型的配送中心还设置配送加工区域，在这个区域进行分装、包装、切裁、下料、混配等各种类型的流通加工。加工区在配送中心所占面积较大，但设施装置随加工种类不同有所区别。

7. 管理指挥区（办公区）

这个区域可以集中设置于配送中心某一位置，有时也可分散设置于其他区域中。主要的内涵是营业事务处理场所、内部指挥管理场所、信息场所等。

（二）配送中心的管理

1. 配送中心的主要工作

（1）配货。集中在配送中心内实现的配送的主要功能要素，就是为高水平送货所必需的分货、配货等理货工作，这也成了配送中心的核心工序。尤其对当前各国开展配送的主要对象——产品及中、小件杂货来讲，这个工序尤为重要。

（2）送货。送货的实施虽然在配送中心之外的线路上进行，但是，送货的决策、计划、组织、管理、指挥是在配送中心中完成的。

（3）库存控制。配送中心是配送系统集中库存所在地，在保证配送服务的前提下，控制库存数量和保证库存物质量是库存控制的两项主要工作。

（4）客户管理。配送中心执行对用户的配送计划，为保证服务水平，需要有诸如用户信息、用户反馈、用户联络等用户管理工作。

2. 配货

将配送中心存入的多种类产品，按多个用户的多种订货要求取出，并分放在指定货位，完成各用户的配送之前的货物准备工作，这项活动称作配货。由于配货工作时间建立在分拣的基础之上，所以这项工作又称为分拣配货。

配货是一件很复杂、工作量很大的活动，尤其是在用户多、所需品种规格多、需求批量小、需求频度又很高时，就必须在很短时间完成分拣配货工作。所以，如何选择分拣配货方式、如何高效率完成分拣配货，在某种程度上决定着配送中心的服务质量和经济效益。所以，尽管在配送中心中还有保管、包装、流通加工等工作，但那些都不反映配送中心的本质特点，反映配送中心本质特点的是分拣配货方式，包括拣选式方式和分货式方式。

配货管理的基本要求有以下几点：

（1）准确程度。大型配送中心，由于用户多，需要配货的品种、规格、数量又有非常大的变化，所以常常会影响配货的准确程度。采用适当的管理方法例如选择有效的分货和拣选方式，有助于配货的准确。

（2）配货的速度。配送中心在执行配送任务时，整个配送时间有所限制，例如"时配"、"日配"等，因此，配送中心内部的配货时间必须要保证整个配送计划、配送服务的兑现。配货速度的主要制约因素是用户过多、工作过于复杂。要解决这个问题，必须要选择合适的设备及工艺。

（3）配货的成本。配货工作相当复杂烦琐，要大量消耗人力，因此是增加成本的一个因素。选择适当的配货方式，可以提高效率、节约劳动消耗。

3. 送货

（1）制订送货计划。大型配送中心需要通过提高计划性来提高送货的水平和降低送货成本。由于配送中心特别要强调服务功能，很难依靠预测制订完善的计划，因此，针对随机因素，采用灵活的计划方法是很重要的。

（2）配送路线规划。合理规划配送路线以降低运量、节省运力是保证配送速度，降低成本的重要因素。

（3）车辆配装。即根据不同配送要求，选择合适的车辆并对车辆进行配装以达到提高利用率，是送货的一项主要工作。

（4）车辆管理。包括车辆的合理调度、安排、维护等内容。

【重点名词与概念】

外贸物流货物仓储　保税仓库　保税区　集合包装　包装标志　配送　配送中心

【本章练习与思考题】

一、多选题

1. 按仓库在外贸物流中的用途分类，外贸物流仓库可分为（　　）。
   A. 口岸仓库　　　　B. 中转仓库　　　　C. 加工仓库
   D. 储存仓库　　　　E. 租赁公共仓库

2. 按仓库管理体制分类，外贸物流仓库可分为（　　）。
   A. 通用仓库　　　　B. 自有仓库　　　　C. 租赁公共仓库
   D. 合同仓库　　　　E. 专用仓库

3. 按存储商品的性能及技术设备分类，外贸物流仓库可分为（　　）。
   A. 通用仓库　　　　B. 自有仓库　　　　C. 储存仓库
   D. 专用仓库　　　　E. 特种仓库

4. 我国规定，保税仓库制度允许存放的货物包括：（　　）。
   A. 缓办纳税手续的进口货物　　B. 需做进口技术处置的货物
   C. 来料加工后复出的货物　　　D. 不内销而过境转口的货物
   E. 进行绿色包装的货物

5. 保税仓库的类型有（　　）。
   A. 特殊性保税仓库　　　B. 专业性保税仓库
   C. 公共保税仓库　　　　D. 保税工厂
   E. 海关监管仓库

6. 包装标志有：（　　）。
   A. 运输标志　　　　B. 信息标志　　　　C. 装卸标志
   D. 指示性标志　　　E. 警告性标志

二、判断题

（　　）1. 长期仓储时，自有仓储的成本高于公共仓储。

（　　）2. 企业使用公共仓储时必须对货物进行保护性包装，从而增加包装成本。

（　　）3. 保税仓库在外贸物流中，仅仅适用于进口货物，不用于出口货物。

（　　）4. 保税区是我国目前开放度最大的地区，对所在地区和全国经济发展都起着重要的作用。

（　　）5. 提货人要求标注新标志，应在提货日之后进行。

（　　）6. 目前国际上最常用的海运集装箱规格为：8ft×8ft×20ft 和 8ft×8ft×40ft 两种。

三、简答与论述题

1. 简述外贸物流货物仓储的意义？
2. 简述外贸物流货物仓库如何进行合理布局？
3. 在我国，设立保税仓库应具备哪些条件？申请设立保税仓库的程序有哪些？
4. 简述集合包装的概念及其种类？

第十三章　外贸物流服务质量与成本管理

【本章培训要点】

本章培训的主要内容是关于外贸物流服务质量管理与外贸物流成本管理方面的基本理论。包括第三方物流的基本概念及基本特征，第三方物流与外贸物流的关系，外贸物流运作质量服务评价体系，外贸物流服务过程质量管理，外贸物流成本核算及管理原则。

【本章应掌握的主要内容】

通过本章学习，应掌握第三方物流与外贸物流的关系，外贸物流运作质量服务评价体系以及外贸物流的成本核算；深刻理解第三方物流是外贸物流的发展方向以及外贸物流成本的核算方法；了解第三方物流的基本概念及特征以及外贸物流成本核算的基本管理原则。

第一节　外贸物流与第三方物流的关系

一、第三方物流概述

（一）基本概念

第三方物流，英文表达为 third-party logistics，简称"3PL"，也简称"TPL"，是相对"第一方"发货人和"第二方"收货人而言的。3PL 既不属于第一方，也不属于第二方，而是通过与第一方或第二方的合作来提供其专业化的物流服务，它不拥有商品，不参与商品的买卖，而是为客户提供以合同为约束、以结盟为基础的、系列化、个性化、信息化的物流代理服务。最常见的 3PL 服务包括设计物流系统、EDI 能力、报表管理、货物集运、选择承运人、货代人、海关代理、信息管理、仓储、咨询、运费支付、运费谈判等。由于服务业的方式一般是与企业签订一定期限的物流服务合同，所以有人称第三方物流为"合同契约物流（contract logistics）"。

第三方物流内部的构成一般可分为两类：资产基础供应商和非资产基础供应商。对于资产基础供应商而言，他们有自己的运输工具和仓库，他们通常实实在在地进行物流操作。而非资产基础供应商则是管理公司，不拥有或租赁资产，他们提供人力资源和先进的物流管理系统，专业管理顾客的物流功能。广义的第三方物流可定义为两者结合。

（二）基本特征

从发达国家物流业的状况看，第三方物流在发展中已逐渐形成鲜明特征，突出表现在以下五个方面。

1. 关系契约化

首先，第三方物流是通过契约形式来规范物流经营者与物流消费者之间关系的。物流经营者根据契约规定的要求，提供多功能直至全方位一体化物流服务，并以契约来管理所有提供的物流服务活动及其过程。其次，第三方物流发展物流联盟也是通过契约的形式来明确各物流联盟参加者之间权责利相互关系的。

2. 服务个性化

首先，不同的物流消费者存在不同的物流服务要求，第三方物流需要根据不同物流消费者在企业形象、业务流程、产品特征、顾客需求特征、竞争需要等方面的不同要求，提供针对性强的个性化物流服务和增值服务。其次，从事第三方物流的物流经营者也因为市场竞争、物流资源、物流能力的影响需要形成核心业务，不断强化所提供物流服务的个性化和特色化，以增强物流市场竞争能力。

3. 功能专业化

第三方物流所提供的是专业的物流服务。从物流设计、物流操作过程、物流技术工具、物流设施到物流管理必须体现专门化和专业水平，这既是物流消费者的需要，也是第三方物流自身发展的基本要求。

4. 管理系统化

第三方物流应具有系统的物流功能，是第三方物流产生和发展的基本要求，第三方物流需要建立现代管理系统才能满足运行和发展的基本要求。

5. 信息网络化

信息技术是第三方物流发展的基础。物流服务过程中，信息技术发展实现了信息实时共享，促进了物流管理的科学化、极大地提高了物流效率和物流效益。

二、第三方物流与外贸物流的关系

随着经济全球化进程的深入，以及我国加入WTO，我国各行各业在不同程度上面临着国外相关行业的严峻挑战，我国的对外贸易数量也大幅度增加，从而使外贸物流也被提到一个前所未有的高度，并且由于服务市场准入的扩大，使我国的物流业也融入了全球物流业跨国化、大型化和互联网经济化的潮流之中。第三方物流将成为外贸物流发展的必然趋势。针对第三方物流与外贸物流的关系，我们将从以下三个方面进行阐述。

（一）外贸运输业向第三方物流转型是促进我国经济结构调整、优化资源配置的客观要求

一个国家物流业的发展水平反映了该国的综合国力和企业的市场竞争能力。面临世纪之交，全球经济新秩序正在建立和调整，世界各国以及区域经济组织都非常重视物流水平对于本国经济发展、国民生活素质和军事势力的影响。最近签订的《日美防务条约》，其实质就是日本承诺提供美军在亚太地区的军事行动的物流保障支持。而且，物流活动很复杂，物流业务是全方位、全过程的优质服务，无论从外延到内涵，一切均从客户的需求出发，形成点、线、面的服务；不仅要有先进的物流技术与设施，还要有一只素质优良的专业人才队伍。在计划经济体制下，由于行业、地域等条块划分，造成仓库重复建设，车队老、人员知识结构跟不上等问题。而要想发展现代物流，就必须打破部门、地域等各自为政的局面，将传统物流企业的货源、人才、良性资产等资源进行优化、整合。因此，我国外贸物流业向物流业方向发展势必会带来原有经济结构的调整与旧的经营管理体制的转变。这必然会带动我国经济的快速发展，实现资源的优化配置。

（二）外贸物流业向第三方物流转型是货运代理业发展的必然结果

一方面，由于国内对货运代理企业的审批和行业管理的混乱，导致了货运代理市场上低水平的竞争，过度激烈的竞争也妨碍了企业的资本积累和发展壮大。并且，受国外先进的、现代的物流业的吸引和推动，不少货代已渐渐意识到，仅仅提供港到港的运输服务已不能满足广大货主的需要。

在与国内同业竞争中深感只有向物流业拓展才能生存和发展，才能增强自身的竞争力；另一方面，物流业的配套服务逐渐完善。在现代国际物流中，单纯的运输、仓储虽然是重要环节，但地位已经大大下降，而与这些环节相关的各配套服务成了利润来源。例如设在深圳市福田保税区的海福发展（深圳）有限公司的生产厂承担物流业务，从香港接货，进入内地报关，运到自己的仓库开箱、验收、分拣、配货，将配好的货箱按时送到指定的生产线上，并把产成品及不合格元器件拉回来，把成品发出去，把不合格元器件退回供货商，还要办好出关的一系列手续。从这里我们可以清楚地看到运输与储存仅是从属地位，而从进到出过程中的各种配套服务是其业务的主要内容，是利润的主要源泉。第三方综合物流是大型货代企业的发展方向，货代企业应嫁接现代物流理念。

（三）外贸物流业向第三方物流转型是跨国公司生存发展的需要

有报道称，目前世界上约有4.5万家跨国公司，控制了世界上1/3的生产，掌握了世界上70%的对外投资，占有世界贸易额的2/3和80%以上的技术贸易。面对日趋激烈的竞争，各大公司为了占领更大的国际市场，不得不将主要精力放在核心业务上，而将运输、仓储等相关业务环节交由更专业的物流企业进行操作，以求节约和高效。除此之外，物流企业还为这些跨国公司提供了最佳的资源和原材料供应地、成品生产地、半成品加工地、商品分拨配送和销售地。由于现代物流不断增加服务深度，延伸流程长度，拓宽覆盖广度，为跨国公司降低了货运成本，扩大了销售市场，提高了利润，所以第三方物流的发展，已成为目前世界各国和大型跨国公司所关注、探讨和实践的热点。可以说第三方物流产业的发展潜力巨大，具有广阔的发展前景。

第二节　外贸物流服务质量

一、外贸物流运作质量评价指标

外贸物流服务质量管理的主线是制定质量方针（质量第一、用户第一、服务第一、赶超先进水平）；确定质量目标（预订的长期目标、短期目标）；编制质量计划（目标计划、指标计划、措施计划）；建立物流质量指标体系；进行质量控制、评价、分析。

衡量外贸物流质量的主要指标是根据外贸物流服务的目标确定的，即是"目标质量"的具体构成内容。围绕这些指标，在工作环节中各项工程又可以制定出实现"分目标"的一系列质量指标，这就形成了一个质量指标体系。

（一）外贸物流目标质量指标

1. 国际货物运输的服务水平指标

（1）相对数指标

国际货物运输的服务比率＝满足要求次数/用户要求数量－满足要求数

国际货物运输的缺货率＝缺货次数/用户要求次数×100%

（2）绝对数指标

未满足用户要求数量＝用户要求数量－满足要求数量

该指标等于零为最好，指标值越大质量越差。

2. 国际货物运输的交货水平指标

（1）相对数指标

国际货物运输的交货比率＝按期交货次数/总交货次数×100%

（2）绝对数指标

国际货物运输的交货期＝规定交货期－实际交货期

以实际交货期与规定交货期相差日（时）数表示。正号为提前交货，负号为延迟交货。

3. 国际货物运输的商品完好率指标

国际货物运输的商品完好率＝交货时完好的商品量×100％

国际货物运输的缺损率＝缺损商品量/物流商品总量×100％

国际货物运输的货差率＝错装错卸量/物流商品总量×100％

货损货差赔偿费率＝货损货差赔偿费总额/同期业务收入总额×100％

4. 国际物流费用指标

国际货物运输的物流费用率（元/吨）＝国际货物运输的物流费用/国际货物运输的物流总量

5. 物资保管完好程度

国际货物运输的物资保管损耗率＝国际货物运输中的损坏、变质、损失量/期内平均库存量

业务赔偿费率＝业务赔偿之和/期内仓储业务收入×100％

国际货物运输的缺损率＝国际货物运输的缺损商品量/国际货物运输中的物流商品总量×100％

国际货物运输的货差率＝国际货物运输中的错装错卸量/国际货物运输中的物流商品总量×100％

国际货物运输的货损货差赔偿费率＝国际货物运输的货损货差赔偿费总额/同期国际货物运输业务收入总额×100％

（二）外贸仓库质量指标

1. 外贸仓库吞吐能力实现率

仓库吞吐能力实现率＝期内实际吞吐量/外贸仓库设计吞吐量

2. 商品收发正确率

收发差错率＝收发差错量/期内吞吐量

收发正确率＝1－收发差错量/期内吞吐量＝（期内吞吐量－收发差错量）/期内吞吐量

3. 商品完好率

外贸库存商品完好量＝期内平均库存量－损坏、变质、损失量

外贸仓库商品完好率＝（外贸仓库商品库存量－外贸仓库缺损商品量）/外贸仓库商品库存量×100％

4. 外贸仓库库存商品缺损率

外贸仓库库存商品缺损率＝外贸仓库商品缺损量/外贸仓库商品库存量×100％

（以上是以用户为对象，确定每批商品的质量指标。如果是对外贸仓库总工作质量评定，其指标的计算应将"某批次"的数量改换为"期内"的数量。）

5. 外贸仓库仓容利用率

外贸仓库仓容利用率＝外贸仓库存货面积/外贸仓库的总面积×100％

6. 外贸仓库设备完好率

外贸仓库设备完好率＝期内设备完好台数/同期设备总台数

7. 设备利用率

外贸仓库设备利用率＝全部设备实际工作时数/设备总工作能力×100％

8. 仓储吨日成本

外贸仓库仓储吨日成本（元/吨）＝外贸仓库仓储费用/外贸仓库库存量

（三）运输环节质量指标

1. 正点运输率

国际货物运输正点运输率＝正点运输次数/运输总次数×100％

2. 满载率

满载率＝车辆实际装载量/车辆装载能力×100％

3. 实载率

实载率＝一定时期内车船实际完成的货物周转量（以吨千米计）/车船载重吨位×行驶公里×100％

（四）装运搬卸质量

国际货物运输装载搬运损失率＝国际货物运输装载搬运损失量/期内吞吐量×100％

国际货物运输装卸搬运质量＝1－国际货物运输装卸搬运损失量/期内吞吐量 100％＝（期内吞吐量－国际货物运输装卸搬运损失量）/期内吞吐量×100％

（五）外贸物流客户流失率指标

1. 绝对数指标

当期外贸物流客户流失数量＝期末外贸物流客户数量－当期新增外贸物流客户数量－期初外贸物流客户数量（得数为负数时表明有客户流失，并且流失的数量就是该数），也可以用统计的方法计算当期顾客的流失数量。

2. 相对数指标

外贸物流客户流失率＝一定时期内的外贸物流客户流失量/期初外贸物流客户数量×100％

合同到期外贸物流客户再续约数量比例＝外贸物流客户再续约数/合同到期总外贸物流客户数量×100％

二、外贸物流服务过程质量管理

外贸物流服务过程是指将外贸物流服务从外贸服务提供者到服务消费者的流程。外贸物流服务过程的质量管理主要包括以下方面。

（一）外贸物流服务过程质量监控

外贸物流企业作为外贸物流服务的供方，要保证服务提供过程的质量，就要对是否遵守相关的外贸物流服务规范进行监督，在出现偏差时对外贸物流服务提供过程进行调查。在我国，外贸公司遵循的服务过程质量监控法律法规、国际惯例有《中华人民共和国合同法》，《规范进出口代理业务的若干规定》（外经贸部），《种类表》（原国家出入境检验检疫局），及《跟单信用证统一惯例600》、《国际商会托收统一规则522》等。

外贸物流企业进行过程质量测量的一个方法是绘制外贸物流服务流程图，显示工作步骤和工作任务，确定关键时刻，找出外贸物流服务流程中的管理人员不易控制的部分，不同部门之间的衔接等薄弱环节，分析各种影响服务质量的因素，确定预防性措施和补救性措施。通常外贸公司的质量管理体系范围是进出口贸易及其代理服务、加工贸易等。出口业务流程。主要服务过程包括商品的生产、仓储、运输集港、保险等。

（二）外贸物流客户评定

外贸物流客户的评定是对外贸物流服务质量的基本测量。外贸物流企业的客户主要是国际客户。外贸物流客户的反映可能是及时的，也可能是滞后的或者回顾性的。对于外贸物流客户满意方面的评定和测量，应集中在外贸物流服务的服务提要、外贸物流服务规范、外贸物流服务提供过程满足客户需要的范围内。

外贸物流客户与服务企业自身评定相结合,评价两者之间的相容性,可以为改进服务质量、采取改进措施提供帮助。

(三)不合格外贸物流服务的补救

没有任何物流服务质量体系能够保证所有的物流服务都是可靠的、无缺陷的,不合格物流服务在企业仍是不可避免的。

不合格服务的重复出现可能意味着服务可靠性发生了严重问题。当出现不合格的服务时,紧跟着一次毫无力度的服务补救,服务器也就是让客户失望了两次,丧失了两次关键时刻,其后果只能是极大地降低客户对服务企业的信任。例如,在国际运输中造成货损或货物灭失时,应及时向保险公司索赔,再由保险行使代位求偿权向责任人追偿。

第三节 外贸物流成本管理

一、外贸物流成本核算及管理原则

我国外贸物流成本核算的原则是,在贯彻平等互利的原则下根据国际市场价格水平,结合国别(地区)政策,并按照我们的购销意图、商品的质量和档次、运输距离、交货地点及交货条件、成交数量、支付条件和汇率变动的风险、佣金及折扣、保险等确定适当的物流服务价格,进行成本核算。一般在确定外贸物流服务价格的时候,需要考虑以下因素。

1. 进出口商品的质量和档次

在国际市场上,一般都贯彻按质论价的原则,即好货好价,次货次价,品质的优劣,档次的高低,包装装潢的好坏,式样的新旧,商标,品牌的知名度,都影响商品的价格。

2. 运输距离的远近

国际货物运输,一般属于长途跨洋运输。运输距离的远近,直接影响运费和保险费的开支,从而影响商品的价格。因此,确定商品价格时,必须核算运输成本,做好比价工作,以体现地区差价。

3. 交货地点和交货条件

在国际贸易中,由于交货地点和交货条件不同,买卖双方承担的责任、费用的风险有别,在确定进出口商品价格时,必须考虑这些因素。例如,同一运输距离内成交的同一商品,按 CIF 投机倒把成交同按 Exship 条件成交,其价格应当不同。

4. 季节性需求的变化

在国际市场上,某些节令性商品,如赶在节令前到货,抢行应市,即能卖上好价钱。过了节令的商品,其售价往往很低,甚至以低于成本的"跳楼价"出售。因此,应充分利用季节性需求的变化,切实掌握好季节性差价,争取按有利的价格成交。

5. 成交数量

按国际贸易的习惯做法,成交量的大小影响价格。即成交量大时,在价格上应给予适当优惠,或者采用数量折扣的办法;反之,如成交量过少,甚至低于起订量时,也可以适当提高出售价格。那种不论成交量多少,都采取同一个价格成交的做法是不当的,我们应当掌握好数量方面的差价。

6. 支付条件和汇率变动的风险

支付条件是否有利和汇率变动风险的大小,都影响商品的价格。例如,同一商品在其他交易条件相同的情况下,采取预付货款和凭信用证付款方式下,其价格应当有所区别。同时,确定商品价格时，一般应争取采用对自身有利的货币成交，如采用不利的货币成交时，应当把汇率变动的风险考虑到货价中去，即适当提高出售价格或压低购买价格。

7. 其他因素

此外，交货期的远近，市场销售习惯和消费者的爱好与否等因素，对确定价格也有不同程度的影响，因此必须在调查研究的基础上通盘考虑，权衡得失，然后确定适当的物流服务价格。

二、外贸物流成本的划分

（一）按功能划分并核算外贸物流成本

分别按包装、配送、保管、搬运、国际运输、信息、物流管理等功能来核算物流费用。从这种方法可以看出哪种功能更耗费成本，比按形态计算成本的方法能更进一步找出实现物流合理化的症结。而且可以计算出标准物流成本（单位个数、质量、容器的成本），进行作业管理，设定合理化目标。

（二）按支付形态划分并核算物流成本

把外贸物流成本分别按运费、保管费、包装材料费、配送费（企业内部配送费）、人事费、物流管理费、物流利息、保险等支付形态记账。从中可以了解物流成本总额，也可以了解什么经费项目花费最多。对认识物流成本合理化的重要性，以及考虑在物流成本管理应以什么为重点，十分有效。

三、外贸物流服务中的成本定价

在国际货物买卖中，利用成本导向定价法是最主要的一种定价形式，为外贸企业广泛使用。采用成本加成定价法时，需要了解有关进出口商品的成本和相对于成本的利润率（或利润），并以相应的外币表示，即能获得基本价格。

以出口商品为例，出口商品的基本成本要素包括：

（1）出口商品生产成本或采购成本；
（2）装运前融资利息成本；
（3）出口成本及费用（包括出口包装、国内运输、保险费用、码头费用、仓储费用、各种国内税、海关关税及费用、出口企业管理费用等）；
（4）装运后的融资利息成本和银行手续费用；
（5）可能的汇率变动成本；
（6）国外运费（自装运港至目的港的海上运输费用）；
（7）国外保险费（海上货物运输保险）；
（8）如果有中间商，那么还应包括将支付给中间商的佣金；
（9）出口商预期利润率等。

出口商在采用成本加成定价方法时，应根据买卖双方所确定的贸易术语，首先确定出出口商品的总成本，并在此基础上计算出出口商品利润，即得到出口商品的价格。

四、外贸物流服务中的佣金与折扣

在外贸物流服务的价格条款中，有时会有佣金或折扣的规定，从这个角度看，价格条款中所规定的价格，可分为包含有佣金或折扣的价格和不包含这类因素的净价（netPrice）。包含有佣金的价格，在业务中通常称为"含佣价"。

佣金（commission），是代理人或经纪人为委托人进行交易而收取的报酬。在国际货物买卖中，往往表现为出口商付给销售代理人、进口商付给购买代理人的酬金。因此，它适用于与代理人或佣金商签订的合同。

折扣（rebate、allowance），是卖方给予买方的价格减让，从性质上看，它是一种优惠。国际贸易中所使用的折扣种类较多，除一般折扣外，还有为扩大销售而使用的数量折扣，以及为特殊目的而给予的特别折扣等。

在价格条款中，对于佣金或折扣可以有不同的规定办法。通常是在规定具体价格时，用文字明示佣金率或折扣率，如每公吨CIF香港1 000美元，佣金3%；或CIF香港每公吨1 000美元，折扣2%。价格中所包含的佣金或折扣也可用绝对数表示，如每公吨付佣金30美元，或每公吨折扣5美元等。有时，双方在洽谈交易时，对佣金或折扣的给予虽已达成协议，却约定不在合同中表示出来。这种情况下的价格条款中，只订明单价，佣金或折扣由一方当事人按约定另付，这种不明示的佣金或折扣，俗称"暗佣"或"暗扣"。

在规定佣金的条件下，不但佣金的高低会影响双方的实际利益，而且如何计算佣金，对双方的经济利益也会产生直接影响，关于如何计算佣金，可以有不同的方法，最常见的是以合同价格直接乘佣金率，得出佣金额，例如，CIFC 3%每公吨1 000美元，佣金额为1 000×0.03＝30美元，但也可规定，CIFC 3%以FOB值计算，这样，在计付佣金时，应以CIF价减去运费、保险费，求出FOB值，然后乘以0.03，得出佣金额，关于计算佣金的公式如下：

单位货物佣金额＝含佣价×佣金率

净价＝含佣价－单位货物佣金额

假如已知净价，则含佣价的计算公式为：含佣价＝净价/1－佣金率

佣金的支付通常有两种做法：一种是由中间代理商直接从货价中扣除；另一种是在委托人收清货款之后，再按事先约不定期的期限和佣金比率，另外付给中间代理商。按照一般惯例，在独家代理情况下，如委托人同约定地区的其他客户直接达成交易，即使未经独家代理商过手，也得按独家代理协议规定的佣金比率付给其佣金。在支付佣金时，要防止错付、漏付和重付事故发生。

五、换汇成本的测算

出口换汇成本是指出口商品净收入一单位外汇所需的人民币成本。在我国，一般是指出口商品每净收入一美元所耗费的人民币成本，即用多少元人民币换回一美元。出口换汇成本是衡量外贸企业和进出口盈亏的重要指标，与外汇牌价相比较能直接反映出商品出口是否盈利。换汇成本如高于银行外汇牌价，说明出口为亏损；换汇成本如低于银行外汇牌价，则说明出口盈利。其计算公式：

出口换汇成本＝出口总成本（人民币）÷出口销售外汇净收入（美元）

出口商品盈亏率是指出口商品盈亏额与出口总成本的比率。出口盈亏额是指出口销售人民币净收入与出口总成本的差额，前者大于后者为盈利，反之为亏损。其计算公式：

出口商品盈亏率＝出口商品盈亏额÷出口总成本×100%

在对换汇成本进行测算时，需要考虑以下因素：

（一）外贸物流服务运费的计算

随着运输的发展集装箱的大量使用，在外贸物流服务中，国外进出口商往往要求集装箱装运。集装箱装运的为整箱装运和拼箱装运。整箱装运的运费比散箱装运的运费低。通过对许多船公司同时期、同航线的报价测算，可以发现平均到每一运费吨，整箱装运运费比拼箱装运运费低几美元到几十美元不等。所以，在测算运费时，一定得注意使用的运价标准，出口商品的数量能够装满一整集装箱，才能使用整箱运价计算运费；商品数量小，只能够散箱装运的，则只能使用运价较高的散

箱运价来计算运费，否则会因运费的少算而错误测算换汇成本。

（二）整集装箱装载商品数量

在合同条款规定要求整集装箱装运时，如果不能准确掌握出口商品的内外包装情况，不能准确掌握每一集装箱能够装载多少数量的商品，就极易引起空载，而空载就意味着运费的白白支出，运费的白白支出也就意味着对运费的计算不准确，换汇成本的测算自然也不准确，因此，要准确测算换汇成本，必须准确掌握商品包装情况，运费的支付情况。

（三）托盘＋集装箱的装运方式的额外费用

托盘和集装箱在运输中起相同的作用：保护商品，便于装卸，防止偷窃，所以，装运过程，可根据具体情况采用其中一种方式就可以了。如果两种方式同时采用，不仅要多件包装费用。还要为托盘所占据的空间支付运费。所以，当国外进口商要求先打托盘，后装集装箱，那么，在测算换汇成本时，一定要计算承担托盘＋集装箱装运发生的额外的包装费用及运输费用。

（四）保险费

出口交易中，在以 CIF 术语成交的情况下，出口商需要到主页"保险费"中查询保险费率，用以核算保险费。公式如下：

$$保险费＝保险金额 \times 保险费率$$
$$保险金额＝CIF 货价 \times （1＋保险加成率）$$

在进出口贸易中，根据有关的国际惯例，保险加成率通常为 10%。出口商也可根据进口商的要求与保险公司约定不同的保险加成率。

例题 13-1　商品 03001 的 CIF 价格为 USD 8 937.6，进口商要求按成交价格的 110% 投保一切险（保险费率 0.8%）和战争险（保险费率 0.08%），试计算出口商应付给保险公司的保险费用？

解：保险金额＝8 937.6×110%＝9 831.36 美元

保险费＝9 831.36×（0.8%＋0.08%）＝86.52 美元

1. 高投保加成发生的额外保险费

保险是为了保障货主在货物灭损后能获得一定的经济补偿，使其经营得以继续进行。按照国际惯例，投保加成通常为 10%，保险费用随着投保加成的提高而高涨。当投保加成达到 30% 时，保险公司一般不予接受，这是为了防止个别货主故意灭损货物，骗取高额保险赔偿。因此，如有特殊情况，确有需要提高投保加成，即使保险公司不能接受，保险费也是比较高的，保险公司需要逐笔确认保险费，那么，在测算换汇成本时，一定得加上保险公司确认的高投保加成发生的所有费用。

2. 货物需要加计的保险费

保险费由商品的金额，类别，投保险别，目的港国家等相对应的基本费率来确定，如果出口商品是需要加计保费的指明货物，保险费的计算是基本保险费加上加计保险费，加计保费费用高于基本保险费费用，因此，除了应知道出口商品的基本保险费，还应了解出口商品是否属于指明货物，是否需要加计保险费，在测算换汇成本时，在基本保险费用上加上该指明货物的加计保险费费用。

（五）出口商品保险免赔问题

保险公司对某些商品有免赔的规定，免赔率因商品属性的不同而不同，从 0.5%～5% 不等，因此，应了解出口商品是否属于保险公司免赔规定范围内的商品，如果商品在免赔范围内，而合同来签订相应的免赔条款，出口方将承担一定的赔偿风险，一旦赔偿成立，出口方将付出不小的代价，必因换汇成本地增高而导致亏损的发生，因此，对保险公司规定免赔范围内的商品必须在合同上签订相应的免赔条款,规避可能发生的赔偿风险,消除换汇成本能增高的隐患,以保证测算的换汇成本的准确性。

(六) 正常的银行费用的估算

托收所发生的正常的银行费用主要有:托收费和寄单费。信用证结算发生的正常的费用主要有:信用证通知费,保兑费,议付费,寄单费,单据处理费,电报费,偿付费等。由于信用证结算发生的银行费用比较复杂,对信用证结算的合同,在测算换汇成立时,要特别注意银行费用,因为信用证金额不同,内容条款不同,开证国家不同,及各银行收取费用的标准不同,优惠项目不同,所以信用证结算产生的费用各不相同,那么,在测算换汇成本时,就需要根据不同国家,不同银行的银行费用水平,再结合合同规定的条款来测算银行费用。

银行费用=报价总金额×银行费率

不同的结汇方式,银行收取的费用也不同。银行费率在主页的"费用查询"中可以查到。

例如:报价总金额为 USD 8 846.4 时,分别计算 L/C、D/P、D/A、T/T 的银行费用?

解:

第1步:查询费率

在主页"费用查询"中查得 L/C 费率 1‰、D/A 费率 0.15‰、D/P 费率 0.17‰、T/T 费率 0.1‰。

第2步:查询汇率

在主页"今日汇率"中,查到美元的汇率为 8.25 元人民币兑换 1 美元。

第3步:计算银行费用

L/C 银行费用=8 846.4×1‰×8.25=729.83 元

D/P 银行费用=8 846.4×0.17‰×8.25=124.07 元

D/A 银行费用=8 846.4×0.15‰×8.25=109.47 元

T/T 银行费用=8 846.4×0.1‰×8.25=72.98 元

(七) 非正常银行费用支出的预计

非正常银行费用在信用证结算中产生,主要有:不符点交经费,不符点交单引起的电报费,以及客户转嫁来的开证费,转证费等等。其产生的原因多种多样,如,合同未对银行费用作明确划分,国外进口商将该由其自行承担的开证费或转证费转嫁到我出口方头上,从而发生开证费,转证费。再如:合同条款不完整不能顺利履约;或合同中有受对方制约的陷阱条款,难以履约;或因操作失误,未按合同条款履约;或制单结汇有差错;各种错误最终体现为结汇率单据不符点,从而发生不符点变单费及相关的电报费。谁也不能在事前保证:合同条款的签订百分之百合理,履行合约百分之百的准确,没有一点纰漏。因此,在测算换汇成本时,应当适当预估可能产生的非正常银行费用。

(八) 远期放账所产生的利息

在出口贸易中,做信用证远期、D/P 远期、D/A 远期,可根据放账金额、放账天数及银行贷款利率计算出来,其公式为:放账利息=放账金额×放账天数/360 天×银行贷款利率。在测算换汇成本时,应注意:把这项利息费用应计入出口所需总成本。

例题 13-2 出口某商品 1 000 打,出口价:每打 18.2 美元 CIF 纽约,CIF 总价 18 200 美元,其中运费 2 120 美元,保险费 116 美元。进价每打人民币 117 元,共计人民币 117 000 元(含增值税),费用定额率 10%,出口退税率 9%。当时银行的美元买入价为 7.91 元。

该商品的换汇成本：
= [11 700＋（117 000）×10％－[117 000÷（1＋17％）×9％]] / [18 200－2 120－116]
=119 700/15 964
=7.498

该商品的出口盈亏额：
=（15 964×7.91）－119 700
=6 575.24

该商品的出口盈亏率
=6 575.24/119 700×100％
=5.4％

六、主要外贸物流术语的价格构成和换算

（一）FOB，CFR，CIF 三种贸易术语的价格构成

仅适用于海上或内河运输。在价格构成中，通常包括三方面内容：进货成本、费用和净利润。费用的核算最为复杂，包括国内费用和国外费用。

1. 国内费用

（1）加工整理费用；
（2）包装费用；
（3）保管费用（包括仓租、火险等）；
（4）国内运输费用（仓至码头）；
（5）证件费用（包括商检费、公证费、领事签证费、产地证费、许可证费、报关单费等）；
（6）装船费（装船、起吊费和驳船费等）；
（7）银行费用（贴现利息、手续费等）；
（8）预计损耗（耗损、短损、漏损、破损、变质等）；
（9）邮电费（电报、电传、邮件等费用）。

2. 国外费用

（1）国外运费（自装运港至目的港的海上运输费用）；
（2）国外保险费（海上货物运输保险）；
（3）如果有中间商，还包括支付给中间商的佣金。

3. 计算公式如下

FOB 价＝进货成本价＋国内费用＋净利润
CFR 价＝进货成本价＋国内费用＋国外运费＋净利润
CIF 价＝进货成本价＋国内费用＋国外运费＋国外保险费＋净利润

（二）FCA、CPT 和 CIP 三种贸易术语的价格构成

适用范围广。在价格构成中，通常包括3方面内容：进货成本、费用和净利润。

1. 国内费用

（1）加工整理费用；
（2）包装费用；
（3）保管费用（包括仓租、火险等）；
（4）国内运输费用（仓库至码头）；

(5) 拼箱费（如果货物构不成一整集装箱）；

(6) 证件费用（包括商检费、公证费、领事签证费、产地证费、许可证费、报关单费；

(7) 银行费用（贴现利息、手续费等）；

(8) 预计损耗（耗损、短损、漏损、破损、变质等）；

(9) 邮电费（电报、电传、邮件等费用）。

2. 国外费用主要有：

(1) 外运费（自出口国内陆启运地至国外目的地的运输费用）；

(2) 国外保险费；

(3) 如果有中间商，还包括支付给中间商的佣金。

3. FCA、CPT、CIP3 种贸易术语因采用的运输方式不同，所包含的费用也不同

计算公式如下：

FCA 价＝进货成本价＋国内费用＋净利润

CPT 价＝进货成本价＋国内费用＋国外运费＋净利润

CIP 价＝进货成本价＋国内费用＋国外运费＋国外保险费＋净利润

（三）外贸物流中主要的贸易术语的换算

在外贸物流服务中，不同的贸易术语表示其价格构成因素不同，即包括不同的从属费用。例如：FOB 术语中不包括从装运港至目的港的运费和保险费；CFR 术语中则包括从装运港至目的港的通常运费；CIF 术语中则包括从装运港至目的港的通常运费外，还包括保险费。在对外洽商交易过程中，有时一方按某种贸易术语报价时，对方要求改报其他术语所表示的价格，如一方按 FOB 报价，对方要求改按 CIF 或 CFR 报价，这就涉及价格的换算问题。了解贸易术语的价格构成及其换算方法，乃是从事外贸物流服务人员所必须掌握的基本知识和技能。现将外贸物流中主要的贸易术语的换算方法及公式介绍如下：

1. FOB、CFR 和 CIF 三种术语的换算

(1) FOB 价换算为其他价

CFR 价＝FOB 价＋国外运费

CIF 价＝（FOB 价＋国外运费）/（1－投保加成×保险费率）

(2) CFR 价换算为其他价

FOB 价＝CFR 价－国外运费

CIF 价＝CFR 价/（1－投保加成×保险费率）

(3) CIF 价换算为其他价

FOB 价＝CIF 价×（1－投保加成×保险费率）－国外运费

CFR 价＝CIF 价×（1－投保加成×保险费率）

2. FCA、CPT 和 CIP 三种术语的换算

(1) FCA 价换算为其他价

CPT 价＝FCA 价＋国外运费

CIP 价＝（FCA 价＋国外运费）/（1－保险加成×保险费率）

(2) CPT 价换算为其他价

FCA 价＝CPT 价－国外运费

CIP 价＝CPT 价/（1－保险加成×保险费率）

(3) CIP 价换算为其他价

FCA 价＝CIP 价×（1－保险加成×保险费率）－国外运费

CPT 价＝CIP 价×（1－保险加成×保险费率）

【重点名词与概念】

第三方物流　服务质量　成本核算　出口换汇成本　出口商品盈亏率　FOB　CFR　CIF　FCA　CPT　CIP

【本章练习与思考题】

一、单选题

1. 根据国际商会《1990 年国际贸易术语解释通则》，在 CFR 价条件下，（　　）。
   A. 卖方在合同规定的装运港和期限内将备妥的货物装上船并通知买方，货物在装船时越过船舷，一切风险和费用就由买方承担了。装货的船只是买方预定和指派的，保险是由买方安排的
   B. 卖方支付货物成本费并支付将货物运至指定目的港所需的运费，但是保险由买方自行安排
   C. 卖方支付货物成本费并且支付将货物运至指定目的港所需的运费和保险费
   D. 卖方支付货物成本费，保险费以及将货物运至指定目的港所需的运费由买方支付

2. 根据海运贸易术语，FOB 表示：（　　）。
   A. 装运港船交货　　　　　　B. 成本加运费
   C. 成本加保险费　　　　　　D. 成本、保险费加运费

3. CFR 价等于（　　）。
   A. CIF 价×（1－投保加成×保险费率）
   B. CIF 价×（1－投保加成×保险费率）－国外运费
   C. FOB 价×（1－投保加成×保险费率）
   D. FOB 价×（1－投保加成×保险费率）－国外运费

二、多选题

1. 第三方物流的基本特征包括：（　　）。
   A. 关系契约化　　　　　　B. 服务个性化
   C. 功能专业化　　　　　　D. 管理系统化
   E. 信息网络化

2. 外贸物流出口的国外费用主要有：（　　）。
   A. 外运费（自出口国内陆启运地至国外目的地的运输费用）　B. 国外保险费
   C. 支付给中间商的佣金　D. 管理费用　E. 劳务费

3. CIF 价的价格构成包括：（　　）。
   A. 进货成本　　　　　　B. 国内费用
   C. 国外运费　　　　　　D. 国外保险费
   E. 净利润

三、判断题

（　　）1. 第三方物流既不属于第一方，也不属于第二方，而是通过与第一方或第二方的合作来提供其专业化的物流服务，它不拥有商品，不参与商品的买卖，而是为客户提供以合同为约束、以结盟为基础的、系列化、个性化、信息化的物流代理服务。

（　　）2. 外贸物流业向第三方物流转型是货运代理业发展的必然结果。

（　　）3. 在外贸物流服务过程中，托盘和集装箱在装运过程中，必须同时采用。

四、计算题

出口某商品 2 000 打，出口价：每打 19.2 美元 CIF 纽约，CIF 总价 18 200 美元，其中运费

4 000美元，保险费200美元。进价每打人民币117元，共计人民币117 000元（含增值税），费用定额率10%，出口退税率9%。当时银行的美元买入价为7.91元。求该商品的换汇成本和出口盈亏额。

五、简答与论述题

1. 请简述外贸物流服务质量管理的主线。
2. 请论述外贸物流服务质量运作的主要指标。
3. 请简述外贸物流成本的分类。
4. 试论述在对换汇成本进行测算时需要考虑哪些因素。
5. 试论述在确定外贸物流服务价格的时候需要考虑哪些因素。

第十四章　外贸物流与物流金融服务

【本章培训要点】

本章培训的主要内容是关于物流金融在外贸物流中的应用。内容主要包括物流金融的概念、主体、特征及主要职能，物流金融的主要业务和常见操作方式，物流企业在物流金融中的经营模式，外贸物流中开展物流金融的意义，不同国际结算下物流金融的运作模式，物流金融在进出口业务中的具体应用。

【本章应掌握的主要内容】

通过本章学习，掌握物流金融的主要运作模式，物流金融的主体、特征及基本职能，熟悉代客结算业务及融通仓的主要作业流程；深刻理解物流金融在外贸物流运作中的作用；应了解物流金融产生的背景、内涵及服务理念，了解各种国际结算中物流金融的运作模式及物流金融在进出口业务中的应用类型。

第一节　物流金融概述

随着经济区域化、国际化、全球一体化发展趋势的形成，贸易成为世界各国和各地区在经济上相互依赖、相互联系最基本的表现形式，而贸易要最终完成，必须依赖物流。如何利用金融对资源的宏观调控功能和服务特性服务于物流行业，提高外贸物流业的效率已成为当务之急。物流金融逐渐成为大家关注的焦点。

一、物流金融的概念

（一）物流金融产生的背景

1. 中小企业融资困境使市场存在大量物流金融需求

对于大多数中小企业而言，受规模和资金的限制，其抗风险能力较差，因缺乏传统抵押、担保手段，往往很难从银行融资，即使寻求有效的第三方担保（如担保公司）款也常因合作方多、作业链长、实效性差，好不容易拿到资金，早已"时过境迁"，融资瓶颈令它们一再错失机遇。为解决这一问题，金融机构和物流企业从中看到了发展空间和盈利机会，从而孕育了物流金融这一新型业务模式。物流金融的引入可为中小企业提供物流和金融集成的一体化服务，并对中小企业进行信用整合与信用再造，有效支持中小企业的融资活动。同时，物流金融可以盘活企业暂时闲置的原材料和产成品的资金占用，优化企业资源。

2. 金融业的竞争使金融机构创新意识增强

当前金融机构面临的竞争越来越激烈。为在竞争中获得优势，金融机构（如银行）不断地进行业务创新，这就促使了物流金融的诞生。物流金融可以帮助银行吸引和稳定客户，扩大银行的经营规模，增强银行的竞争能力；可以协助银行解决质押贷款业务中银行面临的"物流瓶颈"——质押物仓储与监管；可以协助银行解决质押贷款业务中银行面临的质押物评估、资产处理等服务。

3. 物流企业获取新的竞争优势的需要

物流行业竞争的结果导致物流服务的利润下降，迫使物流企业开辟新的服务业务。在国际物流发展会上，物流巨头们认为，对卡车运输、货物代理和一般物流服务而言，激烈的竞争使利润率下降到平均只有2%左右，已没有进一步提高的可能性。而由于目前各家企业涉足金融服务较少，发展空间巨大，于是包括UPS在内的几家跨国物流商均在业务中增加金融服务，将其作为争取客户和提高利润的一项重要举措。对于第三方物流企业而言，物流金融可以提高企业一体化服务水平，提高企业的竞争能力，扩大企业的业务规模，增加高附加值的服务功能，提高企业的经营利润。

在这样的背景下，物流服务与金融服务相结合的产物——物流金融应运而生。

（二）物流金融的内涵

物流金融是在一个供应链内集成不同功能领域的物流企业、金融机构，以物流、金融服务为基本内容，以第三方物流企业为平台，通过委托代理机制将金融机构的部分业务交给第三方物流企业的一种业务模式。

从广义上讲，物流金融是指在面向物流的运营过程，应用和开发各种金融产品，实施物流、资金流和信息流的有效整合，有效地组织和调节供应链运作过程中货币资金的运动，从而提高资金运行效率、实现物流价值增值的融资活动。这些资金活动包括发生在物流过程中的各种存款、贷款、投资、信托、租赁、抵押、贴现、保险、有价证券发行与交易，以及金融机构所办理的各类涉及物流业的中间业务等。

从狭义上讲，物流金融是银行质押贷款业务，是指企业以市场畅销、价格波动幅度小、处于正常贸易流转状态且符合要求的产品向银行抵押作为授信条件，运用较强实力的物流企业的物流信息管理系统将银行的资金流与企业的物流进行有机结合，向客户企业（主要是中小企业）提供融资、结算等服务于一体的银行综合服务业务。

（三）物流金融的服务理念

物流金融是物流服务和金融服务相结合的产物，是包括金融服务功能的物流服务，主要指在供

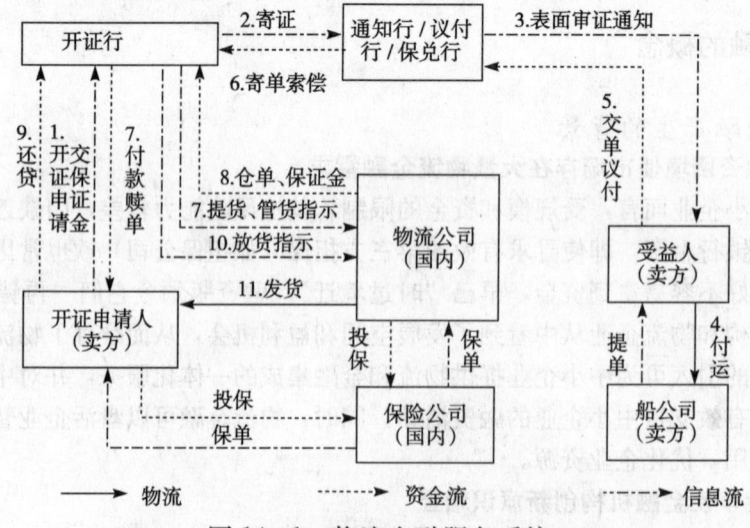

图 14-1 物流金融服务系统

应链中，第三方物流企业提供的一种金融与物流集成式的创新服务，其主要服务内容包括物流、流通加工、融资、评估、监管、金融咨询等。物流金融不仅能为客户提供高质量、高附加值的物流服务，还为客户提供间接或直接的金融服务，以提高供应链整体绩效和客户的经营及资本运作效率等。物流金融服务系统如图14-1所示。

从图14-1可以看出，物流金融也是供应链的金融服务创新产品，物流金融的提供商（如第三方物流企业）可以通过自身或自身与金融机构的紧密协作关系，为供应链的企业提供物流和金融的集成式服务。

二、物流金融的主体

物流金融主要涉及三个主体：第三方物流企业、融资企业和金融机构。物流企业与金融机构联合为资金需求企业提供融资，三者在物流金融活动中相互合作、互利互惠。在供应链环境下的物流金融实际运作过程中，供应链主导企业往往也是主要的参与者，发挥了重要作用，同时物流金融需要相应的政府和商贸环境支持。物流金融的主体及相互间的关系如图14-2所示。

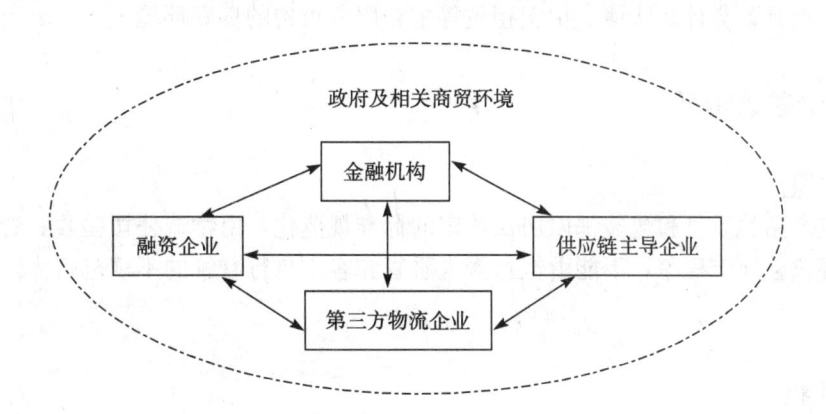

图14-2 物流金融主体及相互间的关系

（一）金融机构

金融机构泛指能够提供资金的机构，如银行、担保公司等；对于银行等金融机构而言，商业银行和其他金融机构为防范融资风险，绝大部分贷款都需要抵押或担保，而不动产最适合作为抵押或担保物。动产则容易为贷款人转移，这无疑增加了银行的风险。因此，国内银行尤其对中小企业的融资服务，需要多样化的金融服务产品。商业银行给中小企业提供的融资服务平台包括融资、评估、监管、资产处理、支付和现金管理、代开商业票据、银行授信转贷等功能业务。

（二）第三方物流（3PL）企业

第三方物流企业是指提供质押物（动产）的物流服务和资产管理服务（监管、拍卖等）的承载者；第三方物流是在物流渠道中由中间商提供的服务，中间商以合同的形式在一定期限内提供企业所需的全部或部分物流服务；第三方物流的优势和价值表现在成本价值、服务价值、风险规避价值、社会效益四个方面。因此，3PL提供物流和金融集成式产品服务给供应商，既可以为供应商融资提供服务，又可以通过规模效应和大数定律为银行信贷服务降低系统风险。

（三）借款企业

借款企业是指供应链中资金不足的企业，由于资金不足将会限制该企业实现最优的运营决策。如果借款企业可以通过金融机构获得融资服务，解决了资金限制问题，其将实现最优的运营决策，从而推动整个供应链效益的增加。一般来说，借款企业往往是易受资金瓶颈影响的中小型企业。

（四）供应链主导企业

供应链主导企业往往规模较大，实力较强，所以能够通过担保、提供出质物或者承诺回购等方式帮助融资企业解决融资担保困难，从而保证与融资企业良好的合作关系和稳定的供货来源或分销渠道；物流金融集成式产品服务中，由于价值链主导企业的参与顾及供应链整体利益，使得银行信贷风险有效降低。

（五）政府和相关商贸环境

政府和相关商贸环境主要指税务、海关、银行等机构和有关的政策和法规，以及相关的会计、法律、拍卖等相关业务环境和流程。物流金融集成式产品服务还受到税务、海关等政府监管部门的影响，同时也需要具备会计、法律、拍卖租赁等中介服务机构的良好环境。

三、物流金融的特征

（一）规范化

指所有物流产品的质量和包装都以协议约定的标准规范化，由物流公司验收、看管，而且动产质押品的质押要符合规定程序，不能由银行派人看管和客户自行看管的不规范行为，确保质押的有效性。

（二）信息化

所有质押品的监管都借助物流公司的物流信息管理统一进行，与该业务有关的管理人员，都可以随时通过物流公司的信息管理系统查看质押品的品种、数量和价值，以便获得质押品的即时情况。

（三）异地化

物流公司和与其合作的银行都有覆盖全国的服务网络，使物流金融业务既可以在该行所设机构地区开展，也可以在全国各地开展异地业务，并能保证资金及时汇划和物流及时运送。

（四）普遍适用性

首先服务区域具有普遍适用性：既可以在银行所设机构地区，也可以超出该行所设机构、地区开展业务，只要是在银行自己的网络和物流公司服务的网络区域内，物流金融业务就可以开展。物流金融涉及的货物品种具有普遍适用性：包括各类工业品和生活品，产成品以及原产品等众多品种。物流金融服务的对象具有普遍适用性：无论何种企业，只要具有符合物流金融条件的产品，都可以开展该项业务。

四、物流金融在物流产业中的职能

物流金融包括银行参与物流业的运营过程，通过针对物流运作开发和应用各种金融产品，有效地组织和调剂物流领域中的货币资金的运动。从广义角度来说，现代物流金融在物流产业中的职能主要体现在投融资、结算支持以及物流保险等方面。

(一) 物流融资职能

该项职能体现在物流工作整个流程中，包括采购、生产、加工、仓储、运输、装卸、配送直至到达需求方手中。物流融资业务主要包括：商业银行贷款融资，这是物流企业最主要的融资方式；证券市场融资，物流企业可以争取公司股票或债券的发行，也可通过参股、控股上市公司方式实现融资；开拓实物型、技术型融资业务，实物型租赁和技术参股，特别是在与物流经营相关的大型耐用设备租赁和关键技术合作，是物流企业可以优先考虑的项目；票据性融资业务，商业票据的贴现可以使物流企业获得必要的资金来源。

(二) 物流结算职能

我国现行的结算方式主要运用支票、汇兑、委托收款、托收承付、银行汇票、商业汇票、银行本票和信用卡八种代表性的结算工具；另外还有多种结算服务可供选择，比如信用证、国际保理等。每一种方式都有自身的特点：银行承兑汇票由于有银行作为付款人，付款保证性强，具有融资功能，但同时票据的流转环节多，查询难度大；商业承兑汇票是由付款人或收款人签发，付款的保证程度视企业的信誉高低而定；本票是由出票银行签发，支票则由出票单位签发，都适合在同城使用；信用卡属于电子支付工具，方便、灵活、快捷，但是该结算方式受银行网络的限制；汇兑是异地结算的主要方式，适用于付款人主动付款。物流企业选择这些方式的时候要兼顾安全性、时效性和经济性。物流企业在异地结算方式的选择上，如果是一次性交易，宜采用先收款后发货或一手钱一手货的方式，如现金、信汇、电汇、自带汇票等方式；经常往来的客户可先发货后收款，采用汇款、异地托收承付、委托银行收款等方式。

(三) 物流保险职能

物流业的责任风险几乎伴随着业务范围的全程：运输过程、装卸搬运过程、仓储过程、流通加工过程、包装过程、配送过程和信息服务过程。物流保险作为物流金融的重要组成部分，提供一个涵盖物流链条各个环节的完整的保险解决方案，努力帮助物流公司防范风险。针对这个具有巨大潜力的市场，保险公司应整合相关险种，为物流企业量身设计各种新的保险组合产品，如物流综合责任保险，使保险对象可以扩大到物流产业每个环节，比如物流公司、货运代理公司、运输公司、承运人、转运场、码头和车站等。

物流公司的责任较传统的运输承运人大得多，服务的内涵和外延远比运输服务要广，并且不同的服务受不同的法律制约。但是国际国内都还没有关于物流服务的专门法律，因此，物流保险作为针对物流企业定制和设计的金品，能极大地简化物流业的复杂环境，为物流业的拓展提供保障。

第二节　物流金融的主要运作模式

一、物流金融的主要业务

物流和金融的紧密融合能有力支持社会商品的流通，提高全社会的福利。对银行来说，物流金融服务是一种新的金融产品，是融资业务的新内容；对物流企业来说，它是物流服务的延伸，也是一种新兴的增值服务。在传统的仓储企业向现代物流企业转型的过程中，开展物流金融服务不但提升了物流企业的服务水平和管理能力，而且加强了物流企业的客户控制力和市场竞争力，在实现客户、物流企业、银行三赢的基础上，使物流企业得到进一步发展。按照融资对象的不同以及产品生产经营的不同阶段和方式，物流金融业务可以分成两大类：其一是基于存货的物流金融业务，其二是基于贸易合同的物流金融业务。

（一）基于存货的物流金融业务

该业务模式主要是指需要融资的企业，将其拥有的动产或是存货作为担保，向资金提供方出质，同时将质物转交给具有合法保管动产资格的中介公司（物流企业）进行保管，以获得贷方贷款的一种业务活动。这种业务活动既可以在企业的销售环节中进行，也可以在采购环节中进行。这种业务模式主要具有如下几个典型的特征：第一，按照担保法来讲，这种业务属于质押融资，而不是不动产抵押融资；第二，在这种融资业务方式中，形成了有物流企业参与的三方契约关系，而不是传统的两方契约关系；第三，这种业务形式不会因为货物质押而影响商品的流通，它是把流动货物或是存货拿来作为质押，其优点是质押物不被冻结，商家可以通过不断"追加部分保证金——赎出部分质押物"等方式以满足正常经营需要，顺利解决融资和资金占压问题。

基于存货的物流金融业务又包括两种形式，一是仓单质押融资，二是存货质押融资。从我国的实际情况来讲，由于开展仓单质押融资业务的市场和制度基础环境还未完全成熟，完全意义上的基于仓单质押的物流金融业务目前在国内开展得很少，仓单更多的是作为一种存货凭证，仓单的流通机制还未形成，物流金融业务更多的是以存货质押融资业务为主。

（二）基于贸易合同的物流金融业务

它主要是指企业为了筹措到继续运营的短期资金，缓解资金紧张的局面，以贸易合同为支撑，通过特定的程序取得经营所需资金的行为。这种业务模式有两种典型的做法，一是应收账款融资，二是订单融资。很多企业从控制经营风险的角度考虑，在财务上实行现款现货制度，买卖双方都如此的话，交易业务就遇到很大障碍，因为物流活动必然造成买和卖之间有一个时间间隔，此时应收账款融资业务形态就有了很大的生命力。订单融资这种方式，是以企业已签订的有效销售订单为依据，发放针对该订单业务的全封闭式贷款。

从近几年我国物流金融业务创新的发展趋势上看，基于存货的物流金融业务蓬勃兴起，基于贸易合同的物流金融业务（应收账款融资）处于由国外大型物流企业引进过程中，基于贸易合同的物流金融业务（订单融资）则处于探索之中。而从参与主体的角度看，贷款方由单纯的商业银行向银行、担保机构、保险机构等联合体方向发展，物流企业由单纯的拥有仓库资产的企业向第三方物流企业、中介公司、特许连锁经营方向发展，而申请贷款的企业则由流通企业向流通、生产企业的更广范畴发展。从基于存货的物流金融业务模式发展看，质押物品的监管方式也正在发生着变化，动态质押监管业务已成为主要监管方式。从国际上企业生产经营方式的演变上看，以销定产已经成为主流趋势，因此基于贸易合同的物流金融业务在我国将具有更大的发展前景。

二、物流金融的常见操作方式

在实际操作中，第三方物流供应商提供较多的是两类物流金融服务：代客结算和融通仓。

（一）代客结算

代客结算又可以分为两个模式：垫付货款和代收货款。

1. 垫付货款模式

(1) 垫付货款模式一。垫付货款模式一的操作流程是：发货人委托第三方物流供应商送货，第三方物流供应商垫付扣除物流费用的部分或者全部货款，第三物流供应商向提货人交货，根据发货人的委托同时向提货人收取发货人的应收账款,最后第三方物流供应商与发货人结清货款。除了发货人与提货人签订的《购销合同》之外,第三方物流供应商还应该与发货人签订《物流服务合同》,在该合同中发货人应无条件承担回购义务。通过垫付货款既可以消除发货人资金积压的困扰,又可以让两头放心。对第三方物流供应商而言,其赢利点就在于将客户与自己的利害关系连在一起。如图14-3所示。

```
发货人 —1.交货→ 第三方物流 —3.交货→ 提货人
      ←2.垫付货款—           ←4.代收货款—
```

图 14-3　垫付货款模式一

(2) 垫付货款模式二。如果第三方物流供应商没有雄厚的资金实力,就需要引入银行作为第四方。在货物运输过程中,发货人将货权转移给银行,银行根据市场情况按一定比例提供融资。当提货人向银行偿还货款后,银行向第三方物流供应商发出放货指示,将货权还给提货人。当然,如果提货人不能在规定的期间内向银行偿还货款,银行可以在国际、国内市场上拍卖掌握在银行手中的货物或者要求发货人承担回购义务。如图14-4所示。

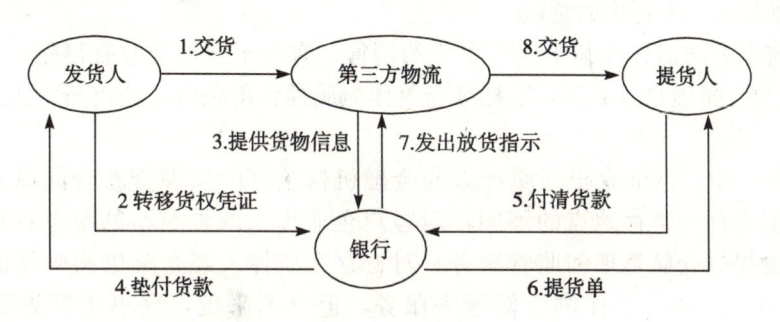

图 14-4　垫付货款模式二

2. 代收货款模式

第三方物流企业在将货物送至收货方后,代发货方收取货款,并在一定时间内将货款返还发货方。第三方物流企业收取现款后,由于时空、技术条件等限制,一般需要滞后一段时间向供方返款,随着不断的收款付款业务的开展,在一定的时间后就会积淀下相当规模的资金,不仅方便了客户,而且也大大改善了企业的现金流。而且,通过提供这样的服务,物流企业和交易双方成为利益相关者,有利于形成核心竞争力。代收货款模式常见于 B to C 业务,并且在邮政物流系统和很多中小型第三方物流供应商中广泛开展。其业务模式如图14-5所示。

```
发货人 —1.交货→ 第三方物流 —2.交货→ 用户
      ←4.结清货款—        ←3.代收货款—
```

图 14-5　代收货款模式

(二) 融通仓

融通仓的内涵是指第三方物流企业依托银行,以中小企业为服务对象,以中小企业流动资产在第三方物流企业的仓储为基础,涵盖中小企业信用整合、商品配送与传统商业流通的综合性融资平台。

融通仓业务的运作机制是中小生产企业以流动资产作为质押物或反担保品存入第三方物流企业

的融通仓,从而获得第三物流企业提供的银行信用担保,解决中小企业的资金短缺问题,中小企业后续生产过程中分期付款。第三方物流企业负责融通介质的日常管理、价值评估、物流配送,信用担保等服务,成为银行与中小企业资金融通的纽带。这一服务模式是物流企业服务内容的创新,对物流企业本身价值的提升起着积极的推进作用。

顾名思义,"融"指金融,"通"指物资的流通,"仓"指物流的仓储。融通仓是融、通、仓三者的集成、统一管理和综合协调。所以融通仓是一种把物流、信息流和资金流综合管理的创新,其内容包括物流服务、金融服务、中介服务和风险管理服务以及这些服务间的组合与互动。融通仓的核心思想是在各种流的整合与互补互动关系中寻找机会和时机;其目的是为了提升顾客服务质量,提高经营效率,减少运营资本,拓广服务内容,减少风险,优化资源使用,协调多方行为,提升供应链整体绩效,增加整个供应链竞争力等等。

融通仓主要有两种操作模式:仓单质押和保兑仓(买方信贷),两者最大的区别在于仓单质押业务先有货再有票,保兑仓业务先有票再有货。

1. 仓单质押

仓单是仓库接受货主的委托,将货物受存入库以后向货主开具的说明存货情况的存单。所谓仓单质押是指货主把货物存储在仓库中,然后可以凭仓库开具的仓单向银行申请贷款,银行根据货物的价值向货主企业提供一定比例的贷款。

仓单质押具有以下功能:有利于生产企业的销售;有利于商贸企业获得融资;有利于回购方(交易所或会员单位)拓展自身业务;以标准仓单作为质押获得融资;使得贷款人与回购人紧密合作,达到双赢。

在仓单质押业务中,融通仓根据质押人与金融机构签订的质押贷款合同以及三方签订的仓储协议约定,根据质押物寄存地点的不同,对客户企业提供两种类型的服务:对寄存在融通仓仓储中心的质押物提供仓储管理和监管服务;对寄存在质押人经金融机构确认的其他仓库中的质物提供监管服务,必要时才提供仓储管理服务。但总的来说,仓单质押主要具有三种业务模式。

(1)仓单质押模式一。在中小企业的生产经营活动中,原材料采购与产成品销售普遍存在批量性和季节性特征,这类物资的库存往往占用了大量宝贵资金。融通仓借助其良好的仓储、配送和商贸条件,吸引辐射区域内的中小企业,作为其第三方仓储中心,并帮助企业以存放于融通仓的动产获得金融机构的质押贷款融资。融通仓不仅为金融机构提供了可信赖的质押物监管,还帮助质押贷款主体双方良好地解决质押物价值评估、拍卖等难题,并有效地融入中小企业产销供应链当中,提供良好的第三方物流服务。在实际操作中货主一次或多次向银行还贷,银行根据货主还贷情况向货主提供提货单,融通仓根据银行的发货指令向货主交货。如图14-6所示。

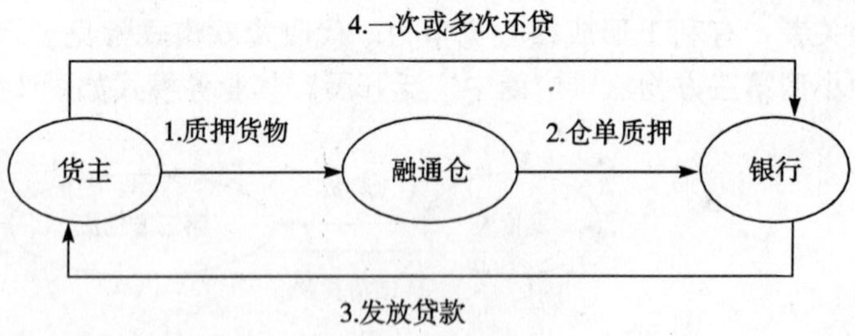

图14-6 仓单质押模式一

(2)仓单质押模式二。仓单质押模式二是在仓单质押模式一的基础上,对地理位置的一种拓展。第三方物流供应商根据客户不同,整合社会仓库资源甚至是客户自身的仓库,就近进行质押监管,极大地降低了客户的质押成本。如图14-7所示。

(3)仓单质押模式三。仓单质押模式三其运作情况如图14-8所示。

该模式是仓单质押模式一、模式二的进化,之所以这么说,是因为它简化了原先仓单质押的流

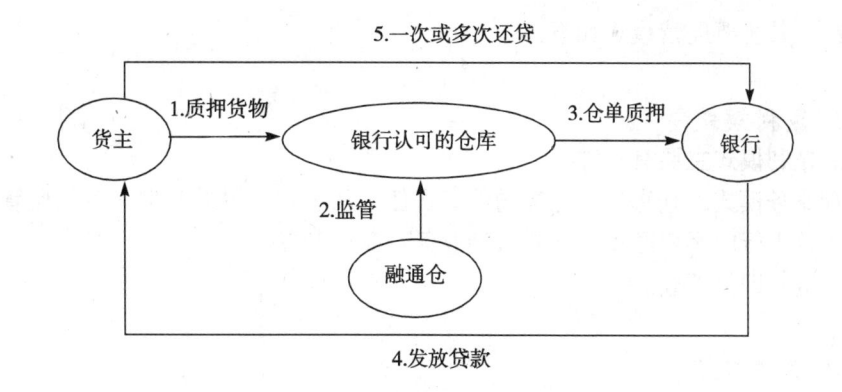

图 14-7 仓单质押模式二

程、提高了运作效率。金融机构根据融通仓仓储中心的规模、经营业绩、运营现状、资产负债比例以及信用程度,授予融通仓仓储中心一定的信贷额度,融通仓仓储中心可以直接利用这些信贷额度向相关企业提供灵活的质押贷款业务,由融通仓直接监控质押贷款业务的全过程,金融机构则基本上不参与该质押贷款项目的具体运作。

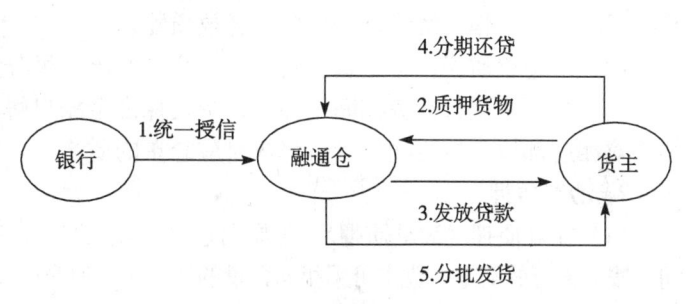

图 14-8 仓单质押模式三

仓单质押业务通过仓储企业作为第三方担保人,有效地规避了金融风险,既可以解决货主企业流动资金紧张的困难,同时保证银行高利贷安全,又能拓展仓库服务功能,增加货源,提高效益。

2. 保兑仓

保兑仓业务是仓单质押的延伸。在保兑仓业务模式中,制造商、经销商、第三方物流供应商、银行四方签署保兑仓业务合作协议书,经销商根据与制造商签订的购销合同,向银行缴纳一定比率的保证金,一般不少于经销商计划向制造商此次提货的价款,申请开立银行承兑汇票,专项用于向制造商支付货款,由第三方物流供应商提供承兑担保,经销商以货物对第三方物流供应商进行反担保。第三方物流供应商根据掌控货物的销售情况和库存情况按比例决定承保金额,并收取监管费用。银行给制造商开出承兑汇票后,制造商向保兑仓交货,此时转为仓单质押。如图 14-9 所示。

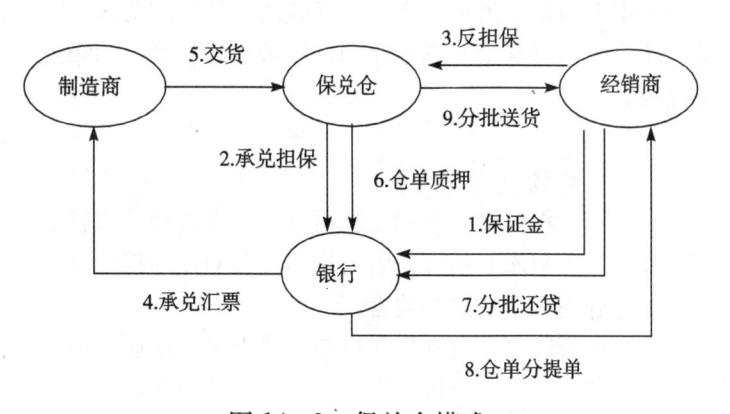

图 14-9 保兑仓模式

通过保兑仓,大大缓解了交易双方的现金压力,提高了资金周转,真正地实现了制造商、经销商、第三方物流和银行的多赢。

三、物流企业在物流金融中的经营模式

在物流金融业务中,物流企业主要通过提供监管、协调等服务获得利润,是物流金融服务平台

有效运行的关键。其主要经营模式如下。

（一）质押赢利模式

物流企业的赢利模式主要有三种：
(1) 纯监管业务模式。仓库只承担货物监管责任，从客户处另外收取一定的监管费；
(2) 仓库代替银行向客户融资，开展质押业务，获取利差；
(3) 买方信贷（即保兑仓）。

（二）货物质押模式

1. 静态质押（固定期限的仓单质押）

(1) 单一仓单质押：单一仓单固定期限质押，货主履行债务期间，在银行指定保证金账户解入足额保证金后，银行解除质物监管，释放质物。

(2) 多仓单质押：考虑货主对流动资金的要求，可分多个仓单分别质押，每份仓单对应不同的保证金，当货主履行债务期间，在银行指定保证金账户解入针对不同仓单的足额保证金后，银行可解除对相应部分仓单质物监管，释放对应仓单的质物。

2. 动态质押

(1) 循环质押（滚动质押）：考虑到仓单的有效期（仓单有效期、质物保质期）等因素，在质押期间，按与银行的约定，货主可用相同数量的产品替代原有的质物，保证银行债权对应的质物价值不变。

(2) 置换仓单质押：在质押期间，按与银行的约定，货主可用新仓单置换替代原有仓单，银行释放相应的原有质押仓单，同时保管人解除对相应质物的特别监管。置换后保证银行债权对应质物的价值不减少（可以增加）。

(3) 信用或保证金置换仓单质押：在质押期间，按与银行的约定，货主可用增加保证金或提供新的信用担保等方式置换替代原有质押仓单，置换后保证银行债权对应质物的价值不减少（可以增加），银行释放相应的质押仓单，同时保管人解除对相应质物的特别监管。

(4) 动态控制存量下限质押：可分为动态控制存数量下限和动态控制存价值量下限两种。前者与循环质押相同，后者与置换仓单质押相同，在保证银行债权对应质物的价值不减少的情况下进行。

金融业借助物流业，在全面高效的物流管理前提下，把流动资产证券化，全面启动仓单质押业务，将极大地提高第三方物流的供应链管理水平，为第三方物流的跨越式发展找到一条操作性很强的捷径。

（三）货物监管方式

自有库质押监管：在物流公司自有仓库内完成监管。

库外（外租库）质押监管：指物流公司在外租赁社会仓库专门用于质押监管业务，并派专门业务人员对仓库和质物进行监管。

多库质押监管：为满足客户仓单质押全国性业务的需要，由物流公司通过全国仓储网络统一进行业务协调和监控，开展多库（异地）质押业务。

厂家材料车间监管：主要针对制造业，对制造业供应链，从原材料至成品全面或部分实施监管。

第三节 物流金融在外贸物流中的应用

在我国的进出口企业中，中小型企业占了很大的比重。由于中小企业自身的特殊性，决定了其难以在金融市场上获得直接融资的机会。物流金融业务的引进和发展很好地适应了中小型进出口企业的运作模式，在为进出口企业提供高效物流服务的同时，也为其提供了其迫切需要的资金流服务。外贸物流中开展物流金融业务的必要性与可行性逐渐凸显。

一、外贸物流中开展物流金融业务的现实意义

（一）外贸物流对物流金融的需求

"只有安全的客户，没有安全的付款方式"，从事国际经贸活动的人士都有这样的深刻体会。随着现代物流全球化、网络化，超越空间限制的物流业结算及支付等综合服务的要求不断增强。

物流企业和银行提供结算和融资服务在国外已经具有相当悠久的历史，而在中国才刚刚起步。在国际结算融资业务中，中国企业蒙受了巨大的经济损失。据商务部研究院研究人员指出：我国目前约有海外应收账款1 000亿美元，而且每年还会新增150亿美元左右；拖欠3年以上的占10%，1至3年的占30%，半年至1年的占25%，半年以内的占35%。据美国商法联盟调查显示：当逾期一个月时，追账成功率为93.8%；当逾期半年时，成功率降为57.8%；当逾期两年左右时，成功率只有13.5%。

在国际结算融资业务中，引入第三方物流供应商与银行的角色进行互补，就能够有效降低结算与融资风险。第三方物流供应商掌握了商品的实体，相对于银行更能有效地进行商品的检验、保管，更易于实现商品所有权的控制、对市场行情进行评估和必要时将商品变现。因此，在国际结算、融资业务中引入第三方物流供应商，开展物流金融业务不仅必要而且紧迫。

（二）物流金融在外贸物流运作中的作用

在外贸物流运作过程中，物流金融集物流、融资、保险、担保、资信评估、信息交换等服务为一体，具有许多优越性。从各参与方来看，其优势主要集中在以下几个方面：

对银行而言，进口商与物流企业是供应链中的上下游节点，二者的合作关系为银行的授信提供了有利条件，使银行摆脱了融资过程中涉及的物流业务上的操作。同时，也降低了银行对物资质押商品缺乏专业知识而造成的高风险，符合银行资产盈利性、安全性和流动性的原则。通过物流金融业务的开展，银行可以扩大和稳固客户群，树立自己的竞争优势，开辟新的利润来源，也有利于吸收由此业务引发的派生存款。

对于物流企业来讲，进出口方与银行的融资关系通过物流企业得到紧密的结合，物流企业的业务得到有效拓展，增加了服务的附加值，提升了企业综合价值和竞争力，稳定和吸引了众多客户；另一方面，物流企业作为银行和客户都相互信任的第三方，可以更好地融入到客户的供应链中去，同时也加强了与银行的同盟关系。

对于进口商、出口商来说，物流金融业务有效减少了结算与融资的风险，降低了双方的交易成本与资金负担。物流企业的信息平台也为企业远期、互换等衍生金融工具的使用提供了充分的信息和便利，加速了资金流动，降低了资金成本，为物流的顺畅、高效运行提供了可靠的保障。

因此，通过物流金融业务的开展，参与业务的各方都获得切实的利益，真正达到了"多赢"的效果。这种多方获益、相互促进、共同发展的模式，保证了对外贸易的顺利开展和高效性。

二、不同国际结算方式下物流金融的运作模式

从事国际贸易的企业希望银行能够提供一体化的完整产品组合，满足其货物和现金管理的各项需求；国际贸易融资也与一般的贷款不同，它直接进入流通环节，与商品的价值实现密切相关，银

(一)跟单托收结算方式中的物流金融运作模式

该模式运作流程如图14-10所示。出口方拟委托的托收行参加签约谈判,进口方所在的供应链中的银行A、物流公司B参加谈判,以双方银行的信用为基础,确保在物流、资金流的各个环节上各方充分信任。在签订买卖合同时,开展出口跟单托收结算方式的前提条件是进出口双方在所签买卖合同中订立了采用托收结算方式的条款。然后,出口方按合同规定装船发运,取得提单(为减少出口商风险,可以采用"空白抬头"、空白背书或将A行作为收货人的提单)和其他商业票据后,即可签发以进口方(受票人)为付款人的汇票,填制托收申请书,明确交单方式等,然后将跟单汇票和托收申请书送交托收行,委托收款,并取得回执。托收行根据托收申请书填制托收委托书,明确收款指示等,随附跟单汇票,邮寄给出口商指定的A代收行。代收行按照委托书的指示,向进口方提示跟单汇票。

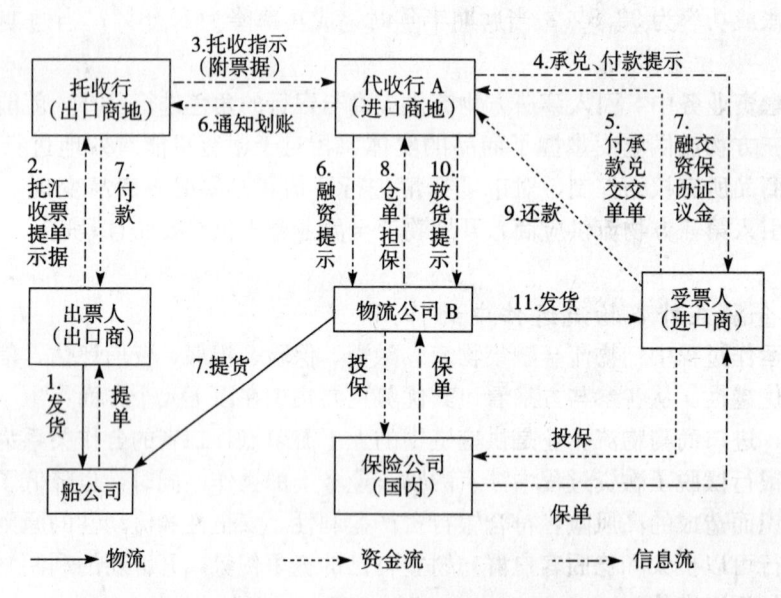

图14-10 跟单托收结算方式中的物流金融运作模式

(1) 在进口商不需要融资的情况下,进口方按照规定的交单条件,进行付款赎单,或承兑取单,并于到期日付款,并将提单交由B公司提货。代收行待进口方付清货款后将款项汇交托收行,托收行将款项汇交出口商,跟单结算业务到此了结。

(2) 在进口商需要向银行融资的情况下,业务流程发生了很大变化。代收行通知金融物流服务提供商B,在授信额度内B代理银行A根据进口商的需求和条件进行动产质押贷款业务。之后B代理银行与进口商签订融资协议,物流公司负责货物的监管并将仓单交给银行质押,银行根据质押品的价值和其他相关因素向客户企业提供一定比例的贷款额并将款项汇交托收行。银行核定的贷款额与货款的差额部分以保证金的形式由进口商汇交银行。待进口商偿还贷款后,银行通知B公司将货物发运给进口商。

(3) 代收行对进口商的资金融通是允许进口商在远期文单的条件下凭信托收据借单提货。即在远期付款交单的条件下,代收行可以允许进口商在承兑远期汇票后,但在付款前开立信托收据交给代收行,凭以借出货运单据先行提货,以便出售,待售得货款后偿还代收行,换回信托收据。

使用这种凭信托收据借贷的方式,目的是避免货物先于付款日到达进口港后进口商不能付款赎单,致使货物滞留。但是,如果出口商和托收行未曾在托收申请书和托收委托书上允许这一融资条件,而是代收行想为其本国进口商提供融资,同意进口商凭信托收据借贷的话,则一切后果由代收行自己负责。这无疑增大了代收行的风险。

(4) 出口商有时会在进口地指定一名代表,万一进口方拒付或拒绝承兑,代收行向该代表询问如何处理单据,或由该代表料理货物的仓储、保险、转售、运回等事宜。此代表称"需要时的代理人"。基于进口商、代收行、物流公司的供应链战略合作关系,出口商或委托行在签订买卖合同时可以委托物流公司B为代表,当出现拒付或拒绝承兑时,物流公司按照出口商的指示处理货物,既节约出口商另行委托代表的成本又简化了手续。

(二) 信用证结算方式中物流金融的运作模式

进口商在与出口商签订买卖合同后,根据合同条款,在规定的时间内通过银行授信的物流公司向银行申请开立信用证,进口商交保证金或由物流公司提供担保。开证行应该是金融物流供应链中的节点银行。开证后开证行将信用证传递给出口方银行,出口方银行收到信用证后审核信用证的真实性并通知出口商。出口商接受信用证后,应立即发货,取得装运单据交议付行/保兑行议付货款。出口方银行议付后,寄单索汇。开证行接受单据,通知进口商付款赎单。进口商如同意接受单据,应将货款及应付手续费付给开证行。这时,开证行和进口商之间由于开立信用证而形成的契约关系就此终止。其过程如图14-11所示。

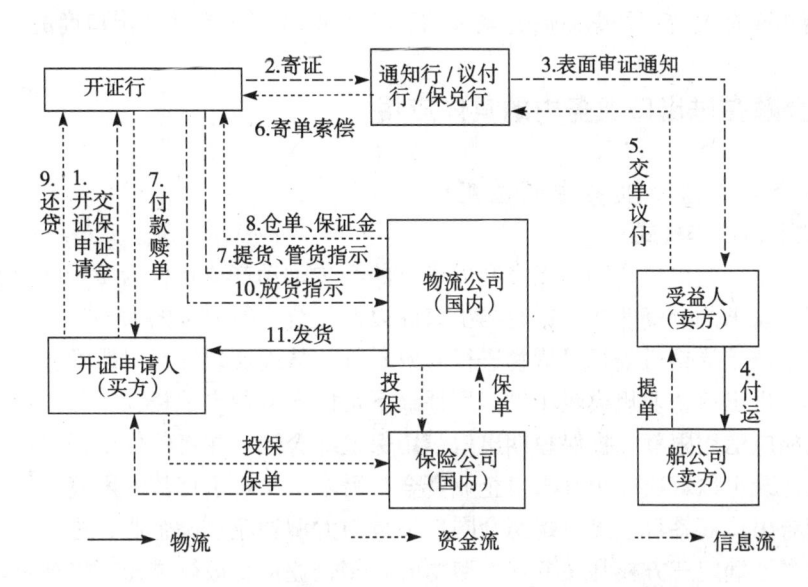

图 14-11 信用证结算方式中的物流金融运作模式

(三) 保理结算方式中金融物流的运作模式

保理结算方式中物流金融的运作模式如图14-12所示。

(1) 出口商向进口国的保理商提出保理申请。

(2) 进口国保理商通过其授信的物流公司对进口商进行资信调查。物流公司确定进口商信用额度,通知保理银行,银行同出口商签订保理协议。进口商为了能取得充足的货物,有可能在资信不足的情况下请求同一供应链中的银行授信的物流公司虚报资信情况。为了促使物流公司尽职尽责和避免串通欺诈,银行应该要求物流公司提供担保。

(3) 出口商在信用额度内发货,并将发票和运输单据通过保理商转交给进口商,保理商收到票据后取得质押权并通知物流公司提货和监管货物。

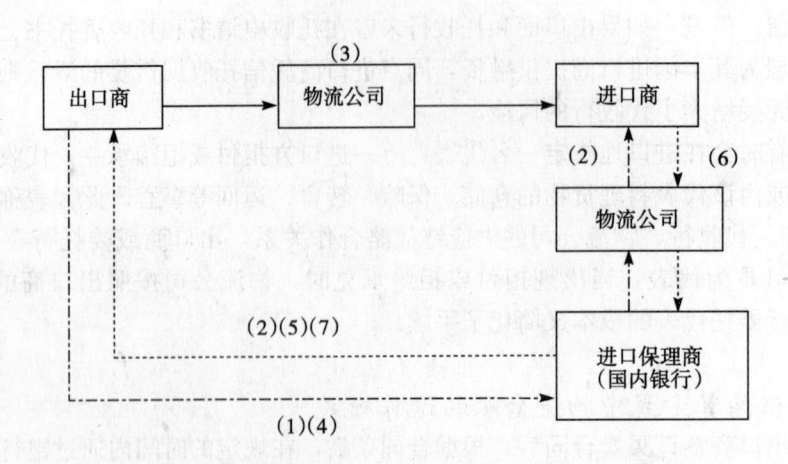

图 14-12 保理结算方式中的物流金融运作模式

(4) 出口商将发票副本寄给保理商。

(5) 出口商如要融资，则保理商在收到发票副本后即以预付款方式向出口商支付不超过发票金额的 80% 的融资。保理商负责应收账款管理及催收，并提供百分之百的风险担保。

(6) 到期后，进口商将货款付给保理商，也可以由物流公司垫付，进口商向物流公司提供货物质押或担保。

(7) 保理商扣除有关费用及贴息后将剩余的加 20% 的发票金额转入出口商的银行账户。

三、物流金融在进出口业务中的具体应用

（一）物流金融在进口业务中的应用

1. 信用证项下的合作模式

该模式是指以签订进出口合同，以资金需求方的仓单、动产或货权为质押品，银行向其提供用于满足其流动资金需求的融资业务。银行与出口商以及符合银行要求的大型物流仓储企业签订三方合作协议，仓储单位接受银行委托对货物进行有效看管，从而实现银行对质押存货的转移占有。

由于我国许多进出口企业规模较小，信用评级不足以向银行申请贷款，可以考虑由中国出口信用保险公司核批相应信用限额、投保短期出口信用保险综合险，并将信保公司保单项下的赔款权益转让给银行，这样既可以解决中小进出口企业资金有需求，又难于贷款的困境。

(1) 进口商与出口商签订进出口购销合同，银行与大型物流仓储企业、进口商签订《进口货物监管和质押协议书》确定三方权利义务，大型物流仓储企业接受银行委托，根据协议内容承担监管责任；

(2) 进口商向银行提交有关资料，申请授信额度。经银行有关审批部门核定授信额度，与进口商签订《授信协议》，同时进口商提交一定金额的开证保证金，申请开立信用证；

(3) 进口商银行向出口商开立以出口商为受益人的信用证；

(4) 出口商按信用证要求发货，向进口商银行寄送全套单据；

(5) 进口商银行收到并持有全套单据，经进口商确认后，银行签发《单据交接通知》并由大型物流仓储企业签收，信用证项下，银行办理押汇/承兑；

(6) 进口商银行可在进口商需要时，向其提供一定量的贷款，以作为通关缴税的费用；

(7) 收到货物后，大型物流仓储企业履行货物报检及通关手续，将货物运至银行指定地点仓储；

(8) 大型物流仓储企业签发以银行作为质权人的《进仓单》，银行与进口商共同在大型物流仓

储企业办理交接登记，由大型物流仓储企业按照《进口货物监管和质押协议书》根据银行委托控制质押货物，进入现货质押流程。

进口商在每次提货前要将与货物相对应的款项打入其在银行的保证金账户，银行为其出具等金额的《出库单》并经进口商签收确认；大型物流仓储企业审核《出库单》，在确认无误后为进口商办理《出库单》相对应货物的出库手续；期间，大型物流仓储企业对质物进行对账和核对工作，足额保证金到账后，银行解除质押。

2. 现货质押模式

现货质押模式是指进口商把质押品存储在信用良好的大型物流仓储企业的仓库中，然后凭借仓单向银行申请融资，银行根据质押品的价值和其他相关因素向客户企业提供一定比例的贷款额度。同时，物流仓储企业根据银行的委托负责监管和储存质押品，进口商在每次提货前要将与货物相对应的款项打入其在银行的保证金账户，银行为其出具等金额的《出库单》，大型物流仓储企业审核《出库单》后为进口商办理出库手续。

（二）物流金融在出口业务中的应用

出口商所在地银行为出口商提供的以即将出口的货物或出口后的应收账款为质押的融资服务，主要有出口前的短期打包贷款和出口后的应收账款质押融资。

1. 出口前的短期打包贷款

出口前的短期打包贷款是银行依据出口商提供的合格信用证，为其提供按期履行合同、出运交货的专项贷款，是一种装船前短期融资，使出口企业在自有资金不足的情况下仍然可以办理采购、备料、加工，顺利开展进出口贸易。

打包贷款的称呼源于最初这种贷款是专门向受益人提供包装货物费用的。从形式上看属于抵押贷款，其抵押品是尚在打包中而没有达到装运出口程度的货物。打包贷款的期限一般不超过信用证的有效期。贷款金额一般不超过信用证金额的80%，当然，根据银行与客户的信用关系，在银行资金较为充裕的时候，贷款金额也可以达到100%。

此种运作模式的推广可以扩大出口企业的贸易机会，在自身资金紧缺而又无法争取到预付货款的支付条件下，帮助出口企业顺利开展业务、把握贸易机会。同时，减少了企业的资金占压，使得出口企业在生产、采购等备货阶段都不必占用过多的自有资金，缓解流动资金压力。

2. 出口后的应收账款质押（A/R）

出口后的应收账款质押是指出口商由于属于非强势企业，在签订合同时无法获得信用证这种最有保证的支付方式，而采用货到付款的赊销方式。在进口商的资信等级良好的情况下，出口商可将未到期的应收账款质押给银行，同时委托由银行指定的物流企业进行货物运输和监管，由银行来承担买方信用风险、提供催收货款的资金融通服务。

此种模式有利于出口商在激烈的市场竞争中赢得有利地位，同时以应收账款质押，避免资金被大量占用在应收账款上，提高资金流动性，加快资金周转，最大限度提高企业效益。

在进出口贸易不断增长的今天，如何更好地实施结算融资服务，如何更加灵活地运用物流金融业务的优势降低国际贸易中的损失将是今后外贸物流发展的重点。

【重点名词与概念】

物流金融　代客结算　融通仓　仓单质押　国际结算

【本章练习与思考题】

一、多选题

1. 物流金融在物流产业中的职能包括（　　）。
A. 物流融资　　　B. 物流结算　　　C. 物流保险　　　D. 物流运输

2. 融通仓业务包括（　　）。
A. 代客结算　　　B. 仓单质押　　C. 保兑仓　　　　D. 物流保理
3. 可以应用于出口业务的物流金融运作模式是（　　）。
A. 仓单质押　　　B. 现货质押　　C. 短期打包贷款　D. 应收账款质押

二、判断题
（　）1. 物流金融主要解决物流企业和银行的业务拓展问题，对外贸企业的发展并无多大意义。
（　）2. 从基于存货的物流金融业务模式发展看，质押物品的监管方式也正在发生着变化，动态质押监管业务已成为主要监管方式。
（　）3. 信用证结算方式下的物流金融运作过程中，银行与大型物流仓储企业及进口商之间必须签订《进口货物监管和质押协议书》，以确定三方的权利与义务。

三、简答与论述题
1. 简述物流金融的概念及特征。
2. 简述物流金融的主体构成。
3. 简述仓单质押的主要运作模式。
4. 简述物流金融在外贸物流运作中的作用。
5. 试述物流金融如何应用于进出口业务。

第十五章 外贸物流法律法规

【本章培训要点】

本章培训的主要内容是关于外贸物流法律法规。内容主要包括提单运输相关法律法规、主要的海运国际公约的基本规定，国际多式联运公约，航空运输公约、公路运输公约的主要规定，以及国际货物运输纠纷处理法律制度等。

【本章应掌握的主要内容】

通过本章学习，了解外贸物流相关立法情况，掌握提单运输相关的国际公约的基本规定、特点及异同，掌握国际多式联运国际公约的基本规定及实施情况，了解航空运输公约、公路运输公约关于责任制度、责任人、时效等的主要规定，熟悉外贸物流纠纷处理途径。

外贸物流法（International Logistics law）是国际经济法的重要组成部分，是调整不同国家之间商品货物运输、保险、储存、支付与结算、调解与仲裁等关系的法律规范的总和。外贸物流所涉及的运输方式很多，包括海上运输、陆上运输、航空运输、多式联运等等，这些运输方式各有各的特点，其中海上运输是国际货物运输最重要的一种方式，外贸物流中80%以上的货物运输量是通过海运实现的。不仅是因为它的运输量大、成本低，而且从历史上看，对外贸易主要是从航海贸易发展起来的，许多有关对外贸易的法律和惯例也是从长期的航海贸易实践中产生的。因此，本章将重点介绍提单运输、国际多式联运、以及其他运输的法律法规。

第一节 提单运输法规

提单运输法是调整提单运输关系的法律规范的总称。关于提单运输的国际公约有《海牙规则》、《海牙—维斯比规则》和《汉堡规则》三个著名的公约，我国国内相关法律主要是《中华人民共和国海商法》和《中华人民共和国合同法》。

一、《海牙规则》

海牙规则（Hague Rules）全称为《统一提单的若干法律规定的国际公约》（International Convention for the Unification of Certain Rules of Law Relating to Bills of Lading），该公约于1924年在布鲁塞尔签订，于1931年6月2日生效，是以国际法协会1921年在荷兰首都海牙制定的有关规则为基础形成的，故又称《海牙规则》，这是关于提单运输的第一部国际公约。

《海牙规则》统一了世界各国关于提单的不同法律规定，是海上运输中最具影响力的公约。有的国家通过国家立法使之国内法化；有的国家以这一公约的基本精神为依据另行制定相应的国内法；还有些国家虽然没有加入这一公约，但他们的一些船公司的提单条款也采用了这一公约的精神。所以，这一公约是海上货物运输中有关提单的最重要的和仍普遍被采用的国际公约。所以，《海牙规则》至今仍是外贸物流中最重要的国际公约。

《海牙规则》共60条，主要成就在于界定了提单运输相关概念，确定承运人与托运人在海上货物运输中的权利和义务，特别是规定了承运人最低限度的义务和责任，应享有的免责事项，规定了责任限制、适用范围、索赔和诉讼程序，承运人货物灭失或损害的赔偿限额，以及托运人的责任和义务等。制止了航运公司利用"合同自由"的原则任意扩大免责范围、减低责任和义务的现象，使国际海上件杂货运输有一个统一的法律规定，方便了对外贸易的发展。中国虽然没有加入该公约，但参照这一公约的规定，制定了我国《海商法》，用于规范包括提单运输在内的国际海上运输。

（一）《海牙规则》适用范围

《海牙规则》关于适用范围的规定有第1条、第5条和第10条，分别从适用范围、货物概念界定、运输合同范围几个方面规定了《海牙规则》的适用范围。

《海牙规则》仅适用于在缔约国内所签发的提单，即使提单上注明适用《海牙规则》，如果该提单不在缔约国内签发时，该提单也不能适用《海牙规则》。而且《海牙规则》规范的是提单运输，即班轮运输，而非租船运输，但是如果租船运输中，根据租船合同签发提单，并成为制约承运人与凭证持有人之间的关系准则时，就必须遵守《海牙规则》。

《海牙规则》对"货物"做了明确界定，"包括货物、制品、商品和任何各类的物品，但活牲畜以及在运输合同上载明装载于舱面上并且已经这样装运的货物除外"。因此，《海牙规则》并非对提单运输中的任何对象都适用。根据《海牙规则》规定，只有是承托双方约定或按航运习惯装于舱面，并在提单上如实记载，这样的"舱面货"才符合《海牙规则》的规定，如果是承运人擅自将托运人的货物装载于舱面，是不能享受免责条款和责任限制。

（二）承运人的义务和责任

《海牙规则》共十六条，其中第一条至第十条是实质性条款，主要规定了承托双方的义务与责任、赔偿与诉讼等。第十一条至第十六条是程序性条款，主要是有关公约的批准、加入和修改程序的条款。《海牙规则》第3条第1、2款规定了承运人最低限度的两项义务和责任：船舶适航的义务、管理货物的义务，简称适航义务和管货义务。

1. 适航义务

适航义务是指承运人必须开航前和开航时恪尽职责使船舶适航。

(1) 适航时间。是指"开航前和开航时"。"开航前"一般是指开始装货到开航，在这一段时间内，船舶要适货，"开航时"是指开航当时，船舶适合航行。

(2) 适航标准。具体标准有三：a. 船舶适于航行；b. 给船舶配备适当的船员、物资和装备；船员配备适当；c. 船舶适货。简称"适船"、"适船员"和"适货"。

"适船"是指船舶在船体、构造、性能和装备方面具备在预定航次中安全航行并能抵抗通常出现的海上危险的能力；船舶必须具备适航证书，并且在每一航次开航时必须具备适当的实际航行能力。

"适船员"是指船舶必须配备足够的合格船员、装备和物资。所有船员必须持证上岗，并能胜任指定工作。船舶装备适当，是指船舶要适当地备有航海所需要的各种仪器设备及必要信息资料，比如海图、气候等。船舶物资适当，是指船舶在航行中要备有适当的燃料、淡水、粮食、药品及其他物资。

"适货"是指船舶的所有载货场所适于收受、装运和保管约定货物。承运人必须根据货物特性进行合理的装载和配载。

适航义务属于承运人个人性质，不能借口将工作交给其他人履行而免除。例如船舶检验是雇请独立的检验机关进行，由于检验机关的疏忽没有发现船舶不适航，承运人不能以此为由来抗辩应该承担的适航义务。

（3）适航程度。适航程度分绝对适航与相对适航，《海牙规则》对承运人义务与责任规定的是相对适航。只要承运人、承运人的受雇人和其代理人，在开航前和开航时在船舶适航方面，恪尽职责，做到"适当谨慎"，即使船舶因潜在缺陷导致在开航前和开航时事实上处于不适航状态并因此使货物灭失和损坏，承运人仍然可以免除赔偿责任。

（4）适航的举证责任。由于《海牙规则》采用的是不完全责任制。一般情况下，在海运中出现货损货差，则应初步认定承运人负有赔偿责任，如果承运人能举证证明其本人、其代理人均已恪尽职责，仍然出现货损货差，是因不可抗力、或承运人无法控制的情况所致，则可免责。同样的，货主如以承运人没有恪尽职责使船舶适航为由索赔，也要承担船舶不适航的举证责任，否则其索赔不予支持。在适航举证责任上，我国《海商法》第47条规定与《海牙规则》第3条第1款的规定完全一致。

2. 管货义务

管货义务是指承运人应适当和谨慎地装卸、搬运、积载、运送、保管、照料和卸载所运货物。

（1）管货时间。"海运全过程"，从在起运港交接货物到启货港交接货物止。

（2）管货程度。"适当而谨慎"是指从装货到卸货的各个环节，承运人的行为应符合有关管理货物的适当的要求，给予合理的注意。如经过炎热地区，要注意适时适当的通风；经过潮湿地区，要注意防潮；有下雨要注意关紧舱门；干旱的季节要注意防火；有异味的货物不能与其他货物混放等。

（3）管货内容。包括7项：装载、处理、积载、运送、保持、照料和卸载。管货义务具有绝对性，即在海运全过程都要适当而谨慎地尽到以上7项管货义务，因违反该义务所造成的货物损失，承运人应负赔偿责任，免责事件除外。

由这两个基本义务，也衍生出承运人的管船责任与管货责任两个容易混淆的概念。一般来说，因为未履行管货责任造成的货物灭失和损坏，承运人要承担赔偿责任（免责事项除外）；因未履行管船引发的货物灭失和损坏，只要不在开航前或开航时，是可以免责的。

我国《海商法》第48条与《海牙规则》第3条第2款完全一致。另外，除了以上两大基本义务和责任之外，承运人还应该遵守签发提单和不作不合理绕航的义务。承运人或船长或承运人的代理人在收受货物归其照管后，经托运人的请求，应向托运人签发提单，其上载明为辨认货物所需的主要唛头，托运人用书面提供的包数或件数，或数量，或重量，以及货物的表面状况。承运人不能随意变更航线或挂靠港，一旦出现不合理绕航情况，极有可能导致丧失引用免责和责任限制的权利。但是，为了"为救助或企图救助海上人命或财产而发生的绕航，或任何合理绕航，承运人对由此而引起的任何灭失或损害，可以免责"。

（三）承运人的责任期

承运人的责任期是指承运人对货物运送承担赔偿责任的期间。根据《海牙规则》第1条e款"货物运输"的定义，货物运输期间是从货物装上船时起至卸下船时止的一段期间，承运人的承担期间就是货物运输期间。这里所提到的"装货起卸货止"可指两种期间：一是"舷到舷"，如果使用岸上的装卸设备装卸，责任期是指货物在起运港越过船舷起到在卸货港越过船舷时止；"钩到钩"，如果是使用船上装卸设备装卸，则从货物挂上吊勾起到脱离吊钩时止。按照《海牙规则》第7条规定，在上述两段期间内发生的货物灭失或损坏的责任，可由承运人与托运人就承运人在上述两段时期,发生的货物灭失或损坏所应承担的责任和义务订立任何协议、规定、条件、保留或免责条款。

(四)承运人免责事项和责任限制

1. 承运人的免责事项

《海牙规则》实行的是不完全过失责任制。不完全过失责任制是指,承运人的赔偿责任基础以过失责任为总原则,但承运人对其雇佣人员主观过失造成的损害免责。这是因为《海牙规则》规定的承运人的责任是最低限度的,仅包括两项强制性的义务,一是适航义务,二是管货的义务,承运人只要完成了这两项最基本的义务,很多情况下可以免责。《海牙规则》规定的承运人的免责约有17项,包括两类:一是过失免责,二是无过失免责。

第一类是承运人过失免责。由于船长、船员、引水员或承运人的雇佣人员,在驾驶船舶或管理船舶中的行为、疏忽或不履行义务,所引起的货物灭失或损坏,承运人可以免除赔偿责任,损失由货主承担。这种免责条款是国际海上货物运输责任制度中最受人指责的条款,其他运输方式责任制度里是没有的。这种免责条款不仅对货主来说不公平,也不利于统一国际运输责任制度,发展多式联运。

第二类是承运人无过失免责。这类免责条款与其他运输方式差别不大,可分以下几类:

(1) 非承运人过失免责。货物灭失或损坏是由于托运人或货方的行为或过失引发的。引发的原因有:托运人或货主行为;货物包装不良或不当;货物标志不清或不当;货物性质和固有缺陷等。

(2) 因不可抗力或承运人无法控制的事项引发的货物灭失或损坏,承运人可以免责。引发的原因有:海上或其他可航水域的灾难、危险和意外事故;天灾;战争行为;公敌行为;君主、当权者或人民的扣留或管制,或依法扣押;检疫限制;罢工、关厂停止或限制工作;暴动和骚乱;货物的固有缺点、质量或缺陷;包装不充分;标志不清或不当。

(3) 特殊免责条款。只有在特殊规定的情况下才可以免责的条款,主要是三项:①火灾。火灾是承运人的雇佣人的过失引起的,并造成了货物的灭失和损坏,承运人可以免责,但由于承运人的实际过失或私谋所引起的除外;②救助遇难船舶。"为救助或企图救助海上人命或财产而发生的绕航,或任何合理绕航,都不能作为破坏或违反本公约或运输合同的行为",这是海上运输特有的;③谨慎处理仍不易发现的潜在缺点。

从以上可以看出,《海牙规则》对于承运人的免责太多,这样对托运人是不公平的,所以,后来的《维斯比规则》对《海牙规则》进行了一些修改和补充。这些修改和补充包括加大了承运人的赔偿限额,从原来的每件或每单位不超过100英镑,变更为每件或每单位1万金法郎或每公斤30金法郎,两者以高者计算等等,但是这并没有从根本上改变托运人不利的处境,《汉堡规则》相比较而言就比较公平合理。

2. 赔偿责任限制

《海牙规则》规定,承运人或是船舶,在任何情况下对货物或与货物有关的灭失或损害,每件或每计费单位不超过一百英镑或与其等值的其他货币;但托运人于装货前就已声明该项货物的性质和价值,并已在提单中注明的,不在此限。

(五)托运人的义务和责任

根据《海牙规则》规定的托运人基本义务和责任有:

1. 如实申报义务

《海牙规则》规定:托运人必须如实向承运人提供货物唛头、件数、数量和重量,保证正确无误,否则由于这些项目不正确所引起或导致的一切灭失、损坏和费用由承运人负责赔偿。如果承运人有合理依据怀疑托运人提供的上述资料，或者无适当核对方法，可自行处理，无须在提单上注明。

易燃、易爆或其他危险性货物，托运人应如实申报，否则承运人、船长或承运人的代理人可在卸货前的任何时候将其卸在任何地点，或将其销毁，或使之无害，而不予赔偿，因此而产生或导致的一切损害或费用应由托运人负责。如果承运人知道该项货物的性质，并已同意装载，则在该项货物对船舶或货载发生危险时，亦得同样将该项货物卸在任何地点，或将其销毁，或使之无害，而不负赔偿责任，但如发生共同海损不在此限。

2. 托运人免责情况

对于任何非因托运人、托运人的代理人或其雇佣人员的行为、过失或疏忽所引起的使承运人或船舶遭受的灭失或损坏，托运人不负责任。

（六）索赔和诉讼时效

货物灭失或损坏比较明显，收货人应在接收货物之前或当时，书面通知承运人或其代理人，否则这种移交应作为承运人已按照提单规定交付货物的初步证据。如果货物损坏不明显，则应于交付货物之日起的3天内提交书面通知。如果在收受时已经进行联合检验或检查，就无须再提交书面通知。

诉讼时效是从货物交付之日或应交付之日起一年，托运人必须在此期间提出诉讼，否则承运人和船舶在任何情况下都免除对灭失或损害所负的一切责任。

二、《维斯比规则》

《维斯比规则》全称是《关于修订统一提单若干法律规定的国际公约的书》（Protocol to Amend the International Convention for the Unification of Certain Rules of Law Relating to Bills of Lading）。1967—1968年制定，1977年6月23日起生效。

《维斯比规则》通常称作《海牙—维斯比规则》。因为《维斯比规则》不是一个完全意义上的提单法律制度，它对《海牙规则》的某些不够明确完备的条款进行修订，所以不能单独使用，要与《海牙规则》合起来使用。因为《维斯比规则》没有被所有《海牙规则》参加国所接受，截至目前只有30余个国家或地区加入，所形成《海牙规则》和《维斯比规则》同时存在的局面。《维斯比规则》共17条，主要是对《海牙规则》的第3条、4条、9条、10条进行了修订，其修改主要内容如下。

（一）适用范围

《海牙规则》仅限于在缔约国签发的提单，而外贸物流的发展，使得一次运输涉及的国家或地区更复杂，常常出现在非缔约国签发提单，却在缔约国发生货物灭失或损坏，给索赔与诉讼带来了困难。《维斯比规则》扩大了适用范围：提单在某一缔约国签发；货物从某一缔约国港口起运；提单或提单证明的运输合同规定适用该公约，以上三种情况可属《维斯比规则》适用范围。

（二）明确善意受让提单人的法律地位

《维斯比规则》在《海牙规则》第3条第4款增加下列规定：但是，当该提单已被转与善意行事的第三方时，与此相反的证据便不予接受。

这样修订之后，对于善意受让提单人，提单所记载的内容就变成了最终证据，承运人不得提出与提单所载不同的反证。这一修订保护了提单善意受让人和收货人的合法权益，保护提单的转让、流通，促进提单运输的发展。

（三）延长诉讼时效和追偿期限

1. 延长诉讼时效

在《海牙规则》第 3 条第 6 款有关诉讼时效的规定之后，增加"但是，在诉因发生以后，经当事方同意，这一期限加以延长"。明确经双方当事人可延长诉讼期限的规定。

2. 延长追偿期限

《维斯比规则》对承运人追偿期限仍规定为 1 年，但当事人可协商延长，而向第三方责任人追偿时不受限制。在《海牙规则》第 3 条第 6 款之后增加："即使在前款规定的一年期限届满之后，只要在受案法院所在地法律允许期间内，仍可以向第三方提起追偿诉讼。但是，允许的时间自提起此种诉讼之人已经解决向其索赔的案件，或在对其本人的诉讼中收到送达的传票之日起算，不得少于 3 个月。"

（四）责任赔偿限额修订

《海牙规则》对货物灭失和损坏的承运人赔偿限额的规定，是以每件或每计费单位不超过一百英镑或等值的其他货币，规定不够灵活。《维斯比规则》将此条款删除，列明三种责任赔偿限额情况：①将赔偿最高限额提高 10 000 法郎，或按灭失或受损货物毛重计算，每公斤相当于 30 法郎（两者之中以较高者为准）；②可赔偿的总额应参照该货物根据合同从船上卸下或本应卸下的当时当地的价值计算；强调货物价值以实际商品交换价格、现时市场价格或相同品种和质量的货物的正常价值来确定，充分体现赔偿的补偿性原则；③如果是集装箱数或成组货物包装数，应视为应视为一个包件或单位。提单上注明的除外。

（五）侵权之诉

《海牙规则》所规定的抗辩和责任限额，只适用于运输合同，货主能否绕过《海牙规则》规定对承运人或其代理人采取侵权之诉，从而获得赔偿，在这一点上，《海牙规则》目的不明确。为了避免这种情况，《维斯比规则》作了特别规定，《维斯比规则》规定的抗辩和赔偿责任限制，适用于就运输合同所载运货物的灭失或损坏对承运人提起任何诉讼，不论该诉讼是合同之诉还是侵权之诉，必须针对运输合同所载运货物；承运人雇佣人或代理人也有权适用承运人《维斯比规则》的各项抗辩和责任限制。

三、《汉堡规则》

《汉堡规则》全称是《1978 年联合国海上货物运输公约》（United Nations Convention on the Carriage of Goods by Sea, 1978），该公约于 1992 年 11 月 2 日生效。《汉堡规则》共分 7 个部分 34 条条文，《汉堡规则》是对海牙规则进行了根本性的修改，明显地扩大了承运人的责任，是一部较为完整的国际海上货物运输公约。

（一）基本概念

《海牙规则》只对五个基本概念下了定义，《汉堡规则》增加到八个，概念更加细化，适应国际海上运输的发展。《汉堡规则》在《海牙规则》原本五个基本概念的基础上做了非常重要的修改：规定实际承运人定义；将托运人概念分为订立运输合同的托运人和效付货物的托运人；货物概念将活动物包括在内；给提单明确定义等。

"承运人"是指其本人或以其名义与托运人订立海上货物运输合同的任何人。

"实际承运人"是指受承运人委托执行货物运输或部分货物运输的任何人，包括受委托执行这项运输的其他任何人。

"托运人"是指其本人或以其名义或代其与承运人订立海上货物运输合同的任何人或指其本人或以其名义或代其将货物实际交付给海上货物运输合同有关的承运人的任何人。

"收货人"是指有权提取货物的人。

"货物"包括活动物,凡货物拼装在集装箱、货盘或类似的运输器具内,或者货物是包装的,而这种运输器具或包装是由托运人提供的,则"货物"包括它们在内。

"海上运输合同"是指承运人收取运费,据以承担由海上将货物从一港运至另一港的任何合同;但是,一个既包括海上运输,又包括某些其他方式运输的合同,则仅其有关海上运输的范围,才被视为本公约所指的海上运输合同。

"提单"是指一种用以证明海上运输合同和货物由承运人接管或装船,以及承运人据以保证交付货物的单证。单证中关于货物应交付指定收货人或按指示交付,或交付提单持有人的规定,即构成了这一保证。

(二) 承运人的基本义务和责任

承运人两大基本义务与《海牙规则》一样,修改的是其他相关规定。

1. 责任期间

《汉堡规则》规定承运人的责任期间从承运人接管货物时起到交付货物时止,换句话说,只要货物在承运人掌管下就都可以适用公约,这与海牙规则的"钩至钩"或"舷至舷"相比,其责任期间扩大到"港到港"。解决了货物从交货到装船和从卸船到收货人提货这两段没有人负责的空间,明显地延长了承运人的责任期间。公约以上所说的承运人或收货人,还可以是承运人或收货人的受雇人或代理人。

2. 承运人的责任基础

《汉堡规则》确定的承运人责任基础是"推定过失"与"举证责任"相结合的完全过失责任制。不再规定承运人的最低责任和免责,而是规定在承运人掌管货物期间货物发生任何灭失、损坏、延迟交付等情况,都是由于承运人的过失所造成,承运人应承担赔偿责任,除非承运人能证明承运人已采取了一切可能的措施来避免事故的发生及其后果。

相比于《海牙规则》,《汉堡规则》扩大了承运人的责任。《海牙规则》规定承运人的责任基础是不完全过失责任制,一方面规定承运人必须对自己的过失负责,另一方面又规定了承运人对航行过失及管船过失的免责条款,一旦发生货物灭失和损坏,双方都有举证义务,托运人必须举证才能索赔,承运人必须举证才能免责。而《汉堡规则》则规定一旦发生货物灭失和损坏,承运人必须承担责任,举证责任在承运人一方,而不需要托运人负举证责任。但是火灾是个例外,货主必须证明火灾的发生是承运方的过错引起,承运人才负责任。另外,《汉堡规则》对承运人责任的规定是强制性,当事人不能用合同规定免除。

3. 延迟交付货物的责任

迟延交付货物的责任在《海牙规则》和《维斯比规则》中都没有规定,《汉堡规则》第5条第2款规定:"如果货物未能在明确议定的时间内,或虽无此项议定,但未能在考虑到实际情况对一个勤勉的承运人所能合理要求的时间内,在海上运输合同所规定的卸货港交货,即为延迟交付"。第5条第3款进一步规定:"如果货物在本条第2款规定的交货时间期满后连续60天内未能按第4条的要求交付,有权对货物的灭失提出索赔的人可以视为货物已经灭失"。第6条第1款还规定:"承运人对迟延交付的赔偿责任,以相当于迟延交付货物应支付运费的2.5倍的数额为限,但不得超过海上货物运输合同规定的应付运费总额。"

4. 承运人赔偿责任限额

《汉堡规则》在承运人赔偿责任限制上的修改,首先,提高了承运人赔偿责任限额,"承运人对货物灭失或损坏的赔偿,以每件或其他装运单位的灭失或损坏相当于835特别提款权或毛重每公斤2.5特别提款权的金额为限,两者之中以其较高者为准。"其次,明确了集装箱等成组运输器具赔偿方式,以适应集装箱运输的发展。在以集装箱(或托盘和类似的成组运输器具)装载货物的运输当中,提单或其他装运单据中必须列明每个集装箱中货物的具体件数,否则以一个集装箱为一个运费单位。在延迟交付的情况下,承运人的责任以运费的2.5倍为限赔付,并不得超过承运人应收全部运费的总额。在集装箱本身遭到灭失或损坏的情况下,如果该集装箱是由承运人提供,以提单列明的集装箱内件数为一个运费单位;如果该集装箱非承运人所有,即视为一个单独的货运单位。

5. 承运人和实际承运人的赔偿责任

《汉堡规则》区分了承运人与实际承运人的概念。

"承运人"是指其本人或以其名义与托运人订立海上货物运输合同的任何人。"实际承运人"是指受承运人委托执行货物运输或部分货物运输的任何人,包括受委托执行这项运输的其他任何人。当承运人将全部或部分货物委托给实际承运人办理时,承运人仍需按公约规定对全部运输负责。如果实际承运人及其雇用人或代理人的疏忽或过失造成的货物损害,承运人和实际承运人均需负责的话,则在其应负责的范围内,承担连带责任。这种连带责任托运人既可向实际承运人索赔,也可向承运人索赔,并且不因此妨碍承运人和实际承运人之间的追偿权利。

(三)托运人的义务和责任

《汉堡规则》在托运人基本责任的规定上,与《海牙规则》和《维斯比规则》基本相同,如实申报关于货物标志、重量、数量的准确信息,并承担由于信息不准确而引起的损失;托运人要承担如实告知危险货物并适当在货物上标明的责任,否则应承担承运人因此遭受的任何损失,承运人可以自行将货物卸载、销毁或采取其他措施使其无害而不负任何赔偿责任。

托运人责任也是过失责任。《汉堡规则》第12条规定:"托运人对于承运人或实际承运人所遭受的损失或船舶遭受的损坏不负赔偿责任。除非这种损失或损坏是由于托运人、托运人的雇用人或代理人的过失或疏忽所造成的。"这意味着托运人的责任也是过失责任。但托运人的责任与承运人的责任不同之处在于承运人的责任中举证由承运人负责,而托运人的责任中,托运人不负举证责任,这是因为货物在承运人掌管之下,所以同样需要承运人负举证责任。汉堡规则这一规定,被我国海商法所接受。

(四)舱面货

《汉堡规则》将舱面货纳入公约,明确规定,承运人只有按照同托运人的协议或符合特定的贸易惯例,或依据法规的规章的要求,才有权在舱面上载运货物。否则承运人应对货物因装载舱面而造成的灭失和损坏承担赔偿责任。另外,如果承运人和托运人议定,在舱面上载运货,承运人必须在提单或证明海上运输合同的其他单证上载列相应说明。如无此项说明,承运人有责任证明,曾经达成在舱面上载运货物的协议。但承运人无权援引这种协议对抗收货人或持有提单的第三方。

(五)其他规定

1. 索赔通知及诉讼时效

《汉堡规则》延长了索赔通知时间,规定收货人可在收到货物后的第一个工作日将货物索赔通知送交承运人或其代理人,当货物灭失或损害不明显时,收货人可在收到货物后的15天内送交通知。同时还规定,对货物迟延交付造成损失,收货人应在收货后的 60 天内提交书面通知。

《汉堡规则》规定关于运输合同的诉讼和仲裁,必须在交货两年内提交,并可在时效期限内的任何时间,向索赔人提出书面声明延长时效期限,并可再次声明延长。这一规定使债务人有权声明延长时效,为当事人之间的友好协商提供充分时间。

2. 管辖权和仲裁

《海牙规则》、《维斯比规则》均无管辖权的规定,只是在提单背面条款上订有由船公司所在地法院管辖的规定,这一规定显然对托运人、收货人极为不利。《汉堡规则》第 21 条规定,原告可在下列法院选择其一提起诉讼:①被告的主要营业所,或如无主要营业所时,其通常住所;②合同订立地,但该合同须是通过被告在该地的营业所、分支机构或代理机构订立的;③装货港或卸货港;④海上运输合同中为此目的指定的任何其他地点;⑤装货船或同一船东的其他船只被扣留的缔约国法院。但是,在这种情况下,一经被告请求,原告必须将诉讼转移到由原告选择管辖法院之一,以对索赔作出判决。但在诉讼转移之前,被告必须提供足够的保证金,以确保支付在诉讼中可能最后判给原告的金额。保证金是否足够的问题,应由扣留港口或地点的法院裁定。除此之外,海上货物运输合同当事人一方向另一方提出索赔之后,双方就诉讼地点达成的协议仍有效,协议中规定的法院对争议具有管辖权。

汉堡规则规定的仲裁地如下:被告的主要营业所,或无主要营业所时,其通常住所所在的某国的某一地点;或签订合同地,但该合同须是通过被告在该地的营业所、分支机构或代理机构订立的;或装货港或卸货港;以及仲裁条款或协议中为此目的而指定的任何地点。

3. 保函的法律地位

《海牙规则》和《维斯比规则》没有关于保函的规定,而《汉堡规则》第 17 条对保函的法律效力作出了明确的规定,托运人为了换取清洁提单,可以向承运人出具承担赔偿责任的保函,该保函在承、托人之间有效,对包括受让人、收货人在内的第三方一概无效。但是,如果承运人有意欺诈,对托运人也属无效,而且承运人也不再享受责任限制的权利。

4. 适用范围

《汉堡规则》适用于国际海上货物运输合同。

(1) 海上货物运输合同中规定的装货港或卸货港位于其一缔约国之内。

(2) 海上运输合同所规定的备选的卸货港之一为实际卸货港,并位于某一缔约国内。

(3) 提单或作为海上货物运输合同证明的其他单证在某缔约国签发。

(4) 提单或作为海上货物运输合同证明的其他单证规定,合同受《汉堡规则》各项规定或者使其生效的任何国家立法的管辖。

同《海牙规则》一样,汉堡规则不适用于租船合同,但如提单根据租船合同签发,并调整出租人与承租人以外的提单持有人之间的关系,则适用该规则的规定。

(六) 运输单证

根据《汉堡规则》规定,当承运人或实际承运人接管货物时,应托运人请求,必须签发提单。货物装船之后,应托运人请求,承运人必须签发已装船提单。提单的内容包括货物的品类、运输标志、包数或件数、货物的重量、货物的外表状况描述、承运人、托运人、收货人、装货港、卸货港、提单的签发地点、运费、舱面货声明 15 项内容,提单中缺少其中几项不影响提单的法律效力。由托运人提供的货物信息,如果承运人有合理根据怀疑不能准确代表实际接管或装船的货,或者没有适当的方法进行核实,则必须在提单中说明,除已经作保留的内容外,提单在托运人手里是承运人接管货物或装船的初步证明,但在善意提单持有人则是最终证明。

于 1993 年 7 月 1 日起生效的《海商法》,是我国目前调整海商法律关系的最重要的法律规范。

《海商法》具有极强的国际化和现代化特征。它不是某一部国际公约的翻版，而是许多关于海上货物运输的国际公约相结合，根据我国国情制定的法律制度。它保证与国际公约和国际惯例兼容，又有自己的特殊规定。《海商法》与国际接轨和现代化的特征，使得它与我国现有的其他民法、商法体系和基本理论无法很好地衔接。《海商法》属于特殊法，仅限于国际海上货物运输合同，并不适用于在中华人民共和国境内港口之间的运输合同。在我国，国际海上货物运输合同除受《海商法》调整外，还受《中华人民共和国合同法》调整，海事诉讼方面则是《中华人民共和国海事诉讼特别程序法》。《海商法》第四章是关于海上货物运输合同的规定，规定了承运人的最低义务与责任、承运人免责事项、责任限制、托运人义务与责任等。第六章是船舶租用合同，第十三章是关于时效，第十四章则是涉外关系的法律适用等等。

第二节　国际航空货物运输公约的主要内容

一、国际航空货物运输的法律制度概述

外贸物流航空货物运输法是调整航空货物运输关系的法律规范的总称。航空货物运输法的法律渊源包括国际公约、国内立法、国际惯例等。

目前调整国际航空货物运输的国际公约主要有：《华沙公约》（1992年）、《海牙议定书》（1955年）、《瓜达拉哈拉公约》（1997年）、《蒙特利尔公约》（2003年）等多个国际公约。《华沙公约》是航空运输领域的最早的国际公约，也是最基本的规定，其他公约都是对《华沙公约》的修订或补充，但彼此之间又互相独立。我国参加了《华沙公约》、《海牙议定书》和《蒙特利尔公约》。

我国航空运输法法律渊源是国际公约、国内立法和国际惯例，当国际公约与国内立法有抵触时，国际公约优先适用（参见《民航法》第184条第1款规定）；国内立法是航空货物运输法的最重要的组成部分；国际惯例是国际公约和国内立法的补充，只有在国际条约和国内立法都没有规定时，才可以援用国际惯例。

二、1929年《华沙公约》

《华沙公约》全称《统一国际航空运输某些规则的公约》（Convention for the Unification of Certain Rules Relating to International Carriage by Air），是国际航空运输领域最早的国际立法。《华沙公约》共5章41条，主要内容如下。

（一）适用范围

根据《华沙公约》第1条规定，所有以航空器运送旅客、行李或货物的国际运输，在以下情况下适用本公约：根据有关各方所订的合同，其出发地和目的地是在两个缔约国，或者在同一缔约国的主权、宗主权、委任统治权或权力管辖下的领土间的运输，但合同约定在这个缔约国领土以外的其他地点经停。

（二）运输单据

根据《华沙公约》第5条规定，货物承运人有权要求托运人填写一张为"航空货运单"的凭证，托运人有权要求承运人接受这项凭证。航空货运单上应该包括：货运单的填写地点和日期；起运地和目的地；约定的经停地点，托运人的名称和地址；第一承运人的名称和地址；必要时应写明收货人的名称和地址；货物的性质；包装件数、包装方式、特殊标志或号数；货物的重量、数量、体积或尺寸；货物和包装的外表情况；运费支付方式，航空货运单的份数，声明运输应受本公约所

规定责任制度的约束等。

空运托运单与海运单相似，仅是运输合同的订立和内容的证明，起初步证据的作用。而与提单不同，它不是物权凭证，一般不可转让，所以收货人不用凭空运托运单提取货物。空运托运单一式三份，承运人、托运人和收货人各持一份，不签发空运托运单、或不合规定或遗失，不影响运输合同的存在和有效，这项运输合同同样受本公约的规则的约束。

（三）承运人责任制度

1. 基本义务与责任

《华沙公约》第19条规定：承运人对货物在承运人保管下的期间，因毁灭、遗失或损坏，以及由于延误引起发生的一切灭失或损坏负责。要注意的是航空运输的期间不包括在航空站以外的任何陆运、海运或河运，但是如果这种运输是为了履行空运合同，是为了装货、交货或转运，任何损失应该被认为是在航空运输期间发生事故的结果，除非有相反证据。

2. 责任人

《华沙公约》区分出第一承运人、实际承运人、执行承运人概念。第一承运人是指与货主签订航空运输合同的人，它可以委托其他承运人进行全程或部分运输，被委托者就是实际承运人；在连续航航程中负责某运输区段的承运人就是执行承运人。当合同航程是由几个连续的航空承运人所办理的运输，每个承运人被视为合同承运人，一旦损失发生，第一承运人、执行承运人和最后一位承运人负连带责任。换言之，签订合同的承运人是总承运人，对整个运输过程负责，实际承运人只对自己的区段负责。

3. 责任限制

承运人对货物的货损货差及延误的赔偿责任以每公斤250金法郎为限，除非托运人已经申报更高的价值，并缴付必要的附加费。在这种情况下，承运人所负责任不超过声明的金额，除非承运人证明托运人声明的金额高于行李或货物运到后的实际价值。

（四）索赔和诉讼

诉讼期限：《华沙公约》第29条规定：诉讼应该在航空器到达目的地之日起，或应该到达之日起，或从运输停止之日起两年内提出，否则就丧失追诉权。诉讼期限的计算方法根据受理法院的法律决定。

诉讼地点与程序：根据《华沙公约》第28条规定，有关赔偿的诉讼，应该按原告的意愿，在一个缔约国的领土内，向承运人住所地或其总管理处所在地或签订契约的机构所在地法院提出，或向目的地法院提出。诉讼程序应根据受理法院的法律规定办理。

三、《海牙议定书》

《海牙议定书》是"修改1929年10月12日在华沙签订的，统一国际航空运输某些规则的公约的议定书"的简称。(Protocol to Amend the Convention for the Unification of Certain Rules Relating to the International Carriage By Air signed at Warsaw on 12 October 1929)。《海牙议定书》于1963年8月1日起生效，我国于1975年8月20日加入该议定书，同年11月18日起对我国生效。《海牙议定书》对《1929年华沙公约》所作的修改主要有以下三个方面。

（一）运输单据

运输单据从"空运托运单"改为"空运单"；简化了运输凭证的规定，大大减少了单据上必须记载的事项，只需要注明起运港和目的港；如果起运港和目的港在同一国，至少标明一个经停港。

（二）责任基础

《海牙议定书》将《华沙公约》中的"故意的过错行为"重新按变通法系概念定义，规定：如果损失是由于承运人"有意引起损失或明知损失可能产生而仍粗心大意以致引起的"，不能享受责任限制和免责。

（三）索赔和诉讼

《海牙议定书》延长索赔书面通知时间，如果货物受到损害时，索赔期限从《华沙公约》下的7天延为14天，货物延迟交付时，索赔期从14天延长为21天。

四、《瓜达拉哈拉公约》

《瓜达拉哈拉公约》的全称为《统一非缔约承运人所作国际航空运输某些以补充华沙公约的公约》（the Convention Supplementary to the Warsaw Convention, for the Unification of Certain Rules Relating to International Carriage by Air Performed by a Person Other Than the Contracting Carrier）。1961年9月18日签订，1964年5月1日生效，目前已有77个成员国，我国未加入该公约。

1964年的《瓜达拉哈拉公约》是对1929年《华沙公约》和1955年《海牙议定书》进一步补充修订的公约。《华沙公约》和《海牙议定书》均未包括非运输合同一方所办国际航空运输的专门规则，为了制定适用于这种情况的规则，各国外交代表于1961年9月18日在墨西哥的瓜达拉哈拉签订了这项公约，它主要明确了承运人的概念，解决承运人范围的问题。《瓜达拉哈拉公约》将《华沙公约》和《海牙议定书》的承运人、第一承运人、执行承运人、实际承运人，这几个容易混淆的概念进行整合，明确了订立合同的"缔约承运人"和实际承担全部或部分运输的"实际承运人"的概念。"缔约承运人"指以业主身份与旅客或托运人，或与旅客或托运人的代理人订立一项适用华沙公约的运输合同的人；"实际承运人"指缔约承运人以外，根据缔约承运人的授权办理缔约承运人所签合同书内所承担的全部或部分运输的人，但对该部分运输业务的承担人并非华沙公约所指的连续承运人。在没有相反的证明时，就认为授权是存在的。

五、《蒙特利尔公约》

《蒙特利尔公约》全称为《统一国际航空运输某些规则的公约》，1999年5月28日，国际民用航空组织批准通过，2003年11月4日正式生效，通常称为1999年的《蒙特利尔公约》。该公约是对华沙体系所有9个文件进行整理修订，取代了已经适用70多年的《华沙公约》及其系列公约、议定书。统一了国际航空运输的法律制度。我国于1999年签署该公约，2005年2月28日，公约在我国生效。《蒙特利尔公约》修改的主要内容如下。

（一）承运人责任制

《蒙特利尔公约》的承运人责任制由"过失责任制"走向"严格责任制"。公约对客货运均采取客观责任制。在货物运输方面，因货物、跌或者损坏而产生的损失，只要造成损失的事件是在航空运输期间发生的，承运人就应当承担责任。

（二）赔偿责任限额

《蒙特利尔公约》提高了承运人的损失赔偿责任限额。由于航空事故造成旅客死亡或受伤的情况下，公约引入"双梯度责任制"。第一梯度实施的是客观责任制，不论承运人是否有过错，都应当承担限额为 10 万的特别提款权之内的人身伤亡赔偿。在第二梯度实施的是无限额的过错责任制。如果索赔人提出的索赔额超出了 10 万特别提款权，承运人如果证明自己无过错，承运人不承担赔偿责任。在延误赔偿情况下，适用 4150 特别提款权。

（三）第五种管辖权

《蒙特利尔公约》在《华公约》的 4 种管辖权之外，提出了"第五种管辖权"。根据《蒙特利尔公约》第 33 条第 2 款规定，对于因旅客死亡或者伤害而产生的损失，旅客或其代理人可以在其主要住所或永久居住地就死亡或伤害提起诉讼。前提是承运人在该领土经营旅客航空运输业务，可以是自营业务也可以是合作经营或授权经营业务。

第三节　公路货物运输合同公约的主要内容

公路运输在外贸物流运输中一般起辅助作用，与其他运输方式一起完成联合运输，实现从卖方内陆到买方内陆的运输，在集装箱运输中实现"门到门服务"。各国制定了各自的国内立法来规范公路运输，而规范国际公路货物运输的国际私法制度，是 1956 年 5 月 19 日在日内瓦签订并生效的《国际公路货物运输合同公约》(Convention on the International Carriage of Goods by Road，简称"CMR 公约"）。该公约是由欧洲国家参与制定的，适应欧洲公路运输发展的需要，我国至今未加入该公约，但我国的外贸物流实践中也常涉及此公约。该公约规范的是国际公路货物运输合同，统一公路运输单证和规定承运人责任。公约分 6 章，共 41 条，涉及公约适用范围、承运人责任体系、运输合同的订立与履行、索赔和诉讼等规定。

一、适用范围

《CMR 公约》强制性的适用于接受货物和交付货物的地方处于不同国家，但至少有一个国家是公约缔约国的运输。适用期间是只要货物没有从车辆上卸下的任何时间，即使其部分路程由海上、铁路、内河或航空接运。如果经证明，在其他运输方式承运期间货物所发生的任何灭失、损坏或延迟交付，不是由于公路承运人的行为或不行为所造成，而仅由于在其他运输方式的过失所造成，则公路承运人的责任应按照其他运输方式适用的公约规定来确定。否则公路承运人的责任应由本公约确定。

二、运单

（一）运单性质与签发

《CMR 公约》规定的运输单据是运单。运单是一式三份，第一份交付发货人，第二份跟货物交付收货人，第三份由承运人留存。当待装货物在不同车内或装有不同种类货物或数票货物，发货人或承运人有权要求对使用的每辆车、每种货或每票货分别签发运单。运单必须记载货物详细情况和运输事项，托运人对运单中由他提供的情况负责。运单不是运输合同，而是运输合同的证明，仅作为运输合同成立、合同条件和承运人收到货物的初步证据。运单是承运人接收货物的收据，交付货物的凭证，不具有物权凭证的效力。运单不正规或丢失不影响运输合同的成立或有效性，运输合同仍受公约制约。收货人即使丢失运单，也可以提货。

（二）运单的主要内容

运单必须包括：运单签发日期和地点、发货人、承运人、收货人货物接管地点及日期和指定的交付地点、货物品名和包装方法、件数和其特殊标志和号码、货物毛重；运输费用、附加费用、关税和其他费用；办理海关和其他手续所必需的通知、危险品说明等事项。经合同当事人协商，运单还应包括：不允许转运的说明；发货人负责支付的费用；"现款交货"费用的金额；货物价值和交货优惠利息金额的声明；发货人关于货物保险所给予承运人的指示；议定的履行运输的时效期限；交付承运人的单据清单。缔约国可在运单上列上他们认为有用的其他事项。

三、合同当事人的权利、义务和责任

（一）发货人的权利与义务

1. 发货人的权利

（1）处置货物的权利。发货人有权处置货物，特别是以要求承运人停止在途货物运输的方式来改变货物交付地点或将货物交付给非运单所指定的收货人。但当第二份运单交给收货人时或当收货人凭收据接收货物时，发货人这一权利终止。如果收货人拒绝接收货物，发货人有权处置该批货物。

（2）要求承运人核对货物信息的权利。发货人有权要求承运人核对货物的毛重或以其他方式表示的数量。他也可要求对货物的内容进行核对。

2. 发货人的义务

为在交付货物前办妥海关或其他手续，发货人应在运单后随附必需单证或将其交承运人支配和提供承运人所需全部情况。承运人无责任调查这些单证和情况是否准确或适当。除非是由于承运人的错误行为或过失，对由于这些单证和情况的短缺或不正规所引起的损坏，发货人应向承运人负责。承运人对运单所规定的和跟随运单的或交存承运人的这些单证，由于灭失或不正确的使用所引起的后果承担一个代理所负的责任，但承运人所支付的赔偿以不超过如货物灭失所支付的赔偿为条件。

3. 发货人的责任

发货人应对由自己提供的事项不确切或不当致使承运人所遭受的所有费用、灭失和损坏负责，比如：发货人、收货人名称和地址；货物接管的地点及日期和指定的交付地点；货物品名和包装方法，如属危险货物，说明通常认可的性能；货物毛重或以其他方式表示的数量；办理海关和其他手续所必需的通知；件数和其特殊标志和号码；发货人为使运单签发或目的在于将其列入运单而给予的任何其他事项或指示。

经当事人双方协商，发货人可以有条件的对下列事项负责。不允许转运的说明；发货人负责支付的费用；"现款交货"费用的金额；货物价值和交货优惠利息金额的声明；发货人关于货物保险所给予承运人的指示；议定的履行运输的时效期限；交付承运人的单据清单等。

（二）承运人责任与豁免

1. 承运人责任

承运人的赔偿责任。承运人应对自货物接管之时起到交付时止发生的全部或部分灭失和损坏以及货物交付中的任何延迟负责。承运人的核对信息责任。当接管货物时，承运人应核对下列信息，在运单中对件数及其标志和号码申报的准确性；货物的外表状况及其包装。

2. 承运人免责

如果货物灭失、损坏或延迟是由于索赔人的错误行为或过失，是由于索赔人的指示而不是由于承运人的错误行为或过失、由于货物的固有缺陷或承运人不能避免的情况和承运人不能防止的结果所造成，承运人应免除责任。

当货物的灭失或损坏是在下述一种或一种以上情况中产生的特殊风险所引起的，承运人应予免责：

(1) 当已在运单中明确议定和规定使用无盖敞车；

(2) 如货物根据其性质，在无包装或未予妥善包装时易于损耗或损坏的情况下，无包装或包装不良；

(3) 由发货人、收货人或代表发货人或收货人所从事的货物搬运、装载、积载和卸载；

(4) 特别是由于断裂、生锈、腐烂、干燥、渗漏、正常损耗或虫蛀特易造成全部灭失或部分灭失或损坏的某些货物的性质；

(5) 包装上标志或号码不足或不当；

(6) 承运活动物。

对由于为履行运输而使用之车辆的不良状况或由于承运人已租用其车辆的人或他的代理人或他的受雇人的错误行为或过失，承运人不应免除责任。

当货物未能在议定的时效期限内交货，或虽无此种议定时效期限，在考虑到实际情况后，运输的实际期限，特别是分票运输，在通常情况下组成整票货物所需要的时间超过了允许一个勤勉承运人的合理的时间，则视为延迟交付发生。

3. 承运人责任限制

承运人赔偿额毛重每公斤不超过25法郎。"法郎"意指重10/31克，其黄金纯度为900‰的金法郎。如果货物全部灭失，运输费用、关税和有关货物运输发生的其他费用应全部偿还；如货物部分灭失，则按遭受灭失部分的比例偿还，但不付另外的损坏费用。在延迟情况下，如索赔人证明损坏是由此引起的，承运人应支付该损坏不超过运输费用的赔偿。发货人凭支付双方议定的附加费，可在运单上申报超过第23条第3款所规定的限额的货物价值。在此情况下，申报的金额应代替该限额。

四、索赔与诉讼

（一）索赔

如果货物有明显灭失或损坏，或者收货人接管货物时与承运人及时检验货物状况，应该当场提出索赔。如灭失或损坏不明显，收货人应在检查后7日内（星期日和例假日除外）提出索赔，对于延尽交货，收货人应在控制货物后21日内提出索赔。

（二）诉讼

本公约中运输所引起的诉讼，原告可在双方协议约定的缔约国的任何法院和法庭提起，也可以选择被告的通常住所或主要营业所、或者经手订立合同的分支机构或代理机构的所在地；或承运人接管货物的地点或指定的交货地点。

按公约规定，诉讼时效期限是1年，如是故意的不当行为，或根据受理案件的法院或法庭地的法律认为过失与故意的不当行为相等同时，时效期限为3年。

关于时效期限开始时间规定：如部分货物灭失、损坏或交货延迟，自交货之日起算；如全部灭失，以议定的交货期限届满后第30天，或如无议定的交货期限，则从承运人接管货物之日起第60天开始起算；在所有其他情况下，在运输合同订立后满期3个月时起算。

时效期限因提出书面索赔而中止，直至承运人以书面通知拒绝索赔并将所附单据退回之日为止。如索赔的一部分已承认，则时效期限仅应对有争议部分的索赔恢复计算。收到索赔或答复和退回单据的举证应由援引这些事实的当事人负责。时效期限的计算不应被具有同一标的的进一步主张所中止。时效期限的延长应由受理案件的法院或法庭地的法律决定。该法律也应制约新的诉讼权利的产生。时效已过的诉讼权利不可以通过反索赔或抵消的方式行使。

第四节 《联合国国际货物多式联运公约》的主要内容

《联合国国际货物多式联运公约》是世界上第一部多式联运方面的公约。1980年5月，在日内瓦召开的国际多式联运会议上，由84个联合国贸易和发展会议成员国通过了该公约。该公约迄今尚未生效，公约第36条规定的生效条件为30个国家参加，目前还只有13个国家参加，我国没有参加该公约。

《多式联运公约》共分8章42条。内容涉及多式联运相关概念、适用范围、多式联运单据、承运人赔偿责任、发货人的责任与义务、索赔与诉讼等。

一、多式联运相关概念

国际商会的《国际贸易术语解释通则2000》规定了可用于多式联运的术语，《联合国国际货物多式联运公约》第1条中引用了相关概念：

（1）"国际多式联运"是指按照多式联运合同，以至少两种不同的运输方式，由多式联运经营人将货物从一国境内接管货物的地点运至另一国境内指定交付货物的地点。如果是只涉及单一方式运输则不是国际多式联运。

（2）"多式联运经营人"是指本人或通过其代表与发货人订立多式联运合同的任何人，他只是事主，既不是发货人的代理人或代表，也不是参加多式联运的承运人的代理人或代表，他负有履行合同的责任。多式联运经营人负责履行或者组织履行多式联运合同，对全程运输享有承运人的权利，承担承运人的义务。

（3）"多式联运合同"是指多式联运经营人凭以收取运费、负责履行或组织履行国际多式联运的合同。

（4）"多式联运单证"是指证明多式联运合同和多式联运经营人接管货物并保证按照该合同条款交付货物的单证。

（5）"发货人"是指其本人、或以其名义、或其代表同多式联运经营人订立多式联运合同的任何人，或指其本人、或以其名义、或其代表将货物实际交给多式联运经营人的任何人。

（6）"收货人"是指有权提取货物的人。

（7）"货物"包括由发货人提供的任何集装箱、货盘或类似的装运工具或包装。

（8）"国际公约"是指各国之间用书面签订，并受国际法制约的国际协议。

（9）"强制性国家法律"是指任何有关货物运输的制定法，其规定不得用合同条款加以改变而不利于发货人。

二、适用范围

《联合国国际货物多式联运公约》的各项规定适用于两国境内各地之间的所有多式联运合同，但多式联运经营人接管货物的地点或交付货物的地点必须是在一个缔约国境内。该公约对这种合同的适用是强制性的。公约的任何规定不得影响发货人在多式联运和分段运输之间进行选择的权利，也不得影响任何国际公约或国家法律中有关运输业务的管理和控制的适用，或与之相抵触，多式联运经营人应遵守其营业所在国所适用的法律和本公约的规定。

三、多运联运单证

(一) 多式联运单证的签发

多式联运经营人接管货物时,应签发多式联运单证,多式联运单证分为可转让单证,或为不可转让单证,具体签发哪一种由发货人的选择。

多式联运单证应由多式联运经营人或经其授权的人签字。多式联运单证上的签字,如不违背签发多式联运单据所在国的法律,可以是手签、传真印制、打透花字、盖章、符号、或用任何其他机械或电子仪器打出,都不影响单据的效力。

(二) 提单类型

1. 多式联运单证的签发和作用

签发可转让的多式联运单据,应列明按指示或向持有人交付。凭指示交付的单据可经背书转让;向持有人交付的单据无须背书即可直接转让。签发不可转让的多式联运单据应指明记名的收货人。两种单据,在多式联运经营人按规定交付货物之后,即解除交货责任,不需要收回单据。应发货人要求,多式联运经营人还可以签发一套一份以上的正本,但应注明正本份数,多式联运经营人凭其中一份正本交货后,该多式联运经营人便已履行其交货义务。根据发货人要求,多式联运经营人还可以签发任何副本,每份副本均应注明"不可转让的副本"字样,副本不能用于交付货物的凭证。

2. 多式联运单证的主要内容

多式联运单证一般来说包括以下事项:

(1) 货物品类、识别货物所必需的主要标志、对危险货物的危险特性的明确声明、包数或件数、货物的毛重或以其他方式表示的数量,所有这些事项由发货人提供;

(2) 货物外表状况;

(3) 多式联运经营人的名称和主要营业地;发货人名称;收货人的名称,如已由发货人指定;

(4) 多式联运经营人接管货物的地点和日期;

(5) 交货地点;在交付地点交货的日期或期间;

(6) 表示该多式联运单证为可转让或不可转让的声明;

(7) 多式联运单证的签发地点和日期;

(8) 多式联运经营人或经其授权的人的签字;

(9) 如双方有明确协议,每种运输方式的运费,或者应由收货人支付的运费,包括用以支付的货币,或者关于运费由收货人支付的其他说明;

(10) 预期经过的路线、运输方式和转运地点,如在签发多式联运单证时已经确知;

(11) 多式联运单证应载有一项声明,规定国际多式联运必须遵守本公约的各项规定。本公约的各项规定将使任何背离本公约并损害发货人或收货人的规定成为无效的规定;

(12) 如不违背多式联运单证签发的国家的法律,双方同意列入多式联运单证的任何其他事项。

多式联运单缺少一两项货物信息,比如货物品类、识别货物所必需的主要标志、包数或件数、货物的毛重等,并不影响该单证作为多式联运单证的法律性质,但该单证必须符合本公约对多式联运单证的相关规定。如果多式联运经营人或其代其行事的人知道、或有合理的根据怀疑,多式联运单证所列货物的品类、主要标志、包数和件数、重量或数量事项不能准确地表明实际接管的货物,或无适当方法进行核对,则该多式联运经营人或其代其行事的人应在多式联运单证上作出保留,注明不符之处、怀疑的根据、或无适当的核对方法。如果多式联运经营人或代其行事的人未在多式联运单证上对货物的外表状况加以批注,则应视为他已在多式联运单证上注明货物的外表状况良好。

3. 多式联运单证的法律效力

多式联运单证应是该单证所载明的货物由多式联运经营人接管的初步证据;如果多式联运单证以可转让的方式签发,并且已经转让给善意持有人,则多式联运经营人提出的相反的证据不予接受。多式联运单证的签发,并不排除必要时按照适用的国际公约或国家法律签发同国际多式联运的运输或其他服务有关的其他单证。但是签发此种其他单证不得影响多式联运单证的法律性质。

四、多式联运经营人责任体系

(一) 责任期间和责任基础

根据本公约,多式联运经营人的责任期间,是从接管货物之时起到交付货物时为止。多式联运责任基础是推定责任制。如果在多式联运经营人掌管的期间发生货物灭失、损坏或迟延交货,多式联运经营人应负赔偿责任,除非多式联运经营人证明其本人、受雇人或代理人为避免事故的发生及其后果已采取一切可能的合理措施防止货物灭失、损坏或迟延交货的发生。迟延交货是指未在明确约定的时间内交付货物,或者未在按照具体情况对一个勤勉的多式联运经营人所能合理要求的时间内交付货物。如果货物在规定的交货日期届满后连续 90 日内未交付货物,索赔人即可认为货物已经灭失。

(二) 赔偿责任限制

多式联运因为涉及的多种运输方式、多个承运人,多个国家,多式联运经营人的赔偿责任限制比较复杂,要注意运输方式组合不同或货损发生区段不同,赔偿责任限额不同。

1. 责任限额

(1) 如果运输方式中包括海运,多式联运经营人的责任限制按每件或每运输单位不得超过 920 计算单位的数额,或按灭失事损坏的货物毛重每公斤计不得超过 2.75 计算单位的数额,以较高者为准。如果运输方式中不包括海运,多式联运经营人的责任限制不超过毛重每公斤 8.33 计算单位的数额。

(2) 多式联运经营人对迟延交货造成损失所负的赔偿责任限额,以相当于迟延交付货物应付运费的 2.5 倍的数额为限,但不得超过多式联运合同规定的应付运费的总额。

(3) 多式联运经营人赔偿责任的总和不得超过货物全部灭失的赔偿责任限额。

以上赔偿限额经多式联运经营人和发货人之间协议,可提高限额,如果合同中未另行注明责任限额,则依据上述赔偿限额给付。

2. 货损发生区段确定

如果货物的灭失或损坏发生于多式联运的某一特定区段,而对这一区段适用的一项国际公约或强制性国家法律规定的赔偿限额高于上述赔偿限额,则多式联运经营人对这种灭失或损坏的赔偿限额,应按该公约或强制性国家法律予以确定。

3. 计算单位

在赔偿责任限制中所提的"计算单位",公约有明确规定:如果货物是用集装箱、货盘或类似的装运工具集装,多式联运单证载明装在这种装运工具中的件数或货运单位数,应视为计算限额的件数或货运单位数。否则,这种装运工具中的货物应视为一个货运单位。如果装运工具本身灭失或损坏,而该装运工具并非由多式联运经营人所有或提供,则应视为一个单独的货运单位。

4. 实际承运人的赔偿责任限制

根据公约规定,多式联运经营人将运输全部或部分交给其他承运人责任,该承运人即是实际承运人，实际承运人有权享受公约规定的包括责任限制在内的多式联运经营人的权利。即如果有关货物灭失、损坏或迟延交付造成损失的诉讼是对实际承运人提起，该实际承运人如能证明他是在履行合同的范围内行事，则该实际承运人有权援用多式联运经营人按本公约有权援用的抗辩和赔偿责任限制。

5. 赔偿责任限制权利的丧失

如经证明，货物的灭失、损坏或迟延交付是由于多式联运经营人、受雇人、代理人或其他人有意造成或明知可能造成而轻率的行为或不为所引起，则多式联运经营人、受雇人、代理人或其他人无权享受本公约所规定的赔偿责任限制的利益。

由上可知，多式联运责任制并非完全意义上的"单一责任制"，它出现了责任限额不一致的情况，责任限额因运输方式不同而不同，在实际履行中，又出现多式联运经营人与实际承运人适用的责任限额不同的矛盾。多式联运经营人与货主关系受公约下的单一责任体系约束，但和实际承运人的关系则受适用于特定运输阶段的公约约束。假定多式联运货物在海运段灭失，多式联运经营人将根据《多式联运公约》按每公斤 2.75 个特别提款权的责任限制进行赔偿，但在向海运实际承运人索赔时，则根据《海牙规则》按每公斤 2 个特别提款权的责任限制进行赔偿，两个公约规定之间的差额由多式联运经营人承担，这使得多式联运经营人成为法律体系不统一的受害人。《多式联运公约》虽然是为了统一多式联运规范而制定的国际公约，却规定本公约不得影响任何国际公约或国家法律中有关运输业务的管理和控制的适用，或与之相抵触。这使得多式联运合同当事人，在适用公约时，必须查明是否有其他国际公约或国内法效力高于 1980 年《多式联运公约》，由于诸如此类的问题，公约制定后很少有国家通过。

五、索赔、诉讼和仲裁

1. 灭失、损坏或迟延交货的通知

明显灭失和损坏，收货人必须在交付货物之日起 1 个工作日内将说明灭失或损坏的一般性质的灭失或损坏的书面通知递交送交多式联运经营人，不明显灭失和损坏，收货人必须在交付货物之日起 6 个工作日内递交，否则，此种货物交付即为多式联运经营人交付多式联运单证所载明的货物的初步证据。如果货物的状况在交付收货人时已经当事各方或其授权的代表在交货地点联合调查或检验，则无须就调查或检验所证实的灭失或损坏送交书面通知。

另外，多式联运依据《公约》规定货物交付收货人之后连续 60 日内，索赔人未向多式联运经营人送交书面通知，多式联运经营人对迟延交货所造成的损失无须给予赔偿。多式联运经营人应不迟于在灭失或损坏的事故发生后连续 90 日内，或在按照规定交付货物后连续 90 日内（以较迟者为准），将说明此种灭失或损坏的一般性质的灭失或损坏书面通知送交发货人。未送交这种通知，即为多式联运经营人未由于发货人、其受雇人或代理人的过失或疏忽而遭受任何灭失或损害的初步证据。

2. 诉讼时效

（1）诉讼时效规定。运输引起的诉讼时效为 1 年。如果是故意不当行为或受理法院所在地的法律认为过失与故意的不行为等同时，诉讼时效为 3 年。

（2）时效期间起算日规定。一般情况下，时效期间起算日从多式联运经营人交付货物或部分货物之日的次日起算；或者如果货物未交付，则自货物本应交付的最后一日的次日起算。如果货物部分灭失、损坏或交货延误，时效起算日自交货之日的次日起算；如果是全部灭失，以议定的交货期限届满后第 30 天起；如果无议定的交货期限，则从承运人接管货物之日第 60 天起；在所有其他情况下，从运输合同订立后满 3 个月时起。时效期限开始之日不计算在内。接到索赔要求的人可在时效期间的任何时候向索赔人提出延长时效期间的书面声明。此种期间可通过另一次声明或多次声

3. 管辖规定

关于管辖权，该公约规定：原告可以向双方协议约定的缔约国的任何法院起诉；还可以选择下列地点所属国家法院起诉：被告主要营业地，或者，如无主要营业所，被告的习惯住所地；或者，订立多式联运合同的地点，而且合同是通过被告在该地的营业所、分支或代理机构订立；或者，为国际多式联运接管货物的地点或交付货物的地点；或者，多式联运合同中为此目的所指定的并在多式联运单证中载明的任何其他地点。

4. 仲裁

关于仲裁权，该公约规定：当事人可依据协议规定将根据本公约发生的有关国际多式联运的任何争议提交仲裁。索赔人可选择在下列地点提起仲裁：被告的主要营业所，如无主要营业地，则被告的习惯住所地，订立多式联运合同的地点，而且合同是通过被告在该地的营业所、分支或代理机构订立，为国际多式联运接管货物的地点或交付货物的地点，仲裁条款或协议中为此目的所指定的任何其他地点。仲裁员或仲裁法庭应适用本公约的各项规定。

第五节 国际货物运输处理争议的途径

外贸物流货物运输涉及的时间长、空间广、作业环节多、单证文书繁杂、环境条件多变、各国法律制度不统一，因此在外贸物流货物运输过程中，经常会产生货物灭失或损坏、承运人错误交付货物和迟延交付货物、货方不及时提货等各式各样的货运事故。作为外贸物流员有必要了解国际货物运输事故处理的途径方法。一般来说，国际货物运输纠纷处理除了合同当事人协商友好解决外，一般有调解、仲裁和诉讼等途径。协商是在没有第三者协助的情况下，由争议双方坐在一起，努力达成相互谅解。调解则是指双方或多方当事人就争议的实体权利、义务，在人民法院、人民调解委员会及有关组织主持下，自愿进行协商，通过教育疏导，促成各方达成协议、解决纠纷的办法。本节主要阐述仲裁和诉讼两种途径。

一、货运事故的索赔

外贸物流中一旦发生了货物灭失或损坏或延期交付后，受损害的一方向责任方索赔和责任方处理受方的赔偿要求是货运事故处理的主要工作。货主对因货运事故损失向责任人提出赔偿要求的行为称为索赔。物流经营人处理货主提出赔偿要求的行为称为理赔。索赔的程序如下。

（一）索赔的原则与条件

索赔时，双方要本着实事求是、有根有据、合情合理、注重实效的原则，按照相关法律的规定提出索赔要求。并且要弄清楚，索赔对象是运输合同中的承运人，以及合理索赔的必备条件。

1. 索赔原则

由于外贸物流运输的复杂性，导致货运事故的原因也很多，损失的大小和原因往往很难准确认定，而主观上当事人分别考虑自身的利益，对货运事故的原因和损失大小认知不同，从而难以界定事故的责任，这才会导致诉诸法律解决，所以坚持提出索赔的原则就非常重要。索赔的四大原则，最基本的就是实事求是，这是双方友好沟通的基础，也是解决纠纷的关键。实事求是就是根据事故发生的实际情况，客观的分析产生的原因，确定责任人及其责任范围；有根有据原则就是指提出的索赔要求必须有证据支持；合情合理的原则是指在确定损失程度和赔偿金额时，做到合理，严格依据法律合理确定责任方应承担的责任；注重实效的原则是指事故索赔中应注重实际效益，不要过多纠缠在法律诉讼中。

2. 索赔条件

发生货运事故后，要根据货物运输合同，确定索赔对象，向承运方提出赔偿要求。合理的索赔必须具备几个基本条件：

索赔人对受损货物拥有索赔权。提出索赔的人原则上必须是对货物拥有所有权的人，或者是运输单证上指定的合法收货人或提单持有人；责任方必须负有实际赔偿责任；索赔人提出的赔偿金额必须合理；索赔人是在规定期限内提出索赔。以上四个条件是索赔的四项基本条件，有一条不符，索赔就是无效的。

（二）索赔的程序

任何货运事故争议处理都必须以索赔为前提。各种运输方式的索赔程序大同小异，都是由索赔方发出索赔通知，提交索赔函之后，责任开始理赔，双方进行协商，解决争议，如果双方无法达成谅解，就可能进入仲裁或诉讼程序。

1. 发出索赔通知

索赔人必须在相关法律规定下的索赔期限内发出索赔通知，否则将视为承运将货物完好交付给收货人，不需承担货损货差责任。各种运输方式的国际公约或各国的相关法律都对索赔期限有明确规定：货物损失事故发生后，根据运输合同或提单有权提货的人，应在承运人或承运人代理人、雇佣人将会货物当时或规定的时间内，向承运人或其代理人提出书面索赔通知，声明保留索赔权利，否则承运人可免责。

2. 提交索赔申请书或索赔清单

索赔申请书、索赔函和索赔清单是索赔人向承运人正式要求赔偿的书面文件。索赔申请书的提交意味着索赔人正式向承运人提出赔偿要求。如果仅仅是提交索赔通知书，而没有提交正式的索赔申请书或索赔清单，承运人是不会进行理赔的。索赔申请书（索赔函或索赔清单）一般包括以下内容：文件名称及日期；承运人名称和地址；运输工具名称，装卸地点，抵达日期，接货地点名称；货名，提单号、运单号；货物短少残损情况描述；索赔日期，索赔金额，索赔理由；索赔人的名称和地址等。正式索赔不能超过法律或合同规定的时效，否则失去索赔权利。

3. 提起诉讼或仲裁

当货运事故的索赔通过当事人双方的协商或非法律机关的第三人调解，仍无法达成一致的情况下，就要进入司法程序，提诉讼，或者申请仲裁。涉及索赔的诉讼案件是有诉讼时效的。因为索赔人必须在相关法律规定的诉讼时效届满之前提起诉讼，否则，就失去起诉的权利。比如，《海牙规则》和《维斯比规则》规定的诉讼时效为 1 年。

二、货运事故的诉讼

诉讼是指法院在当事人和全体诉讼参加人的参加下，依法审理和解决纠纷的活动，以及在该活动中产生的各种法律关系的总和。诉讼是解决国际货物运输争议的重要手段之一。由于各国法律和国际法对诉讼的规定不尽相同，下面以我国法律为例，说明诉讼相关概念和基本程序。

（一）诉讼的主要关系方

1. 诉讼组织人

诉讼组织人是法院，法院依法对案件独立进行审判，行使案件的审判权。诉讼分刑事诉讼与民事诉讼两类，货运事故诉讼属于民事诉讼。法院在一审民事案件时，由审判员、陪审员共同组成合议庭或者由审判员组成合议庭，以"事实为根据，以法律为准绳"依法审理。二审时，由审判员组成合议庭。

2. 诉讼当事人

诉讼当事人是指因民事权利义务发生争执或引起纠纷，以自己的名义起诉、应诉和进行诉讼，并接受法庭裁判的人。当事人分起诉方和应诉方，两者是诉讼不可或缺的当事人，在不同阶段会有不同称谓，没有起诉方和应诉方，也就不存在诉讼。诉讼当事人在不同阶段会有不同称谓。在一审起诉阶段，诉讼当事人一般是指原告方和被告方，原告方是提出诉讼的一方，即起诉方；被告方是原告起诉的对象，即应诉方。判决阶段，诉讼当事人又称胜诉人或败诉人。执行阶段，诉讼当事人称申请执行人和被申请执行人。二审阶段，原告被告分别称为上诉人和被上诉人。

3. 诉讼参加人

主要包括涉及案件的证人、诉讼代理人、鉴定人和翻译人员等。

管辖是指各级法院之间同级法院之间受理案件的分工和权限。各国际公约和各国法律对管辖权有不同规定，在进行诉讼时，要注意诉讼的管辖权问题。

（二）诉讼基本程序

各国际公约和各国法律在诉讼程序有严格的规定，一般诉讼主要包括起诉和受理、审理前的准备、开放审理、诉讼中止和终结、判决和裁定等步骤。

1. 起诉和受理

起诉是指由原告或原告代理人向法院递交起诉状，即提起诉讼。起诉状中应包含当事人的基本信息、诉讼请求和所依据的事实写理由，证据及来源、证有姓名和和住所等内容。

受理是指法院接受原告的起诉并发动民事诉讼程序的行为。法院对于符合法律规定的起诉必须受理，对于特别性质的起诉，就根据不同情形予以处理。

法院收到起诉状，经审查，认为符合起诉条件，应当在7日内立案，并通知当事人；认为不符合起诉条件的，应当在7日内裁定不予受理。原告对裁定不服，可以上诉。

2. 审理前的准备

审理前的准备是指法院对案件受理后和开庭前的时间，由审判人员依照法定程序进行诉讼准备工作，以保证诉讼顺利有序进行，实现诉讼的公正与效益价值。

3. 开庭审理

开庭审理是指人民法院在当事人及其他诉讼参与人的参加下，依照法定的形式和程序，在法庭上对民事案件实体审理的诉讼活动的过程。主要是通过法庭辩论和调查，对案件的事实进行全面调查，审查核实证据，确认当事人双方之间的权利义务关系，制裁民事违法行为，解决当事人之间的民事纠纷。开庭审理一般包括：宣布开庭；法庭调查；法庭辩论；合议庭评议；宣告判决。

4. 诉讼中止和终结

当诉讼当事人一方出现死亡或丧失诉讼行为能力，相关法人或者其他组织终止或其他暂时影响诉讼正常进行的情况，诉讼将中止，若出现使诉讼不可能再次恢复正常进行的情况，诉讼将依法终结。

5. 判决和裁定

判决是指人民法院通过法定程序，根据认定的案件事实，正确适用法律，以国家审判机关的名义所作出的解决当事人民事权利义务争议的判定：

裁定则是指法院在审理民事案件时，为解决诉讼程序上的问题所作的判定，主要适用于不予受理、对管辖权有异议、驳回起诉、财产促使和先予执行、准许或者不准许撤诉、中止或终结诉讼等情况。

三、货运事故的仲裁

(一) 仲裁的基本概念与原则

仲裁是指纠纷当事人在自愿基础上达成协议,将纠纷提交非司法机构的第三者审理,由第三者作出对争议各方均有约束力的裁决的一种解决纠纷的制度和方式。仲裁在性质上是兼具契约性、自治性、民间性和准司法性的一种争议解决方式。

1. 仲裁形式

按照不同的标准,仲裁可分为以下几种:

(1) 机构仲裁与临时仲裁。以是否有常设仲裁机构为标准,可分为机构仲裁与临时仲裁;机构仲裁是指由一个双方当事人约定的常设仲裁机构提出申请,并按照该机构的仲裁规则或双方选定的仲裁规则进行的仲裁,程序较严格,有固定的仲裁规则和固定的仲裁机构,是目前国际社会主要的仲裁方式。临时仲裁,是指由双方当事人共同的仲裁员自行组织临时仲裁庭进行的仲裁。临时仲裁没有常设机构,因具体案件而组建,案件审理完即自动解散,目前仍有许多国家采用此类仲裁。

(2) 国际仲裁与国内仲裁。根据是否涉及不同国家当事人或其他涉外国因,可分为国际仲裁和国内仲裁。

国际仲裁是指仲裁事项包含涉外法律关系的仲裁,包括仲裁当事人中有一方为外国自然人或法人,或涉及的法律关系标的物所在地、履行地等在外国等。国内仲裁是指仲裁事项中没有涉外法律关系的仲裁。

(3) 依法仲裁与友好仲裁。依法仲裁是指严格按照法律规则为裁决标准的仲裁,这种仲裁方式最为常见。友好仲裁是指仲裁员经双方当事人授权,在认为适用严格的法律规则会导致不公平结果的情况下,不依严格的法律规则,而是依据他所认为的公平的标准作为对双方当事人有约束力的裁决。此类仲裁方式在欧美使用较多,在我国使用较少。

2. 仲裁机构

它是指依法设立的有权进行仲裁裁决的民间机构,有固定名称、地址、仲裁员设置和相应规则,可以依法独立受理和审理案件,作出仲裁。

3. 仲裁原则

仲裁是一种第三方非司法机构裁决纠纷的方式,需要遵守一些相关的基本原则:"当事人自愿原则"是指采用仲裁的试解决纠纷必须出于当事人双方的自愿,仲裁机构只有在当事人双方共同授权的情况下,才可以受理案件;"仲裁独立原则"是指在整个仲裁过程中,仲裁机构必须具有独立性,仲裁组织体系中,仲裁委员会、仲裁协会和仲裁庭三者之间要相对独立;"公平合理原则"是指仲裁庭在仲裁纠纷时应当公平、公正地对待双方当事人;"一裁终局原则",是指仲裁裁决作出之后,如果有一方当事人不服,就同一纠纷再申请仲裁或者向人民法院起诉时,仲裁机构和人民法院将不予受理。

(二) 仲裁的基本程序

1. 仲裁的申请和受理

仲裁申请是仲裁的第一步,仲裁机构受理之后,仲裁程序正式启动。在我国,当事人申请仲裁,必须向仲裁委员会递交书面的仲裁协议、仲裁申请书及副本。仲裁机构在收到当事人呈交的仲裁申请书之日起的法定时间内,经检查认为符合受理条件的,理应受理,并通知当事人;认为不符合受理条件的,应书面通知当事人,并说明理由。

被申请人收到仲裁书副本后,应在规定的期限内向仲裁机构呈交答辩书,仲裁机构收到答辩书之后，应在规定的期限内送达申请人。仲裁答辩书是仲裁被申请人为保护其合法权益就仲裁申请的事实和法律问题作出答复和辩护的法律文书，即使不提交，也不影响仲裁程序的进行。

2. 仲裁庭的成立

仲裁庭由双方指定的仲裁员依法组成，然后着手审理争议案件。仲裁庭的组成形式和仲裁员由双方当事人约定。根据我国《仲裁法》规定，当事人约定由3名仲裁人员组成仲裁庭的，应当各自选定或各自委托仲裁委员会主任指定一名仲裁员，第三名仲裁员由当事人共同选定或共同委托仲裁委员会主任指定，第三名仲裁员是首席仲裁员。如果只约定一名仲裁员，则由双方共同选定或共同委托仲裁委员会主任指定。

3. 仲裁的审理、调解和裁决

仲裁的审理是仲裁庭依法解决当事人将会仲裁的争议的活动。主要是审查并核实证据、查明案件事实、分清是非责任、正确适用法律、确认当事人之间的权利义务关系、解决当事人之间的纠纷。这是仲裁程序的核心环节。仲裁审理可以开庭审理，也可以书面审理。

仲裁的调解。仲裁庭在作出裁决前，可以先行调解。当事人自愿调解的，仲裁庭应当调解，调解不成的，应及时作出裁决。

仲裁的裁决是仲裁庭在查明事实、分清责任的基础上，对当事人之间所争议的事项进行审理后所作出的终局权威性判定，最终解决当事人之间纠纷。根据法律规定，仲裁庭可以先行裁决，也可以缺席裁决。先行裁决是指在仲裁程序进行过程中，仲裁庭就已经查清的部分事实作出裁决；缺席裁决是指被申请人无正当理由不到庭或未经许可中途退庭情况下作出裁决。按照《仲裁法》规定：仲裁裁决以"少数服从多数"为原则，如果不能形成多数意见时，裁决按首席仲裁员的意见作出。

（三）仲裁的执行

仲裁裁决一经作出，就具有法律效力，对双方当事人都有约束力，当事人应在裁决书规定的期限内自动履行，未写明期限则立即履行。当义务方当事人在规定期限内不履行仲裁裁决时，权利方当事人可向法院申请强制执行。

【重点名词与概念】
外贸物流法　国际公约　提单　船舶适航　过失责任制　管货责任　管船责任

【本章练习与思考题】

一、单选题

1. 具有物权凭证作用的单据是（　　）。
   A. 商业发票　　　　B. 提单
   C. 空运单　　　　　D. 铁路运单

2. 《海牙规则》规定的承运人使船舶适航的责任，限于（　　）。
   A. 在开航前和开航　B. 开航前
   C. 航行中　　　　　D. 开航后至到达目的地时

3. 实行的承运人不完全过失责任制的公约是（　　）。
   A. 《维斯比规则》　B. 《约克·安特卫普规则》
   C. 《海牙规则》　　D. 《汉堡规则》

4. 用提单调整承运人、托运人之间关系的运输方式是（　　）。
   A. 班轮运输　　　　B. 航次租船运输
   C. 定期租船运输　　D. 光船租船运输

5. 航空运输的国际公约是（　　）。
   A. 《海牙规则》　　B. 《维斯比规则》

C.《汉堡规则》　　　D.《华沙公约》
6. 国际多式联运经营人是（　　）。
　　A. 发货人的代理人　　B. 承运人的代理人
　　C. 具有独立法人资格的经营实体
　　D. 发货人和承运人的共同代理人

二、多选题

1.《海牙规则》规定的承运人对货物的责任不包括对（　　）的责任。
　　A. 舱面物　　　　　B. 活动物
　　C. 集装箱货物　　　D. 危险物
2.《海商法》规定了承运人必须履行的最低限度责任（　　）。
　　A. 承运人须在开航前和开航时恪尽职责使船舶适航
　　B. 适当和谨慎地装载、搬运、配载、运送、保管、照料和卸载所运货物
　　C. 照约定的或习惯航线或地理上的航线将货物运往卸货港
　　D. 必要时可以绕航
3. 根据《华沙公约》、《海牙议定书》的规定，在发生下列情况时，免除承运人应承担的责任（　　）。
　　A. 承运人证明自己和其代理人已为避免损失采取了一切必要措施或不可能采取这种措施
　　B. 损失的发生是由于驾驶上、航空器的操作上或领航上的过失
　　C. 货物的灭失或损失是由于货物的属性或本身质量缺陷造成的
　　D. 损失是由受害人的过失引起或助成

三、判断题

（　　）1. 提单是一种用以证明海上运输合同和货物已由承运人接管或装船，以及承运人保证凭以交付货物的单据。
（　　）2.《海牙规则》、《维斯比规则》和《汉堡规则》都是目前调整海上货物运输的重要的国际公约。
（　　）3. 多式联运单据是证明多式联运合同及多式联运经营人接管货物并按合同条款提交货物的证据。
（　　）4.《海牙规则》全称为《1924年统一提单的若干法律规则的国际公约》，它不是最早规范海运承运人责任的国际公约。
（　　）5. 国际货物多式联运是指以至少两种不同的运输方式将货物从一国接管货物的地点运至另一国境内指定交付货物的地点的运输。

四、简答与论述题

1. 简述《海牙规则》下承运人的"适航"义务。
2. 试比较《海牙规则》、《维斯比规则》及《汉堡规则》对承运人责任规定的差异。
3. 简述《华沙公约》的主要内容。
4. 试述《国际化路货物运输合同公约》适用哪些公路货物运输合同？
5. 试述《国际多式联运公约》。

参 考 文 献

[1] 王铁栋．从价值链的全球布局来看中国企业跨国经营的组织设计[J]．中国经贸，2007（12）：25～28
[2] 欧阳小迅．高级国际物流应用型人才素质要求及培养对策［J］．物流工程与管理．2010，6（32）：178～180
[3] 程杨．外贸从业人员的素质现状及提高途径［J］．职业技能，2006：31～32
[4] 孟繁华．外贸从业人员应具备的综合能力探析［J］．商场现代化，2006，7（472）：247～248
[5] 刘敏．外贸企业呼唤外贸人才［J］．国际市场，2009：28～31
[6] 外贸物流业五类人才最短缺［J］．水路运输文摘，2006，5：36
[7] 《国际物流师培训教程》编委会［J］．国际物流师培训教程．北京：中国经济出版社，2006，4（1）
[8] 蒋长兵，王姗姗．国际物流学教程［M］．北京：中国物资出版社，2008，1（1）
[9] 吕军伟．国际物流业务管理模板与岗位操作流程［M］．北京：中国经济出版社，2005，1（1）
[10] 林正章．国际物流与供应链［M］．北京：清华大学出版社，2006，10（1）
[11] 刘凯，张晓东．国际物流：全球供应链管理［M］．北京：电子工业出版社，2006，6（1）
[12] 邢颐．国际物流实务［M］．北京：中国轻工业出版社，2005，8（1）
[13] 李怀政．全球物流管理［M］．北京：中国物资出版社，2006，10（1）
[14] 王忠伟，庞燕．供应链管理［M］．北京：中国物资出版社，2009
[15] 马丁·克里斯托弗著，何明珂等译．物流与供应链管理［M］．北京：电子工业出版社，2006
[16] （美）唐纳德 J．鲍尔索克斯．供应链物流管理［M］．北京：机械工业出版社，2006
[17] 约翰．加托纳（John Gattorna）．王海军，马士华，张翔等译．供应链管理手册［M］．北京：电子工业出版社，2004
[18] 王之泰．现代物流学［M］．北京：中国物质出版社，2001，6（1）
[19] 杨鹏强．国际货运代理实务［M］．北京：电子工业出版社，2008（1）
[20] 杨长春．国际货物运输［M］．北京：中国对外经济贸易出版社，2004（1）
[21] 栗丽．国际货物运输与保险［M］．北京：中国人民大学出版社，2007（1）
[22] 李勤昌．国际货物运输［M］．北京：东北财经大学出版社，2005（1）
[23] 冯耕中．现代物流与供应链管理［M］．北京：西安交通大学出版社，2003（1）
[24] 杨家其．现代物流与运输［M］．北京：人民交通出版社，2003，4（1）
[25] 徐立青．国际贸易实用教程［M］．上海：复旦大学出版社，2003：479～508
[26] 贾建华，阚宏．新编国际贸易理论与实务［M］．北京：对外经济贸易大学出版社，2004：376～414
[27] 兰菁．国际贸易理论与实务［M］．北京：清华大学出版社，2003：125～149
[28] 陈宪等．国际贸易——原理·政策·实务［M］．上海：立信会计出版社，2003，2（3）：376～392
[29] 王耀中，张亚斌．国际贸易理论与实务［M］．长沙：中南大学出版社，2003，8（2）：302～322
[30] 吴百福．进出口贸易实务教程［M］．上海：上海人民出版社，2003，（4）：15～44
[31] 刘安莉，高懿．新编商品学概论［M］．北京：对外经济贸易大学出版社，2002，7（1）：1～92
[32] 卢伟．国际贸易理论与实务［M］．北京：机械工业出版社，2008，2（1）：82～112
[33] 张晓明．国际贸易实务与操作．北京：高等教育出版社，2008，8（1）：32～95
[34] 黎孝先，石川玉．国际贸易实务［M］．北京：对外经济贸易大学出版社，2008，10（1）：20～95
[35] 吴汉嵩．国际贸易业务流程．案例分析．模拟实训．广州：暨南大学出版社，2009，4（1）
[36] 王邵凤．国际物流组织与管理．北京：电子工业出版社，2007，1（1）
[37] 蒋长兵．国际物流实务．北京：中国物资出版社，2008，3（1）
[38] 辛宪章，张哲。国际贸易实务。北京：中国社会科学出版社，2009，10（1）
[39] 王斌义，顾永才．国际贸易实务实训．北京：首都经济贸易大学出版社，2007，7（1）
[40] 王涛生等．国际贸易实务新教程．长沙：国防科技大学出版社，2008，2（1）

[41] 刘园.国际商务谈判.北京：北京大学出版社，2011，1（1）
[42] 全英，陈勇主编.国际商务谈判.北京：北方交通大学出版社，2010，4
[43] 仲鑫.国际商务谈判.北京：机械工业出版社，2010，11
[44] 井润田，席酉民.国际商务谈判.北京：机械工业出版社，2010，4
[45] 卡瑞.国际商务谈判.上海：上海外语教育出版社，2009，1
[46] 国务院法制办公室.加入世界贸易组织法规文件组编（上册）[M].北京：中国法制出版社，2002，1（1）
[47] 刘伟奇，丁辉君.国际商务单证实务.上海：复旦大学出版社，2005，7（1）
[48] 中国国际贸易学会商务培训认证考试办公室.外贸物流实务.北京：中国商务出版社，2007，10
[49] 中国国际货运代理协会.国际海上货运代理理论与实务.北京：中国商务出版社，2010，4（1）
[50] 百度文库 http：//wenku.baidu.com/
[51] 毕功兵，王慧玲.国际物流[M].北京：中国物资出版社，2006
[52] 王俭廷.铁路物流运营实务[M].北京：中国物资出版社，2008
[53] 张颖.国际货物运输代理实务[M].大连：大连理工大学出版社，2010
[54] 逯宇铎.国际物流管理[M].北京：机械工业出版社，2010
[55] 郑俊田，张红.海关实务[M].北京：对外经济贸易大学出版社，2006
[56] 海关总署报关员资格考试教材编写委员会.报关员资格全国统一考试教材[M].北京：中国海关出版社，2009
[57] 蒋元涛.国际物流学[M].重庆：重庆大学出版社，2008
[58] 张雪梅.报关实务[M].北京：对外经济贸易大学出版社，2007
[59] 郭建芳.报关实务[M].武汉：武汉理工大学出版社，2008
[60] 刘敏.外贸企业呼唤外贸人才[J].国际市场，2009：28～31
[61] 外贸物流业五类人才最短缺[J].水路运输文摘，2006，5：36
[62] 郭洪仙，曾瑾.商品学.上海：复旦大学出版社
[63] 温耀庆，鲁丹萍.商检与报关实务，北京：清华大学出版社，2007，1（1）
[64] 王淑敏.海关商检业务与法律.大连：大连海事大学出版社，2002，2（2）
[65] 赵启兰.商品学概论.北京：机械工业出版社，2007，1（1）
[66] 温耀庆.进出口通关实务.北京：中国物资出版社，2005，1（1）
[67] 刘敏.商品学基础.北京：科学出版社，2008，5（1）
[68] 杨占林.国际货物运输操作流程[M].北京：中国对外经济贸易出版社，2002
[69] 王建清.包装材料学[M].北京：中国轻工业出版社，2009
[70] 尹章伟.商品包装知识与技术问答[M].北京：化学工业出版社，2001
[71] 宋宝丰.包装容器结构设计与制造[M].北京：印刷工业出版社，2007
[72] 骆光林.包装材料[M].北京：印刷工业出版社，2005
[73] 刘联辉.配送实务[M].北京：中国物资出版社，2009
[74] 邬星根.仓储与配送管理[M].上海：复旦大学出版社，2005
[75] 王晓东.国际运输与物流[M].北京：高等教育出版社，2006
[76] 海关总署加工贸易及保税监管司.中国海关保税实务大全[M].北京：中国海关出版社，2010
[77] 李蓓.物流金融在进出口贸易中的应用[J].金融与经济，2006（10）：66～67
[78] 王开勇，王丰，彭良涛.金融物流在国际结算中的运作模式研究[J].China Storage & Transport Magazine，2007（2）：118～120
[79] 罗齐，朱道立，陈伯铭.第三方物流服务创新：融通仓及其运作模式初探[J].中国流通经济，2002（2）：11～14
[80] 唐少艺.发展物流金融，降低国际结算风险[J].中国管理信息化，2007，10（4）：68～70
[81] 孙春艳.金融物流应用于国际结算的模式探讨[J].铁路采购与物流，2008（12）：24～25
[82] 李雪梅，陆音.物流企业的衍生服务—物流金融[J].物流技术，2009，28（1）：32～35
[83] 万泉.论物流金融服务模式——第三方物流企业的服务创新[J].E-BUSINESS JOURNAL，2009（7）：

25~28
- [84] 赵临风.物流金融运作模式刍议 [J].特区经济，2010 (10)：281~283
- [85] 陈祥峰，石代伦，朱道立.融通仓与金融服务创新 [J].科技导报，2005 (9)：33~34
- [86] 张凯，董千里，尚鸿雁.中小贸易企业融通仓融资模式应用研究[J].物流技术，2008，27 (8)：43~44
- [87] 祁洪祥.中小企业融通仓融资模式研究 [J].www.chinabt.net，2010 (2)：50~51
- [88] 夏露，李严锋.物流金融 [M].北京：科学出版社，2008
- [89] 陈雪松.商品融资与物流监管实务 [M].北京：中国经济出版社，2008
- [90] 翁国民.国际经济法.北京：法律出版社，2004 (1)
- [91] 理查德·谢邦，贝弗利·厄尔，菲利伯多·阿格斯蒂.国际商法，北京：人民邮电出版社，2003.1 (1)
- [92] 胡美芬.物流相关法规与国际公约.成都：四川人民出版社，2002.9 (1)
- [93] 物流法律小全书.北京：中国法制出版社.2007，7 (1)
- [94] 王学锋.国际物流.北京：高等教育出版社，2009，11 (1)
- [95] 郭寿康，韩立余.国际贸易法.北京：中国人民大学出版社，2009，4 (4)
- [96] 郭瑜.国际贸易法.北京：北京大学出版社，2006，12 (1)
- [97] 杨志刚.国际货运物流实务、法规与案例.北京：化学工业出版社，2007，8 (4)
- [98] 何丽新，饶玉琳.海商法.厦门：厦门大学出版社，2004，3 (1)
- [99] 王芸.物流法律法规与实务.北京：电子工业出版社，2007，4 (1)
- [100] 中华人民共和国民法通则（最新修订）（附最高人民法院关于贯彻执行《中华人民共和国民法通则》若干问题的意见（试行）).北京：中国法制出版社，2009，1
- [101] 中华人民共和国劳动争议调解仲裁法.北京：人民出版社，2008，1
- [102] 中华人民共和国海商法.全国人大常委会办公厅.北京：中国民主法制出版社，2008，3